JN159952

ジャズとダンスのニッポン

永井良和

関西大学出版部

【本書は関西大学研究成果出版補助金規程による刊行】

『宝塚少女歌劇脚本集』第 74 集 1927 年 2 月
（個人蔵）
表紙には組んで踊る洋装のペアが描かれる。当時のダンスホールでは、まだ和装のダンサーが多かった。

奥野他見男『君は燃えたり火の如く』講談社
1922
（個人蔵）
奥野他見男は大正時代の踊り場について多くの記録を残した。この本の表紙に描かれた絵には大正時代のダンスの事情があらわれている。

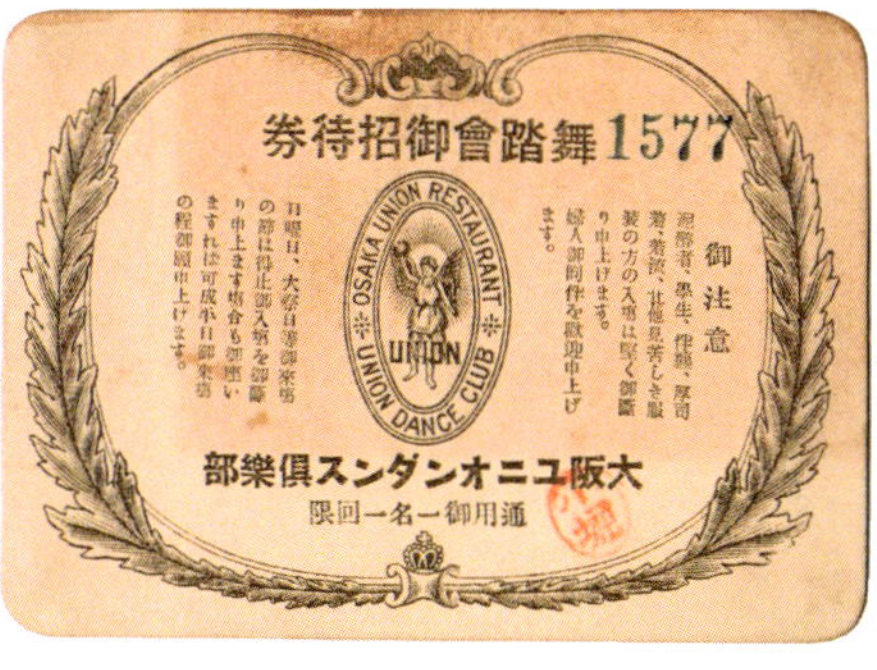

大阪ユニオンダンス倶楽部舞踏会招待券
（個人蔵）
券面には大阪ユニオン合資会社のスタンプが捺されている。

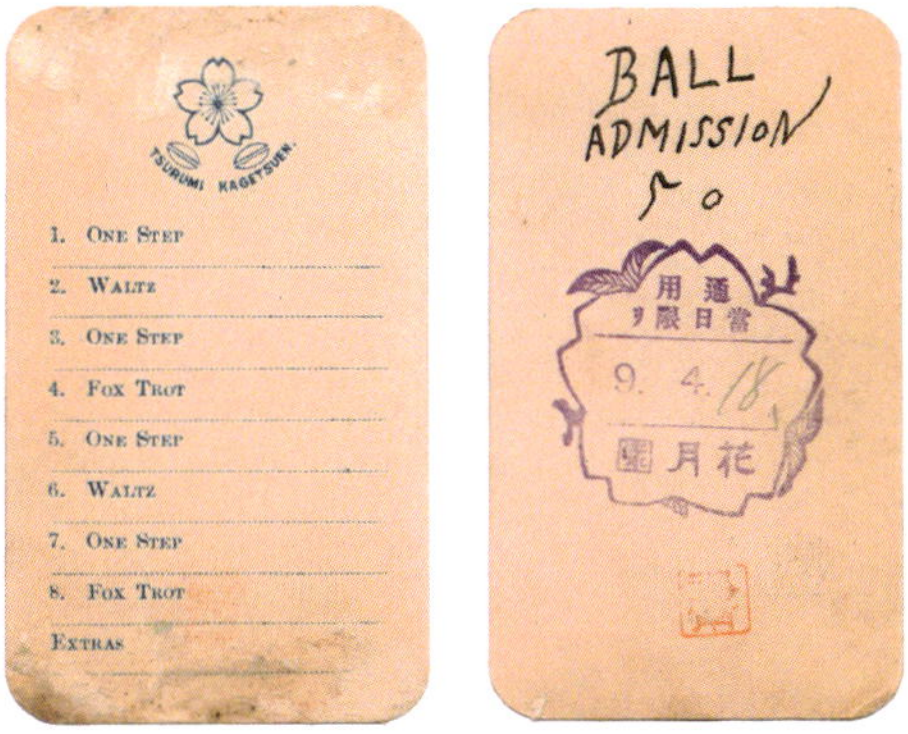

花月園舞踏場チケット
（個人蔵）
右が表面で、左が裏面。表面には通用日と経営者、平岡得甫（廣高）の印がある。このチケットは舞踏場の開業から間もない 1920 年 4 月 18 日に発行されたものとみられる。裏面には花月園のロゴマークの下に 8 曲のダンス番組と相手の名前を記入する欄がある。

カフエーパウリスタ特設舞踏場チケット
広田魔山人旧蔵品（個人蔵）
券面には専務取締役の印が捺されている。

中央倶楽部舞踏場チケット　広田魔山人旧蔵品　（個人蔵）
このチケットでは所在地が大江ビル１階となっている。

ローヤルダンシングホール舞踏券　広田魔山人旧蔵品　（個人蔵）
京都カフエーローヤルのもの。券面には「壹回限」と記載される。

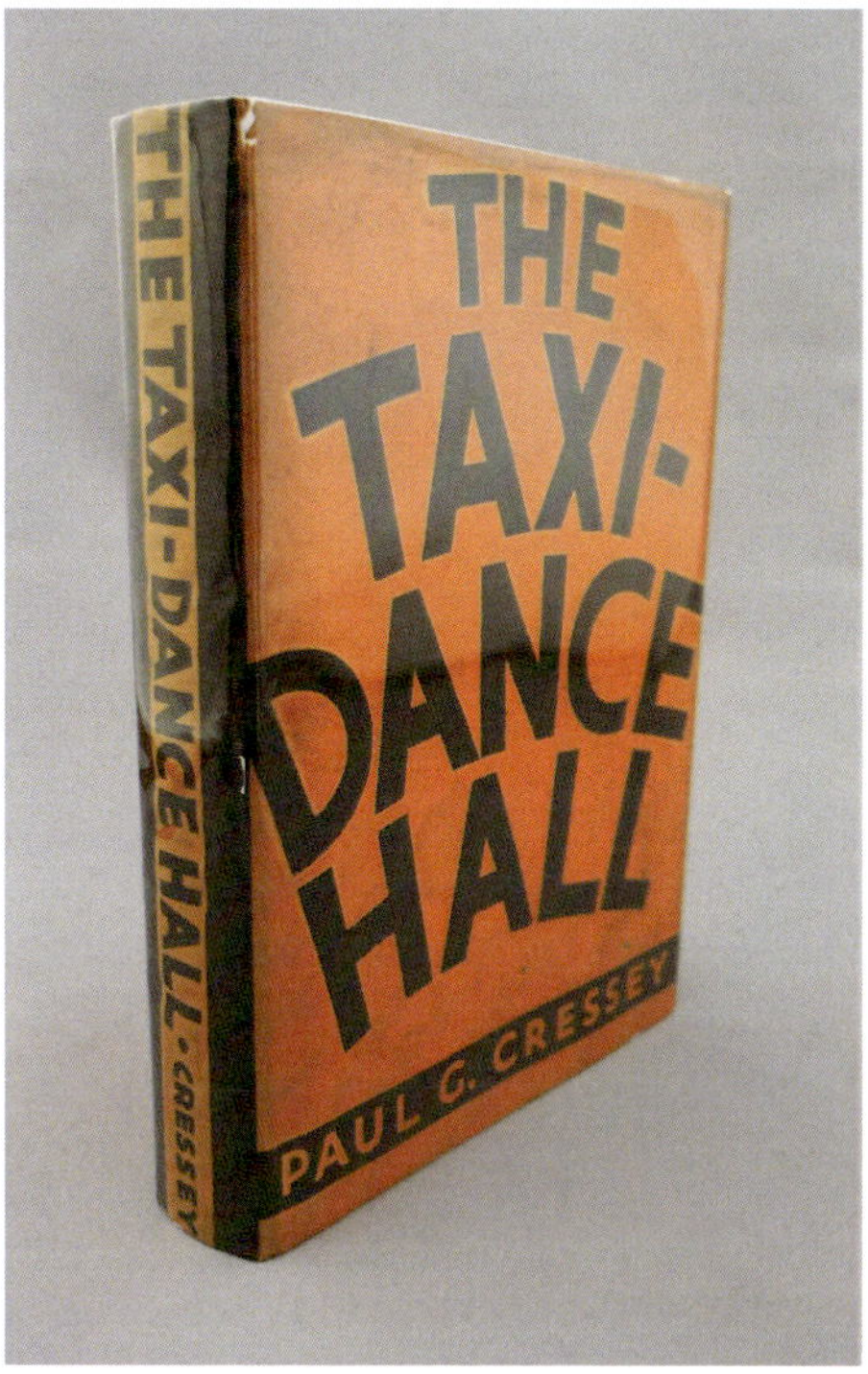

P・G・クレッシー『タクシーダンス・ホール』
シカゴ大学出版 1932 原書
（個人蔵）
同書には、ホールの所在地やダンサーら関係者の住まいの分布を示した数多くの地図が挿入されている。

先斗町レヴュー「ジヤズ春の宵」
［『風俗雑誌』1930 年 9 月］
先斗町の少女レヴュー団の人気は高く、東京でも公演を行なった。

尼崎ダンスホールでのクリスマス化粧舞踏会
［絵葉書（個人蔵）］
1932 年のクリスマスのようす。踊っている人たちは思い思いの仮装をしている。中央のクリスマス・ツリーの根元に「同伴者チケット入」の貼紙があり、壷が置かれているのが見える。

ダンスホールのチケット　原寸大。説明は 77 ページ。

A

F

B

G

C

I

D

H

E

花隈ダンスホール
社交舞踏教授券
KOBE・HANAKUMA
N

ONE DANCE
Amagasaki
DANCE HALL
J

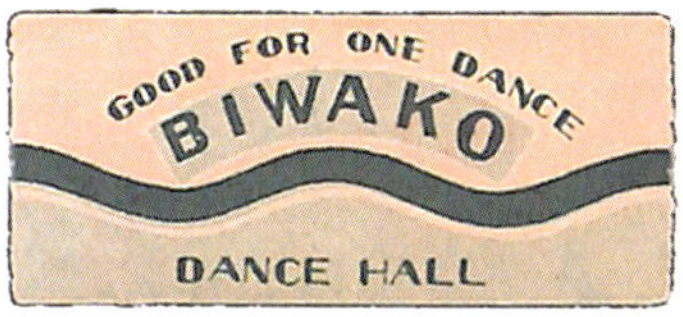
GOOD FOR ONE DANCE
BIWAKO
DANCE HALL
O

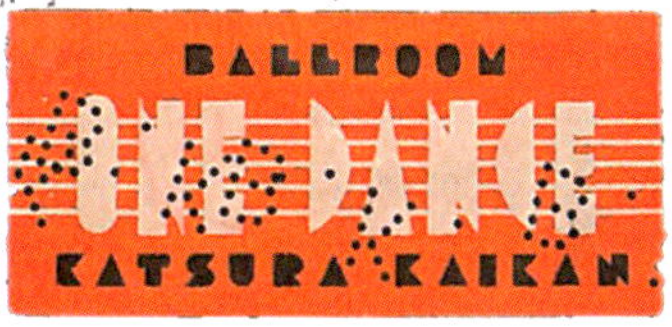
BALLROOM
ONE DANCE
KATSURA KAIKAN
K

DANCE TICKET
DIA
CLUB
P

御招待券
（壹枚御壹人様）
使用期間後ハ無効
西宮ダンスホール
ONE DANCE TICKET
NDH
西宮ダンスホール
L

Chante Claire
on with the dance! Let joy be unconfined
Q

DANCE TICKET
Good For One Dance
KANAZAWA
DANCING HALL
R

御招待券
御一名一回限
INVITATION TICKET
For One Person
熱海・ダンスホール
ATAMI DANCE HALL
（十八歳未満ノ方ノ御入場ハ御遠慮下サイ）
M

ONE DANCE TICKET
DANCE
NEWTIGER
S

ダンスホールのマッチ・ラベル　原寸大。説明は223ページ。

は

い

ほ

に

ろ

ち

と

へ

ぬ

り

を

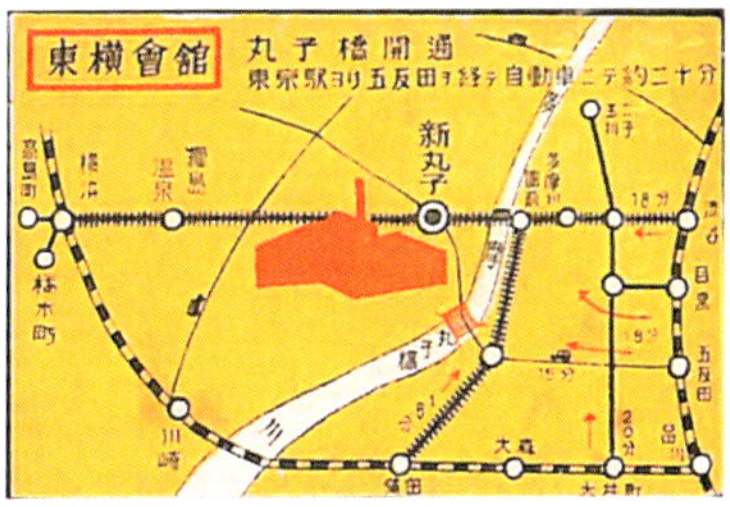
東横會館
丸子橋開通
東京駅ヨリ五反田ヲ経テ自動車ニテ約二十分
新丸子

る

W
WELL COME
WASEDA BOYS
Afternoon
10sen for one dance
Florida

よ

IKOMA
BUTO
JO

か

ファロスダンスホール
PHAROS DANCING PALACE
BALL ROOM PHAROS
TEL.NO.2-0198
NO.104 YAMASHITACHO YOKOHAMA

わ

帝都唯一
中央廻轉ステージ
銀座ダンスホール
京橋交叉点 電京.682

そ

ダンスホール
新人ダンサー
サアく皆さん如何で御座る?
大連會舘
大擧入舘
乞御声援

れ

ペロケダンスホール
大連市常盤町三十五
電話三一七〇六番 三一八〇五番
神戸仲町二 大和マツチ社

た

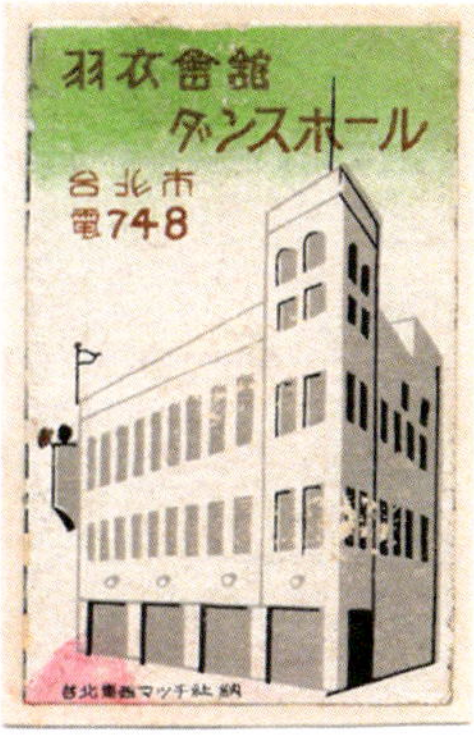
羽衣會舘
ダンスホール
台北市
電748

ね

DANCEHALL
MYOJO
MUKDEN

つ

DANCE HALL
TAKARAZUKA
KWAIKAN

『ダンサー』1927 年 5 月
（西村貴久男蔵）
この号も大塚克三による表紙。ホールを埋めつくす踊り手たちの表情や衣裳がたのしい。

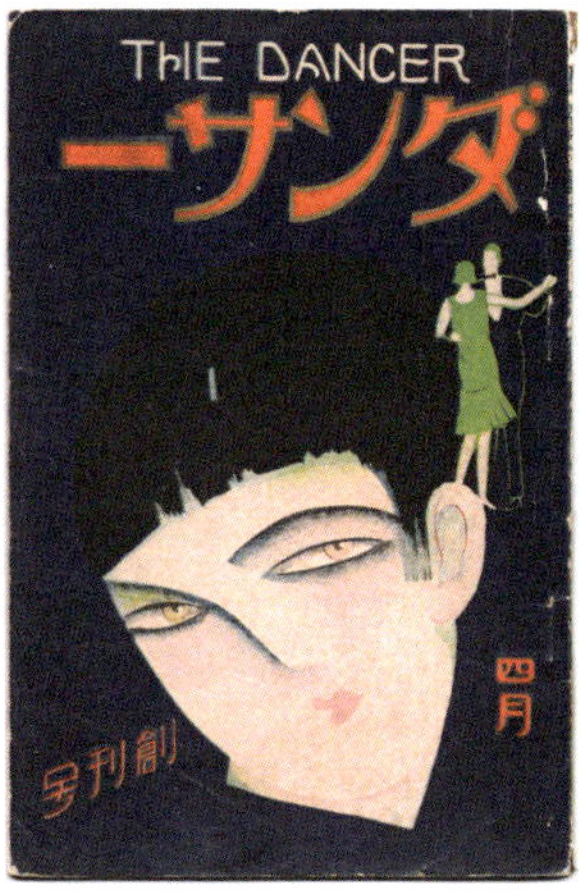

『ダンサー』創刊号 1927 年 4 月
日本で最初のダンス専門雑誌。大阪府のダンスホール禁圧時代の事情を伝える。表紙は大塚克三のデザイン。

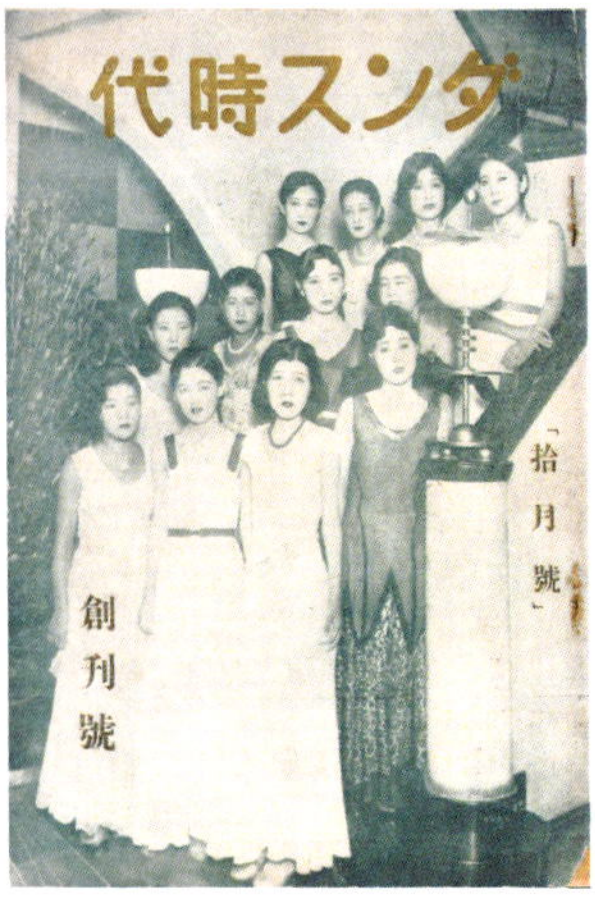

『ダンス時代』創刊号 1932 年 10 月
下村澪子らにより、1932 年に刊行された。表紙を飾るのはダンス・パレスのトップ・ダンサー 12 名。

『ダンス・ファン』創刊号 1930 年 11 月
八木亮輔や梅本伊三郎らにより 1930 年に刊行された。表紙のハート型のデザイン右側は女優マリリン・ミラーの写真、左は社交ダンスを踊るペアのイラスト。

和田三造「ダンサー」
［『昭和職業絵尽 第二輯』1940 年ごろ］
和田三造は花月楼の平岡権八郎の旧友であり、花月園やフロリダを興した河野静に西洋画を教えた人でもある。昭和職業絵尽は版画 100 点で構成される予定だったが戦時下に中断、「ダンサー」は第 2 次世界大戦後に出版された。未完に終わったシリーズのうちの 1 枚。

はじめに

二〇世紀前半の、日本では大正期から昭和戦前期にあたる時代に、ダンスホールという娯楽施設が発達した。社交ダンスを踊るための施設なのだが、舞踏用のフロアをそなえるだけでなく、なかにはインテリアにも贅を尽くし、専属の楽士にダンス音楽を演奏させる規模の大きいものが存在した。ペアで訪れた客が入場料を払って利用することもできたが、日本では一般女性がダンスを踊ることをためらったため、男性客のパートナーをつとめる職業ダンサーが雇用された。

このかたちを「タクシー・ダンスホール」という。もともとは北米大陸で生まれた業態で、ゴールド・ラッシュ時代の西海岸のサンフランシスコや、移民の流入が急速に進行したシカゴ、ニューヨークなどで発達した。若い男女の交際のありかたに悪影響をおよぼしたり、禁酒法の時代には闇の売買の場としてつかわれたりしたこともあって、取締りの対象とされた。北米では多くが表向きはダンス教室の体裁をとり、ダンサーも女性インストラクターというたてまえで働いた。そして、こういった踊りのたのしみかたは、一曲の音楽のあいだダンスの相手をするサービスが時間貸しのタクシーと通じることから「タクシー・ダンス」と呼ばれる。一曲一〇セントで客と踊るダンサーは、「タクシー・ダンサー（taxi-dancer）」あるいは「ダイム・ア・ダンス・ガール（dime-a-dance girl）」（ダンス一回をダイム硬貨一枚で踊る女子の意）などの名を与えられた。客が踊るごとに、一枚のチケットをダンサーに手わたす仕組みもととのえられていった。

この娯楽施設の業態が、関東大震災後の日本でも定着していく。日本では、震災前にも公開の踊り場はあった。神戸、横浜、東京、京都、大阪などのホテルのボールルームや、横浜近郊鶴見町の花月園内に一九二〇年に開場した舞踏場などである。ただし、それらはきわめて贅沢な空間で、富裕層や欧米人たちが利用するにとどまった。都市部にはダンス教室や愛好者の同好会などがふえていくのだが、一九二三年の関東大震災は東京や横浜の踊り場を壊滅させ、ダンスや音楽の拠点は京阪神のみになる。ジャズが人気を呼び、それにあわせて踊るフォックス・トロットというダンスも流行しはじめるが、ダンスを日常的にたのしむ人たちの性比は均衡しなかった。女性たちは、人前で公然、男性と組み、身体を接触させて踊ることをきらう。また、既婚女性が夫以外の男性と踊れば、好奇の、いや侮蔑のまなざしにさらされた。

社交ダンスやダンス音楽には流行の勢いがあった。けれども、女性たちが踊ろうとしない。社交ダンスを普及させたい人たちや、それによって利益を得たい人たちは、踊れる女性たちに対価を支払うかたちを考える。当初は飲食店の従業員やクラブの女性会員がチップなどをもらいうける仕組みだったが、そこに北米の専業ダンサー、チケット制度が導入される。大阪難波の「コテジ」という店、さらに千日前の「ユニオン」で整備がすすむ。日本のタクシー・ダンスホールは、若い女性たちが経済的に自立するため、あるいは家計を支えるための収入を得る場となった。ジャズを演奏したいミュージシャンたちも、活動写真館にかわる新たな職場の出現を歓迎した。

大阪や京都では、このようなタクシー・ダンスホールが増加したが、警察は風紀の維持を目的にきびしく規制した。一九二七年には弾圧とも呼べる取締りが実施され、ダンスホール営業ができなくなったり、地下化したりした。他方、東京や横浜が震災の被害から立ちなおりつつあり、ジャズやダンスの拠点は東にも拡散する。兵庫県や奈良県、さらには外地へと活路を求めて移動する人たちもいた。結果的に、関西で発達した日本型タクシー・ダンスホールが、東西にひろがる事態となったのである。ただし、その黄金期は長くはつづかず、一九四〇年前後で命脈を絶たれた。

本書は、このようなかたちで輸入され、発達し、そして消えていったタクシー・ダンスホールについて、日本や近隣の東アジア諸地域での歴史を再構成するものである。音楽やダンスの歴史にかかわる話題が軸となるが、ファッションをふくむ風俗史、踊り場に姿をあらわした作家や建築家たちの逸話もできるかぎり紹介した。文学史や建築史などで、これまであまり知られていなかったエピソードを補うことができればさいわいである。

筆者は一九九〇年代に『社交ダンスと日本人』（晶文社、一九九一）と『にっぽんダンス物語』（リブロポート、一九九四）の二著を上梓した。前者はダンスホールやダンス教授所に対する取締りの歴史を再構成したもの、後者は社交ダンスの普及に尽力した玉置眞吉、加藤兵次郎、川北長利らの評伝を中心にまとめたものである。だが、当時はまだ資料の発掘などができておらず、いま見かえすと誤りや不適切な解釈がみられる。そのようなまちがいを可能なかぎり訂正して、本書を執筆した。

大阪や京都、神戸のモダニズム文化については多くの研究があり、また注目も集めてきた。しかし阪神間、とくに兵庫県の尼崎市と小田村がダンスホールの「メッカ」とも呼びうる地域だったことは、あまり話題にされることがなかった。そこで、二〇二三年に尼崎市立歴史博物館で企画展「ダンスホールのまち尼崎」を開催し、その重要性をあらためて知ってもらうための機会を設けた。ただ小田、尼崎地区に展開したダンスホールの意義を、よりひろい文脈に位置づける作業が残されていた。東京や横浜、あるいは北陸や九州の状況との関連を確認し、さらには外地と呼ばれた中国大陸や朝鮮半島、台湾に展開した日本人経営のホールとの関連を跡づけることが残された課題だった。

そのために、二〇二五年に関西大学博物館で企画展「ジャズとダンスのニッポン」を開催する計画を立てた。本書は、この企画展にあわせて出版されるもので、展示の見学者に参考となる情報を提供することも出版の目的にふくまれる。しかし、展示が終了したあとも、戦前期のダンスホールや音楽に関心をいだく読者の求めに応じられるようつとめた。

戦前期のダンスや音楽については、現代の、とくに若い世代には理解がおよばないこともすくなくないだろう。そのため、本書では、事項や関係者について項目を立て、数ページずつで読みきれるようにした。したがって、重要な人物や出来事については、複数の項目に重複して記述されることがある。また、構成は企画展の内容とあるていど対応するよう配慮したものの、個別の展示品と対応しているわけではないし、紙幅の関係で展示品すべての図版を収めることはできなかった。いいわけがつづくが、東京のモダン文化やジャズの歴史についてはすでに多くの著作物があるので、東京以外の資料の紹介に力点をおいた。

事実関係について詳細な注記をほどこすことや、典拠の書誌情報を逐一記載することが望ましいにもかかわらず、これも紙幅の関係ですべてを示すことができなかった。不足する情報については、巻末に掲げた関連文献を参照していただきたい。とくに、本書の刊行にいたるまでの調査の経緯をはじめ、ダンス界、音楽界、花柳界の人物像や人間関係、風俗史的なエピソードについては、拙著『ゲイシャのドレス、キモノのダンサー』（ふみづき舎、二〇二四）に可能なかぎり記載した。本書の内容についてさらに理解を深めたい方は、参考にしていただきたい。ただし、同書は非売品で書店では流通していない。全国の公共図書館、大学図書館に可能なかぎり寄贈したので、所蔵する機関をご確認のうえ利用していただければさいわいである。

凡例

資料の引用に際しては読みやすさを考慮し、一部の表記を改めた。

現代では差別的あるいは不適切とされる語についても、それぞれの時代の歴史的用法としてそのまま残した。

注は付さず、典拠はすべて本文中に示した。

引用資料が雑誌記事などのばあい、掲載された時期を示すため、巻号ではなく刊行年月を記した。掲載ページのノンブルは略した。

新聞記事のばあい、日付は記事が掲載された紙面上部に記された発行年月日によった。朝夕刊の区別、記事の見出し、掲載面の数字は略した。地方版については、新聞名につづけてそれを付記している。

目次

第一章

さわがしい音楽

ジャズの輸入

上　河合ダンス サキソホンバンド［絵葉書（個人蔵）］

中　井田一郎［『ダンサー』1927年4月］

下　西宮ガーデンホール 前野港造ジャズバンド
［『ダンス時代』1933年6月］

ジャズの輸入
船の楽士、街の楽士、お屋敷の楽士

こんにち「ジャズ」と呼ばれている音楽は一九二〇年ごろ日本に伝わったとみられる。日本のジャズには、およそ百年の歴史があるといえるのだが、いつ、誰が、どんな曲を伝えたのかについては、わからないことが多い。そもそも、「ジャズ」という呼びかたさえ定まっていなかったからだ。

また、当時は来日したミュージシャンが日本人向けにジャズを演奏することもあった。もちろんこれについても、誰が来日した最初のジャズ・プレイヤーなのかを決めることはできない。

のちにジャズ奏者となる音楽家たちを送りだした供給源には、大きくわけるとみっつのものがあった。ひとつは「街の楽士」と呼ばれるグループで、百貨店や飲食店が宣伝のために創設した音楽隊、ブラス・バンドのメンバー。あるいは演劇、活動写真の伴奏をするための楽団やオーケストラなどで働いた楽士。ここから、ダンス音楽としてのジャズ演奏に向かった。

もうひとつは、「船の楽士」といわれるグループで、この職場を開拓したのは東洋音楽学校の鈴木米次郎（一八六八〜一九四〇）。正統な音楽教育を受けても、それを仕事にして身を立てることがむずかしかった時代、鈴木は外国航路の客船でサロン・ミュージックを演奏する業務に教え子たちを送りだした。一九一二年のことである。やがて、客船には「街の楽士」たちも合流する。船が北米の港につくたびに、彼らは最新の音楽を聴き、楽譜を手に入れ、楽器をもちかえった（武石みどり監修『音楽教育の礎』春秋社、二〇〇七）。

彼らは欧米人の利用するホテルでも奏楽を担当。東京の帝国ホテルや横浜のグランド・ホテル、神戸のオリエンタル・ホテルなどだ。やがて専用の踊り場もつくられ、一九二〇年に開かれた鶴見の花月園舞踏場では専属のダンス・オーケストラが編成された。開場当初のメンバーは確定できないが、井田一郎や宍倉脩、阿部万次郎、仁木他喜男、原田六郎らがいた。井田が退いたあとは、波多野福太郎、鑛次郎兄弟らのハタノ・オーケストラが演奏し評判をとる。だが、このころの演奏が、「ジャズ」と呼ぶにふさわしいものだったのかどうか、評価はむずかしい。

日本でジャズということばがつかわれはじめるのも一九二〇年のこと。まずは米国の舞台で活躍したジュリアン・エルティンジの一座。彼らは一九二〇年一月に来日、東京の帝劇や横浜のゲーテー座、大阪中之島の中央公会堂などでステージに立った。エルティンジは女装して演技をすることで人気を博したが、出しもののなかにはジャズの演奏やダンスがあったとされる。ただ、これも後年の回顧のなかで「ジャズ」だったと書かれるばかりで、判断はむずかしい。

同年六月に来日したカリフォルニア大学グリー・クラブの一行は花月園でダンスのためのジャズを演奏し、中国大陸での公演の帰途、七月から八月にかけて神戸、大阪、東京でジャズの演奏を行なった。このときの新聞広告が、「ジャズ」という語をつかった早い例といえそうだ。

レコードでしか聴いたことがなかったジャズを耳にして衝撃を受けた関西のダンス愛好者たち。そのことを回想しているのは美容家の梅本文子（一九〇三〜一九九三）。「米国のボードビルのエルチエ《ママ》ンヂ一座と、カルフオルニア大学生の音楽団が中央公会堂で聞かせたので、当時のダンス党がビツクリしたものです」と(『ダンス時代』一九三三年一一月)。梅本はダンス愛好者の集まり「踏華倶楽部」を創設、内外のミュージシャンによるバンドを編成してダンス・パーティの場で伴奏を担当させた。住吉の観音林倶楽部とも結びつきのある集まりだ。この奏者のなかに、井田一郎や高見友祥、山口豊三郎らがいたのだという。

東京浅草生まれの井田一郎(一八九四〜一九七一)は、三越少年音楽隊から東洋汽船の楽士となり、花月園舞踏場での演奏も経験した。その後、宝塚少女歌劇に在籍した時期があり、若い仲間たちとジャズを研究する。だが、周囲の理解が得られず、じゅうぶんな演奏の機会を与えられることなく宝塚を退く。これが一九二一年のはじめごろとみられる。行動をともにしたミュージシャンを引きうけたのが神戸の北尾商会、北尾禹三郎だった。北尾は大阪、神戸で洋楽の普及に寄与した人で、このころは楽器商を営んだ。アマチュアのバンドを編成し、舞踏会の会場などに派遣、ジャズを演奏させる業務もしていたようで、「北尾ジャズ」の名で記憶された。メンバーのなかから腕のよい者をえりすぐって編成したのが「ラフィング・スターズ」だったと考えられる。創設は、一九二三年とされる。

「ラフィング・スターズ」のメンバーは、井田一郎、高見友祥、山田敬一、岩波桃太郎だった。現在では、この神戸のバンドを日本人最初のプロのジャズ・バンドだったとすることが多い。神戸のジャズ百周年などというのも、このバンドの創設から起算されたものだ(神戸新聞文化部編『神戸とジャズ100年』神戸新聞総合出版センター、二〇二三)。だが、これよりも早い時期に同じく井田や山田、山口らが「ゴールデン・フォックス」というバンド名で大阪で演奏したことがあり、それが日本人最初のプロなのではないかとする異論も、かつて主張されたことがある(『ダンスと音楽』一九五九年一月)。どちらも井田らがかかわっているのだが、井田じしんの回顧にはこのゴールデン・フォックスがあらわれないし、新聞や雑誌の記事でも見つかっていない。確定はむずかしく、菊池滋彌や内田晃一も、どちらが最初といいうるのか判断を留保している。かりにゴールデン・フォックスというバンドに演奏実績があったとしても、一夜かぎりの結成だったかもしれず、継続的に活動したプロの最初がラフィング・スターズだったと理解するのが妥当なところだ。

さらに、プロではない音楽家にまで目を向けると、東京でも早い時期からジャズに挑戦する若者たちがいた。富豪の御曹司たちが、邸宅のなかに新しい楽器をもちこんで練習をしていたもので、ここでは「家のなかの楽士」、いや「お屋敷の楽士」とでも呼んでおこう。「船の楽士」、「街の楽士」それに「お屋敷の楽士」。すくなくともみっつの源流がまざりあうことでジャズを演奏する人びとのつながりが生まれた。誰が日本で最初のジャズ奏者なのかを確定することは簡単ではない。けれども、ジャズを演奏する「場」に目を向けると、このあと都市部に展開していく商業的ダンスホールが、黎明期のジャズを育てる揺り籠の役目を果たしたことはまちがいない。

さて、関西ではこのように一九二〇年代には新しい音楽の勃興が確認できる。けれども、〈東京や横浜が一九二三年の関東大震災で大きな打撃を受けてしまったから関西が先行した〉と単純にとらえられるものではない。もちろん、関東で音楽やダンスにかかわっていた人びとが関西に拠点を移し、関西の音楽、舞踏の発展に貢献したことも事実だ。しかし、震災以前から関西には洋楽洋舞の発展がみられた。関西の富裕層がパトロンとなり多様な活動を支援していたこともあるし、欧米とくにロシアから来日した音楽家や舞踏家が関西に居住していたことも、関西の洋楽洋舞の水準を高めた一因として数えることができる。

たとえば映画評論家の淀川長治は、少年時代に神戸の活動写真館でロシア人ピアニストのソコロフスキーが演奏していたことを記憶している（『淀川長治自伝（上）』中公文庫、一九八八）。この人は後年、宝塚少女歌劇でも指導したとされるが、そのほか神戸で平茂夫や飯山茂雄らを教え、アマチュア時代の井田一郎らといっしょにダンス・パーティで演奏したこともあるようだ。

クラシック音楽やバレエのステージに生きたロシア人たちは、生活のために日本人に技術を教え、あるいは娯楽施設などで商業的な音楽を演奏したり、社交ダンスのレッスンをしたりした。それは本人たちにとって不本意な妥協だったかもしれないが、関西の人びとの洋楽洋舞への関心を高めた。宝塚や松竹で指導にあたる者もすくなくなかったから、宝塚少女歌劇や松竹ガクゲキ部の舞台をとおして多くのファンを魅了することにもつながった。そのような意味では、関西の洋楽洋舞の歴史は、二〇世紀初頭のヨーロッパの混乱が東アジアにもたらした結果のひとつとみることもできよう。

しかしながら、来日外国人、とくに芸術系の仕事にたずさわった勢力を、たとえばロシア人だけに限定して考えることも事態を見誤らせる。

大正時代のなかば、横浜や神戸の港には外国航路の客船が立ちよった。旅行者だけでなく、船の乗務員もふくめ、上陸した外国人はすくなくない。なかには長期の滞在におよぶケースもあったし、日本で暮らし、家族をもった人もいた。欧米だけでなく、フィリピンのマニラやハワイのホノルル、中国大陸の上海などから来日する人びともいる。そういった人たちがもちこんだ音楽はクラシックにかぎらず、娯楽的要素の強い楽曲もあり、ジャズもふくまれていた。のちにはハワイアン音楽も、航路によってもたらされている。

世界から、多様な音楽とダンスが輸入された。それらに親しむだけの度量や経済力が当時の関西にはあり、明治時代のように学校や軍隊の内部だけではなく、娯楽施設や飲食店など民間の事業者が音楽をもちい、ダンスを利用して客をよろこばせた。このようにして育てられたジャズやダンスは、やがて震災の被害から立ちなおった東京、横浜にもひろがっていった。

ところで、京阪神か京浜かを問わず、なぜこの時期にジャズが受けいれられていったのだろうか。

明治期をつうじて西洋音楽が導入され、教育現場でも西洋の平均律にもとづいた音楽が定着していく。五線譜に記載された楽譜を読解し、洋楽器で演奏する技術をもつ人びとがふえた。日本の楽曲を西洋楽器で演奏したり、西洋音楽の伴奏に日本の楽器をもちいたり、和洋合奏をしたり、さまざまな試みがひろがる。こうして、洋楽と邦楽とが併存する二重構造がつづいた。芸能の世界や、地域の暮らしに根づく民俗行事においては、古い音楽が残される。いっぽう、都市部での暮らしや娯楽のなかでは日本の伝統的な十二律による音楽よりも、西洋の平均律音楽が優位に立った。

伝統的な音楽の世界からは、洋楽が支配的になっていくことに対する拒否反応もあった。そもそも古い時代に起源をもつ和楽器は、そのままのかたちで西洋音楽を奏でることができない。三味線などは調弦によって近似的な音を出して西洋音楽の演奏にくわわることが可能だったが、笛のような楽器では設計からしなおさないかぎり、西洋音楽では異音と聴かれる音しか出せない。

もちろん、ぎゃくに西洋の楽器を日本の伝統的な十二律に合わせる可能性はあった。だが、日本の音楽教育や音楽産業では平均律による音楽に芸術性が認められ、日本の、とくに三味線音楽は遊芸にともなうものとして貶められた。けっきょく、平均律による西洋音楽が選ばれたのである（千葉優子『ドレミを選んだ日本人』音楽之友社、二〇〇七）。人びとの暮らしのなかには伝統的な音楽がまだまだ生きのこってはいたものの、洋高邦低とも呼べる構造が形成されていく。

明治時代後半から大正時代にかけて学校教育を受けた世代は、日常的に西洋音楽にふれる機会をもった。この世代が成長し、唱歌や軍歌になじんだだけでなく、西洋のクラシック音楽や大衆音楽に違和感をもたなくなる。いや、西洋の芸術に憧れ、そして嗜みとした。これが、大正時代の後半から昭和初期の状況だったと考えられる。洋楽専門の演奏家や歌手が育成されるだけでなく、実演や複製音楽として西洋音楽を聴く享受者がふえた。こうして一定の地ならしがすんでいたからこそ、一九二〇年代以降、洋楽、それもジャズのような大衆的な音楽がひろがることが可能になった。

神戸オリエンタル・ホテル
[絵葉書（個人蔵）]
神戸の海岸通にあった。

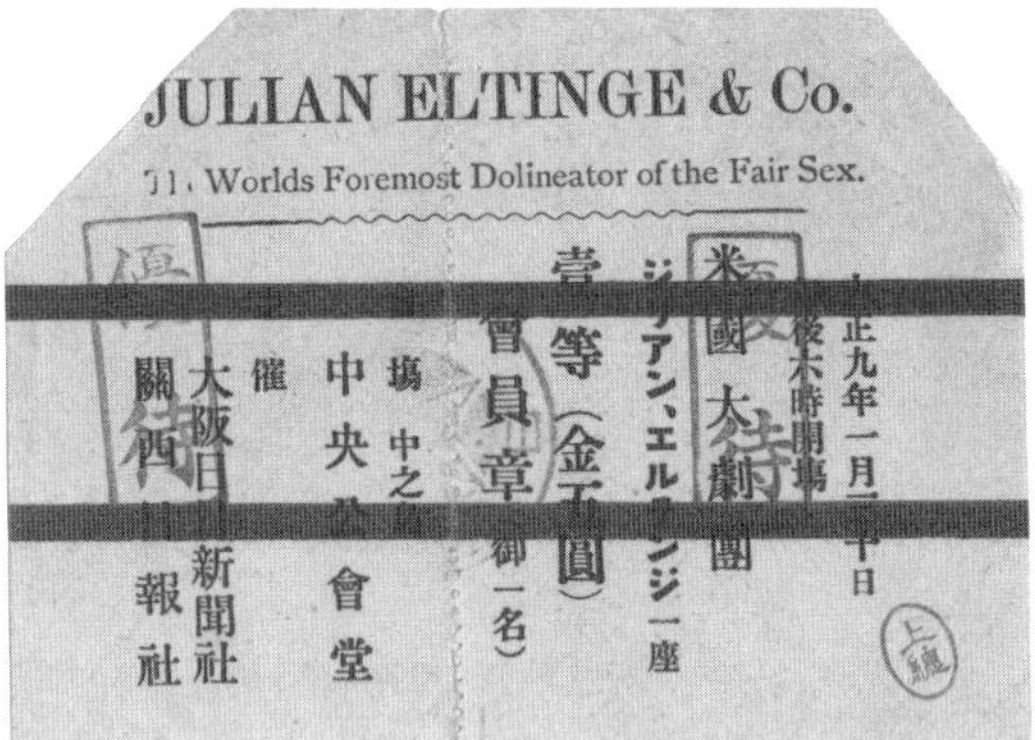

ジュリアン・エルティンジ公演会員章
（個人蔵）
券面には「ジリアン・エルテンジ一座　壹等（金五圓）會員章」とある。1920 年 1 月 30 日、中之島の中央公会堂での公演のもの。

梅本文子
[『ダンス時代』1934 年 4 月]
夫の梅本伊三郎とともに黎明期の社交ダンス、ジャズを支援した。のち、ミニオン美容室を開く。

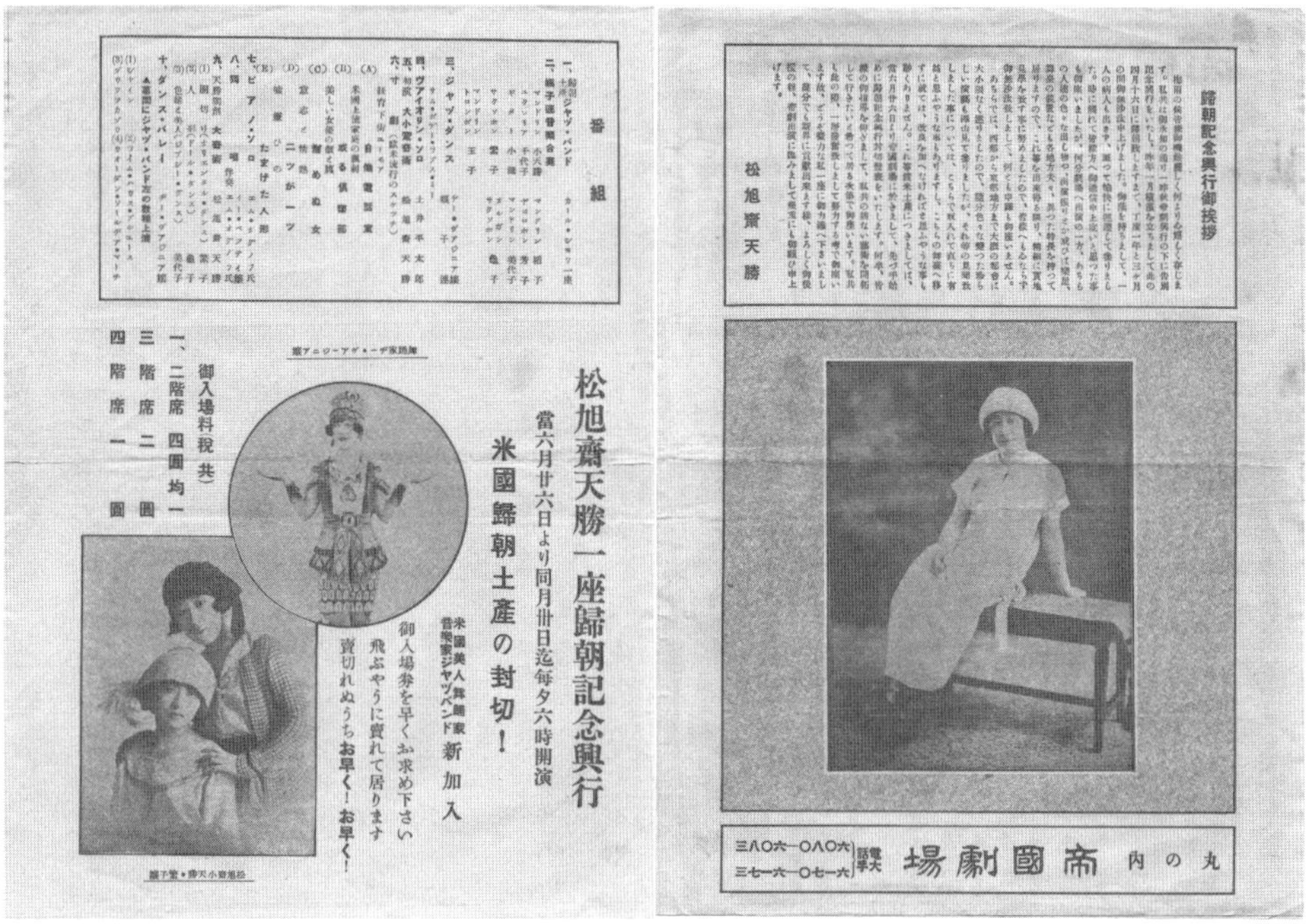

松旭斎天勝一座帰朝記念興行
［公演チラシ（個人蔵）］
1925年6月、帝国劇場での公演のもの。カール・ショウ一座のジャズ演奏はじめ米国から連れてきたヴァジニア嬢のダンスなどもあった。

住吉観音林倶楽部から神戸「北尾ジャズ」へ

オリエンタル・ホテルでは、一九一九年のはじめごろからティー・ダンスがはじまった（神戸又新日報、一九一九年一月三〇日）。さらに、同年二月二二日のワシントン生誕祭には仮装舞踏会が夜を徹して催される。第一次世界大戦の休戦気分もあってか、米国人を中心に参加者たちは大はしゃぎだった。それまでの舞踏会では古典的な音楽にあわせ伝統的なダンスが踊られたのに対し、この時期からは「最流行のホックス・ツロット」すなわちフォックス・トロットがとりいれられ、変化の兆しを見せる（神戸又新日報、一九一九年二月二四日）。そして、外国人と交流する日本人たちも、新旧のダンスのたのしみを知ることになる。

関西の社交ダンス流行の源となった愛好者の集まりのひとつが、住吉の「観音林《かんのんばやし》倶楽部」である。

この一帯は富豪たちが暮らす良好な住宅地で、早くから社交のためのクラブがつくられた。甲南漬の製造元、高島家が御影東明《とうめい》に設けた交流施設「明徳軒」に拠点をおく。その活動のなかに舞踏会がもちこまれたようだ。欧米人と交際する者もいたし、留学や商用で欧米での生活を経験した者もふえてきたから、当然のなりゆきだったといえる。

観音林倶楽部で洋楽の普及につとめたのが北尾《きたお》禹《う》三郎《さぶろう》だった。北尾は大阪で長くつづく書肆に生まれた。この北尾商店が大阪朝日新聞の売捌所となり、その家に生を受けた禹三郎は財にも恵まれる。その資金を、

洋楽に投じた。大阪フィルハーモニーの創設時にもかかわっていたようだ。楽器商にも手をひろげ、神戸三宮に店を出す。

いっぽう、住友に勤務していた小高親《おだかあきら》というパリ帰りの人が、妻の萬亀子とともに、地域の人びとに社交ダンスを伝えた。小高は、オリエンタル・ホテルで外国人とダンスをたのしみ、のち、諏訪山の武徳殿別館で「トロッタース倶楽部」の活動をはじめた（神戸新聞社編『海鳴りやまず　第二部』神戸新聞出版センター、一九七八）。さらに、住吉の住まいに近い会場でも踊りをたのしんだが、満足できず、大阪ホテルでの舞踏会開催を計画。一九二一年の初夏、六月二五日の夜に約五百名を集め、ダンス・パーティが開催された（大阪朝日新聞 大阪毎日新聞、一九二一年六月二六日）。伴奏は第四師団軍楽隊で、北尾禹三郎は、この軍楽隊に籍をおいていたことがあるという。

この夜の舞踏会によって、関西の社交ダンス界は活気づく。ひとつは参加していた女性たち、なかでも内藤周子《ないとうちかこ》ら「ピアノ同好会」の動き。メンバーは大阪で社交ダンスによる交流をはかろうとする。会員の自宅だけではなく、神戸オリエンタル・ホテルなどで踊りをたのしんだ。ただ、夫をもつ女性たちの社交ダンスには冷ややかなまなざしが向けられ、この流れは断たれる。

もうひとつは京都への波及。舞踏会の雰囲気は十字屋楽器店の田中ゆきと、京都高等工芸学校の本野精吾を触発する。ヨーロッパでの生活を経験した本野はダンスについてもくわしかった。十字屋の田中ゆきは夫の死後、事業をひきつぎ、仕事をつうじて京都での音楽普及につとめていた。大正琴の売上げが好調で、十字屋は社屋を改築。その際、建物三階にホールを設ける。回顧によっては本野精吾が設計にかかわったとするものもあるが、確証はない。しかし、田中ゆきと本野精吾が協力するかたちで京都にも社交ダンスの場がつくられ、人の輪がひろがった。観音林倶楽部は、大阪、京都の社交ダンス愛好者のネットワークの活動と連携する。たとえば、のちに京都十字屋で社交ダンスのレッスンをする際、本野は小高からロシア人女性教師を紹介してもらっている。

このようなネットワークは、パーティなどの際には、ダンス愛好者たちの集まり「踏華倶楽部《とうか》」

の人脈とも重なっていた。パーティなどの際には、伴奏を担当するミュージシャンが集められるのだが、北尾がめんどうをみていた井田一郎はじめ「北尾ジャズ」のつながりがあってこそのことだろう。

大阪での社交ダンスの集まりは、北浜ホテルや今橋ホテルを会場とし、大江ビルの中央倶楽部などもあって、楽士たちの仕事の場もふえた。こういった場所で社交ダンスを教授したのが、欧米のダンス事情を視察してきた加藤兵次郎だった。加藤は愛好者の集まりやホテルのダンス・パーティにかかわっただけでなく、天下茶屋の山本市次郎邸など個人宅への出張教授も行ない、愛好者の拡大につとめた。

北尾禹三郎じしんの関与について確証はないのだが、北尾商会は、たとえば神戸の中央公会堂でハワイアン・ギターの演奏会も催している。新聞報道によれば、来演したのはハワイ出身のカアイらのグループ。これがアーネスト・カアイ（Ernest Ka'ai 一八八一～一九六二）だとすれば、日本のジャズの黎明期に多くのミュージシャンを育てた人物を、北尾は早くに招いていたことになる。

ただ、北尾禹三郎についての情報は、その後、見るべきものがない。家庭と事業と、その両方を失ったからだ。音楽の道を選んだ際に家業の新聞販売からは離れていたし、楽器店の経営は堅実さを欠いた。妻との関係も破綻したようだ。結果的に、北尾は社交ダンス、音楽の世界から姿を消す。事情を伝えるのは、当時、北尾商会に勤務していた松本望（一九〇五〜一九八八）で、「北尾ジャズ」のようすをとらえた写真も残されている（『回顧と前進 上』電波新聞社、一九七八）。松本は、このあと神戸を離れ東京に進出し、音響機器を製造する福音電機、現在のパイオニアを創業する。

北尾バンド
[松本望『回顧と前進 上』電波新聞社 1978]
撮影時期は不明。「北尾商会の従業員やお得意さんが集まって素人バンドが誕生」とある。左から４人め、小脇に楽器を抱えているのが松本。

踏華倶楽部で演奏中のハウス・バンド
[『別冊一億人の昭和史 日本のジャズ』毎日新聞社 1982]
撮影時期は「大正 14 年」とされる。

大阪の大江ビルヂングにあった中央倶楽部
[『ダンサー』1927 年 4 月]
手前がダンサー席で、背後がバンド席。大江ビルヂングは、衣笠町（西天満２丁目）に現存する。

大阪北浜「灘萬ジャズ」から「道頓堀ジャズ」へ
サキソフォンの草分け前野港造

ジャズの流行は関西で先行した現象であり、関東大震災で大きな被害を受けた東京では、復興を待って、そののちジャズがひろがった。日本のジャズ史に関する著作では、だいたい、そのように記述されている。だが、流行の中心が東京に移ったあとの地方の動向は、あまりふりかえられることがない。東京や横浜の復興後も、関西にはたくさんのダンスホールがあった。ホールだけでなく、カフエーでもジャズは演奏されたし、劇場その他が演奏家たちの活動拠点になっていた。有力なレコード会社も、放送局もある。これら関西の事情は、いまとなっては忘れられつつあるようだ。不足する情報を補うためにも、京阪神のジャズ史をもうすこしていねいに跡づけておく必要がある。

関西で早い時期にジャズを聴く機会を得たのは神戸の人たちだろう。オリエンタル・ホテルをはじめ外国人が宿泊する施設での舞踏会や演奏会でジャズは演奏された。神戸クラブなど在日外国人の社交機関での披露もある。一九二〇年代のダンス・パーティではまだ古典的な楽曲が愛好された。軍楽隊出身者などが管絃楽団を編成し、舞踏音楽を演奏するかたちで踊りの場をつくっていた。

やがてジャズを伴奏に踊られるフォックス・トロットが人気を博すようになる。チャールストンやブラック・ボトムのような新しいダンスももたらされた。来日したミュージシャンや、輸入されたレコード、楽譜によって楽曲が伝えられ、それを日本人も演奏する。アマチュアやエキストラにすぎなかったミュージシャンにギャラを支払い、あるいはスポンサーになって生活を助けたのは関西の富裕層だった。

音楽に資金を出すことができる富裕層に属する人びとは、外国人との社交のため、あるいは日本人どうしの懇親のためにダンスもとりいれた。留学や商用、視察などで欧米の地を踏んだ洋行帰りもいる。たのしみや懇親のために設けた場に、ジャズを演奏できるミュージシャンが招聘される。当初は外国人が主力だったろうが、日本人でもそういう場にくわわる者がふえる。さきがけになったのは、ジャズ史でもよく知られる「ラフィング・スターズ」。これについては「ジャズの輸入」の項にある井田一郎や北尾ジャズについての説明を参照されたい。

神戸のホテルでは、客船に乗務するバンドの客演や、神戸に居ついたフィリピン人によるジャズ演奏を聴くことができた。そういった場に、大阪や京都からもジャズ好き、ダンス愛好者が通う。耳で曲を、目で奏法をおぼえる。それを、自分たちの演奏に活かそうとした音楽家もいた。そのひとりが前野港造だった。

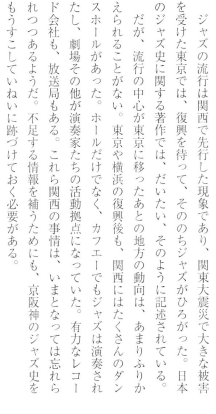

大阪の北浜にあった食料品店「灘萬」は、当時、レストランやホテルを開き、洋食の提供や洋風宿泊施設の経営に進出した。一九二三年の開業とみられる灘萬ホテルは、食堂での生バンドによるジャズ演奏を売りものにする。前野港造は、このステージで演奏した。花月園での演奏経験もあるサキソフォンの草分け的存在だ。前野らの「灘萬ジャズ」を評価していたのが少年時代の服部良一で、服部は大きな影響を受けた。

灘萬のほかにも大阪には商業的ダンスホールが開かれていた。バーやカフエーからダンスホール営業に転じた「コテジ」や「パウリスタ」、「ユニオン」など。あるいは、クラブ組織から発展したとみられる「パリジヤン」や「中央倶楽部」もあった。コテジのような小規模の踊り場では伴奏をレコードに頼ったが、高級志向の店はバンドを入れた。活動の場がふえることでミュージシャンも育つ。劇場での演奏機会もあったから、繁華街だった道頓堀や千日前に多くのジャズメンが集まった。灘萬ホテルが短命に終わったこともあり、大阪ジャズは道頓堀に集中する。「道頓堀ジャズ」の時代だ。

服部良一は道頓堀の鰻料理店「出雲屋」が宣伝のために創設した少年音楽隊で訓練を受ける。出雲屋と道をはさんで反対側には今井楽器店があった。現在は、うどんが名物の料理屋「道頓堀今井」だが、戦前の大阪では知られた楽器商。その店頭に展示された金色に光る洋楽器を、服部少年は飽かずに見つめたという。三越、いとう屋（松坂屋）、髙島屋など往時の百貨店は少年音楽隊をもっていた。クラシックの教育を受けた専門家が演奏の基本を指導したから、技術は高い。けれども、百貨店や飲食店がブラス・バンドをかかえつづけるのは負担が大きく、じょじょに解散となり、隊員は次の職を探した。これがジャズ・ミュージシャンの人材供給源のひとつだ。

もうひとつの供給源は、活動写真館で伴奏を担当した楽士たち。彼らをたばねる興行師がおり、活動写真館はじめ洋楽を必要とする場に派遣していた。なかには高い技術を身につけた奏者もふくまれる。だが、無声映画から、じょじょにトーキーに移行するなかで楽士たちは失職のおそれに直面。もちろん、すぐに放りだされたわけではない。ジャズ演奏は映画上映のあいまの余興にもなったし、音楽を聴くために映画館に通うファンもいたから、独立した番組としてジャズを聴かせダンスを見せる興行がなりたつ。大阪、神戸、京都の松竹座では、そういった出しものをたのしむことができた。高い技量をもったミュージシャンはステージ出演の機会をチャンスにして、やがて常設のダンスホールに雇われたり、レコードの吹込みに呼ばれたりするようになる。

道頓堀には多くのミュージシャンがいて、おたがいに刺激しあう関係にあった。演奏を聴いて声をかけ、新しいバンドが編成される。離合集散のなかで、楽士たちのネットワークはひろがった。ところが、大阪のダンスホール営業が禁止になり、活動の場は府外に移る。なかでも阪神間の小田村、尼崎市に立地したダンスホールは優秀なミュージシャンを雇用し、高い音楽水準を維持することで踏客を集めた。

ジャズ黎明期に位置づけられる神戸「北尾ジャズ」。そのあとに短期間ながら「灘萬ジャズ」があり、影響力の大きい「道頓堀ジャズ」の時代を経て、「阪神間のジャズ」の時代あるいは「国道時代」が到来する。

ダンスホール営業が禁止された大阪府内でも、カフエーでのジャズ演奏が容認されるようになる。ダンスをともなわないかたちで、飲食店でのジャズは復活。ステージでのジャズ演奏も禁じられなかったから、レヴューなどの舞台でジャズをたのしむことはできた。「道頓堀ジャズ」は、松竹座などの舞台のなかに生きつづけることになる。

前野港造
［西宮ガーデン広告『ダンス時代』1937年5月号］

出雲屋少年音楽隊の鳴尾での練習風景
[『ジャズ批評』1972 年 6 月]
前列左から 3 人めが服部。

大阪名所道頓堀
[絵葉書（個人蔵）]
右（北側）の店が鰻料理の出雲屋、左（南側）の洋館づくりの建物が今井楽器店。

今井楽器店とミニヨン美容室

「道頓堀ジャズ」の拠点となったのは、大阪松竹座とその周辺のカフエーやバーなど飲食店だった。活動写真の伴奏をしていた音楽家たちは新しい音楽「ジャズ」に魅せられる。神戸港に旅客船がつくと、船の楽団が神戸オリエンタル・ホテルなどで客演する。それを聴きに出かけ、また新着の楽譜やレコードを参考に楽曲や奏法を学んだ。けれども、ジャズを専門にしても仕事はない。生活のために、また経験を積むために、映画館だけでなく飲食店にも出演する。井田一郎や前野港造ら日本のジャズ黎明期に活躍するミュージシャンも、例外ではない。井田一郎は神戸の「北尾ジャズ」の、また前野港造は北浜の「灘萬ジャズ」の輪のなかにいた。顔見知りだった彼らは、戎橋北詰のダンスホール「パウリスタ」の専属楽団を結成、さらに千日前「ユニオン」に移って「チェリーランド・ダンス・オーケストラ」として活躍する。

作曲家で「Jポップの父」とされる服部良一は、鰻料理の「出雲屋」が宣伝のために創設した出雲屋少年音楽隊で洋楽の訓練を受けた。出雲屋の向かいには今井楽器店があり、ショー・ウインドーに陳列された金色の楽器は服部の目をとらえて離さなかった。その後、アダム・コバチからサックスを習い、ジャズの世界に入っていく。神戸と大阪のミュージシャンが出会い、船の楽士と街の楽士が交流して「道頓堀ジャズ」の時代がつくられる。東欧や東南アジアからやってきた人たちもかかわる。

ただし、大阪府は一九二七年にダンスホール営業を禁止。ホテルや飲食店でジャズを演奏することは許容されたものの、ジャズにあわせてダンスをたのしむことはできなくなった。そのため、ダンスホールは阪神間など隣接する地域に拠点を移す。

いっぽう大阪には社交ダンスを愛好する人びともいた。同好会あるいはクラブのかたちでたのしむばあい、通常はピアノ伴奏やレコード伴奏で踊られるが、パーティなどではバンドの演奏で踊るのが望ましい。ジャズを演奏できる音楽家を雇い、ダンスの伴奏をさせたのが「踏華倶楽部」。神戸「トロッタース倶楽部」や住吉「観音林倶楽部」以来の人脈に連なる梅本文子らによって運営された集まりだ。大正時代の後半には ホテルのボールルームなどをつかってパーティを開催。そこに、井田一郎の「ラフィング・スターズ」などが呼ばれた。梅本文子の夫伊三郎もダンス愛好者で、梅本伊三郎は、のち一九三〇年には雑誌『ダンスファン』の創刊にもかかわる。梅本夫妻はいわば社交ダンスとジャズ音楽のパトロン的な存在だった。

梅本夫妻は関西の美容界の草分けでもあり、文子は一九三一年に心斎橋筋新屋敷西に「ミニヨン美容室」を開いた。すでに大阪府下でのダンスホール営業が禁じられたあとだが、場所はダンスホール「南パリジヤン」があったあたり。梅本文子は、この時期にも、大阪市内でのダンス・パーティ開催を呼びかけている。美容室は神戸三宮そごう百貨店にも店を出し、さらに「シモン」というチェーンを展開。阪神国道のダンスホールのダンサーたちも、ミニヨンでパーマネント・ウエーブをかけるなどしていたようだ。心斎橋のミニヨン美容室は、大阪府南河内郡で大美野田園都市を手がけた下村喜三郎の設計により、画家の井原宇三郎が命名した。心斎橋の店では、ヘアメイクや美容施術のサービスをしただけでなく、階上でフランス人形づくりの講習会を開催するなど女性たちの交流の場を提供した。

夫妻は、戦前戦後をつうじて大阪の美容業界のリーダーとして活躍。ミニヨン美容室は、第二次世界大戦後も新阪急ホテルの宴会部門で美容や着付を担当するなどした。

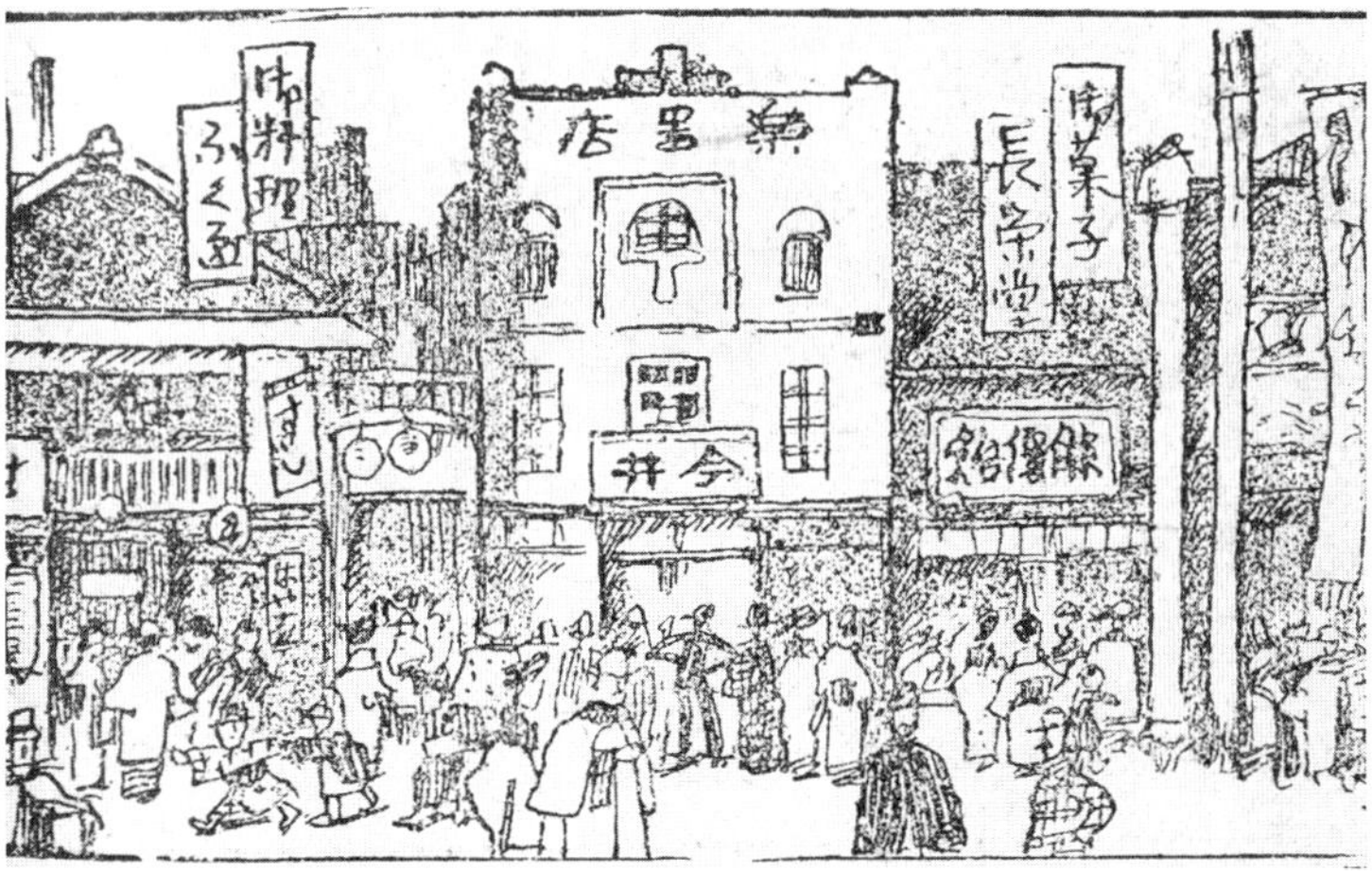

今井楽器店

[『道頓堀』14 号 1920 年 4 月（関西大学図書館蔵）]

「道頓堀南側西ヨリ」と題されたイラストの部分。中央が今井楽器店。第 2 次世界大戦後は飲食店に転業し、現在は味わい深い出汁で名高い「道頓堀今井」。東側の路地は「浮世小路」と名づけられ、往時の界隈の雰囲気を再現。サックスフォンも飾られている。

ごあいさつ

千九百三十一年盛夏
ミニヨン美容室にて
梅本文子

表紙
待合室に於ける経営者

1

ミニヨン美容室　外観
[開業時のパンフレット「ごあいさつ」1931
(個人蔵)]
建物正面および店内の写真。玄関の扉の上には
「COIFFUR POUR DAME」(女性のための美容師)
とある。

ミニヨン美容室　待合室と梅本文子
[同パンフレット]

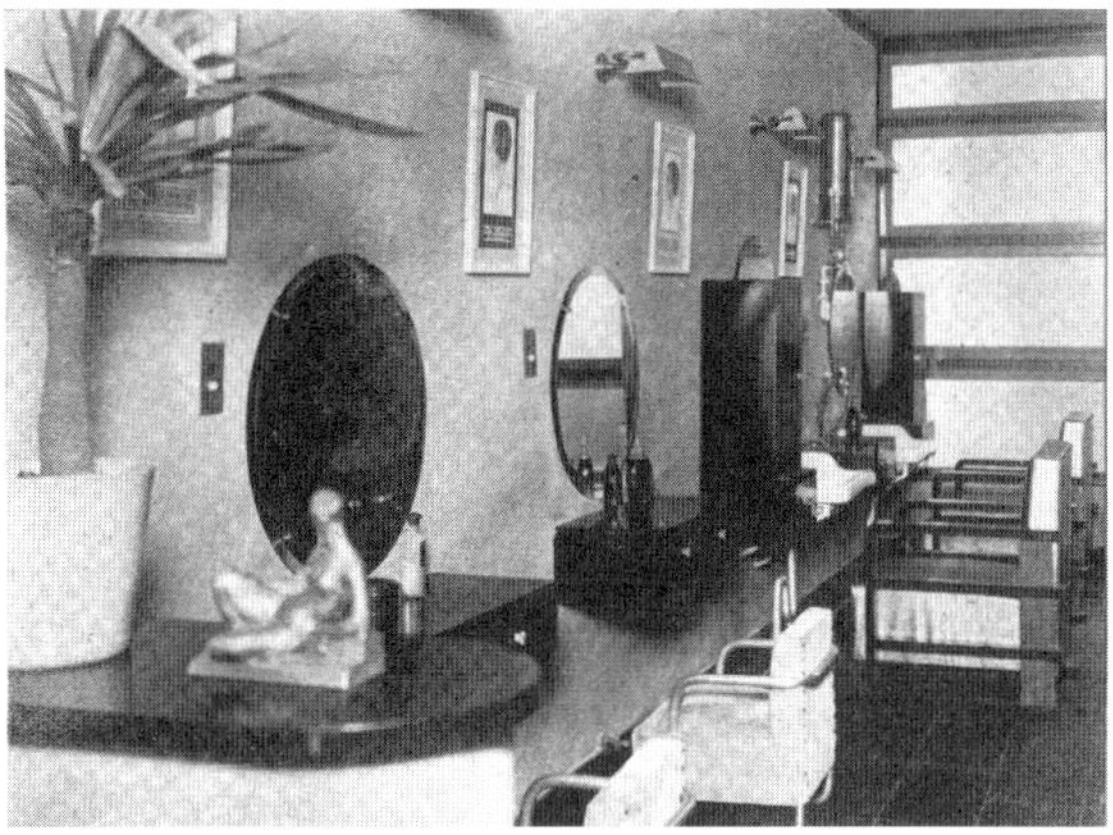

ミニヨン美容室　内部
[同パンフレット]

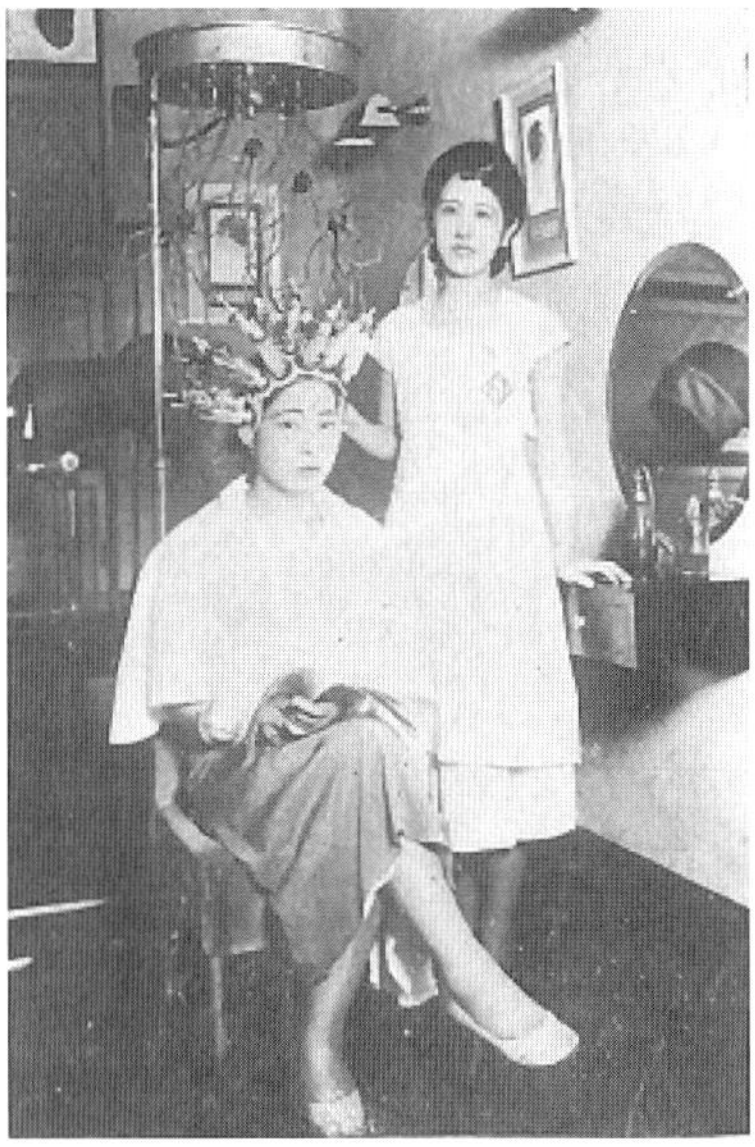

ミニヨン美容室広告
[『ダンスファン』1932年12月]
髪にスパイラルをかけているのは尼崎ダ
ンスホールのダンサー濱花子。

松竹ガクゲキ部、松竹管絃団とジャズ演奏

大阪松竹座（一九二三年竣工、開場）は、大阪の洋楽洋舞のメッカだった。もちろん、伝統的な芸能の披露の場でもあったのだが、洋画上映に際しての伴奏の必要から洋楽を演奏する楽団がつくられる。これが、のちにジャズの拠点となる契機だった。先行する宝塚少女歌劇への挑戦、対抗という意味あいもあり、松竹は洋舞を踊る「女生」を募集、育成した。生徒とはいえ、れっきとした舞台女優である。ただ、世間には「女優」を侮蔑する人もいたので、そのことばを避けていたようだ。

　当初はサイレント映画の伴奏者であったミュージシャンも、じょじょに役目を変える。新しい音楽、とりわけジャズの人気は高く、映画とは別の独立した出しものとしてプログラムに組みこまれる。メンバーは「松竹座管絃団」（松竹管絃団とも）に所属していたが、別に、「松竹ジャズ・バンド」が編成される。松竹座が立地する道頓堀界隈にはカフエーや映画館も多く、楽士たちはかけもちで仕事をした。

　女生たちについても洋舞を中心とした養成がなされ、ステージ・ダンスが呼びものになっていく。大正末期にはジャズの演奏にあわせたジャズ・ダンスが披露され、のちにはレヴュー形式の「春のおどり」に練りあげられていく。当時、舞踊は「をどり」と表記され、古い花街の恒例の会も「都をどり」や「芦辺をどり」と書かれた。だから「を」を「お」に変えた「おどり」という字面だけでも斬新な印象を与えたのだという。松竹座の舞台では、花街の「をどり」も、ガクゲキ部の「おどり」も、その両方を見ることができた。

　では、大阪松竹座でジャズが演目となったころの経緯をふりかえろう。

　松竹座では、映画上映のあいまに管絃団による演奏が行なわれた。ミュージシャンたちは、「ガクゲキ部」（楽劇部とも）と共演することもある。そういう稽古場の風景を書きのこしたのが大衆作家の奥野他見男だった。鶴見の花月園ボールルームで社交ダンスのたのしさを知った奥野は、東京からわざわざ神戸のオリエンタル・ホテルの舞踏会に出かけるほどの熱心な愛好者になる。そして、大阪の踊り場もめぐり、河合ダンスやコテジ、パウリスタについてのレポートも書いた。松竹ガクゲキ部の女生たちといっしょに社交ダンスを踊ったエピソードもある。その際、ピアノで伴奏をしたのは井田一郎だとみられる（奥野他見男『僕も嬉しや嫁もろた』潮文閣、一九二五）。

　また、おそらく一九二六年の前半のことと考えられるのだが、松竹座が「客席と舞台とを開放して破天荒の新年会」を開催し、ガクゲキ部の女生がパートナーになるかたちで舞踏会を行なったとの回顧もある（左《さ》方一夫《かたかずお》「僕のダンサー人名録【二】」『ダンス時代』一九三八年一月）。「破天荒」というのは、ガクゲキ部の女生たちと踊った点にとどまらず、松竹座の管絃楽団が伴奏したことや、めんどうな警察への事前の届け出をせず、内々に、いや大胆にも舞踏会を開催した点を評しての表現だ。左方は、この夜のことを「日本社交舞踏史とでもいうものを誰か書き綴る人あるならば、書き落すことの出来ない出来事だつた」と述懐する（左方一夫「僕のダンス青春譜（Ⅱ）」『ダンスと音楽』一九五三年八月）。

　左方は、宝塚少女歌劇の雑誌『歌劇』や写真の専門誌『フォトタイムス』などに寄稿したことのある文筆家だが、関西を拠点にステージ評や

ダンスホールの記事を多く書き、第二次世界大戦後の復興期に関するルポルタージュも残してくれた人物だ。残念ながら、左方の回顧以外でこの夜のことをくわしく伝える新聞雑誌の報道は見いだせていない。ひろく告知された催しではなかったからだろう。だが、左方の思いを受けとめ、松竹座の「新年会」についてはここに書きしるしておきたい。

松竹座は、もちろんダンスホールではない。しかし、そこにはダンスを踊るために必要なものがそろっていた。いや、松竹座をふくむ道頓堀界隈は、ジャズとダンスの街になっていた。

一九二六年の二月。番組は「音楽の春を迎へんとして」。松本四良の指揮で管絃団はさまざまな楽曲を披露する。そのなかに「ジヤッヅバンド」の演奏が組みこまれた。ジャズの演奏を担当したのは松竹座管絃団のメンバーから選抜されており、ユニット名は「松竹座ジヤッヅバンド」とされた（『松竹座ニュース』一九二六年二月二五日〜三月三日）。

公演はさらに次のステップへ。三月一八日からは「松竹楽劇部女生」の出演、「松竹座ジャズ・バンド」の演奏による「舞踊ジャズ・ダンス」。単独ではなく映画「漂泊《さすら》ひ人《びと》」の上映と組みあわせた出しものだった。この公演を告知する『松竹座ニュース』（一九二六年三月一八日〜二四日）は関西大学図書館に所蔵されるが、紙面に印刷されたスタッフ、出演者の氏名の上に別の紙片が追加で貼られている。その小さな紙に「松竹座ジャズバンド部員」の名と、担当楽器がリストアップされている。

ピアノ　西口猛
バンヂョウ　井田一郎
トロムペット　山田和一郎
仝　斎藤慶義
サキソホン　前野港造
サキソホン　杉田良造
トロンボン　金澤愛作
ドラム　山口豊三郎

さらに二か月後の五月にもジャズ・バンドの公演があった。メンバーは一部が入れ替わっていて、バンジョー担当の井田の名は消える。杉田、西口、金澤、山田、山口らはひきつづき出演、三月にピアノを弾いた西口はサックスにまわり、ピアノは菊地博になった（『松竹座ニュース』一九二六年五月八日〜一四日）。

井田は宝塚を辞めてラフィング・スターズで活動したものの解散、その後、新たな演奏の場を探していた時期にあたる。前野はサックスの第一人者で、灘萬ホテルに出演していた人。河合ダンスで洋楽器の演奏を指導したのが杉田。山口はドラム界の草分けで、上海で修行して名をあげる人だ。五月にピアノを担当した菊地は、阪神間のホールで編曲者として力を認められていく。

若く、多彩な人びとが松竹座や道頓堀でめぐりあう。軍楽隊で基礎訓練を受けた演奏家もいたし、高島屋が編成した少年音楽隊の出身者もいた。こうしてつくられた人脈があったからこそ、井田一郎、前野港造、平茂夫、水野長次郎によるパウリスタ専属バンドがつくられたのだし、さらに千日前ユニオンでは、井田、前野、山口、平、それにアダム・コバチ、相沢操一、高見友祥、小畑光之といった面々で「チェリーランド・ダンス・オーケストラ」が形成される。ただし、ユニオンのチェリーランドの編成については時期によってさまざまな記録がある。それだけバンドマンの入れ替わりが頻繁だったのだろうし、エキストラ出演などもあったものと考えられる。

　このあと大阪府でのダンスホール営業が禁止されると、音楽家の一部は東京や阪神間、上海などに活躍の場を求めて移動する。ジャズ黎明期にあたる神戸の北尾ジャズ、そして大阪の灘萬ジャズ、さらには道頓堀ジャズ。――関西に重心があった日本のジャズは、ここからいよいよ全国展開の時期を迎える。東京や横浜にも多くのミュージシャンが育っていたから、ジャズを流行させる受け皿はあった。大阪から迎えたミュージシャンの活動に刺激を受け、活性化がすすんだととらえるべきだろう。

　いっぽう、この世代よりもうすこし下の服部良一は、道頓堀「いづもや」の音楽隊にいた。灘萬で前野港造の演奏を聴き、アダム・コバチにサックスの手ほどきを受ける。そして、阪神間にダンスホールが開かれていく時期に、プロの音楽家としての道を歩みはじめる。いまは「Jポップの父」との称号を冠されることの多い服部良一。その原点が道頓堀にあったとするなら、日本のポピュラー音楽史における道頓堀ジャズの意義は見逃されてはならない。

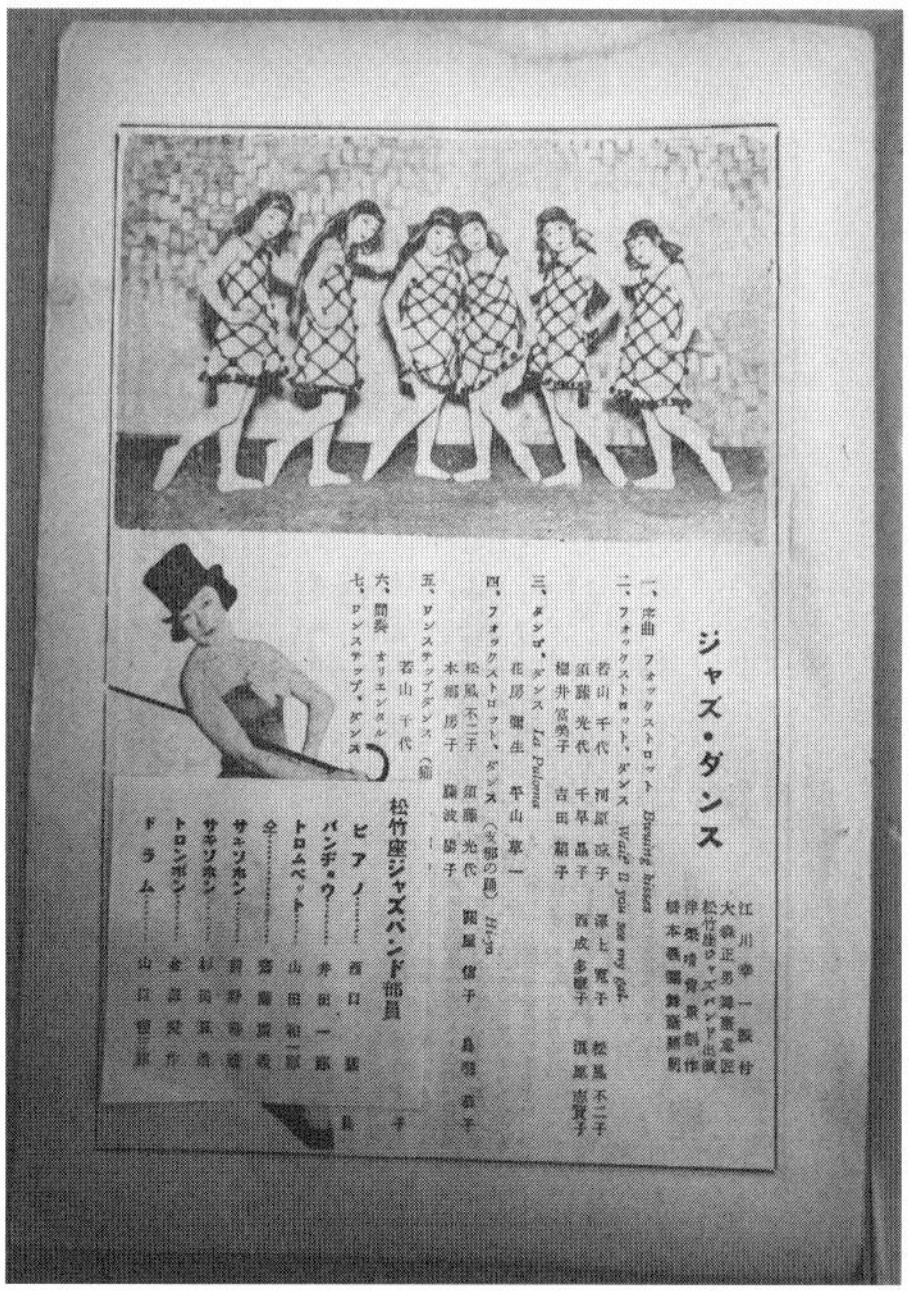

松竹楽劇部の「ジャズ・ダンス」
[『松竹座ニュース』6-12　1926年3月18日～24日（関西大学図書館蔵）]
「ジャズ・ダンス」公演のプログラム。楽劇部の女生とともに、ジャズ演奏を担当した松竹管絃団のメンバーが掲載されている。左が記事、右が表紙。

山口豊三郎
[『ダンス時代』1934 年 1 月]
山口は早くからドラム奏者として知られた。写真は後年、銀座ダンスホールや花月園ダンスホールなどに出演していたころのもの。

松竹「ジャズ・ダンス」公演のしおり型チラシ（個人蔵）
「十八日よりの松竹座」としてジャズ・ダンス公演プログラムを伝える。

宝塚少女歌劇とジャズ、喜歌劇「ダンス・ホール」

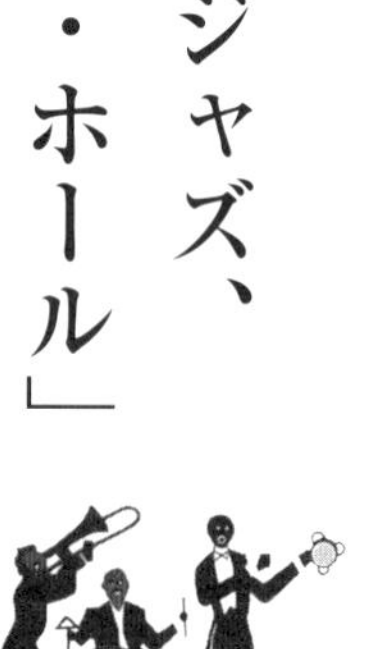

宝塚少女歌劇でも、早くからジャズをとりいれようとする動きがあった。宝塚の現在のような公演スタイルであるレヴューをはじめたのは、一九二七年秋の「吾が巴里（モン・パリ）」以降とされるが、それに先行してジャズへの挑戦があった。

宝塚少女歌劇の生徒たちや指導陣には、洋楽洋舞を研究する熱意と強い好奇心があった。すでに一九二〇年の段階で、大阪中之島公会堂に来演したエルチェンジ一座やカリフォルニア大学グリー・クラブのステージを見学に出かけ、その際に演奏された楽曲を耳にしている。その後の動きはやや緩慢で、松竹座を中心とした道頓堀ジャズの時代には遅れるものの、井田一郎が宝塚に在籍したころには、楽団の若手有志がジャズの研究をはじめた。楽団員のひとり川崎一朗の回顧によると、当時の楽長だった東儀哲三郎への進言が受けいれられ、公会堂劇場での夏季公演「ネヴヰー・ライフ」（一九二二）にジャズが導入されたともいうが、詳細は不明である（『歌劇』一九五一年五月）。

その後、クラシック音楽を重んじる楽団員とのあいだに軋轢が生じ、井田らは宝塚を出ざるをえなくなる。一九二三年一月に予定されていた宝塚の雑誌『歌劇』の愛読者大会では、もともと東儀指揮によるジャズ演奏が番組に組みこまれていた。しかし、告知されたジャズの披露は実現せず、管絃楽に差しかえられる（『歌劇』一九二二年一一月、一九二

三年一月　二月）。宝塚を去った井田らは、さきにみたとおり北尾商会の北尾禹三郎らの尽力でジャズ演奏の機会を得、踏華倶楽部などのダンス・パーティで雇用されることになる。井田一郎と、行動をともにした高見友祥、山田敬一、岩波桃太郎の四名による「ラフィング・スターズ」は、後年の記録類では「日本初のプロのジャズ・バンド」だったとされることが多い。ミュージシャンたちのその後の動きは複雑だが、たとえば井田は、松竹座の楽劇団を経て東京へ、さらに堺大浜の少女歌劇にかかわっていく。関西では、京阪神の繁華街に立地するホテルや飲食店、映画館でジャズが演奏され、商業的ダンスホールも開かれていった。

　ダンスやジャズの愛好者が増加し、新しい音楽への違和感、抵抗感も弱まる。井田らによるジャズ導入の試みが拒まれてからおよそ四年、一九二七（昭和二）年一月の宝塚での『歌劇』愛読者大会では宝塚の若手楽士によって「ヂヤヅ」が披露された。宝塚ファンにおなじみの曲をジャズ化したものが演奏されると、聴衆は「大浮れに踊り出さんばかり」、バンドは大喝采を受け、「アンコールに次ぐアンコール」になったという（阪神毎朝新聞、一九二七年一月二一日）。

　その後、宝塚少女歌劇月組が二月の大劇場公演で喜歌劇「ダンス・ホール」を上演する。大阪市内の飲食店がダンス・フロアを設けてダンサーを雇い、客にダンスを踊らせることが警察の目を惹くようになったころのことだ。

　喜歌劇「ダンス・ホール」は落合一男の作、振付。この時代、雑誌『歌劇』の編輯作業にかかわった丸尾長顕によると、落合一男は小林一三《こばやしいちぞう》がつかった筆名のひとつだという（『歌劇』一九三三年四月）。ただ、「ダンス・ホール」の脚本を書いたのが小林一三だと確定するに足る情報はない。とはいえ、作中で描かれる大阪の花街や繁華街の設定は、小林一三ならば見聞していたであろうと思わせるところがすくなくない。作曲は金健二。主題歌の「モダン・ガール節」（「モダンガールの唄」とも）は、落合一男の作詞、竹内平吉（竹平冠者）の作曲で、楽譜も発売されている。また「ジャガタラ文」（一九二五）の公演でもちいられた「大漁踊りの曲」がジャズふうにアレンジされ、「ダンス・ホール」の劇中でも演奏された。多くのファンが口ずさむほどの人気を博したのだという。

　出演は門田芦子、匆来なほ子、弥生蘭子、天津乙女、小夜福子らだったが、生徒たちは社交ダンスを踊った経験がなかったため、大阪のダンスホール「パリジャン」からわざわざ指導者を招いたという。けれども、彼女たちの熱演にもかかわらず、劇としての評価はかんばしくなかった。それは、時事問題をとりあげた劇だったからのようだ。ファンが寄せた感想にも辛口のものがみられ、少女歌劇の関係者からも「失敗」だったとの評価が与えられている（『歌劇』一九二七年三月）。

　社交ダンスの流行をどのように受けとめるか。ダンサーをおく商業的ダンスホールを規制すべきか否か。世間の意見は割れた。日本の道徳にそぐわないものだとする不要論や排撃論があるなかで、小林一三はかねてから一定の理解を示していた。作劇にかかわったかどうかは別として、経営者としての小林は、ダンスホール営業の可能性を見きわめるための観測気球のようなつもりで、この作品の上演を決断したのではないか。

　そして、三年後の一九三〇年。一月二二日に大劇場で開かれた『歌劇』愛読者大会には生徒たちによる「女子ジャズバンド」が出演。アルトサックスを小夜福子が吹いた。演奏のレベルはあまり高くなかったようで、男性楽士に助けられてのものだった。また、愛読者大会に先だつ一月一〇日の音楽学校の新年会では、生徒たちが割烹着をまとい、鍋や釜、フライパンなど台所の道具を叩く「珍ジャズ」の余興もあった、と小夜福子が回想する（『歌劇』一九三〇年二月）。ジャズは、宝塚少女歌劇のなかに浸透していった。

八月にはダンスホール宝塚会館がオープン。阪急が直接かかわるのではなく、宝塚ホテルの人材を活かしつつ、地元の資本とも提携して東洋一の踊り場がつくられた。ダンサーも雇用したが、家庭的なダンスを理想とするかたちが、ここに実現する。マネージャーをつとめたのは、加藤兵次郎だった。宝塚会館や加藤兵次郎については別項を参照されたい。

宝塚少女歌劇月組の 1927 年 2 月公演喜歌劇「ダンス・ホール」で
大高源左衛門を演じる彌生菊子と、友子役の勿来なほ子
[絵葉書（個人蔵）]

同公演主題歌「モダーン・ガール節」
[楽譜（個人蔵）]
女性が手にしているのはハサミではなく鏝とみられる。

ユニオン・チェリーランド・ダンス・オーケストラ

大阪の千日前「ユニオン」。小堀勝蔵（一八九三〜?）が西区で開いた「アサヒ軒」という飲食店だったが、時代の流れにあわせるかたちでカフエー営業に転じ成功した。道頓堀や新世界、松島など市内に数店舗を展開したなかのひとつが千日前の店。楽天地という総合娯楽場の西隣に、店はあった。

その千日前ユニオンがダンスホール営業にすすむ。もとは飲食の場で客がダンスを踊ったようだが、同じフロアで飲酒とダンスの両方をたのしむかたちを警察は問題視する。そのためフロアをわけて、ダンスは専用ホールで踊らせるかたちに変えた。また、カフエーの女給が、酌や会話などの接待にくわえ、客の踊りの相手をすることも風紀上よくないとみなされる。そこで、ダンスのパートナーをつとめることだけに専従する職業ダンサーが雇用された。踊った客はダンサーにチップを渡すかたちだったが、やがて北米から紹介されたチケット制度にあらためられる。

こういった営業形態の変化とともに重要なのは、専属のジャズ・バンドをおいた点だ。飲食店が併設するじゅうらいの狭小な踊り場は、レコードの伴奏で客にダンスをたのしませた。だが、それでは満足できない。最新の音楽を、生の演奏で提供するために、プロの、あるいはアルバイトのジャズ・ミュージシャンがステージに立った。

ダンスホールとしてプロのジャズ・バンドを雇った早い例が、この千日前ユニオンで、ここには井田一郎ら、かつてラフィング・スターズにいた楽士たちがくわわった。

井田らラフィング・スターズは、神戸の北尾商会の支援が失われたことで、新たな活躍の場を求めていた。最初に起用したのは大阪の戎橋北詰にあったカフエー「パウリスタ」である。パウリスタは、もともとブラジルから輸入されるコーヒー豆の紹介や販売のため、明治時代の東京や京都、神戸など各都市につくられた店だ。しかし、喫茶店がふえた大正期には役割を終えつつあり、店舗ごとに新たな方向性が模索された。大阪戎橋のパウリスタは、流行しつつあったダンスホールに注目する。きっかけは関東大震災で、関西に避難してきた罹災民のなかに、東京でダンス同好会に属しダンサーのような仕事を経験した女性たちがふくまれていた。パウリスタの経営者だった米山市太郎（一八八四?〜?）は、彼女たちの提案をいれて店を改造。ダンスホール営業に転じる。さらに、演奏の場を求めていた井田一郎を誘い、バンドの編成を依頼したようだ。

パウリスタでの彼らの奏楽は評判となり、多くの聴衆を惹きつけた。ダンスを踊る客が集まっただけでなく、新しい音楽ジャズを聴くためだけにパウリスタに来る客もあらわれる。店では入場料を設定し、ダンスを踊らず音楽だけを聴きにくる客を許容する。入場料収入はすべてバンドに支払われる約束だったので、メンバーの羽ぶりはすこぶるよかったようだ。けれども、経営者米山市太郎と井田らバンド・メンバーとの関係はぎくしゃくする。ギャラの支払いをめぐって脅迫めいた事件も起き、警察沙汰に。けっきょく、井田らが店を離れ、別のバンドに変わった。

井田らが移った先が、千日前のユニオンだった。

井田がヴァイオリンとバンジョーを担当、集まったメンバーはアルト・サックスの前野港造、高見友祥。ハンガリー出身ともいわれるテナー・

サックスのアダム・コバチ。トロンボーンの相沢操一、谷口又士。トランペットの小畑光之、山田和一。ドラムは山口豊三郎で、ピアノは平茂夫だった。ただ、回顧する人によって人数、顔ぶれが異なる。メンバーは流動的で、出入りが頻繁だったようだ。千日前の店から近い道頓堀には松竹座をはじめジャズ・ミュージシャンが仕事をする拠点が多かった。映画の伴奏をしていた者や、高島屋など百貨店のブラス・バンド出身者もふくまれる。ジャズの街で生きる楽士のネットワークのなかから選ばれたのがユニオン・チェリーランド・ダンス・オーケストラだった。

バンド名の由来はつまびらかでない。米国のジャズがディキシーランドとのつながりをもつことから、桜の国、チェリーランドを対照させたのかもしれない。チェリーランドの演奏はニットー・レコードによって録音、発売された（『サンデー毎日』一九二七年二月二七日）。日本におけるジャズ楽曲のレコード発売の早い例にふくめることができる。

井田らが出演しはじめたころから、ユニオンは高級店に変わっていく。以前は風紀の乱れが指摘され、バンドの演奏もあまり評判がよくなかった。加藤兵次郎と藤村浩作がマネージメントにかかわるようになって、評価は上がる。音楽面で貢献したのがチェリーランドだった。

だが、千日前ユニオンも安住の地ではなかった。大阪府がダンスホール営業を禁じたことで、店はカフエーに転業。井田らは、復興めざましい東京に移る。三越ホールなどに出演を果たすが、やがてメンバー間に生じたいきちがいなどから井田を残して他の楽士が抜ける。谷口、小畑、平、それに芦田満らが「赤坂舞踏場」（溜池ダンスホールとも）に移り「ザ・アカサカ・ニュー・チェリーランド・ジャズ・シンコペーターズ」となった。この溜池のホールは、のちに開業する「フロリダ」とは別のもので、短命に終わった踊り場だ。井田のほうは、高見や飯山茂雄、南《なん》里《り》文雄《ふみお》らと新バンドを結成、これは「第二チェリーランド」とも呼ばれたようだが、詳細ははっきりしていない。

神戸の北尾ジャズ、大阪の道頓堀ジャズの系譜をたどると、ラフィング・スターズからチェリーランドという流れがあり、それが東京に移ったことでジャズの拠点が「西から東へ」と動いたかの印象を人びとに与えた。けれども、関西のジャズは、その後も高い水準をたもっている。

井田一郎とユニオン・チェリーランド・ダンス・オーケストラ
［『ダンサー』1927年4月］
うしろの壁にはバンド名を記した旗が掲げられている。この写真では7人編成だが、メンバーには入れ替わりがあった。

活動写真館から
ダンスホール、カフエーへ

古い時代の社交ダンスは、宮廷などから民衆へと普及したもので、ランサースやカドリールに代表される方舞（スクエア・ダンス）、ワルツをはじめとする円舞（ラウンド・ダンス）など古典的なものが踊られた。そこに新たにつけくわえられたのが、ジャズとフォックス・トロットだった。ジャズは、のちに楽曲を聴いてたのしむだけの愛好者がふえたため、「鑑賞」という接しかたと結びつけられることが多い。けれども、ジャズも当初はダンスとの関係が強かった。テンポの速い楽曲にあわせてフォックス・トロットというダンスが踊られるようになる。客船やホテルで開かれるダンス・パーティなどで、実験的にジャズ、フォックス・トロットがとりいれられていったのだろう。その後、ジャズとフォックス・トロットの組みあわせは、ワルツなど古い音楽、ダンスよりも優勢になっていく。

新しい音楽を演奏したミュージシャンには、クラシックの正統的教育を受けた者と、市中で活動したブラス・バンドで訓練された者とがいた。前者には、軍楽隊もふくまれる。軍楽隊は、儀礼などで役割を果たしただけでなく、一般市民を対象に演奏会を開くこともあり、人びとが洋楽に親しむ契機を提供していた。学校とともに、軍が洋楽普及の重要な経路だったことを忘れてはならない。

東洋音楽学校の卒業生や三越少年音楽隊の出身者は、新たな仕事の場を求め、たとえば外国航路の客船や活動写真館で働いた。船客の無聊を慰めるサロン・ミュージックを担当したのが「船の楽士」たち。いっぽう公園や公会堂、ホテルや飲食店などで演奏したのが「街の楽士」とされる音楽家たちだ。両者の人脈は重なりあい、演奏の拠点は、やがてダンスを踊らせる飲食店にひろがっていった。

もうひとつの拠点は輸入映画を上映する活動写真館だった。往時はフィルムにサウンド・トラックがなく、映像だけが流れる無声映画（サイレント）だった。この時期には、劇場ごとに活動写真弁士と呼ばれる説明者がおり、ストーリーを語り、登場人物のセリフを声に出して観客に伝えた。また、場面の雰囲気にあった音楽や効果音が、楽士たちによって奏された。国産映画を併営する館では、音楽も邦楽洋楽両方に対応する必要があったから、さまざまな楽器をこなす楽士が必要とされた。いっぽう、輸入映画では、物語のスケールが大きくなるにしたがって重厚な伴奏が前提とされ、制作者側があらかじめ曲を指定することもあり、そのために管絃団が用意されることもあった。

映画館は洋楽関係者にとって大きな仕事場だったが、発声映画（トーキー）の発明、普及にともなって職を失うことが予想された。転職先として有望視されたのが、カフエーなどの飲食店、それにダンスホールだった。過渡期には、映画館、飲食店、劇場などをかけもちして生活する楽士がすくなくなかった。

たとえば井田一郎は、大阪松竹座時代に「ウイ・ハヴ・ノウ・バナナ」や「テル・ミー」、「サロメ」、「キヤラバン」、「夜明けの三時前」などを演奏したと回顧している。おそらくは他の出演場所でも、これらの曲で客をたのしませたことだろう。ただ、それらの演奏が、現代の感覚でもジャズだと認めうるものだったのかどうかは、残念ながらわからない。

街なかの飲食店で客が踊りはじめ、専業のダンスホールが開かれるころには、ジャズとフォックス・トロットがプログラムの多くを占めた。のちにタンゴやルンバなど別のジャンルの音楽と踊りが人気となり、演奏の比率はまた変化していくことになる。

夜の道頓堀、戎橋ユニオン食堂
[一枚物写真（個人蔵）]
電飾が輝くカフエー「戎橋ユニオン」は道頓堀の夜景として多くの人びとの記憶に残った。なお、ダンスホール営業をした千日前ユニオンは別の店である。

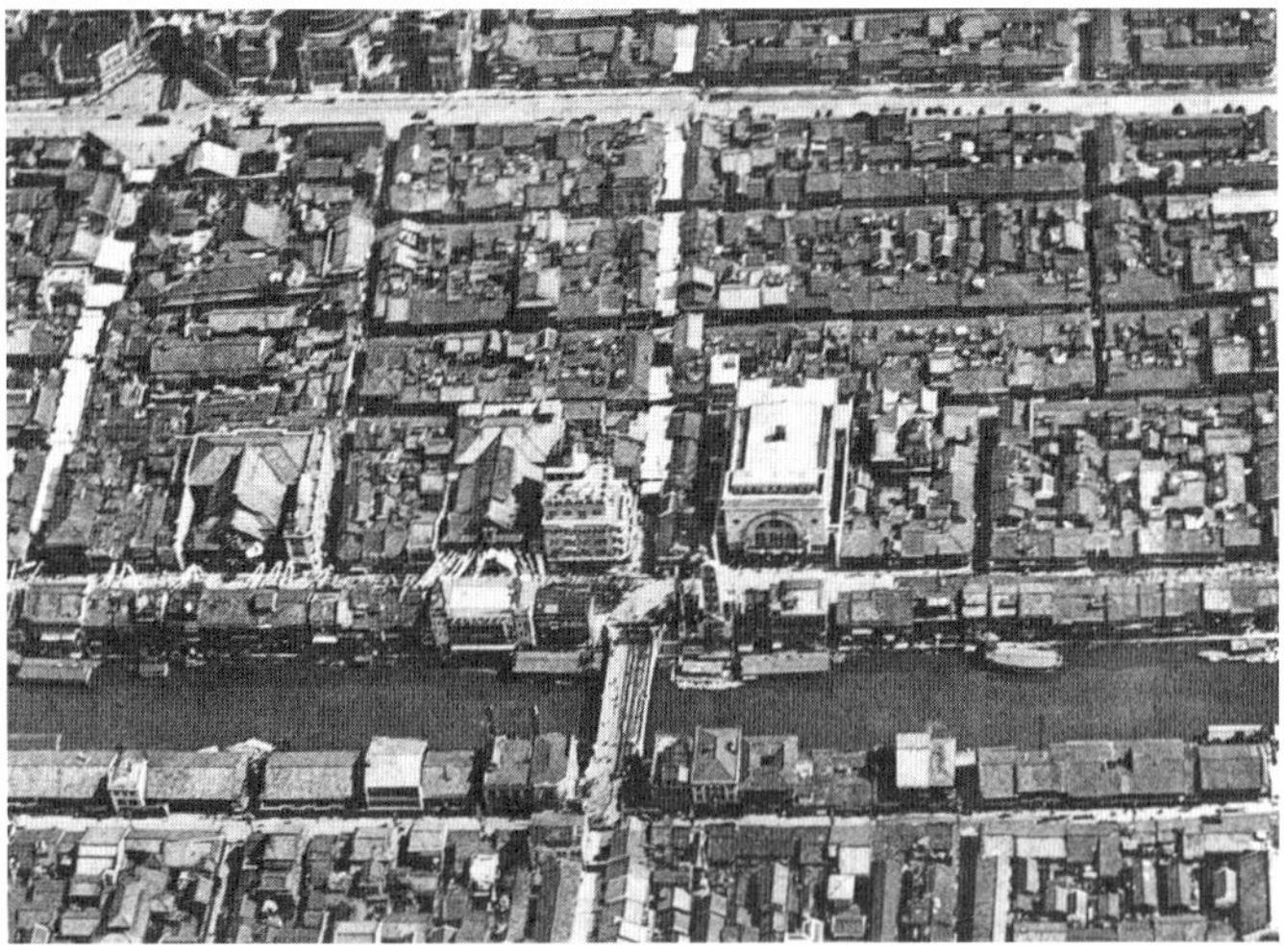

空中から見た道頓堀芝居街附近
[一枚物写真（個人蔵）]
道頓堀川にかかる橋が戎橋。中央交叉点右の白い洋館が大阪松竹座。橋の北詰東側（画面では左下）がパウリスタ。画面左上隅に見える大きな交叉点の南西角（右上）が楽天地で、その西（右）に千日前ユニオンがあった。画面の右上隅のあたりにコテジがあったと推定される。ジャズやダンスの拠点が集中して立地していたことがわかる。

服部良一とメッテル

服部良一（一九〇七～一九九三）を、「Jポップの父」と呼ぶことがある。「Jポップ」という語は、服部の存命中にはまだ一般的にもちいられていない。のちに「Kポップ」などのことばが生まれ、それらとの対比で「Jポップ」も定着した。近年になって服部の業績が位置づけなおされ、「Jポップの父」と称されることがふえたということだ。

服部の生涯については、自伝『ぼくの音楽人生』（中央文芸社、一九八二）や多数の写真を収めた『服部良一の音楽王国』（エイト社、一九九三）があり、服部の楽曲に関する研究も蓄積されている。ただ、少年時代や青年時代については本人の回顧が中心で、とりわけ阪神国道のダンスホールに出演していたころに関しては、資料の制約などからあまりくわしく紹介されてこなかった。ここでは、関西の音楽、ダンス関係の雑誌などによって、服部の少年時代から阪神国道時代の音楽経験をあとづける。

服部は小学校時代から音楽の才能を認められていたものの、実践商業学校に通い、卒業後は働きはじめた。しかし、音楽で生きる夢を捨てきれず、道頓堀にあった鰻料理の店「出雲屋」の音楽隊に入る。三越や高島屋などが宣伝のためにブラス・バンドをつくっていたころで、出雲屋少年音楽隊もそのような時流のもとに創設された。当時の楽長は橋宗一で第四師団軍楽隊出身の人だった。また、松竹座で管絃楽を担当した原田潤にも指導を受ける。服部は、この音楽隊のきびしい練習にたえ、店頭や市中での実演で経験を積んだ。だが、与えられた楽器は粗末で、最新の金管楽器に憧れていた。出雲屋と通りをはさんで向かいにあった今井楽器店のショーケースに飾られた「金ぴかの洋楽器」を眺めた。今井は、現在、うどんを商う道頓堀今井となっている。

新しい音楽であるジャズとの出会いもこの時期で、服部は北浜の食料品店灘萬が経営する灘萬ホテルに出演する前野港造の演奏を聴きに出かけた。この経験を重んじる服部は、日本最初のプロは井田一郎のラフィング・スターズではなく、前野らの灘萬ジャズ・バンドだとの立場をとる。大阪で暮らす服部良一らからみれば、神戸の「北尾ジャズ」とともに、いやそれ以上に「灘萬ジャズ」の影響が強かったということだ。玉置眞吉もこの時期に灘萬のバンド演奏を聴き、「之等が大阪に於けるジャズの最も早い演奏団体であつたと思はれる」と回想する（『思ひ出のダンスアルバム解説』日本蓄音器商会、一九三九）。

出雲屋時代の服部にサキソフォンを教えたのは、セルビア出身ともハンガリー出身ともされるアダム・コバチ。妻は神戸で洋服店を営んでいた。それで、コバチも関西で暮らし、神戸オリエンタル・ホテルなどで腕前を披露する。

服部がジャズに惹かれたのは、もちろん、新しい音楽に興味をもったからでもある。しかし、ジャズを演奏すれば高給を手にできることも大きな理由だ。高島屋少年音楽隊が解散となり、メンバーだった小畑光之や谷口又士がダンスホールに移った。とたんに羽ぶりがよくなったのを目のあたりにし、「取り残されたような」気もちになる。焦った服部は師のエマヌエル・メッテルに相談するが、クラシックを尊重するメッテルはジャズなど「邪道」だと、まるでとりあわない。メッテルから学ぶことが多いと感じていた服部は、大阪フィルハーモニック・オーケストラや大阪放送局（ＪＯＢＫ）で演奏して収入を得た。メッテルにレッスン料を支払うためだった。それだけでは不足するので、ジャズの演奏や編曲を「内職」にして稼ぐ。ダンスホールの拠点は大阪から阪神国道へと移動するのだが、そこが服部の活動の受け皿となった。

ウクライナ出身とされるエマヌエル・メッテル（一八七八〜一九四一）は、一九二六年に来日した。不安定な状態だったヨーロッパからは、安らかな生活を求め多くの人びとが移動。極東の地には、ロシア系のコミユニティがかたちづくられた。音楽や芸能の分野で才能をもつ人たちも神戸に定着し、関西の富裕層の支援を得る。そのひとりがアレクサンダー・ルーチンで、一九一九年に来日。この人が、音楽家たちの出会いをつくるきっかけとなった。メッテルの来日も、そういった事情による。

服部良一が阪神間のダンスホールで演奏しはじめるのは一九二九年ごろとみられるが、くわしい記録は残されていない。菊池清麿『評伝・服部良一』（彩流社、二〇一三）では「杭瀬周辺のダンスホール」との記載がある。雑誌などで確認できたのは、一九三二（昭和七）年の「キング・ダンスホール」。一九三〇年、大物《だいもつ》に開業したホールで、当初は平茂夫がバンドを編成していたようだ。経営陣の交代を機に菊地博がひきつぎ、菊地が服部をメンバーにくわえたと考えられる。しかし、その菊地も東京の人形町「ユニオン」への移籍を決断。キングの支配人だった吉桑英文は服部良一にあとをまかせた。

『ダンスファン』一九三二年六月号には、同ホールのステージを撮影した写真が掲載されており、そこには服部をリーダーとするバンド名を染めぬいた旗がみえる。「ハットリ・アンド・ヒズ・マニラ・レッド・ホット・ストンパーズ」のメンバーはフィリピン人ミュージシャンをふくんでいた。そのうちのひとりアン・トニーと、服部じしんがヴォーカルを担当することもあったという。アン・トニーは、関西のダンス愛好者のあいだでは知られた人気者だった。

この一九三二年の秋、服部は「西宮ダンスホール」に移籍、「ハットリ・アンド・ヒズ・オネスト・バンド」を編成する。西宮ダンスホールは颯《さつ》波《は》史恵《ふみえ》という女性が経営したホールで、阪神間の富裕層が利用する家庭的な踊り場だった。このホールで演奏しつつ、服部はタイヘイ・レコードの専属バンドとして吹込みも経験する。

菊地博の活躍を知り、服部も東京に出たいとの気もちを強くする。だが、それ以上にメッテルという師の近くにいたかった。服部は、経営者がかわった西宮を半年あまりで去るものの、ふたたびキングにもどる。一九三三年二月のことだ。同じタイミングでピアニストの川島良夫もキングに移籍。キングの音楽は、服部らの活躍で高い評価を受けた。

毎夜の演奏のかたわら、新しい曲づくり、レコード録音など多くの仕事をこなしていた服部は体調を崩し、ホールでの演奏を休む（『ダンス時代』一九三三年六月）。この休養期には、雑誌にダンス音楽論を投稿するなどした。健康をとりもどした服部は、この夏、川島が率いたバンドに復帰。だが、秋には全国的なミュージシャンの大移動が生じ、川島が「タイガー」に移り、キングのステージは梅澤清一にゆだねられる。

東京への進出の機会をうかがっていた服部は、菊地博に手紙を書く。その返事が届き、人形町ユニオンへの移籍を決断。一九三三年九月から、「キクチ・エンド・ヒズ・ユニオン・オーケストラ」の一員となり第二サックスを担当した。服部はこのあと活動の拠点を東京におく。阪神間のダンスホールでの活動は四年ほどだ。しかし、若き日の濃密な経験を、服部はいつも懐かしく思いだした。東京に出て三年半くらいを経た一九三七年五月、雑誌『ダンス時代』に次のように書いている。

> 僕はもう大分長い間、サックスを吹きませんし、ホールのステーヂへもお別れして居ますが今でも時々ホールへ行くと懐しい昔を思ひ出して何んだかステーヂへ上つて皆と一緒に演奏したいと思ふ事があります。〔中略〕あゝ、国道は僕の一生に大きく咲いた思ひ出の所です。人も建物も皆、国道と名が附けば、ホール街と思へばなつかしいです。機会があればもう一度国道のホールで、好きなサックスを吹いて見たい、そしてあの当時の夢を再現させたいと思います。
>
> 『ダンス時代』一九三七年五月

江戸っ子の歯切れのよい話しかたに憧れた服部だったが、いざ東京に出てみると、軽音楽の関係者の多くが大阪出身。大阪弁が優勢で、江戸っ子までが大阪弁をまねるほどだった。第二次世界大戦後もその傾向はつづき、ひろく芸能界を大阪のことばが席巻する。この状況をみた大宅壮一は、大阪出身の人びとを「阪僑」と命名した。「華僑」にならっての表現である。戦前、戦後をつうじて芸能界では西からやってきた人材が幅をきかせたことを、より強く印象づける。

けれども、東京に行くことだけが選択肢だったわけではない。服部は、関西を思うとき、成田七五三夫《しめお》（圭造）や前野港造らの名をあげ、どうして東京に来ないのかと惜しんだ。前野はサックスフォンの第一人者だったが、阪神国道のダンスホールから離れなかった。成田も生駒ダンスホールを活動の拠点とし、東京に動く気配を見せなかった。踊る客たちの音楽の嗜好は地域によって異なっていたかもしれないが、ミュージシャンのレベルは東西でさほど変わらなかった。だからこそ、服部は、いつまでも大阪の音楽風土を懐かしんだのだった。

キング・ダンスホール時代の服部良一
[『ダンス時代』1933 年 4 月]
東京に出るすこし前の写真とみられる。

服部良一篇コロムビア・レコード「歌謡軽音楽選」
[ポスター（個人蔵）]
ダンスホール閉鎖後の 1942 年発売。蘇州夜曲、湖畔の宿、別れのブルース、雨のブルースなどが収録された。

タンゴ、ハワイアン、中南米音楽

ダンスホールでは世界のさまざまな音楽が演奏された。フォックス・トロットを踊るばあいの伴奏はジャズだが、ダンスは一種類ではない。ワルツも演奏されたし、タンゴも演奏された。戦前期には、ヨーロッパや北米の音楽だけでなく、中南米の音楽、ハワイ音楽の演奏もあった。ダンスホールの利用者は、多様な音楽経験をしていたといえる。

ジャズなど北米音楽を日本に伝えた音楽家のなかには、フィリピンやハワイ出身の人びとがふくまれる。いわゆる「船の楽士」もいたし、陸上のホテルなどで演奏して稼ぐ者もいた。マニラもホノルルも、北米、東アジア、東南アジアをつなぐ航路のネットワークの拠点だった。上海や神戸、横浜にも来演する機会はあった。したがって、大正時代の終わりごろから昭和初期にかけて、フィリピン人の楽士たちがホテルの舞踏会や、カフェー、ダンスホールに出演したのも不思議なことではない。ハワイの音楽が到来したことも、自然なことだった。

ハワイアン音楽の紹介は、アーネスト・カアイによる。カアイはのちに、ハワイアン音楽の楽譜を出版するなどし、「ウクレレの父」と呼ばれた人物だ。カアイの来日は一九二七年とされることが多い（菊池滋彌「初期のジャズ界に活躍せる人々（その5）」『ダンスと音楽』一九五八年一月 内田晃一『日本のジャズ史』スイング・ジャーナル社、一九七六 早津敏彦『日本ハワイ音楽・舞踊史』サンクリエイト、一九八六など）。カアイが日本に長期滞在し、若いミュージシャンを育て仕事の場をつくったのは、一九二七年からの一〇年ほどだが、それ以前にも一時的に来日した可能性がある。大正時代のことで、どういった経緯で日本に来たのか詳細はつかめていない。すくなくとも一九二三年一月には、カアイという名の音楽家が神戸で公演したことがわかっている。カアイ一行の公演の場をつくったのは北尾禹三郎で、神戸の中央公会堂で演奏したらしい（神戸又新日報、一九二三年一月五日 一月六日）。

第二次世界大戦後の活躍で知られる白片力（バッキー白片）も、学生時代に東京や阪神国道のホールで客演したとの記録がある。灰田有紀彦、灰田勝彦の兄弟も戦前期から戦後にまたがって人気を得た。

タンゴも大正年間には日本に入っている。初期のものは、おそらく北米経由だろう。しかし、猥雑な踊りという評価もいっしょに伝わっており、それを見るほうもこわごわといった感じだった。だが、おおむね好評で迎えられる。その後、タンゴの音楽、ダンスはフランスからも輸入された。いわゆるコンチネンタル・タンゴで、普及のきっかけとなったのは目賀田《めがた》綱美《つなよし》（一八九六〜一九六九）の帰国だった。目賀田は華族らとの交際のなかでタンゴを紹介したので、一般にはひろがりにくかった。一般にフランスふうのタンゴが知られるようになったのは、森潤三郎が広報役をつとめたからである。

この時期までの日本人は、タンゴがもともと南米の音楽であり、またダンスであることをよく理解していなかった。そのため、英米や、フランスのタンゴを手本にしていたのである。くわしくは、目賀田匡夫『目賀田ダンス』モダン出版、一九九九）を参照されたい。

状況が変わったのは加藤兵次郎と八重夫妻が一九三四年から一九三五年にかけて中南米の音楽と踊りを視察し、その旅を終えて帰国したあとのことになる。加藤はこのとき、ソンやクエッカなどをもちかえり、またアルゼンチンではフランシスコ・ロムート（一八九三〜一九五〇）らと交流した。加藤につづいて高橋忠雄がアルゼンチンに渡る。高橋は箏庵高橋義雄の息子だったから、金銭的にもゆとりのあるなかで、海外でダンスと音楽の見聞をひろめた。旅先からも雑誌に寄稿し、帰国後は加藤や玉置眞吉らといっしょにアルゼンチン・タンゴの名曲を集めたレコードを出す企画に参加する。高橋忠雄は、戦後もふくめ、中南米音楽の日本への普及に大きく貢献した。

ダンス・パレスのイベント「生粋のハワイアン・ソングとミュージック」［チラシ（個人蔵）］
1936年5月、出演は「ハッピー・ハワイアン・バンド・トリオ」。

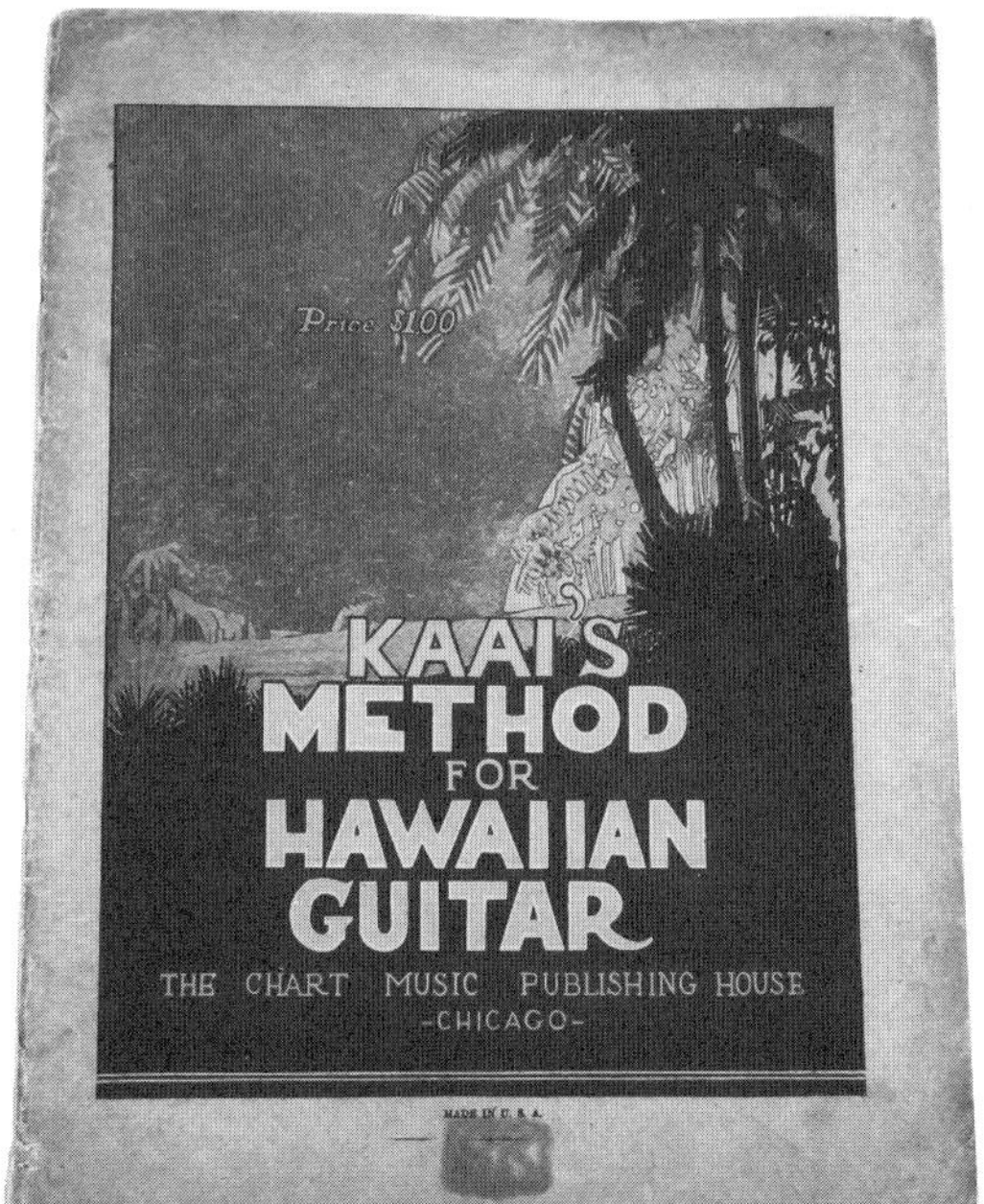

アーネスト・カアイによるハワイアン・ギターの奏法テキスト
［Kaai E., 1926 *Kaai's Method for Hawaiian Guitar*, The Chart Music Publishing House.］
カアイは多くの日本人ミュージシャンを育成したのち帰米した。

レコードとラジオの時代

ダンスを踊る機会は、社交や外交といったかぎられた場面から、じょじょに拡大した。その過程で大きな役割を果たしたメディアについてふれておこう。

新聞雑誌には、舞踏会などの出来事の報道記事や、日本人の生活に必要かどうかについての論評が掲載された。書籍としては、社交の手段、近代人の教養のひとつとしてダンスにふれる啓蒙書があり、あるいはダンスの踊りかたを指南する教則本などもあって、さまざまな活字媒体が情報を伝えた。しかし、ダンスの実際を文字や写真、図だけで知らせることはむずかしい。足型図のようなくふうも練習の手がかりにはなるが、身体の動きを二次元で再現することはむずかしかった。現在のように動画がたやすく利用できる時代ではなかったからだ。

音楽面での普及を助けた近代的なメディアのひとつは、レコードだった。当時の主力はSP盤で、直径二五センチほどの盤面の片側におよそ四分を録音するのがせいいっぱいの媒体である。流行歌やジャズは、この片面に一曲ずつ、両面で二曲が録音された。クラシックや伝統音楽で演奏時間の長いものは、何枚にもわけて収録する必要があった。

新たにもたらされた楽曲については、海外の演奏者が録音したものが日本人にとって大きな手本となる。楽譜だけからでは読みとれないことがあるからだ。そして、蓄音機さえあれば、録音された音楽を再生し、それにあわせて踊ることができた。本格的な管絃団を入れなくとも、ホールや広間でダンスをたのしめる。

洋楽が普及し、日本人のジャズ演奏がひろがると、海外からの輸入盤に頼るていどは小さくなる。日本人の作詞作曲、演奏によるレコードで洋風のダンスを踊ることもできた。さらに日本の伝統的楽曲を洋楽器で演奏することや、日本人の好みにあう曲をつくってジャズ風、タンゴ風、ルンバ風などにアレンジすることがさかんになる。

営業ダンスホールでは多人数のバンドが編成され、基本的に生演奏によって踊られたが、昼間の営業や初心者向けのレッスンなどではレコードも活用された。また、ダンスホール所属のバンドがレコード会社で吹込みを担当することもあった。スタジオ・ミュージシャンと、ステージやホールの実演を主とするミュージシャンとの分化が、しだいにすすんでいく。

ダンスホールは、レコード会社が新曲発売に際して広報のためのイベントを開催する場でもあった。レコード会社とホールのタイアップ・イベントには人気歌手や演奏家がゲスト出演したし、ホール側もダンスを踊るためのチケットとは別に入場券を発売したから、大きな収入源のひとつにもなった。第二次世界大戦後に活躍した淡谷のり子やディック・ミネ、藤山一郎らは戦前期のダンスホールの舞台も数多く踏んでいる。

戦前期のダンス・レコードのなかで重要なのは、ビクターやコロムビアが発売したダンス・レコードのシリーズものである。たとえばビクター・ダンス・レコード・クラブは、確認できているだけでも一九三六年の第一集から一九三九年の第八集までが発売された。クラブの語が示すとおり会員を募っての予約販売で、ダンス音楽に造詣の深い審査員が選曲を担当した。第一集の審査員は、加藤兵次郎、高橋忠雄、玉置眞吉、村岡貞、大井蛇津郎、蘆原英了、朝村蔵六、目賀田綱美、森潤三郎。シリーズのラインナップは以下のとおり。

第一集　アルゼンチン・タンゴ篇
第二集　スーヴニール・セレクション（想ひ出のダンス・アルバム）
第三集　ホット・ジャズ集
第四集　テーマ・ソング・ヒット集（映画主題曲特選集）
第五集　コンチネンタル・タンゴ集
第六集　ワルツ集
第七集　アルゼンチン・タンゴ第二輯
第八集　アルゼンチン・タンゴ第三輯

第一集の会員募集期間は、一九三一年六月一日から三〇日までの一か月。会費は一〇円で、三回の分割払いもできた（『ザ・モダンダンス』一九三一年七月）。この名盤集は戦前期のダンス音楽を総覧するにふさわしいもので、ジャズにかぎらず、ワルツやタンゴに親しむファンが多かったことをしのばせる。第一集のアルゼンチン・タンゴについては初の本格的な名盤集だったが、レコード会社の宣伝の効果もあって「二万五千組」が売れたのだという。高橋忠雄は、日本のタンゴ史における大きな足跡だったとふりかえる（「私のカミニート 4」『中南米音楽』一九七四年七月）。アルゼンチン・タンゴの愛好者が増加していたことは、このシリーズの第一集に選択されただけでなく、第二輯、第三輯が出されたことでも理解されよう。

もうひとつのメディアがラジオだった。関東大震災後の一九二五年から放送が開始され、受信機も普及する。昭和期になると番組も拡充されて、クラシック音楽にとどまらず、邦楽、演芸ほかさまざまなジャンルの番組が放送される。蓄音機を買い、レコードを購入するのにくらべればラジオの受信機は安価だったから、音楽番組によって一般家庭に楽曲が届けられやすくなった。

ダンスホールで活躍したジャズ奏者たちも放送局に呼ばれて実演し、その音楽が一般家庭の聴取者に届けられた。ダンスホールのない地方の人びとがジャズを初めて耳にするのはラジオ番組というケースもすくなくなかっただろう。またタンゴやハワイアンについても日本人奏者があらわれ、その演奏が番組で紹介されるようになる。

のち一九四〇年にはダンスホールが閉鎖され、演奏家の実演の場はステージに限定される。退廃的な音楽とみなされたジャズは「軽音楽」の名のもとに居場所を維持するが、やがては、対外宣伝放送など特殊なケースをのぞき、演奏することも聴くこともはばかられる時代となった。

ビクター・ダンス・レコード・クラブの解説冊子（個人蔵）
シリーズは第８集まで確認されている。いずれもアルバムは６枚組で12曲を収めた。ワルツやコンチネンタル・タンゴなどダンス音楽の定番を収録したもののほか、ホット・ジャズや映画の主題歌を集めたアルバムもある。なかでもアルゼンチン・タンゴは３輯まで発売された。

ビクターオール名盤ダンス曲集　アルゼンチンタンゴ篇
予約会員募集
[パンフレット（個人蔵）]
同クラブ第１集の予約会員を募集するもの。高橋忠雄は、「必ず日本のフアン諸氏に十分なる満足を与へる」と推薦する。

コロムビア・ダンス・レコード解説冊子（個人蔵）
コロムビアからも同様のシリーズが発売された。

ダンス音楽、ダンス俚謡、ダンス小唄

ダンス音楽とは、文字どおりダンスを踊るために演奏される音楽をさす。古典的なポルカやワルツでは、もとの奏法によって演奏される楽曲にあわせて踊られたから、ダンスは音楽に従属していた。

いっぽう、ジャズ音楽とフォックス・トロットという踊り、タンゴの音楽と踊りといった組みあわせでは、音楽がダンスのために改変され、演奏にも一定の制約が設けられる。たとえば音楽のテンポが速すぎれば踊りにくくなる。ゆっくり過ぎることも、たのしさを減じるだろう。そこで、舞踏会やダンスホール、教授所などでは、踊りやすさを優先して音楽の速さが設定された。英国では、ダンスの教師団体が主導して標準テンポが決められていく。このように、音楽がダンスに従属した。そして、踊りやすいかたちで演奏された楽曲が録音され、ダンス音楽としてレコードで発売される。

ダンス音楽の新盤発売は、各社とも月一回、数枚が出されるのがならいだった。新聞その他の広告からは、毎月多くのダンス音楽が世に送りだされていたことがわかる。楽曲のジャンルは多岐にわたるが、それぞれが踊りやすいテンポで収録されたものだった。

ワルツ、ジャズ、タンゴ、ルンバといった外来の音楽だけではない。邦楽由来の楽曲もダンス音楽にとりこまれていく。

俚謡（里謡）は、もともと地方で受けつがれた俗曲をさす。対比されるのは、都市部の、上流階級のなかでよろこばれた歌、ということだ。

したがって、里謡には、いわゆる民謡などがふくまれる。それらのなかには、メディアの力によって全国的に知られた曲もある。八木節などがその例だ。そして、ダンスホールでは俚謡あるいは民謡がジャズふうに編曲され洋楽器で演奏される機会もすくなくなかった。列島に暮らす人びとにとっては、古くからなじんだ曲のほうが踊りやすいと感じることがあったからだ。

ダンス用にアレンジされた俚謡を「ダンス俚謡」と呼ぶ。ホールで働くミュージシャンも、踏客や経営者の求めに応じ、こういった楽曲を演奏した。本格的なジャズをめざすミュージシャンのなかには和洋折衷を疎んじる者もいたが、生活のためには妥協せざるを得なかった。いっぽう、そういった和洋の融合に、新たな音楽の萌芽を見る向きもあった。

八木節や木曾節、串本節などがジャズ化されたものは、ホールで演奏されたほか、レコーディングもされており、それらの一部は現在、ＣＤに復刻発売されている。

小唄は花街の座敷で芸妓が客を相手に歌う楽曲をさすことが多い。いささか粗い説明になるが、江戸時代に発達した三味線音楽のうち、人形浄瑠璃や歌舞伎の舞台から分離して独立した音楽ジャンルとなり、さらに花街や一般の家庭にひろがっていったもの、としておこう。時代とともにジャンルは細かくわかれていくが、とくに花街では短めの曲が好まれ、明治時代には小唄と呼ばれるようになる。三味線音楽としての小唄は、芸妓などがレコーディングしたものが多数、残されている。娯楽空間ではぐくまれた楽曲なのでダンスホールへの移行も自然なことだった、ダンス俚謡と同様、座敷で親しまれていた小唄にも、洋楽化されたものがすくなくない。

ダンス俚謡もダンス小唄も、伝統的な楽曲の洋風化の試みといってよい。だが、本場のクラシックやジャズを至上の芸術として礼賛する人びとや、伝統を守ることが美徳だと考える人びとからみると、混淆をすすめることは、それぞれの音楽の価値を貶める所業だった。そのため、たとえ人気があっても高い評価を与えられることはなかった。

西洋音楽を受容するなかで伝統的な音楽界に起こった混乱や革新については、より大きな構図のなかで考える必要がある。西洋音楽が、その芸術性を高く評価されたのに対し、邦楽は遊芸として貶められた。しかし、人びとの価値観はたやすく変わるものではない。そのため、文明開化以降しばらくのあいだ音楽界は邦楽と洋楽が併存する二重構造となる（千葉優子『ドレミを選んだ日本人』音楽之友社、二〇〇七）。それを如実に表すのが、和楽器と洋楽器の両方をもちいる和洋合奏だろう。存亡の危機に直面した邦楽界は伝統を墨守するだけではすまなかったから、さまざまな革新を試みる。また、なりわいのなかで音楽とかかわった花街や梨園の人びとも、とりいれられるものは採用し、時代にとりのこされないための努力を惜しまなかった。

ダンスホールがひろがった大正末から昭和初期のころには、そういった拮抗や改革は一段落していたともいえるが、試行錯誤はつづいた。昭和戦前期のダンス音楽のなかには、ジャズ・バンドが民謡を演奏したものや、芸妓がジャズふうに歌ったものなどが、すくなからずみられる。

大正時代から昭和初期にかけて刊行された楽譜（個人蔵）
左から「スペイン・ダンス」、「オリエンタル・ダンス」、「キャラバン」・「テルミー」。

昭和初期に刊行されていた楽譜類（個人蔵）
さまざまな編成に対応したものが出版された。

1930 年代の楽譜（個人蔵）
左から「尖端的だわね」、「恋のジャズ」、「ダイナ」、「別れのブルース」。

少女ジャズ・バンド

芸能の世界では、「少女」という存在が大きな役割を果たす。それは昔から変わらず、花街では幼いころから芸の道を歩き、やがて舞妓、芸妓になる女性たちがいた。

洋楽洋舞の分野でも少女たちは珍重される。ホールによっては、十代の少女たちをチケット売場に配置、あるいはソフト・ドリンクや軽食を給仕する係に雇用した。学校を出てまもない段階からダンサーの予備軍として養成をはじめるケースもあった。だが、ホールの雑務やダンスのパートナーとしての仕事ではなく、ミュージシャンとしてジャズの演奏をした少女たちがいたことを忘れてはならない。

技量の点では男性楽士より劣ると評価されていたが、少女たちをステージに立たせることはホール側にとって有利な点があった。ひとつは、もちろん話題性。愛らしい女の子たちが懸命に演奏する姿は、それだけで耳目を集めた。力量があれば、さらに人気は出る。また、もうひとつの理由は、おとなの男性のバンドにくらべてギャラを安く抑えられることだ。彼女たちの報酬がどのていどだったかを具体的に教える資料はないのだが、高額の出演料を求めて移籍する楽士が多いなか、子どもといってもさしつかえない少女バンドに同等の金銭が与えられたとは考えにくい。

関西のダンスホールで女性によって構成されたバンドを起用した早い例は、琵琶湖ダンスホールと尼崎ダンスホールだった。いずれも一九三三年のことである。京都に先行してダンスホール営業を許可した滋賀県では、老舗旅館「紅葉館」が一九三二年にダンスホールを併設した。だが、京阪神の都心からは遠く、客を集めるさまざまな戦略が求められた。開業一周年のイベントでは、大阪の南地「河芳」の芸妓たちのバンドが目玉だった。

大阪の花街は、カフエーとの競争のために早くから洋風のサービスを導入した。三味線などの和楽器にかえて洋楽器をもたせ、洋楽を演奏させる取組みなどだ。もともと音楽の素養がある芸舞妓たちはおぼえもよく、すぐに一定のレベルに達した。当然、和洋合奏もできる。そうして茶屋遊びの客たちをよろこばせたのである。南地の河合も、ダンスだけでなく、洋楽器の演奏技術を習得させた。これについては別項で述べる。花街では、ほかに北（曽根崎）新地の大西席少女管絃団や南地の新河芳芸妓管絃楽団などが知られていた（大阪之商品編輯部編『大阪案内』、大阪之商品編輯部、一九三六）。そういった芸妓バンドが、カフエーやダンスホールの余興に呼ばれ、出張演奏をしていた。さきの琵琶湖ダンスホールの例もそうだし、その後すぐに尼崎ダンスホールも河芳の芸妓たちを招聘している。

もちろん、カフエーでも女給に、またダンスホールでもダンサーに洋楽器を演奏させようと試みた。カフエーでのジャズ演奏は地域や時代によって禁じられることもあったが、規制が緩めばステージでダンスを披露したり、ジャズを演奏したりといったことはめずらしくない。たとえば道頓堀マルタマがそういった少女たちを雇用したことが知られている。

女給にくらべ、ダンサーでは学校で洋楽に親しんだ者がより多く、そういった女性たちがバンドを組むことにつながっていく。

少女バンドが活躍しはじめたころに開業したのが京都の東山会館。外国人観光客を誘致するために設けられた国際的な踊り場で、建築、設備いずれも豪華なものだった。開業時に音楽を担当したのはジョーゼフ・エヴァンス（ジミー原田）のバンドで、サックスは東松二郎、トランペットは工藤進といった面々だった。東山会館では、エヴァンスのバンドにくわえ、高千穂陽子をリーダーとする一〇名の少女たちを出演させた。

メンバーの少女たちを京都出身だとする記事もあれば、東京の花街育ちだとする記事もあって、正確なところはわからない。技術は高かったようで、演奏を聴いた玉置眞吉も「リズムに於ても勝れてゐて甚だよい」と高い評価を与える。おもに、日本ふうの楽曲を演奏したようだ（『ダンスファン』一九三四年五月）。彼女たちはすぐに阪神国道のキングに引きぬかれ、さらに翌一九三五年には大連のホールに移ったとされる。さきに記したとおり、少女ジャズ・バンドが重宝されたのは、経営者にとって頭痛の種だった高額のバンド費用を、少女たちであれば安く抑えられるという面もあったからだろう。

早くから洋楽に取りくんだ宝塚少女歌劇でも、当然、ジャズ・バンドが組まれた。一九三〇年のことで、小夜福子がサキソフォンを担当するなどした。話題性は高く、雑誌の表紙を飾っている（『サンデー毎日』一九三〇年七月六日）。ただ、劇団には男性の演奏者たちもいたので、力量の点で劣るとみなされ、ステージでの披露はかぎられたものだった。

東山会館時代の「タカチホ・ヨウコ アンド・ハー・ブルーバード ジヤズ・バンド」
［『ダンスフアン』1934年8月］
このときは10名編成で、ピアノの前には成人男性がすわっている。背後の壁にはジョーゼフ・エヴァンス（ジミー原田）のバンドの旗が掲げられている。

キング・ダンスホール時代の「高千穂少女ジャズ・バンド」
［『ザ・ニッポンダンスタイムス』1934年12月］
「我国唯一のホール専属少女バンド」と紹介されている。このときは9名編成。右側の花輪はダンサー一同から贈られたもの。

移動するミュージシャン

平茂夫・ソコロフスキー・山口豊三郎・J. エヴァンス・中澤壽士・南里文雄・東松二郎・桜井潔・A. コバチ・E. カアイ・コンデ三兄弟・F. レイエスら

井田一郎と服部良一、梅澤清一についてはほかの箇所でも説明しているので、ここでは別のミュージシャンについて書いておく。

ジャズの演奏家たちは、仕事を求めて移動することがすくなくなかった。したがって、後年、まとまった自伝や評伝が作成されないかぎり、その経歴をくわしく知ることはむずかしい。同時代の新聞雑誌記事などを資料とし、また他の人の回顧などに断片的にあらわれる情報を整理しなければならないが、欠落が多く困難な作業だ。また、東京に進出したミュージシャンの記録は比較的ととのえられてきたが、地方で活動した人については、残念ながらほとんど顧みられていないケースもある。以下では、関西での活動が確認できるミュージシャンについて、手短かに紹介しておこう。

山形県生まれのピアニスト平茂夫は東京の千振音楽団を経て神戸のミヤサキ音楽院へ。ここでソコロフスキーに音楽を習った。平茂夫はソコロフスキーが紹介してくれたルーチンに師事して修行を重ね、そののち前野港造に誘われ、大阪のパウリスタで演奏する。道頓堀ジャズの時代を経て、いちどは東京に出るが、その後、ピアニストとして阪神間および神戸のホールで活躍する。一九三〇年にはキングで、一九三一年には神戸の花隈で、一九三三年には神戸ダイヤで演奏した実績がある。また、大阪で唯一認められていた会員制組織の踊り場「清和会館」にも出演。その後はダンス・パレスの時代がしばらくつづき、タンゴを担当してアコーディオンを演奏、大阪放送局への出演もあったようだ。翌一九三四年には京阪ホールに移り、タンゴにくわえてハワイアンをレパートリーにとりいれた。なお、弟の平八郎はギタリストで京都の桂ダンスホールのタンゴ・バンドに参加し、コバチや桜井潔らといっしょに演奏している。平八郎は、ザ・ドリフターズの加藤茶の父だ。

日本にダンスホールがまだあまりなかったころに大阪から上海に渡ったのは山口豊三郎。日本のジャズ界では「上海帰り」が敬意をもって遇されたが、山口はその最初だ。

神戸で青年時代を過ごしたジョーゼフ・エヴァンス（ジミー原田）は、外国航路で演奏し、その後、東京や京都で活動した。第二次世界大戦後も、ドラマーとして長くジャズ界に貢献している。

髙島屋少年音楽隊出身の中澤壽士は、阪神間から東京へ。京都に転じ、ふたたび東京へと動いた。第二次世界大戦後は京都の占領軍将兵用の施設でオーケストラを率いている。同じ髙島屋出身の南里文雄は、神戸、上海、北米航路、東京、阪神間、埼玉の蕨へ。さらに大連に渡り、蕨にもどる。東松二《あずままつじ》郎《ろう》も、京都、東京、蕨、阪神間、そして大連と移動しており、一様ではない。これら著名なジャズ・ミュージシャンの経歴について書かれたもののなかには、関西にいた事実にふれない資料もある。もちろん意図的なことではなく、おそらくは情報がじゅうぶんでなかったからだろう。ほかにも、たとえばタンゴの桜井潔のキャリアにも京都の桂会館時代があるのだが、それについて言及するものはあまり見ない。

来日したミュージシャンたちの移動、活動の拠点のひろがりはさらに大きな規模のものだ。したがって、くわしい経歴はほとんどつかめない。平茂夫や井田一郎と縁のあったソコロフスキーは、神戸の映画館にも出演した。少年時代の淀川長治も、その演奏を記憶にとどめている（『淀川長治自伝（上）』中公文庫、一九八八）。井田一郎も、神戸時代にいっしょに演奏したことがあるという（『ヴァラエティ』一九三九年四月）。そのソコロフスキーは、松旭斎《しょうきょくさい》天勝《てんかつ》一座にくわわって活動し、さらに神戸でバラライカやピアノを教える生活をしたらしい。ソコロフスキーのバラライカ合奏団の演奏が大阪放送局、京都放送局から放送されたことは、新聞の番組欄から読みとることができる（京都日日新聞、一九三三年九月八日）。けれども、その後の消息はわからない。

服部良一にサックスを教えたアダム・コバチは東欧から来日して日本で暮らしたが、京都時代からあとについては不明。アーネスト・カアイはアジア巡業を経て日本で活動し、やがて北米に移りすんで生涯を終えた。評伝も書かれてはいるが、アジア巡業時代の記録はすくない。活動の拠点や家族関係などがあるていど明らかになっているのは、コンデ三兄弟やフランシスコ・レイエス（愛称「キーコ」）だろうか。長く日本で生活したミュージシャンについては、斎藤憐『昭和のバンスキングたち』（ミュージック・マガジン、一九八三）などを参照されたい。

ダンス・パレス時代の東松二郎
[『ダンスファン』1936 年 9 月]
率いるバンド名は「アヅマニアス」「アズマニアンズ」などと表記された。

桂ダンスホール時代のアダム・コバチ
[『ダンスファン』1934 年 8 月]
この記事でコバチは「ハンガリアン・サキソホニスト」と紹介されている。神戸オリエンタル・ホテルに招かれ、その後、千日前ユニオンで演奏し、桂に移籍した。ラジオ番組などへの出演もみられる。第 2 次世界大戦後も、ビクターで吹込みの実績がある。

地域に根をおろす

国道のホワイトマン梅澤清一・サックスの第一人者前野港造・秀才成田七五三夫

一九二〇年ごろから日本に入ってきたジャズは、フォックス・トロットなどの社交ダンスと結びつき、ダンスホールという場で育てられた。もともと、北米の移民がおかれた歴史的な文脈からは切りはなされ、欧米の白人たちのなかにあったペア・ダンスの形式とセットになって輸入されたことになる。黒人たちの生活に由来するものだという情報はあったし、ジャズというのは「ニグロ」の音楽だと認識している日本人もいたが、そういった事情に頓着しないダンス愛好者もすくなくなかった。

白人たちはジャズを改変し、商業的音楽として成功する。それがレコードや楽譜、映画などのかたちでもたらされる。日本のミュージシャンたちも見よう見まねで客受けする演奏をし、売れる曲をつくろうとした。

黄金期を迎えたダンスホール。たくさんの客が利用して景気はよく、バンドマンたちのギャラも高かった。しかし、楽士たちの高い人件費はホールの経営者たちにとって悩みの種。いい音楽を提供して客を集めたい反面、高額のギャラを払いつづけることはできない。収益をあげるために通常の営業とは別のイベントを開催するなどしたが、不景気で客が減りはじめるとたちどころに経営は圧迫された。

楽士たちはホールで演奏してギャラをもらうことで安定した生活が約束されたが、なかには贅沢をおぼえ、浪費から身をもちくずすケースもあった。借金まみれになって、エキストラ出演などアルバイトをかけもちするような者もいた。ラジオ番組出演やレコーディングなどは、よいアルバイトだったが、声をかけてもらうには相応の技量が求められるので、みながその恩恵にあずかるわけではなかった。

こういった日常の生活面での苦労とは別に、ミュージシャンたちを悩ませた問題が、自分の理想とする音楽をどこまで追いもとめ、どのあたりで妥協するのかということだった。

たしかに最尖端の音楽の世界に身をおいてはいる。しかし、本場米国や、あるいは上海などの情報に接し、もっとレベルの高い音楽があることを知ってしまう。アメリカに行きたい、いやせめて上海に行きたい……。そういう希望はあってもなかなか実現できるものではない。ホールで演奏していれば生活は安泰だが、自分が求める音楽をあきらめなくてはならない。

とりわけ、ホールで踏客に配慮するとなると、演奏したい曲を自分の求めるスタイルで演奏するような身勝手はできなかった。客は踊りやすいテンポの演奏を好む。だから、もっと速く、もっとスローに、といった試みは通らない。曲の途中でテンポを変えることもできない。最新流行の音楽がよろこばれるとはかぎらず、日本の歌謡曲や民謡をアレンジした、いってみれば「まがいもの」のジャズやタンゴを奏でなければ、支配人や経営者に注意される。ミュージシャンを育ててくれたダンスホールが、ミュージシャンを苦しめた。

ダンスホール以外に演奏の場がないのであれば、がまんもしよう。けれども、バンドの単独公演や、カフエーその他での余興なら、好きな曲を、あるていど理想にちかいかたちで演奏できる。ホールの踏客とちがい、ダンスと切りはなしてジャズを純粋に鑑賞する聴衆もふえた。こういった事情から、ミュージシャンのなかには活動の場をホール以外の機会に移す者もあった。

いっぽうで、ダンスホールに雇われた音楽家である以上、ダンスを踊る客のために演奏するべきであり、客が好む曲の演奏に徹するべきだと割りきったミュージシャンもいる。この、別のプロフェッショナル意識をもっていたのが、梅澤清一である。

大阪ユニオンのバンドの一員でもあったという梅澤のキャリア。同時代の資料でつかめる最初は、一九三一年ごろの阪神社交倶楽部（杭瀬ホール）。芝辻賢三がピアノを弾いていた「杭瀬ラッキー・セヴン・ボーイズ」で、梅澤はサックスを吹いた。その後、一九三二年にはダンス・パレスに移籍。バンド・マスターをつとめアルト・サックスも担当した。このときのピアノはマテアス、テナー・サックスはコンデ三兄弟のひとりグレゴリオ・コンデだ。さらに一九三三年にはタンゴ・バンドも編成している（『ダンス時代』一九三三年一月）。

このあと、一時的に神戸のソシアルに移る。ダンス雑誌にはソシアルにいたときの梅澤評が掲載されている。「たしかによく客を踊らせる、日本物にとても熱心な研究をした人だけに、これは得意なところ」だ、と（『ダンス時代』一九三三年七月）。ダンスホールではおおよそ半年にいちどのタイミングでバンドの入れ替えをするのが通例だった。もちろん、客に好評で、ホール側とバンド側が合意すれば契約は延長される。だから、一年、二年と継続して出演するバンドは、そのホールの経営者や客と良好な関係にあったことになる。

梅澤は、杭瀬、パレス、ソシアルと移動し、一九三三年秋には服部良一がいたキング・ダンスホールに移籍する。服部が東京に出たあとをまかされたかたちだ。ジャズでは「日本もの」を重視、いっぽうでタンゴ・バンドも編成した（『ダンス時代』一九三三年一〇月）。梅澤は、このキングで約三年、ステージに立ちつづける。バンドのメンバーの一部が入れ替わることはあっても、梅澤は動かなかった。東京に出る気配もなく、「関西ダンス・ジャズ界の古参、人気者」として過ごした（『ダンスファン』一九三四年一二月）。「客本位、商売本位にするものが勝利を得る。それは同氏の利巧さである」との評価も定着していたようだ（『ダンス時代』一九三五年五月）。

梅澤は、音楽家として活動するかたわら、副業にも手を染めている。関東煮（おでん）屋の開業を皮切りに、これを喫茶店に転換、その後は金融業やアパート経営も手がけた。こういった生きざまだから、金欲に流されたとの陰口も叩かれただろう。だが、梅澤は儲けた金を楽器にかえていた。キング時代には、タンゴ・バンドのためにピアノを購入したのをはじめ楽器のコレクションを充実させていく。梅澤なりの音楽への貢献のかたちだったといえよう。

以下は、梅澤が『ダンス時代』一九三六年六月号に寄せた「ボールルーム・ミユーヂツク」という文章である。「音楽家としての私でなく、ダンスホールのジヤズプレヤーとしてお話申上げる」と前置きして書かれたものだ。

> 生活と芸術とは両立しないものであるといふことは、特にダンスホールのジヤズマンの痛切に感じる所であることは、これまで幾多の音楽家たちが、悲しき苦しき体験をなめてゐることであります。〔中略〕
>
> 私は十年間、ジヤズの研究と同時に、一たびこうしてホールのジヤズバンドの人となつた以上如何にしたら、私の奏する音楽によつて客が多く踊つてくれるやうになるかといふことを苦心研究してまゐ

りました。その間に於て私が最も深く皆様の心にアッピールさせたといふのは、日本音楽をジヤズ化して、飽くまで、我々日本人の情緒を之によつて誘導し、心から日本人特有の音楽の感じに浸り、自ら手足の踊り出て、心にしみ〴〵感じさせるものは、即ち日本物だといふ信念を持ち続けてまづ最初に日本物のジヤズ化を叫んだのであります。結局踊るのは日本人です、西洋音楽のよさもありませうが、矢張、大衆の心に合ふものは日本物でありませう。こうした考へ方で之を提供してきましたが、別に、日本物或ひは西洋物といふ区別はないのでありまして、要するに、そこに何とも云へない、じつとしては居られないやうな雰囲気を呼び起せば、客の踊る為めのジヤズの本来は完成するものだと思ひます。〔中略〕

私は私の立場として、客をより多く踊らす音楽といふことについて、常に研究してゐるのであります。何もホールのジヤズなるものは聞く為ばかりのものでなく、要は踊りたくなる音楽を奏することでありますのですからそこには又私たちとしての芸術的良心といふものより、営業化されたジヤズ音楽といふもの、見界《みさかい》が出来て、専問《ママ》的の音楽の理屈の通らない場合のあることは致し方ありません。

『ダンス時代』一九三六年六月

家族とともに阪神間で生活し、地域のダンス愛好者を満足させること。梅澤清一は、それをみずからの職業的信念とした。米国で「キング・オブ・ジャズ」との異名をとったポール・ホワイトマン。同名のレヴュー映画「キング・オブ・ジャズ」（一九三〇）は、一九三一年の日本公開当時、大きな衝撃をもって受けとめられた。だが、現在ではホワイトマンの評価はあまり芳しくない。往年の歓迎ぶりと、第二次世界大戦後の評価の落差について紙恭輔が書いている。「今日のジャズ歴史家の中にはホワイトマンをジャズの異端者扱いにする人もいるが、当時としてみれば、それは〝時の流れ〟であったのだ」（東京新聞、一九五七年一一月八日）。

梅澤が家族とともにホワイトマンのまねをして撮影した写真が残されている。ここに、音楽と生活との両立をめざした関西ジャズのありのままの姿を見ることができる。

阪神国道、それに神戸のホールでジャズを演奏し、客をたのしませた梅澤。現在、梅澤の名は忘れられようとしているが、服部良一は、梅澤ら関西に残ったミュージシャンたちのためにこう綴っている。

あの当時から僕等の大先輩として君臨して居られ今尚ほ国道又は其の他のホールにいらつしやる人々は、かのサックスの第一人者前野港造さん、ピアノ並に作曲編曲の秀才形生駒の成田七五三夫氏、等、ほんとうにどうして東京へお越しにならないかと思ふ程の実力のある人々です（そんな事を云ふとガーデンや生駒のホールから、しかられそうだが）其の他にも、僕の知つた大家ではパレスの東〔松二郎〕氏、キングの胡桃〔正義〕氏、最近国道の人気者として評判の梅澤〔清一〕御大、等、皆んな東京の連中でも評判のよい人ばかりです。

『ダンス時代』一九三七年五月

梅澤清一と家族
（梅澤家旧蔵）
スーザフォンを抱え、その朝顔（ベル）部分に自分の子どもを入れて遊ぶようすを撮影。ポール・ホワイトマンの『ジヤヅ』（田舎社 1929）に掲載された家族写真をまねている。なお『ザ・ニッポンダンスタイムス』1934年12月号にも同じ写真が掲載された。

サロン・ジャズ・バー
（梅澤家旧蔵）
最初に経営した飲食店（関東煮屋）を改装、業態を変えたものとみられる。

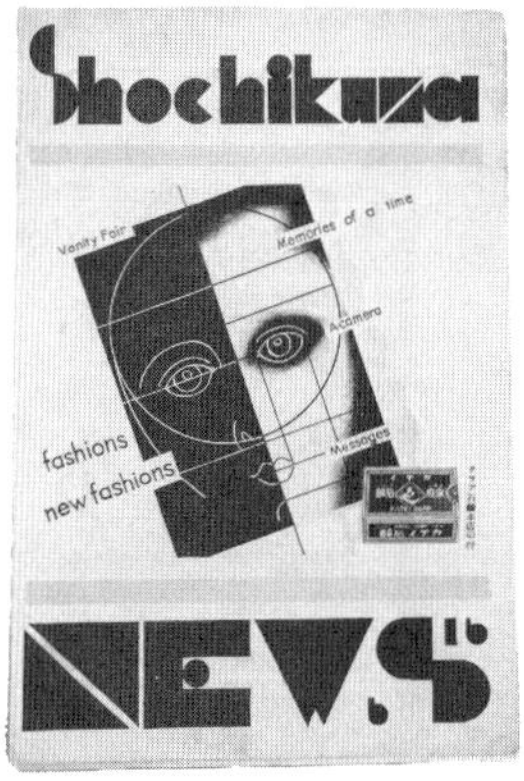

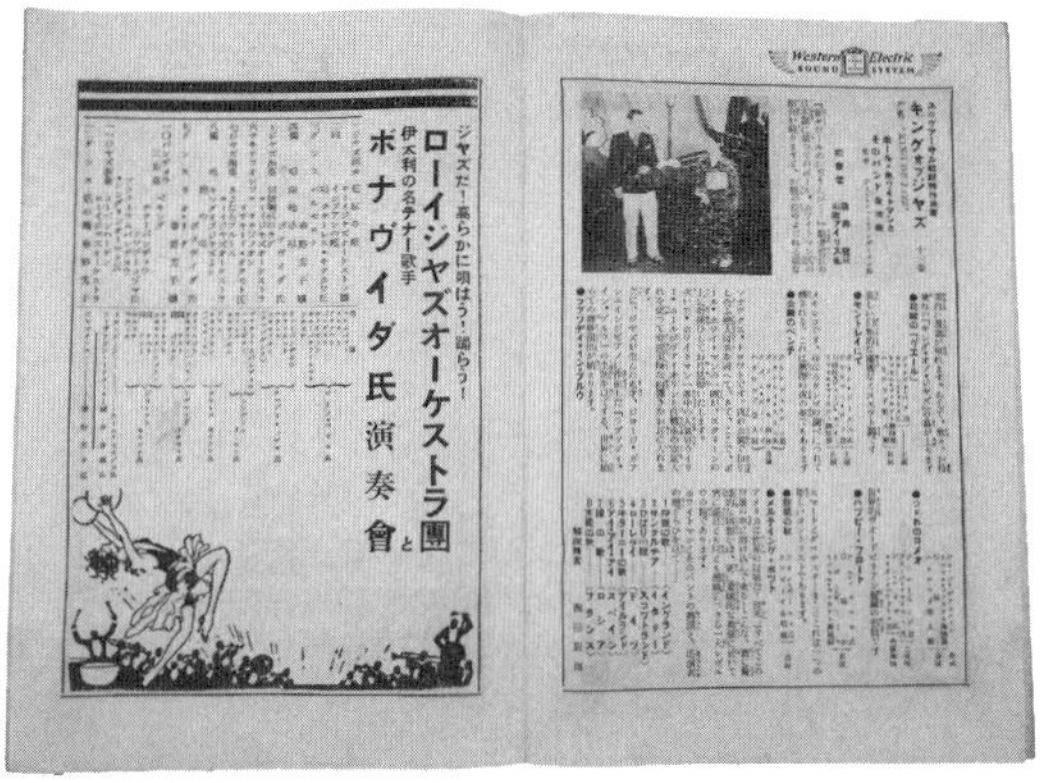

「キング・オブ・ジャズ」公開時の松竹座ニュース
［『松竹座ニュース』1931年2月4日～10日］
記事によると、映画の上映に先立ち司会者からの説明があったようだ。「昔々ポールのおぢさんが……」との前置きでホワイトマンの紹介がなされた。右が記事、左が表紙。

ダンスホールからステージ、スタジオへ

ダンスとジャズの分離　軽音楽の時代へ

　近代日本の西洋音楽受容の過程には、いくつかの段階をみることができる。細川周平の労作『近代日本の音楽百年』全四巻（岩波書店、二〇二〇）によれば、ジャズの受容については、大きくふたつの時期にわけられる。まずは一九二三年から一九三五年までの「ジャズ期」。そして、一九三五年から一九四三年までの「スウィング期」である。ジャズ期のはじめを画するのは関東大震災で、スウィング期がつくりだされたのはベニー・グッドマン楽団の活躍による。戦前のジャズは、最後には敵性音楽とみなされ、演奏を禁じられた。

　これは音楽の普及過程に着目した時代区分であって、ダンスの側からみると、画期となる出来事などがいくらかちがってくる。

　ジャズが輸入され、その音楽にあわせてダンスをたのしむかたちが知られはじめる時期。ダンスの普及とともに同好会や、公開のダンスホールが開かれる時期。職業ダンサーが雇用されチケット制で経営されるかたちが確立するタクシー・ダンスホールの時代。そして、洋楽洋舞が軍国主義、全体主義にふさわしくないものとして排撃され、ダンスホールが閉鎖される時期。だいたい、そのように区分できる。

　戦前のジャズの歴史は、その途中まで、ダンスやダンスホールと切りはなせないものだった。だが、商業化がすすむダンスホールでは客の好みにあわせなくてはならない。踊りやすさを優先し、楽曲の音楽性やミュージシャンの向上心が犠牲にされることがあった。

　たとえば東松二郎は、蕨のシャンクレールというホールで力をつけ、その後、請われて阪神国道のダンス・パレスに出演するが、ハル・ケンプのスタイルを参考にした斬新な演奏は客たちに不評だった。東はけっきょく実験的なスタイルを捨て、商業的な方向性にたちもどる。また同じ阪神間では、梅澤清一のように、ミュージシャンとしての望みを切りさげてでも、商業的な音楽に徹して客をよろこばせようとした人がいた。

　ジャズは、ダンスホールの外にあふれていく。カフェーの余興にも呼ばれ、興行の世界では、レヴューの伴奏だけでなく単独の音楽プログラムとして花開いた。レコード録音やラジオ番組への出演もある。コンテンツが多様になれば、ダンスと音楽を同時にたのしむかたちが必須とならない。音楽だけを純粋に鑑賞するファンがふえていく。

　その時期は、おおよそ一九三〇年代の後半だったといえるだろう。

　ダンスホールという娯楽施設は、戦争を遂行する国家にとって目障りな存在だった。出入りする客はもちろん、ミュージシャンやダンサーも刹那的、享楽的な生活を送る者とみなされる。ダンスの専門雑誌なども、役に立たないものと考えられた。ダンスホールは国の方針に逆らわないようつとめたし、ダンサーたちも収益の一部を献納したり、将兵の慰問に参加したり、積極的に協力した。雑誌は音楽やダンスの情報だけでなく、映画や演劇についての記事を掲載することで存在意義をアピールした。けれども、方便めいた小手先の対応では、やり過ごせない時代になっていた。

　ミュージシャンたちも客足が遠のくダンスホールにいたのでは活躍のチャンスがない。力のある者は、ステージや放送への出演、レコード録音の仕事に向かう。ミュージシャンの側からすれば、ダンスホールは音

楽性の面からみても、収入の面においても、魅力を失いつつあった。あえてダンスホールにしがみつく必要がなくなった、ともいえる。

これが細川のいう「ダンスと音楽の分離」をおしすすめる。ジャズ奏者たちは、ダンス音楽から脱却し、より幅ひろい表現の可能性を求めた。じっさい、ダンスホールはジャズをはじめさまざまな音楽を育てる場ではあったが、ダンスのためにという縛りが音楽の幅をせばめる制約になったことも、一面の事実である。ジャズメンは、ダンスホールという足枷から自由になることで、新天地を開くことができる。そう、思っただろう。しかし、じっさいには米英由来の音楽に対して、よりきびしい目が向けられることになる。

それでも戦前期においてダンスホールという場が洋楽の発展に寄与した点は、たしかなこととして認めておくべきだろう。

一九三九年に出版された『ジャズ音楽』。アルスから刊行された「音楽大講座」全一二巻うちの第九巻だ。西洋音楽の技法や楽曲などを解説する講座本のなかに、ジャズが占める位置がつくられた。この本に稿を寄せた人物と、解説を担当した章のタイトルを記しておこう。

服部龍太郎	ジャズの歴史と現勢
服部良一	サキソフォーンの奏法と練習曲
菊地〔池〕滋彌	ジャズ・ピアノの奏法
小暮正雄	アコーディオンの奏法と練習曲
古賀政男	ギターの奏法と練習曲
灰田晴彦	ハワイアン・ギターの奏法と練習曲
角田孝	バンジョーの奏法と練習曲
灰田勝彦	ウクレレの奏法と練習曲
田中常彦	マンドリンの奏法の要点
仁木他喜男	各種ジャズ打楽器の奏法
佐藤秀郎	短音階ハーモニカの奏法
徳山璉	流行歌の唄ひ方
中野忠晴	ジャズの合唱
井田一郎	ダンス曲の種類と形式
紙恭輔	ジャズの編成と編曲
堀内敬三	トーキーとレヴュー音楽

このラインナップに、戦前期ジャズ音楽の到達点をみることができ、あわせてジャズという音楽に合流していった人脈の多様性をみることも可能だ。バンド屋や少年音楽隊の出身者、外国航路に乗り組んだ者、花月園や松竹座で演奏した者、阪神国道で鍛えられた者、富裕な家に生まれ音楽を趣味とした者、クラシックの教育を受けた者……。そして、これらの人びとのなかから第二次世界大戦後の音楽を牽引するリーダーもあらわれた。

だが、おおむね一九四〇年にダンスホールは閉鎖される。ジャズは軽音楽としてしばらくのあいだ延命し、ステージや放送のなかで聴くことができた。しかし、一九四三年になると「米英音楽の追放」の方針が強く打ちだされ、追放すべき楽曲のリストも発表される。「米国系音楽の代表とみられるジャズや、これに類する軽音楽の大部分は、卑俗低調で、頽廃的、煽情的、喧噪的なものであつて、文化的にも少しの価値もないものでありますから、この機会にこれを一掃することは極めて適切であり、また絶対に必要」だと断定されている。「これらが聴けなくなつても、大衆音楽がなくなる心配はありません。むしろ浄化されるものと見るべき」だ、と（『週報』三二八号　一九四三年一月二七日）。

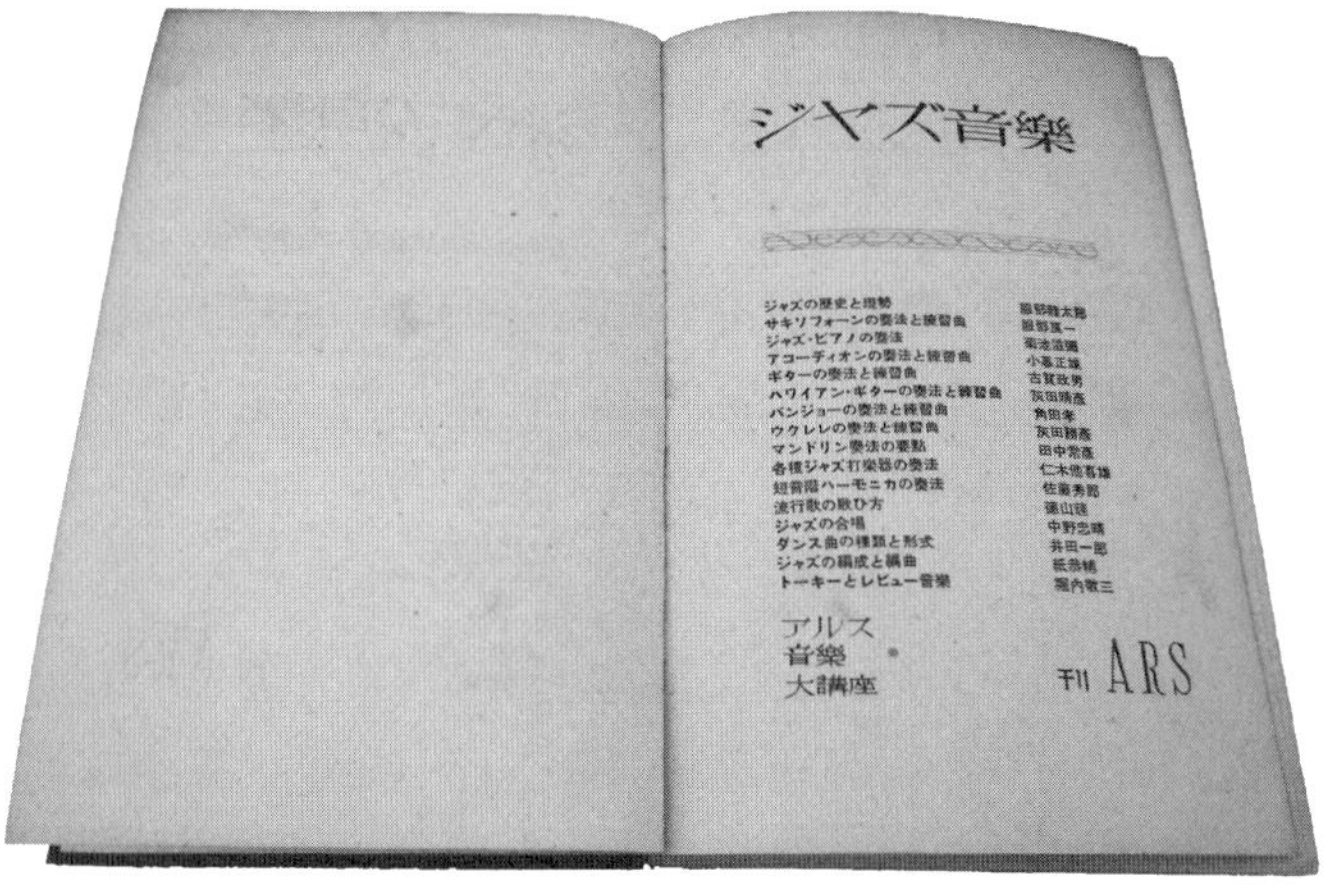

『ジャズ音楽』アルス 1935
（個人蔵）
アルス音楽大全集の 1 冊、実技篇として刊行された。各執筆者の顔写真があり、また楽器の演奏方法の基本を写真やイラスト、楽譜を添えて解説している。

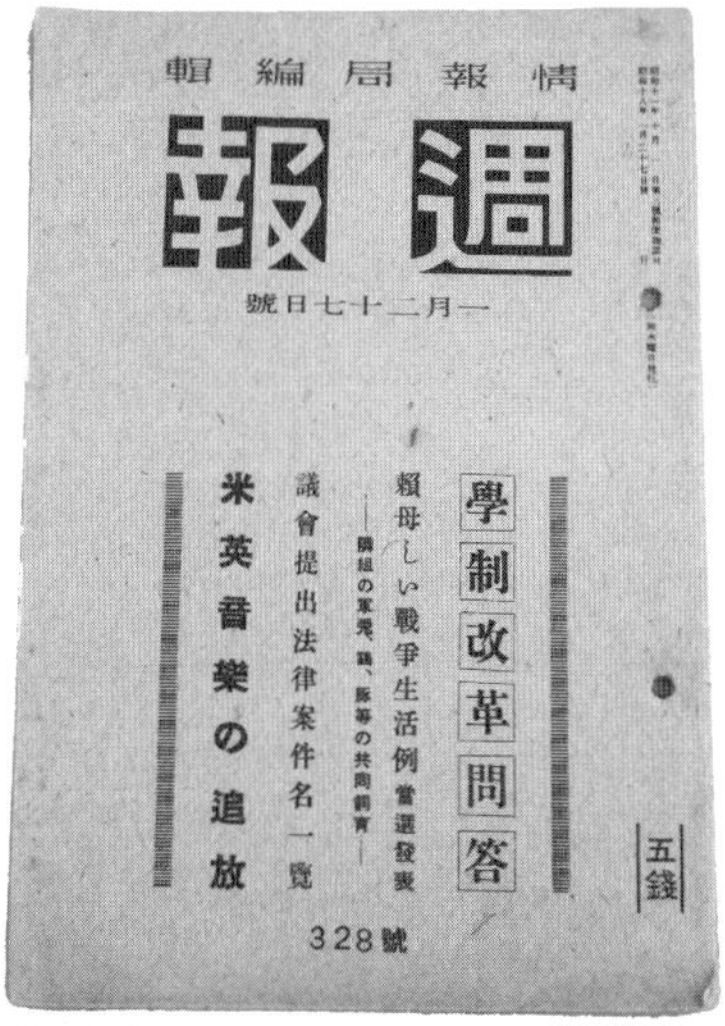

『週報』328 号 1943 年 1 月 27 日
（個人蔵）
表紙に「米英音楽の追放」とある。

第二章

タクシー・ダンスホールの世界

ワン・チケット、ワン・ダンス

左　河野静（平岡静子）［花月園発行絵葉書（個人蔵）］
中　加藤兵次郎と八重［『ダンスファン』1935年6月］
右　玉置真吉［『モダン社交ダンス』四六書院 1931］

谷崎潤一郎と横浜の踊り場

チャブ屋、グランド・ホテル、花月園

　横浜に転居した谷崎潤一郎（一八八六～一九六五）が洋風の生活に傾倒していったことは、文学研究ではよく知られている。そして、そのような暮らしや経験から、『痴人の愛』などの作品が生まれたといったみかたがあることも、あらためて書くほどのことではないようだ。けれども、洋風の暮らしぶりに傾倒するなかで社交ダンスとどのように出会い、またどのようにつきあっていたのかを詳細に記したものはあまり見ない。

　谷崎潤一郎は、一九二一年、小田原から横浜の本牧に転居する。当時の本牧には幕末に開かれた外国人向けの娼館、宿泊施設が集積していた。なかでも有名だったのは、小倉治三郎、キヨ夫妻が経営する「キヨホテル」（キヨハウス）で、谷崎の住まいからは、その建物がよく見えたという。当然、周囲にはこういった店で働く女性たちもいた。日本人だけでなく、外国人男性と日本人女性とのあいだに生まれた「混血」の人たちもふくまれる。

　商用で来日した人びとの住まいもあった。谷崎が引っこした家の隣りは、ポルトガル出身のメディナという人の家だった。メディナはアーサー・アンド・ボンド商会に勤める人で、ダンスもよくした。いっしょに暮らす娘と踊る姿が、谷崎の家からもよく見えたらしい。そして、谷崎の一家は、メディナやその娘からダンスの手ほどきを受ける。洋風の住まいには洋楽とダンスが似あった。やがてメディナは山手町に転居、さらに神戸に移る。だがそのあとも谷崎のダンス熱は冷めず、自宅でレコードにあわせて踊ったほか、クルッピンという人のレッスンを受けたり、グランド・ホテルの舞踏会に出かけたりしてたのしんでいたようだ。

　谷崎がダンスにさらにのめりこむ契機になったのが花月園舞踏場の存在だ。一九一四年に子ども向け遊園地としてオープンした花月園は、一九二〇年の春にボールルームを併設する。鶴見の高台からの眺望はよく、藁葺きの屋根をもつ外観ながら内装には南洋ふうの演出もあって、エキゾチックな空間だった。ひろい専用のダンス・フロアをそなえ、外国航路や活動写真館、百貨店などで演奏経験を積んだミュージシャンを雇った。当初は会費制で、パートナーをつとめるダンサーをおかず、同伴客のためのホールとして営業した。

　ここに、家族で出かけるのが谷崎の習慣となる。花月園の舞踏場には、やはり作家の久米正雄が踊りに来たし、奥野《おくの》他見男《たみお》も家族で遊んだ。文学者のみならず、政治や経済の分野で名をなし、贅沢な遊びができる人たちの社交場になっていた。ボールルームまで自動車で乗りつけられるような階層が、西洋人たちといっしょにダンスをたのしんだ。花月園内の洋食堂で晩餐をとり、その後に踊るというようなかたちだった。

　いっぽうのグランド・ホテルは、外客が宿泊するだけでなく、横浜港に入る船で演奏していたオーケストラやバンドが客演することもあり、音楽の水準は高かった。こちらも、東京から一等車で横浜まで移動できるような人たちが、ダンスをたのしみに訪れた。

　関東大震災は、状況を一変させる。グランド・ホテルは被災、また、花月園ボールルームも震災後しばらくは休まざるをえなかった。

　ダンス愛好者も遊ぶゆとりを失い、なかには東京、横浜を離れて関西など他の地方に転居する者もあった。谷崎潤一郎もそのひとりで、震災

を機に関西で暮らしはじめる。その後、洋風の暮らしからじょじょに離れ、やがては上方の古くからある文化に触発された作品を書くようになった、とされる。けれども、関西に移った谷崎が、すぐにダンスから離れたわけではない。神戸や大阪、京都にあった踊り場を精力的にめぐっている。谷崎の関西でのダンスについては、別項に記す。

被災したグランド・ホテルは、のちにニュー・グランド・ホテルとして再生される。だが、横浜の街なかに踊る場所はまだ多くはなかった。ようやく昭和時代になり、東京、横浜の復興がすすんで、タクシー・ダンスホールがぞくぞくと開業し、ライバルもふえる。ニュー・グランドではアーネスト・カアイが率いるバンドに優秀な楽士が集まった。いっぽうの花月園は遊園地として維持されたものの、同族的な経営が災いして勢いをなくしていく。花月園の舞踏場も、ダンサーをおくタクシー・ダンスホールの業態に転換した。一九三三年、藁葺き屋根の舞踏場は漏電から焼失。その後、創業者の平岡廣高が園を手離し、複数の企業が経営に参画するも、往年の雰囲気をとりもどすことはできなかった。

谷崎潤一郎が回顧する横浜のダンスの黄金時代。それは、震災前のチャブ屋であり、グランド・ホテルであり、花月園舞踏場だった。

花月園ボールルーム
[絵葉書（個人蔵）]
藁葺屋根の外観、南洋風の植栽が特徴的。大きな建物が舞踏場で、食堂が併設されていた。

開場から半年後くらいの花月園舞踏場の内部
[『新家庭』1920年12月]
フロアの奥の一段高いところにバンド席が設けられている。写っている4組のすべて、男性が洋装、女性が和装。右端のペアの女性は河野静（平岡静子）とみられるが断定はむずかしい。

横浜グランドホテル舞踏室
[絵葉書（個人蔵）]
右上にバンド席と思われる張出し部分がある。舞踏場では中２階にバンド席を設ける例がすくなくなかった。

奥野他見男
[奥野他見男『関西の女極めてよろし』南海書院 1929]
売れっ子作家の奥野は横浜グランド・ホテルや花月園で踊っただけでなく、神戸オリエンタル・ホテルの舞踏会、大阪の黎明期の踊り場を巡った。

奥野他見男の著作

河野静と鶴見「花月園舞踏場」

日本のタクシー・ダンスホールの歴史を書くために、どうしてもふれなければならない女性がいる。

名前は河野静《こうのしず》（一八七六?〜一九五八）。明治のはじめ、岡山に生まれた人だ。のちに東京新橋の料理屋「花月楼」の平岡廣高と結婚、平岡静子の名で新聞雑誌にたびたび登場し、美容に関する本も書いた（『上品でいきな化粧の秘訣』白水社、一九一八）。夫婦で開いた鶴見の遊園地「花月園」に舞踏場を設け、廣高と離別したあとは東京の赤坂溜池でダンスホール「フロリダ」を経営。さらに埼玉の蕨に「シャンクレール」をつくった。平岡廣高については鶴見の郷土史をしらべた齋藤美枝の著作（『鶴見花月園秘話』鶴見区文化協会、二〇〇七ほか）にくわしい。いっぽう、河野静についてはまとまった評伝が残されていない。また、これまでの文献では、拙著もふくめ姓を「高野」と誤記しているものもあるが、正しくは「河野」である。

静の父親は、岡山中之町で彫刻の仕事にたずさわり、印判を商った。静と、妹せんは、幼いころから踊りに親しみ、店の看板娘でもあった。だが、一八九三年の中之町の大火で家を失う。その後しばらくの足どりははっきりしないが、花街で働き家族を支えたようだ。十代の末ごろ、静は新政府や財界とのつながりが強い東京の新橋で芸妓として働いた。独立後は松の家ゑつ（恵津）として人気を得る。光村利藻が出版した『月の桂』（光村写真部、一九〇〇）という東西名妓の写真集にも、静の肖像が残されている。新しいもの好きで、外国人客の声がかりでもひるまず座敷をつとめた。自転車に乗り、活動写真に出演し、いくらか変わり者の芸妓として嬌名を高める。

その利発さが目にとまり、経営にゆきづまっていた花月楼の後添えに推される。その後は、「花月女将」として獅子奮迅の活躍を見せた。静の働きで花月は息を吹きかえす。

大きく変わりゆく時代に料理業界、花柳界はどうあるべきか。明治末、平岡静子は夫とともに欧州を視察。帰国後は、日本料理の店を維持しつつ、一九一四年、鶴見に子どものための遊園地を開いた。もとは廣高がパリ郊外で見学した遊園地（アクリマタシオン庭園と推定）をモデルにつくりあげたものだが、土地の確保などにあたっては静も力を尽くした。夫廣高の夢にかたちを与えたのが妻の静で、遊園地「花月園」は、多くの人びとの記憶に残る施設に成長する。

花月園に一九二〇年の春、舞踏場がつくられる。夫妻は、来日外国人に対してじゅうぶんな娯楽の機会が提供されておらず、また日本人の国際化をすすめるためにも社交の施設が必要だと、かねがね感じていた。専門の建築家に依頼せず、自分たちでデザインした藁葺き屋根の大きな舞踏場。これを、海を見おろす鶴見の丘に建設する。北米航路の客船に乗務した経験のある者はじめ、新しい音楽を演奏できる楽士たちを雇った。廣高には東京の市中音楽会を支援していた過去があり、日本のブラス・バンド草創期の支援者のひとりでもあった。

まだダンサーのいるタクシー・ダンスホールではない。会費制で、家族的な利用を念頭においた踊り場だった。風紀を維持するための規則も厳格だった。静は、相手がいない男性客の手をとって、ダンス・フロアに誘いだす。静がダンスを教えた人のなかには、谷崎潤一郎や久米正雄もふくまれる。またロシアから逃れてきたバレエ・ダンサーのエリアナ・パヴロバが苦しい生活を送っていたころ、花月園でダンスを教授する仕事を得たのも、静らの協力によるものだ。

関西との縁もある。大阪で開催された舞踏会のようすに感激した京都の十字屋楽器店の女将田中ゆきと、京都府庁に勤務しつつ洋楽の普及にかかわっていた岡本正一のふたりは、京都にも社交ダンスのための場を設けようと考え、花月園を視察した。静が直接、田中ゆきと面談したのかどうかは不明だが、花月園ボールルームでも社交ダンスのよさを確認した田中ゆきは、京都十字屋の新店舗内に踊り場を設けたのだった。

鶴見花月園の舞踏場は、日本で初めて開かれた民間の営業ダンスホールとして記録される。ただ、夫妻の関係が悪くなり、静が鶴見を離れるとホールの存在感も薄れていった。東京に拠点を移した静は、赤坂溜池で新たなダンスホールを経営する。津田又太郎という得がたい人材を得て、マネージメントをゆだねた。津田は期待にこたえ、新しいホール「フロリダ」を日本随一の踊り場に育てる。菊池滋彌ら多くのジャズメンが、フロリダのステージに立った。内外の歌手も、フロリダの舞台に立つことを夢見た。

ちょうど、東京、横浜が復興し、関西でもダンスホールが急速に成長していたころにあたる。関西で経験を積んだミュージシャンが成功を夢見て東京に移る。フロリダは、そのなかでも抜きんでた存在だった。

このころの静については、フロリダの経営者として名が残されてはいるものの、ジャズ史やダンス史ではほとんど顧みられることがない。だが、資金提供をつうじて、ジャズの発展を支援し、また女性たちが働く場をつくりだしていた。

さらに河野静は、埼玉県下の蕨に設立された新ホール「シャンクレール」にかかわる。けれども、津田又太郎との対立が表面化し、袂をわかつ。赤坂溜池のフロリダは津田が経営することになり、静は、銀座に開いたバー「コットンクラブ」と、シャンクレールを拠点とした。

蕨のシャンクレールは、淡谷のり子やディック・ミネ、南里文雄ら、戦後の音楽界で活躍する人材にチャンスを与えたホールだが、いっぽうで客の素行に問題がみられた。東京府のきびしい取締りがおよばないこともあって飲酒が黙認され、またホールの照明が暗くなると一般のカップル客が濃厚な身体接触にすすんだ。そのような評判に引きよせられた客たちが、さらに風紀を悪くする。埼玉県警察部も捨てておけず、シャンクレールにはくりかえし処分が下された。

ダンスホールやジャズなど「敵性」の娯楽に将来はないとみて、河野静はダンスホール営業から手を引く。その後は、銀座の飲食店経営に注力した。花月楼の女将時代から、政治家や経営者と交際があり、文学者や芸術家、役者や力士のいわばパトロン的な存在だった。廣高の養子、平岡権八郎は画家でもあり、新橋の店を継いでいたが、養母の静とは良好な関係だった。そのような事情もあって、静は若い画家たちのめんどうもみていたようだ。朝井閑右衛門や金子徳衛らが、静の思い出を書きのこしている。

河野静の両親についての消息は伝わっていない。妹せんは一九三二年ごろ亡くなったとされるが、これも判然としない。せんの息子で静の甥にあたる河野元彦は慶應普通部で野球をし、甲子園に移る前の豊中球場時代の全国大会で優勝。元彦の名は甲子園にあった野球塔の銘板に刻まれた。いまは野球殿堂博物館に保存されているものだ。静、せんの弟寛一は東京で特殊金属の鋳物工場を経営していたが消息はつかめない。

第二次世界大戦中、静は御殿場に疎開。体調を崩してしまい、その後、新しい事業に着手する力を発揮できなかった。戦後復興がすすむ一九五八年、孫に見とられ東京で亡くなる。河野静の後半生については、家族ぐるみで交際を結んだ朝日新聞記者の太田宇之助が伝えている（内外タイムス、一九五八年六月六日）。静の娘ミツヨの子どもたちは音響関係の技術者となる。孫にあたる永田秀一は、一九六四年の東京オリンピック開会式の入場行進や、閉会式の演出にかかわった。

河野静の生涯については、拙著『ゲイシャのドレス、キモノのダンサー』の第一部でくわしく書いたので、同書も参照されたい。

河野静（平岡静子）
［『月の桂』光村写真部 1900］
郷里岡山を離れ、新橋松の家ゑつとして芸妓勤めをしていた20代のころ。光村印刷の創業者光村利藻がつくった写真集に掲載された1枚。

最初の外遊中の静
［『美術新報』1914年7月］
ヨーロッパ滞在中は、額が出ないような髪型をするか、帽子をかぶるよう心がけた。

フロリダの天井に投影された星空
［『社交ダンス講座 第1巻 論説篇』春陽堂 1933］
スカイドーム一面に星空を表現し、さらにフロアのエフェクト・マシンから雲を描写することもできた。音楽の種類ごとに色も変えた。照明効果ではミラー・ボールが一般的だった時代にあって画期的なくふうを採りいれた。建築家の佐藤武夫と舞台照明家の遠山静雄の共同作業による。

国際的社交場フロリダ
［絵葉書（個人蔵）］
フロアには外国人踏客も見うけられた。女性は、洋装も和装もいる。

フロリダのダンサーたち
［絵葉書（個人蔵）］
この写真ではモデルのダンサーはすべてドレス姿。

蕨シャンクレールの夜の外観
［伊藤正文『ダンスホール建築』東学社 1935］
東京から自動車で出かける客が多かった。このホールもフロリダと同じく佐藤武夫が手がけた。

函館から関西へ、世界へ

加藤兵次郎の生涯

北米大陸の都市部で発達したタクシー・ダンスホールの仕組みを日本にもたらしたのは、函館出身の加藤《かとう》兵《ひょう》次《じ》郎《ろう》（一八九〇〜一九五四）という人物である。

函館の十字街近くにあった呉服店の跡とりとして生を受けた兵次郎は、開港地で育ち、モダンな暮らしに憧れた。東京に遊学中、地元が大火に襲われ、故郷にもどる。家業の呉服店を近代的なデパートに転換しようとの意気ごみをいだいた青年は、米国領事館の家庭教師だった若い女性と知りあい、社交ダンスを教えてもらう。

加藤は、一九一九年に単身渡米。船上で社交ダンスが国際交流になくてはならないものであること、日本人のあいだにも普及させる必要があることを痛感する。悪化する日米関係をいくらかでも改善できると考えてもいた。デパート経営の視察をするかたわら、ニューヨークのダンス教室でフォックス・トロットを習得し、翌一九二〇年に帰国。

視察での知見をもとに、函館での生活改善運動に参画する。そのいっぽうで社交ダンスを活用した「函館舞踏会」を創設、公会堂でダンス・パーティを催すなどした。自邸を改造し、家庭的なダンスの場を設けて内外人にダンスを教授した。函館舞踏会の活動は四年におよんだが、地域をかぎった活動では日本人にひろく社交ダンスを伝えるのがむずかしいと判断。東京への進出を思いえがいたころに関東大震災が発生。加藤は計画を変更し、拠点を大阪に移す。

当初は、大阪や神戸の富裕層に対して出張教授を試みた。金融業の野村家や山口家、製薬業の武田家、酒造業の辰馬家はじめ、多くの家庭に迎えられた。「昭羊会」という集まりや、梅本伊三郎・文子夫妻らの「踏華倶楽部」にもかかわっていたようだ。

だが、富裕層だけを対象にしていたのでは愛好者をふやすことができない。一般家庭にもダンスのたのしさを伝えたいが、家庭の女性たちは人前で男性と組んで踊ることにためらいをおぼえる。加藤がとった打開策は、ダンスが普及するまでのあいだ、花柳界の女性の力を借りることだった。京都の宮川町や大阪の南地などで、芸舞妓に洋風の社交ダンスを教授する。花街のほうも、遊客の新しい需要にこたえるべく、洋楽洋舞を受けいれつつあった。

京阪神のホテルでは外国人旅行者がダンスを踊っていたから、じょじょに日本人のあいだにも社交ダンスの輪がひろがる。また増加する洋風スタイルの飲食店でも、音楽さえあれば踊ろうという日本人があらわれた。大阪難波新地のバー「コテジ」では、女性従業員が客の相手をするかたちが生まれていた。それをさらに明確な業態にするきっかけを与えたのが加藤兵次郎の助言だった。飲食の給仕や、酌や会話といった接待をするのではなく、それらのサービスと切りはなされたダンスのパートナーをつとめる専門のダンサーが雇用される。また、ダンスを一曲踊るごとに一枚のチケットを渡す仕組みも導入された。職業的ダンサーが、チケットと交換にダンスの相手になるスタイルが、「タクシー・ダンスホール」だ。加藤が渡米した一九一九年ごろには、ダンス教室の看板のもとで営業するタクシー・ダンスホールが、移民の慰安施設として多くの都市で増加していた。そこで踊った経験を、加藤は大阪の飲食店に移植する。花柳界から転じたダンサーだけでなく、学校を卒業したばかりの若い女性が養成され、フロアに出た。

その後、千日前のユニオンや戎橋のパウリスタ、南パリジヤン、さらには梅田新道の北パリジヤンなど、大阪市内に商業的ダンスホールが開かれていく。パウリスタではジャズを演奏するミュージシャンが生の演奏を聴かせ、ユニオンは客からもらったチケットの枚数でダンサーの取り分が決まる仕組みを定着させる。営業ダンスホールの利用者のなかには夫婦同伴で来店するケースもあったが、多くは男性客とダンサーが組んで踊った。風紀の点で問題視されるケースもあったが、加藤兵次郎は、その改善にも尽力した。

ダンサーをおく商業的ダンスホールというありかたについて、加藤は普及までの方便と考えていた。だから、タクシー・ダンスホールが増加し、定着していくことにとまどいをおぼえる。千日前ユニオンを辞し、甲南倶楽部などダンサーをおかない踊り場でのレッスンや、家庭への出張教授をつづけた。このかん、一九二八年には上海のダンス界を視察もしている。自宅を芦屋に移し、富裕層の家庭や旧知の谷崎潤一郎らにダンスを教えた。

その後、平塚土地と阪急電鉄によって開かれた宝塚会館に、準備段階からかかわった。宝塚会館は家庭的な踊り場を理想としたが、ダンサーを廃することはできない。加藤は、宝塚での指導とは別に、家庭でのダンスの普及のために、日本家屋のなかにフロアを設けて踊る提案をした。

一九三一年には二度めの洋行に出る。英国へのダンス親善使節としての旅行で、英国、フランス、ドイツ、米国などを視察。流行するタンゴの源流をさぐろうと、スペインにも足を運んでいる。当時、タンゴについてはスペインの発祥で、それがフランスを経由して日本にもたらされたととらえる人もいた。加藤は、そのスペインだけでなく、さらにモロッコやアルジェリアなど北アフリカにも足をのばしている。

一九三四年には妻の八重（一八九五～一九八二）をともなって中南米諸国をめぐる。この旅行では、アルゼンチンで本場のタンゴにふれたほか、中南米各地の音楽やダンスを見聞している。帰国後、英国ふうに傾倒していく日本のダンス界と、加藤の考えとのあいだの溝は深くなる。むしろ、タンゴはじめ世界のさまざまな音楽とダンスの普及につとめた。加藤兵次郎の旅行については別項で説明する。

加藤兵次郎は人格者で、ダンス界にかぎらず多くの人びとから敬慕された。弟の加藤秀次郎は関西学院で教鞭をとり、のちに院長になる英文学者。弟の助けもあり、兵次郎は英国で刊行されていた『ダンシング・タイムス』誌に日本のダンス界を紹介する記事を書きおくってもいる。

一九四〇年までに日本の多くのダンスホールは閉鎖に追いこまれる。加藤も、中国大陸に渡って暮らす。天津や青島、北京のダンス界を見たが、加藤が活躍する場は得られなかった。

敗戦後の引揚げに際して多くを失い、その事績を伝える資料も散逸した。復興に向かう日本では社交ダンスもブームになるが、ダンサーという仕事は飲酒や接待をふくむものとなり、戦前期とはまったく異なる職種、キャバレーのホステスにさまがわりした。

加藤は兵庫県舞踏教師協会の会長や顧問の職に就くものの、病を得る。長らく暮らした関西を離れ、東京へ。古いダンス仲間が「感謝の夕」を開き、その功績を讃えた。東京での闘病むなしく、加藤兵次郎は亡くなる。加藤が本拠とした宝塚会館は第二次世界大戦後に再開されたが、地の利が悪く、長くつづかなかった。映画の資材置き場などになったあと、解体される。跡地は、閑静な住宅街に変貌した。

加藤兵次郎
［*The Dancing Times*, October, 1933］
加藤は英文で投稿する際、名前に James を添えた。

加藤兵次郎と八重の旅

加藤兵次郎は、世界のダンス事情を知るため、なんども海外を旅した。最初は、函館で家業の呉服店を近代化するための視察が目的だったが、米国に渡る船で社交ダンスの重要性を知る。ダンスと音楽には言語のちがいをこえる力がある。にもかかわらず日本人は踊らない。日本人ばかりかたまって過ごしているのを見た加藤は、社交ダンスこそが、国際交流のために日本人が身につけるべき必須の素養だと確信した。視察のあいまにはニューヨークのラブレー・スクールでダンスを学び、ダンス教室でレッスンを受けた。旅の途中で見聞した教室のなかには、女性ダンサーをパートナーとして雇用するタクシー・ダンスホールがあった。

帰国後の加藤は函館で社交ダンスのクラブをつくって普及につとめたが、限界を感じる。東京での活動をめざすが、震災で街は壊滅。加藤は関西に拠点を移し、上流階級の家庭に出張して教え、また一般愛好者を指導した。

大阪のダンスホールに職業ダンサーをおき、チケット制の仕組みを導入するよう進言したのは加藤だった。だが、商業的なダンスホールのかたちには満足できず、さらなる普及のために世界のダンスを見聞する機会をさぐった。

二度めの欧米視察では、とくにヨーロッパ各地をめぐってダンス関係者と交流した。ただ、この旅の記録や資料は戦争の際に多くが失われている。英国、フランス、ドイツなどでダンスをとおした国際親善の機会を得ただけでなく、タンゴの源流を求めてスペインも訪問。さらにモロッコなど北アフリカを旅した。当時はまだ、タンゴといえばフランスなどで愛好されたコンチネンタル・タンゴであって、アルゼンチンのオリジナルなかたちを追いもとめる姿勢は弱かった。中南米訪問は、加藤の宿題となった。

宝塚会館という拠点を得た加藤兵次郎は、タクシー・ダンスという特殊なスタイルで発展する日本のダンス界の状況を憂えた。上海など、同じくアジアにあって西洋文明をとりいれた都市の状況をも見てまわっている。また、日本の社交ダンス界では、イングリッシュ・スタイルが重要視された。ダンスは英国で編集され、それにあわせて音楽も改変される。そのスタイルが、正統とみなされた。加藤は、この正統から距離をおいた。

次の外遊は、妻の八重といっしょだった。ペアでたのしむダンスをひとりで習得することには限界がある。生活のパートナーである妻をともなってこそ、ダンスを知り、おぼえ、たのしむことができる。家庭ダンスの実践を考える加藤にとって、妻といっしょの旅は必然だった。

北米に渡り、西海岸を南下、中米の各港でダンスを見ながら南米へ。チリではクエッカをおぼえる。男女のペアが堅く組む体勢をとるのではなく、すこし離れ、ハンカチを振りながら見つめあって踊る。この音楽とダンスを加藤夫妻は大いに気に入った。さらに山越えをしてアルゼンチンへ。ふたりは、ついにタンゴが生まれ育った地を踏む。フランシスコ・ロムート（Francisco Lomuto）はじめタンゴ界の大御所とも交流し、地元の人びととダンスをたのしんだ。その写真が残されている。

できるだけ、たくさんの音楽やダンスにふれたい。その思いから、帰りもあえて遠回りの航路を選んだ。アフリカの西岸を南下、喜望峰をまわって東岸を北上し、アラブの街、インドの街を経て帰国した。長い船旅のあいだ、加藤夫妻は同乗した船客にアルゼンチン・タンゴのたのしさを伝えた。

帰国後の加藤を待ちうけていたのは、イングリッシュ・スタイルに傾倒する、いや過剰に同調するダンス界だった。そのため、教師団体で権力を手にすることなく終わる。いや、そういった世俗的な関心をもたない、清廉な生きかたをする人だった。兵次郎、八重夫妻がもちかえった中南米の音楽やダンスは宝塚少女歌劇のステージ「七日公爵」でも活かされた（『歌劇』一九三五年一〇月）。

アルゼンチンで踊る加藤兵次郎と八重
[『ダンスファン』1935 年 6 月]
中央のカップルが兵次郎と八重。八重の左、ひとりおいて白いスーツ姿の男性がロムート。これと同じ写真は、『歌劇』1936 年 4 月にも掲載された。

クエッカを踊るペアを描いた絵皿　加藤英一旧蔵（個人蔵）
兵次郎と八重がもちかえった記念品。

大正末の大阪の踊り場
「コテジ」・「ユニオン」・「パウリスタ」・「南北パリジャン」

東京や横浜が震災によって大きな被害を受けたのに対し、関西では踊り場も順調に発展していた。

その関西でも、大正なかばまでは外国人が利用するホテルのボールルームや、日本人富裕層がレッスンやパーティのために一時的に利用する公会堂のホールにかぎられていた。レストランやカフエー、バーなど飲食店で客が踊りはじめるのは大正時代の後半で、サラリーマンや学生、商人などさまざまな愛好者がダンスに親しむようになる。

ただ、男性にくらべると女性の参加者はすくない。人前で異性と身体を接触させることに対する忌避感は根づよく、とくに既婚女性が夫以外の男性と組んで踊ることはタブー視された。男性客も、妻をともなって踊り場に出かけることはあっても、妻が他の男性と踊ることには抵抗をおぼえた。けっきょく、男性客の踊りのパートナーをつとめる職業的ダンサーが生まれ、その役を引きうけることになる。

ダンサーが雇用された最初についても、明確な時期を特定することはむずかしい。日本で初めて職業ダンサーをおいたとされる大阪難波新地の「コテジ」という店は、もともとバーだった。バーには接客のための女性従業員がいたが、コテジでは西洋人女性を登用した。これが話題となって客を集めたようだ。彼女たちはもともとダンスを踊る習慣をもっていたから、男性客の求めにも応じて相手をつとめる。飲食店から、踊り場への転換の第一歩となった。

横浜で谷崎潤一郎にダンスを教えたポルトガル出身の商社員メディナの助言が、コテジをダンスホール営業へと向かわせるきっかけになったという。さらに、加藤兵次郎の進言をいれ、もっぱらダンスのパートナーをつとめる職業ダンサーをおいた。コテジの経営者だった高島立雄については福井出身だったということと、一九一七年ごろに店を開いたらしいこと、ダンスホール経営で財をなし、創業から一〇年を経た一九二七年に店をたたんでしまったことなどが知られるだけで、その生涯についてはつまびらかでない。

けれども、このコテジの存在は大阪に社交ダンスを根づかせることになる。もちろん、花街堀江などにもダンスを踊らせる店はあった。しかし、外国人や外国帰りの日本人がダンスを踊りに出かけたのはコテジで、また地元大阪の愛好者も育てた。この店で形成された人脈が、その後の日本の社交ダンス界を動かす礎になる。

加藤兵次郎がもちこんだ北米のタクシー・ダンスホールの「チケット制」は、コテジや千日前ユニオンで定着していく。黎明期の商業ダンスホールでは、カフエーで女給にチップを渡すのと同じく、客がダンサーに直接金銭を支払った。それをダンス一曲踊るごとに一枚のチケットを渡すかたちに変えたのが、コテジやユニオンだった。

ユニオンは、滋賀県出身で渡米経験もある小堀勝蔵が開いた食堂「アサヒ軒」がカフエーに転じたもので、最盛期には大阪市内の繁華街に複数の店舗を構えた。そのうち千日前にあったユニオンは、当初は飲食店併設のダンス倶楽部だったが、警察が兼業を許さず、業態をダンスホール専業にする。千日前の総合遊技場「楽天地」の西隣に位置し、多くの人たちを集めることに成功。谷崎潤一郎がのちに妻となる根津松子と踊り、芥川龍之介や小出楢重《こいでならしげ》も立ちよった。さらに、このホールでは生のバンドを入れて最新のジャズを演奏させる。マネージメントを加藤兵次郎や藤村浩作にゆだね、井田一郎らの「ユニオン・チェリーランド・ダンス・オーケストラ」に音楽を担当させるなどの経営努力が実を結び、大阪では随一のホールになった。

千日前ユニオンは、一九二七年の大阪府でのダンスホール営業禁止を受け、東京に進出。人形町に拠点をおき、大阪型のダンスホール経営をもちこんだ。大阪の風俗が東京へと流れこむかたちは以前からもあり、このあともつづく傾向で、ダンスホールやジャズが、ユニオンという店ごと大阪から東京に移ったことは大きな出来事として記憶されるべきだろう。一九二八年以降、銀座をはじめとする都心では、「東京行進曲」の歌詞に象徴されるようなモダン風俗がみられるようになるが、そのきっかけをつくったのがユニオンの進出だった。

しかし、ユニオン本体は他の新興カフエーとの競争に敗れ、小堀の事業も縮小。人形町のダンスホールのみが残った。ユニオンにとってかわった赤玉（アカダマ）や丸玉（マルタマ）など新興勢力は、東京だけでなく全国の都市の娯楽のかたちを変え「道頓堀」化をすすめていった。

もう一軒、大阪の黎明期のダンスホールで欠くことができない存在が「パウリスタ」である。もともとブラジルのサンパウロ市政府が日本へのコーヒーの輸出促進のために各都市に展開した店だが、明治の末には役目を終えつつあった。それぞれの店は、喫茶店としてコーヒーの味を追求するとか、顧客のサロンとして社交の場をつくるとか、新たな方向性をさぐる。大阪戎橋北詰のパウリスタは米山市太郎という人が早くから食事の提供にすすみ、カフエーとして知られる店になった。

関東大震災で被災した東京の女性たちが大阪に逃れ、戎橋パウリスタで女給の職を得る。彼女らは東京でダンス愛好会のメンバーでもあったので、米山に頼んでカフェーに踊り場を併設させた。やがてこれが専業のダンスホールとなる。震災後の復興がすすんで初期のダンサーたちが帰っていったあとも、経営者の米山は専業ダンサーを集めた。また、井田一郎をはじめとする楽士たちにも演奏の機会を設ける。パウリスタは、ジャズを聴くことのできる店として関西の音楽ファンの人気を高めた。

けれども、大阪府によるダンスホール営業禁止の措置により、営業ができなくなる。米山は大阪府を相手どって行政裁判を起こし、長く戦ったものの、力尽きて廃業にいたった。だが、このパウリスタで演奏していたミュージシャンたちが千日前ユニオンに移籍し、その後、阪神間や東京に動いてジャズの水準を高めることに寄与する。ダンサーたちも、尼崎ダンスホールはじめ他のホールに移って、タクシー・ダンスホール独特の文化をひきついだ。

営業ダンスホールの嚆矢「コテジ」。日本のダンスホールとジャズにかかわる人脈の核となった千日前の「ユニオン」。そしてミュージシャンとダンサーを育てた「パウリスタ」。大正末期から昭和初期にかけて大阪の繁華街を彩ったみっつの踊り場。さらに、後述する南北ふたつの「パリジヤン」、「新海亭」、「シャンレー」など。これらのホールの出現から約一五年あまりが、関西のジャズ、ダンスの最盛期だったといえる。

職業ダンサーのはじまりと チケット制の導入

職業ダンサーのはじまりは、大阪の難波新地にあったバー「コテジ」からだとされる。ただし、これはもっぱらダンスのパートナーをつとめる女性従業員として雇用された、という意味でのことだ。それ以前にも、同好会形式で社交ダンスをたのしむ組織はあった。ただ、女性会員の不足が問題で、踊り場の所有者やクラブの運営にあたる者が、自分の家族、すなわち妻や娘に不足するパートナー役をさせることもあった。あるいは、昼はタイピストなどとして会社勤めをする女性をアルバイトとして確保するケースもみられた。もちろん、カフェーやバーなどの女給が、客と踊ることもあった。ダンサーという職業は、大正時代の終わりごろまで確立されたものではなかったといえる。

たとえばコテジでは、もともと従業員として働く外国人女性たちが、店の暇な時間帯にレコードをかけて踊った。当初は女性どうしで組んで遊んでいたようだが、やがて日本人男性客の相手もするようになった。酒場だったコテジがダンスという新たなサービスを付加したのは、ポルトガル人のメディナの勧めによるとみられる。このメディナはもともと横浜にいた人で、娘ともども谷崎潤一郎やその家族と交流があり、谷崎家の人びとにダンスを教えた。時期ははっきりしないが、神戸の会社に転職し、コテジの経営者高島立雄に、ダンスの導入を進言したらしい。外国人女性は、ロシア出身だったとされることが多いが、はっきりとはわからない。客がダンスを所望すれば、テーブルや椅子をどけてスペースをつくり、そこで踊ったというから、専用のフロアはまだなかった。

このコテジに三名のダンサーが生まれたのは、加藤兵次郎が北米で発達したタクシー・ダンスホールの仕組みを紹介した一九二四年ごろとみられる。また、チケット一枚と引きかえに一曲踊るという習慣もじょじょに導入される。ダンサーが客から受けとったチケットの枚数に応じて収入を得るようになるのはもうすこしあとのことで、コテジでは当初、ダンサーにチップを渡すかたちだった。チケット・ダンシングの仕組みが定着したのは、千日前の「ユニオン」だったとされる。

また、カフエーから転じた「パウリスタ」もバンドを入れ、ダンスのために音楽を演奏させた。パウリスタの経営者米山市太郎は、関東大震災で被災した女性たちを受けいれ、女給として雇った。そのなかに東京のダンス同好会のメンバーだった者がいて、彼女たちの発案でダンスホール営業に進出したのだという。

ダンサーになるためには踊りの相手ができるだけの技術を身につけなくてはならず、女給からたやすく転じられるものではなかった。それぞれのホールで養成し、技量のある者が選ばれて働いた。ダンサーが職業婦人に列せられたのは、一定の技量がなければつとまらなかったからだろう。また、大阪や京都の花街では、芸舞妓や芸舞妓をめざす少女たちにも洋楽洋舞の素養が求められたので、そのなかからダンサーに転じる者もすくなくなかった。大阪では堀江廓に、また京都では宮川町にダンスホールが開かれていく。隠れ遊びの色あいが多分にあった。

ダンス愛好者がふえると、踊り場も新たに設けられる。古くからの扇子屋吉井照影堂を営む吉井茂右衛門と山口武雄の兄弟は二軒のホールにかかわった。戎橋近くの「南パリジヤン」と梅田新道の「北パリジヤン」である。これらのホールでもダンサーが雇用された。ほかに、「新海亭」や「四ツ橋ダンスホール」などがあった。京都では「ローヤル」や「明ぼ乃」など、神戸には「ＫＮＫホール」その他ができ、社交ダンスの流行が話題となった。

コテジのチケットは現存するものが見つかっていない。千日前ユニオンのチケットは、クラブ組織だったころのものなど数種が残されている。いずれも広田魔山人《ひろたまさんじん》（広之進）のコレクションのなかに収められていたものだ。同時期の大阪では、パウリスタや「中央倶楽部」のものが同コレクションにあった。また、京都「ローヤル」のチケットも確認できる。

大正末から一九二七年にかけてのダンスホールでもちいられたチケットは、のちにひろがる回数券型のチケットとはつくりが異なっている。舞踏場で入場券としてもちいられたもの、舞踏会のために発行された招待券などと、あまりちがいがない大ぶりの硬券だった。これに対し、後年は、切りはなしてつかうためのミシン目が刻まれた回数券型の軟券が主流となった。多くの利用客が一枚ずつ利用したが、裕福な客や、特定のダンサーの気を惹きたいばあいなどには、切りはなさずにそのまま渡すこともあった。

また、変わり種としては、火災のあと一九三二年に改装再開された東京のフロリダでもちいられたコイン型のものがある。

チケットは男性踏客からダンサーの手に渡り、その日の営業が終わったあとフロアで枚数の確認が行なわれた。マネージャーなどホールの係員が確認しながら回収し、それがダンサーの収入の算出基準となり、またナンバー・ワンから序列づけられる成績順席次のもとになった。ダンサーはホールの片側に一列に着席したが、その席次はチケットの売上げ順に決められた。ただし、どの席を一位とし、あとの順位のダンサーをどのように並べるかについてはホールごとにちがいがあったようだ。

カップルで踊りにきた利用者は、ダンサーにチケットを渡すことはない。しかし、一曲踊るごとに一枚をホール内におかれた壷に投入した。

これらのチケットは売上げの根拠となるものなので、回収後は確認、保管され、のちに廃棄されていったようだ。したがって、現在、古書店などで流通しているものは、未使用で余ったものだと考えられる。

チケット制は、日本が植民地とした地域にもひろがった。北米で生まれたチケット制ダンスホールは、日本人の手によって、台湾や中国大陸にも「輸出」されたことになる。

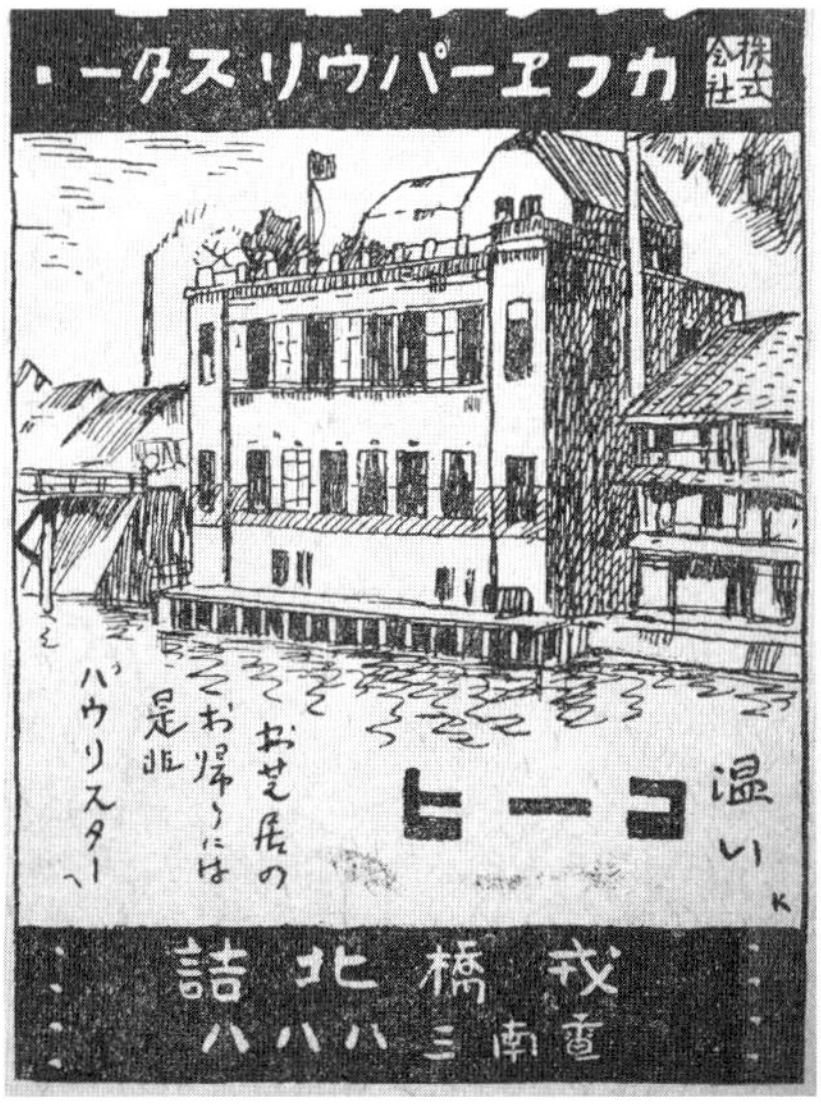

パウリスタの広告
[『道頓堀』14 号 1920 年 4 月 1 日（関西大学図書館蔵）]
ダンスホール営業に移行する前のもの。イラストは道頓堀川のほうからの視点で描かれる。

ダンサー席で待機するダンサー（千日前ユニオン）
ナンバー・ワンから序列にしたがって着席するラインナップ制。並び順は店ごとのルールで決められた。

ホールの開業を待つダンサー（東山会館）
これは東山会館の 1935 年ごろの写真で、夜の営業開始の 10 分前にダンサーが待機しているところを撮影したもの。ラインナップのしくみが定着していることがわかる。

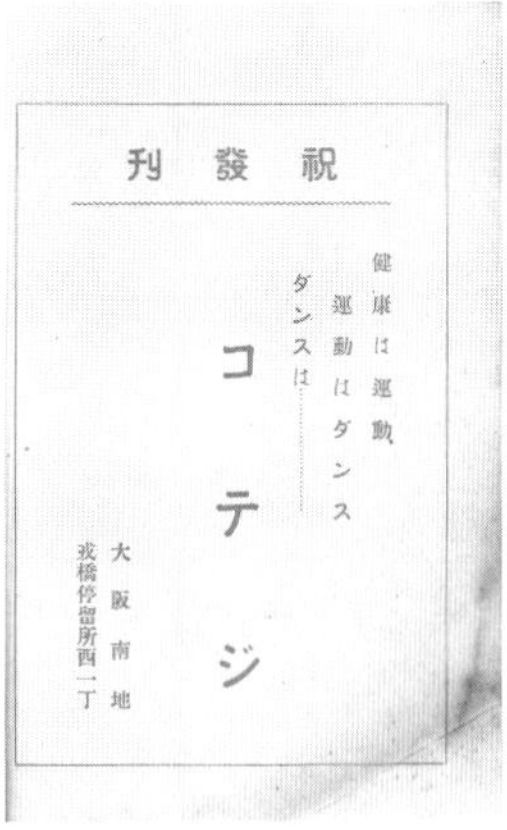

コテジの広告
[『ダンサー』1927 年 4 月]
「健康は運動、運動はダンス」とのコピーが添えられている。

タクシー・ダンスホールをつくった人びと
加藤兵次郎・藤村浩作・村田健吉ら

加藤兵次郎が北米大陸のタクシー・ダンスホールという娯楽のかたちを大阪にもたらしたことは、別項で説明したとおりである。

だが、もちろん、加藤ひとりの手ですべてがつくりあげられたわけではない。ダンスホール営業がなりたつためには、ダンサーを育成、雇用することのほか、必要な条件がある。ひとつは音楽で、すくなくともレコードと蓄音機は必須だ。生の演奏で踊らせるなら、バンドを雇いいれなければならない。楽器をもっているミュージシャンを雇用できればよいが、ピアノなどを経営者側が調達する必要もあった。人件費や設備投資の額は大きく、相当の資力がなければダンスホール事業に参入するのはむずかしかった。飲食店経営者だけでなく、花街のお茶屋の亭主は新しい娯楽に進出するだけの資金とノウハウをもっていた。また、現場には出なくても有望な投資先として新興のダンスホールに魅力を感じる出資者もあった。老舗の跡継ぎなどが、新事業のダンスホールに手を出すこともしばしばだった。

ダンサーだけでなく、初心者のなかにもダンスを習いたいという客がいたから、ダンス教師が求められた。草創期には、マネージャーと教師との区別はあいまいで、加藤兵次郎はその両方の仕事をこなしていた。

初期の大阪のダンス界で活躍したひとりが、のちに雑誌『ザ・モダンダンス』誌の編輯にたずさわり、戦前戦後をつうじて教師団体の重鎮でありつづけた藤村浩作（浩、譲二とも　一九〇五～一九九七）である。藤村は大阪商高時代から社交ダンスの愛好者となり、趣味が昂じてダンス教師、経営の道にすすんだ。ユニオンの小堀勝蔵のもとで千日前の店をまかされたほか、甲南倶楽部やパロマ、杭瀬の阪神社交倶楽部などの開業で力を発揮した。ユニオンは、大阪のダンスホール営業が警察によって禁止されると、東京の人形町に進出する。その際、大阪のミュージシャンやダンサー、教師たちも帯同したから、関西で発達したタクシー・ダンスホールは、ユニオンの人脈によって東京に移植されたと考えられる。道頓堀のカフエーが東京の繁華街を席巻するのは一九三〇年ごろのことなので、ダンスホールはその尖兵の役目を果たしたといえる。これによって、関西型のダンスホール、すなわち北米に起源をもつタクシー・ダンスホールの営業スタイルが京浜でも一般化した。

同様に、関西での活動を経て京浜に移動したのが、村田健吉（健とも　一九〇〇～一九七八）である。村田は、経済史、商業史の研究で知られる宮本又次の実兄であり、上海など海外で仕事をした経験からダンスも踊ることができた（溝上瑛『大阪モガ・モボ兄弟姉妹』宮本順三記念館・豆玩舎ZUNZO、二〇〇五）。財界や法曹界の愛好者がつどう北パリジヤンなどでダンサーを指導し、利用者に手ほどきをした。おそらくは、この時期に藤村浩作らユニオンの人脈と接点ができたのだろう。また、吉井茂右衛門や加藤兵次郎とともに大阪社交倶楽部の発起人となり、宝塚ホテルでティー・ダンスを開催してもいる（『ダンサー』一九二七年六月）。大阪のダンスホールが閉鎖となったあとも、しばらくはパリジヤンを拠点としてダンス愛好者のクラブにかかわっていたようだ。

小説家として名を成す前の石川達三には、ダンス教師をしていた時期がある。長江達三の筆名で綴った「日本舞踏教師協会史」に、村田健の略歴が記されている。それによれば、北パリジヤンのあとはパウリスタにいた時期もあり、一九二七年の暮れに「舞踏修業《ママ》に上海に渡つた」。翌年の一月に帰国し、「二月にアサヒホールに入り、アサヒがユニオンとなるに及んで此処で久しぶりに大阪馴染みの藤村浩〔作〕と顔を合はした訳である」（『ザ・モダンダンス』一九三五年八月）。さらに新宿園の跡に開かれた国華ダンスホールに転じて支配人となった。国華は一九三〇年に八丁堀に移転する。

輸入された教則本にもとづくイングリッシュ・スタイルが一般化するまでは、加藤兵次郎や村田健らのように海外の踊り場を見聞した人たちが指導者として活躍した。村田は京浜でも教師として名を高めた。一九三〇年に創立された日本社交舞踏教師協会では、玉置眞吉が会長に選ばれ、村田は副会長をつとめている。

横浜では東京とほぼ同じ時期の一九二八年から一九二九年にかけてダンスホールが増加した。これに対して神奈川県は取締規則の制定を検討し、翌一九三〇年に舞踏場及舞踏手取締規則が制定され、ホールは淘汰される。新規則制定後には、条件に適合したホールがぞくぞくと生まれた。そのひとつが住吉町の公園前につくられたボールルーム・オリエンタルだった。村田は株式会社オリエンタル・ダンスホールの経営にもあたり、一九三七年には代表取締役となる（『官報』一九三八年二月一八日）。しかし、一九三八年一〇月には休業にいたった。

音楽の分野では、別にみるとおり、井田一郎をはじめ関西の劇場や映画館、飲食店でキャリアを積んだミュージシャンがすくなくない。たとえば道頓堀のように多くの娯楽施設が集積している地域では、ジャズで食べていくことができるだけの仕事もあった。また、神戸には外国航路の客船が立ちより、乗務する楽団がホテルでのダンス・パーティなどで演奏を披露することもしばしばだった。関西のミュージシャンたちは、こういった機会にも最新の楽曲や演奏スタイルにふれることができた。ダンサーのみならず、経営者、教師、マネージャー、さらには楽士などさまざまな職能の人びとがすぐに集められる。大正なかばから昭和はじめにかけての大阪は、そういう環境にあった。

北パリジヤン
［絵葉書（村田家蔵）］
大阪梅田新道、太平ビル地下にあった。中央でポーズをとるペアの男性が村田健吉。女性は和装が多いが、洋装もみられる。外国人男女の姿もある。大正末から昭和にかけての時期なので、男性の左手は女性の右手の上から添えられるグリップが多く、後年のように掌を合わせるかたちはすくない。

村田健吉と藤村浩作
（村田家蔵）
右が村田、左が藤村。1928年ごろ、東京人形町ユニオンで撮影されたとみられるが、詳細は不明。

一九二七年のダンスホール禁圧

大阪府外、京都府外へのひろがりと阪神間のダンスホール

一九二七年という年は、日本の音楽、ダンスにとって大きな転機となった。大阪府でダンスホールに対する規制が強化され、京都府でもきびしい取締りが実施されたからである。

その結果、ダンスの流行は大阪府、京都府の域外へとあふれだしていく。府県境をこえて兵庫県や奈良県にダンスホールがつくられただけではない。関東大震災からの復興途上にあった東京、横浜にも関係者の移動がみられたし、台北や上海など海外への移動も認められる。

これより前、一九二三年の関東大震災によって、東京、横浜からは洋楽洋舞の関係者にとどまらず作家はじめ多くの芸術家たちが拠点を移した。ちょうどジャズが輸入されはじめた時期にあたり、東京、横浜の街は普及の途上で被災した。難を逃れた人びとは関西に移住。関西の諸都市は経済的にも発展を遂げており、また第一次世界大戦の前後からは混乱するヨーロッパの祖国を捨て多くの芸術家たちが安住の地を求めて来日していた。経済力のある街に、高いレベルの演奏家や指導者が定住したことで、関西の洋楽洋舞の水準は向上する。

クラシック音楽やバレエなどは、高尚なものだと考えられ、良家の子女の嗜みとしても受けいれられた。じゅうぶんな理解がなされていたとはいえない点もあるのだが、すくなくとも弾圧の対象ではなかった。

いっぽう、社交ダンスと結びついたジャズは、クラシックにくらべれ

ば劣るものとみなされた。また、男女が抱きあって踊る社交ダンスも、青少年を誤って導き、あるいは家庭を壊すものだと考えられた。とりわけ、ダンサーが代金と引きかえに踊りのパートナーをつとめる商業的ダンスホールに対する拒否反応は大きかった。なかには刺激的な新しい文化に好奇心をいだき、その世界に入りこんでいく愛好者もいたが、けっきょくは公的な規制の対象とされたのだった。

大阪府や京都府で禁圧されたことが、かえってジャズやダンスを他の都市にひろげる原因のひとつにもなった。この点は、兵庫県、奈良県、滋賀県でダンスホールが開かれた背景として抑えておく必要があるだろう。日本のジャズ史では、大阪がまずジャズのメッカとなり、そこから東京に中心が移ったという説明がなされることが多い。それは、右に記した経緯の結果、関係者にはそのように映り、また記憶され回顧されるようになったからだろう。

翌一九二八年は東京でダンスホールが多く出現。警視庁による取締りがすすみ、業者の淘汰もみられた。寡占状態が形成され、いわゆる「八大ホール」の時代となる。この状況が、埼玉県や千葉県のホール開業という事態を生む。東京府では全面禁止にならなかったものの、新規参入はできなかったから、埼玉、千葉にダンスの拠点が拡散したと見られる。一九二七年の関西で起こった事態と相似の現象が、一九二八年以降の東京圏でもすすんだのだった。

関西からのダンスホールの進出先は東京府や神奈川県など「内地」にかぎられない。別項で説明しているとおり、影響は神戸から台北へと波及する。大阪、京都での禁圧が、兵庫県、なかでも神戸への愛好者の流入を生みだす。だが、それによって過当競争が起こり、敗れた者は別の道をさぐった。そのひとつが台北。ただ、台湾でのダンスの流行はもうすこし遅く、この時点では時期尚早だった。

人の流れは上海にも向かう。ジャズを勉強するためなら、本場アメリカに行くのが最善だ。ただ、お金もかかるし、渡航手続も簡単ではない。それにくらべ、上海なら近いし、日本人が旅券なしに行くことができた。それが、移動を後おししたといってよい。ダンサーも同様で、この時期に多くの日本人女性が上海のホールで働いた。これも別項にゆずるが、上海には古くから欧米人がいたので、ホテルやキャバレーなどダンスをたのしむ場所もととのえられていた。けれども、中国人のなかにダンスがひろがるのには、やや時間がかかった。かつて日本人女性がそうだったのと同様、中国人女性もダンスを踊ることにためらいをおぼえた。そのため、ロシア人女性や日本人女性をパートナーとして雇用する慣習ができた。大阪などからダンサーが移動したとされるが、詳細をつきとめることはむずかしい。けれども当時の上海で、日本人ダンサーが高い人気を得て、新聞や雑誌に写真やプロフィールが紹介されるほどだったことが明らかにされている。くわしくは、馬軍《一九四八年 上海舞潮案 対一起民国女性集体暴力抗议事件的研究》（上海古籍出版社、二〇〇五）、同じく《舞庁・市政 上海百年娱乐生活的一页》（上海辞书出版社、二〇一〇）、大濱慶子「越境する日本人舞女と民国期上海租界のダンスホール」（『中国女性史研究』二九号、二〇二〇）などを参照されたい。日本人ダンサーの時代は長くつづかず、その後は中国人女性がダンサーの中心を占めるようになっていく。日本人女性ダンサーは内地にもどるか、あるいは、上海の日本人租界のホールに勤めた。

大阪府、京都府での規制強化の帰結を、「内地」での動きとしてのみとらえるのは、いささか視野がせまいということだ。日本人ダンサーや日本人ジャズ奏者にかぎったことではない。フィリピンのミュージシャンがどういった理由でこの時期に関西に来て、定住するケースがみられたのか。資料の制約からまだまだ解明できていない点も多いが、そういったこともふくめ、東アジア、東南アジア、さらには欧米をふくむ人の流れのなかで検討する必要がある。

大阪府でのダンスホール営業は禁止された。ただし、大阪でダンスがまったく踊れなくなったと考えるのは誤りだ。富裕層は、ひきつづき家庭内でダンスをたのしんだ。大阪市内だけでなく、郊外にもそういった邸宅はあった。ホテルや会館の宴会場で開催される臨時のダンス・パーティも、認められている。

一九二九年にはダンス好きの医師らによって会員制の清和倶楽部がつくられ、自前の会館を建設してパーティを開催する。場所は道頓堀川にかかる大黒橋の北詰で、開場は四月一八日だった（大阪朝日新聞、一九二九年四月一六日　四月一九日）。やがて会員だけでは維持がむずかしくなり、パートナーをつとめる女性会員をくわえる。実質的にはダンサーが待機するかたちになった。ダンスホール営業にちかいのだが、チケット制は採用せず、入場時にやや高額の会費を支払う仕組みをとり、利用者を選別した。大阪の人びとにとって清和会館は、市内で踊れる場所として認識されていたようだ。

ジャズ音楽についても、カフエーなど飲食店での演奏はじょじょに許容され、劇場での公演についても問題視されなかった。大阪では、社交ダンスと切りはなされたかたちで、ジャズをたのしむことになる。

戎橋とパウリスタ
［絵葉書（個人蔵）］
橋の北詰東（右上）にある建物の上階部分がパウリスタ。川面には貸ボートの舟だまりがある。建物外側に斜めに延びているのが、規則改正に適合するよう増設した外階段とみられる。

戎橋とカフエー美人座
［絵葉書（個人蔵）］
ダンスホール営業禁止後、パウリスタの跡はカフエー美人座に。建物には「パウリスターダンスホール」の看板が残されたままになっている。

清和会館
[『ダンス時代』1932 年 10 月]
大阪市内に許された会員制の踊り場。
清和倶楽部は自前のホールを用意した。

大阪市内のダンスホールの分布図

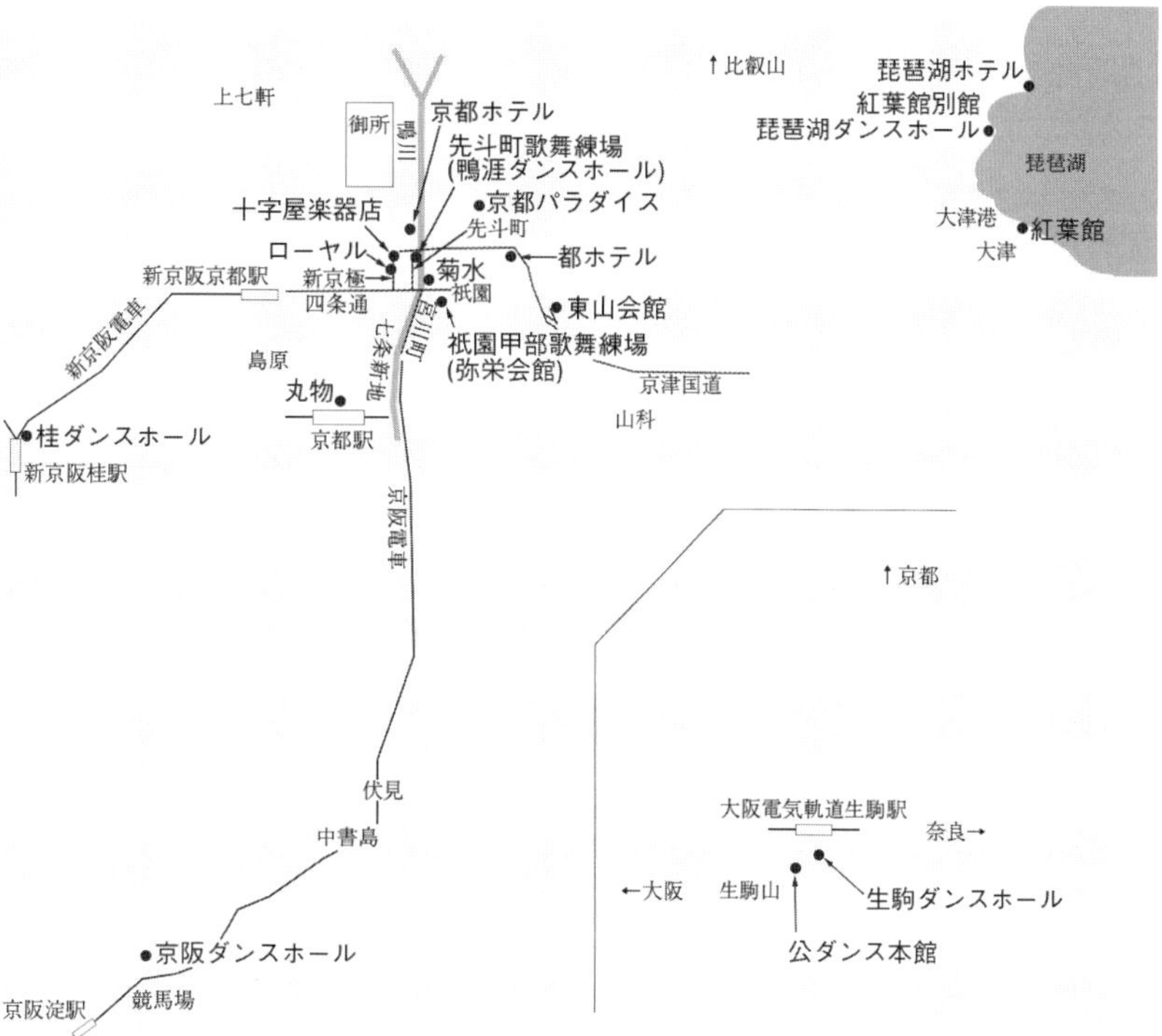

京都、滋賀、奈良のダンスホールの分布図

阪神間のダンスホールの分布図

1930
1935
1940
1942
大阪府の規制強化
廃業
東京へ
会員制
玉江橋に移転
閉鎖
杭瀬を買収
（甲南倶楽部を継承？）
焼失
焼失
京都府の規制強化
Pダンス、Sダンスの時代
特殊ホール
京都府「ダンス取締規則」
会員制
本部会館

	所在地等	施設名称（略記）
大阪	難波新地	コテジ
	戎橋	パウリスタ
	北浜	灘萬ホテル
	千日前	ユニオン
	衣笠町	中央倶楽部
	梅田新道	北パリジヤン
	新屋敷	南パリジヤン
	淡路町	新海亭
	北浜	シャンレー
	曽根崎	パロマ
	堀江	堀江
	四ツ橋	四ツ橋倶楽部
	大黒橋	清和会館
阪神	夙川	甲南倶楽部
	宮町→玉江橋	尼崎
	杭瀬	阪神社交倶楽部（杭瀬）
	杭瀬	タイガー
	大物	キング
	東長洲	阪神会館ダンス・パレス
宝塚	中洲	宝塚会館
西宮	西宮西口	西宮（西宮ダンス倶楽部）
	北今津	西宮ガーデン（西宮会館）
神戸	楠町	帝国社交舞踏学舘
	三宮生田筋	エンパイア
	京町	ＫＮＫクラブ
	永澤町	ミヤサキ音楽院
	三宮	キヤピトル
	山本通	神戸社交倶楽部
	元町	ソシアル
	浪花町	ダイヤ
	北長狭通	花隈
	鈴蘭台	鈴蘭（台）
京都	三条寺町	十字屋楽器店
	岡崎	京都パラダイス
	宮川町	立花家
	新京極	ローヤル
	千本	コスモポリタン
	木屋町	京都ホール
	川端四条	明ぼ乃（アケボノ）
	新京極	錦魚亭
	新京極	福屋
	先斗町（歌舞練場）	鴨涯
	桂	桂
	淀（納所和泉屋）	京阪
	日ノ岡	東山
滋賀	大津尾花川	琵琶湖
奈良	生駒	生駒ダンス倶楽部
	生駒高台	関西第一生駒社交ダンスホール（生駒ダンスホール）
	かさね岩	公ダンス
金沢	下新町	金沢
	主計町	尾山倶楽部（金城舞踊音楽研究所）
新潟	西堀通	イタリア軒
	古町	孔雀
	本町	新潟（公ダンス北陸本部）
別府	秋葉通	別府ホテル→リラ→パレス
	流川通	オリムピック
	流川通	ビリケン
	鶴水園	亀の井

主要ホールの開業時期と閉鎖時期（1）
※ホテルなどの臨時あるいは定例のダンス・パーティ会場をのぞき、常設で営業されたホールを中心に作成。
すべてのホールを網羅した一覧ではない。また、開業、閉鎖の時期はおおよそのもの。

1930
1935
1940
1942
焼失再建
?
?
?
ファロスを買収
警視庁による規制強化
※ 大阪ユニオンが朝日を買収、朝日はのちに麻布十番で再開。
大阪ユニオン東京支店に
?
八丁堀に移転
買収
和泉橋に移転
新橋に移転
?
京橋に移転
?

	所在地等	施設名称（略記）	1917　1920　1925
神奈川	鶴見	花月園	
	相生町→弁天通	メトロポリタン	
	尾上町	カールトン	
	住吉町	ブルーバード	
	住吉町（横浜公園前）	オリエンタル	
	伊勢佐木町（喜楽ビル）	金港	
	山下町（海岸ビル）	太平洋（パシフィック）	
	山下町	横浜→ファロス	
	山下町	横浜フロリダ	
	新丸子	東横会館	
	古川通	川崎	
東京	土橋（江木写真館）	常盤会	会員制
	八重洲口（日米信託ビル／千代田証券ビル）	東京舞踏研究所→日米	
	人形町（日鮮会館ビル）	朝日	
	人形町（日鮮会館ビル）	ユニオン	
	渋谷百軒店（キネマ館）	喜楽館	
	乃木坂	乃木坂	
	赤坂（溜池ビル）	赤坂	
	四谷番衆町→八丁堀（中島屋呉服店）	（新宿→）国華	
	四谷左門町（三和会館）	ノーブル	
	青山南町	青南	
	日本橋	ベニス	
	日本橋→横山町	ソシアル→パルナス	
	新宿（帝都座）	帝都	
	赤坂溜池（溜池会館）	フロリダ	
	飯田橋→神田岩本町	飯田橋→和泉橋	
	九段下（大正デパート）→新橋（太田屋ビル）	九段→新橋	
	三原橋際→京橋（京橋ビル）	（シプレイ）銀座	
埼玉	浦和前地	フレンド	
	浦和岸町	ダンスパレス	
	川口駅前	川口会館（バル・タバラン）	
	蕨駅前	シャンクレール	
千葉	千葉栄町	千葉	
	市川	市川	
静岡	熱海本町	熱海	

関東大震災

主要ホールの開業時期と閉鎖時期（2）

※ホテルなどの臨時あるいは定例のダンス・パーティ会場をのぞき、常設で営業されたホールを中心に作成。
すべてのホールを網羅した一覧ではない。また、開業、閉鎖の時期はおおよそのもの。

ダンス・チケット、舞踏券

タクシー・ダンスホールの営業の仕組みで、特徴的なもののひとつがチケット制度である。

一般のペアがダンスを踊るときには、相手に対価を支払う必要はない。ダンスホールの利用料、入場料を徴されることはあっても、踊ることじたいに代金を支払うことはないだろう。大正時代から昭和の初年にかけて存在したダンスホールでは、入場券だけがつかわれ、チケット（舞踏券）を発行しないのが通常だった。後年のチケットにくらべると大型で紙も上質。券面には有効日、期間や規約などが細かく記載されている。初期の花月園ボールルームの入場券は、裏面にダンス（楽曲）の種類と順番が印刷され、利用者が踊った相手などを記入できる空欄もある。おそらくは、欧米でもちいられた、かつての舞踏会の「手帖」の形式を踏襲したつくりなのだろう。

だが、女性が職業的ダンサーとして勤めるダンスホールでは、パートナーとして踊ることが収入源となる。代金の払いかたは、大きくふたつにわかれる。ひとつは、もともとの方法で、カフエーの女給などと同じようにダンサーにチップを渡すかたちだ。経営者側は、額について関与しない。客と女性従業員とのあいだの了解や交渉にまかされる。ただ、これだと収入は客の意向に左右されることになり、受けとる側からみれば、どれだけ踊ればいくらになるのか想定することがむずかしい。長く踊っても、すこしの対価しかもらえないというリスクもあるだろう。

これを避けるために、時間いくらで対価を受ける方法が生まれる。さらに、社交ダンスでは一曲がだいたい三分の演奏なので、一曲を踊るたびにチケット一枚とすることで、明瞭な料金システムをつくることができる。また、気に入ったダンサーに、一曲一枚以上の対価を上乗せすることもできる。客のなかには、綴られた一〇枚のチケットを一冊、いや複数冊を丸ごと渡す強者もいた。

チケットは、マッチ箱のラベルと同様、凝ったデザインがほどこされていた。交通機関の回数券などとはちがい、券面にはそのホールの雰囲気や経営者のセンスがにじみ出る。切りとってつかう消耗品なので、紙質は薄め、券面にはホールの名やマーク、通用の昼夜の区別などが記載されている。ダンサーの顔写真が印刷されたものもある。材質は紙にかぎらず、再建後の東京フロリダのように、コイン型のものをつかったケースもある。ただし、これは例外的だったし、フロリダでものちに紙製のチケットに復している。

このチケット制は日本では長くつづいた。しかし、営業終了後に枚数を数えてマネージャーといっしょに確認するなどの手順がたいへんだった。第二次世界大戦後のダンスホールでは、同じ時間制でも、三〇分いくらというふうに定めたホールもあった。バンドの一ステージに相当する時間なのだが、キャバレーのホステスを席に招じた際の料金の課しかた、古くは座敷に芸舞妓を呼んだときの花代と同じような仕組みともいえそうだ。

マッチ・ラベルが収集対象となるのとは異なり、使用したチケットはダンサーの手に渡り、さらに使用済みのチケットは処分されていく。だから後世に残りにくい。つかいきれなかったチケットが偶然手元に残されるということもあっただろうが、ダンスホールに行った記念としてスクラップするなどのかたちでなければ良好な状態で保存されることは期待できない。

　映画俳優佐野周二は戦前、じしんが通ったダンスホールやそのほか球場の入場券などスポーツ・イベントのチケットを貼りこんだスプラック・ブックを残した。

ダンスホールのチケット（口絵ⅳ～ⅴページ）

　1930年代になると、大正時代、昭和初頭の硬券とは異なり、切り離しのためのミシン目がほどこされた回数券タイプのものが一般化した。昼券と夜券の通用のちがいもあり、各ホールとも意匠にはくふうを凝らす。チケットは客からダンサーの手に渡り、1日の営業終了後に精算が行なわれたうえで保管、その後処分される消耗品だった。ここにあげるものの多くは、未使用のまま記念に保存されて残ったと考えらえる。
A　人形町ユニオンの入場券。券面に捺されたスタンプには「大阪ユニオン合資会社東京支店」とある。B　日米は東京では早くからチケット制を導入。C　横浜メトロポリタンの硬券。D　横浜パシフィックの回数券型のもの。E　国華の夜券。F　阪神国道タイガーの回数券型。G　阪神国道パレスの硬券。H　赤坂溜池フロリダのコイン型チケット。I　フロリダのダンサー肖像写真をあしらったもの。J　尼崎のカラフルなチケット（佐野周二旧蔵品）。K　桂の回数券型。L　西宮の招待券はダンス雑誌の綴じこみ特典になることがあった。M　熱海の招待券で券面には温泉マークがあしらわれている。N　神戸花隈の教授券。O　琵琶湖の回数券型。P　神戸ダイヤのもの。Q　埼玉蕨シャンクレールのもの。R　金沢の回数券型。S　上海ニュータイガーのもの。

ダンス祭
ホールで行なわれたイベント

　ダンスホールではさまざまなイベントが行なわれている。クリスマスや新年を祝うパーティはもちろんだが、祭日、たとえば建国祭などにもパーティが開催され、献金などがなされた。もっとも、これとは反対にあえてホールを休業することが恭順を示す手だてでもあった。

　レコード会社とのタイアップ・イベントも多く、歌手が新曲を発売する際に、ダンスホールをまわることもよくあった。海外から歌手やバンドが来日した際にも、各ホールで数日ずつの公演をしてまわっている。これは、内地のホールだけでなく、上海やマニラなど航路でつながった都市を巡回する興行で、散在する複数の公演場所に出演者を売りこむ国際的な芸能プロダクションがかかわっていたらしい。ホール側では、そういったバンドや歌手の巡業の情報を察知して、立ちよれそうなばあいは出演交渉を試みた。イベントにはダンス愛好者だけでなく音楽ファンも駆けつけたし、当日は相当の入場料収入が見こめるから、経営にとっても必要なことだった。

　一九三五年五月に発売された流行歌「さくら日本」については、桂ダンスホールがタイアップ・イベントを行なっている。この曲は、時雨音羽の作詞、佐々紅華の作曲、奥山貞吉編曲により、藤本二三吉と中野忠晴、コロムビア合唱団が歌った。伴奏はコロムビア・ジャズバンドだ。三味線や洋楽器で伴奏した別ヴァージョンがカップリングされており、

そちらの歌唱は音丸と伊藤久男。桂ダンスホールでは、四月、この曲の発表にあわせた「さくら日本祭」を実施。ダンサー、ジャズ・バンド、タンゴ・バンドを総動員し、フロアには桜の木を立て、櫓を組みあげた。櫓ではホールのコーラス団や邦楽の師匠連が歌い、演奏する。それにあわせて踊るために、夜の営業がはじまる前に一時間の無料教授を行なった。「さくら日本」以外にも、「日本俗曲の面白くヂヤズ化した歌曲数十番」を演奏したという（桂ダンスホール発行のビラ「さくら日本祭」）。ただし、このビラはデザイン性に乏しく、まるで「市場の呉服屋の投売広告」あるいは「寿司屋の閉店披露広告のチラシ」のようであり、ダンスホールにふさわしくないものだと、後日、酷評された。書き手は左方一夫で、「美的観念の欠乏症」とまでいいきる（『ダンス時代』一九三六年一一月）。大手レコード会社がかかわるイベントでさえこうなのだから、ダンスホールが単独でイベントをしようとしても、ノウハウや人材、費用が足りず、じゅうぶんなものができるとはかぎらなかった。

もちろん、ダンスホール独自のイベントのなかには、客によろこばれ成功裏に終わったものも多い。たとえば開業から数えての周年記念行事はどのホールでもさかんに催された。伝統的な年中行事にちなんだ観桜舞踏会や蛍狩りなど季節ごとの趣向にくわえ、クリスマスなど外来ののものもとりこんでいる。

ここでは、ホール単独の行事ではなく、複数のホールが連携して実施したものにも注目しておこう。一九三三年一一月に阪神国道の四ホールが催した「ダンス祭」がそうだ。

これは、大阪の「商都祭」、神戸「みなとの祭」などに刺激されてのイベントだ。ダンス客がまじめになりすぎ、イングリッシュ・スタイルの型どおりに踊ろうとすることに経営者たちは気をもんでいた。

たしかに正則ダンスがあれば踊りが堕落して不道徳な行動につながるおそれは小さくなるだろう。だが、教則本にしたがったダンスがありがたがられると、そのぶん、踊りは自由でなくなる。レッスンを受けてきちんと踊ることができない客は、ホールの敷居が高くなったと感じる。技術志向が高くなりすぎると、ダンスそのものがおもしろくなくなる。おもしろくなければ来なくなる。これは問題だ。

ダンサーたちは、踊れない初心者の相手をつとめる技術をもっていた。どんなに不器用なリードでも、いやリードさえできない客であろうともフォローするのがパートナーのつとめ。そういう優秀なダンサーがいるからこそダンスホールには値打ちがある。踊れない客もダンサーに身をゆだねればよい。原点に立ちかえって、音楽を聴き、ダンスをたのしもう。それが、国道四ホールが企画した「ダンス祭」の趣旨だった。

催行にあたって特別に曲も用意。レコード会社もいっしょになって、歌詞、曲づくりがすすむ。作詞は塚本篤夫、作曲菅沼耕次、編曲を高木東六が担当し、藤村一郎が歌った。楠木繁夫とも、黒田進とも称した歌手だ。演奏は「四ホール連盟ダンスオーケストラ」で、国道ホールから選抜バンドが編成された。できあがった「ダンス祭の唄」は大阪放送局で放送され、翌一九三四年、テイチクから発売されている。選抜バンドのメンバーにはヴィディ・コンデ、グレゴリオ・コンデ、レイモンド・コンデのコンデ三兄弟がおり、安井清（清士）、ジャンサリン、中澤壽士、ハーボトル、平川銀之助、ジョーゼフ・エヴァンス（ジミー原田）、アレヴァルロ、岡田利典らだった（『戦前ジャズ・コレクション テイチクインスト篇2』ぐらもくらぶ／メタカンパニー、二〇一二所収のライナーノーツによる）。コンデ三兄弟やジョーゼフ・エヴァンスらは、このときタイガーに出演していたので、経営者の高橋虎男がタイガーのバンドを中心に編成したものとみられる（『ダンス時代』一九三三年一〇月）。

桂会館の「さくら日本祭」
［チラシ（個人蔵）］
1935年4月に催されたコロムビア・レコードとタイアップしたイベント。

職業婦人と労働争議

大正時代から昭和初期にかけて、タイピストやデパートの販売員、電話交換手といった仕事に就く女性たちを「職業婦人」と総称するようになった。古くから第一次産業に従事する女性たちはいたし、明治時代以降には工場での労働、あるいは学校や役場などで働く女性もあらわれた。花街で芸妓勤めなどをする人たちもふくめ、多くの女性は働いていたのだから、昭和のはじめにあらわれた「職業婦人」だけを特筆するのはバランスを欠くと感じられよう。新たに見いだされた「職業婦人」は、女性は家庭を守るものという価値観が共有されたことの副産物だったともいえる。それは、やはりこの時代に見いだされた「専業主婦」と対になった生きかただった。

メディアや、あるいは世間の目は、新しく、自由な生きかたをする女性たちに注がれる。女優や美容師といった仕事とともに、ダンサーという職業は好奇のまなざしをもって迎えられた。カフエーの女給と比較したとき、ダンスの相手をつとめるための技術が必要とされたぶん、専門的な職業だという評価を勝ちえた面はある。そのいっぽうで、男性を相手にする接客業でもあったから、道徳的な批判を受けたり、芸娼妓と同列に見られたりすることもあった。

ダンサーじしんも、専門的な職業に従事していると自負していたし、他の接客業と同じ目で見られることには抵抗をおぼえた。当時のメディ

アに記録されたダンサーのインタビュー記事などに、そういった意識を読みとることはむずかしくない。また、取締りにあたった警察でも、一部のダンサーの堕落は個人的な事情と理解され、ダンサーという職業そのものについては、他の接客従事者とは明確に区別して理解していたようだ。だが、文学や映画など創作の世界では、ダンサーを奔放な女性として描くことがすくなくなく、ダンサーたちを悩ませた。

実態調査などからも明らかなように、ダンサーは、たとえば女給や芸妓などとくらべて高学歴だった。高等女学校を卒業した者も一定の割合でいた。教養があるにもかかわらず、実家や婚家の家計支持者が病に倒れたり亡くなったりした際に、生計を支える立場におかれた女性がダンサーになるケースはよくみられる。

ダンサーは高価な衣服をまとい、男性客からのプレゼントなどもあったから、ゆとりある暮らしをしているとみなされた。だが上位のダンサーはともかく、出費が多い職業だけに暮らし向きはかならずしも楽ではなかった。

ダンサーたちの多くは新聞雑誌に目をとおし時事問題に関する知識もあったし、労働運動についても理解をもっていただろう。だからこそ、自分たちの生活権を守るために、待遇改善のためのストライキを起こすこともあった。単純にダンサー間の待遇の不公平を解消するよう求めるものもあったが、多くはダンサーとホールとの取り分の比率改善を要望するものだった。ダンサーは獲得したチケット枚数に応じ、たとえば四対六でホール側とわけていたのだが、ホールはさまざまな理由をつけてダンサー側の比率を抑えようとした。ホールに課される税金をダンサーに転嫁するようなこともある。経営者側にダンサー軽視の姿勢がみえたとき、ダンサーたちは連帯してマネージャーと談判し、ばあいによってはストライキを決行した。

記録に残る大きな争議は、東京ではフロリダや和泉橋、銀座で、また関西では尼崎の杭瀬やキング、パレス、神戸のダイヤ、キャピトルなどで起こっている。ただ、ダンサーのストライキは警察の斡旋などによって短期間で終息することが多く、労働運動史で特筆されるような果実をもたらすものではなかった。それだけ、経営者側の力が強く、またダンサーどうしの結束を固めるだけの材料があまりなかったのだともいえる。

ダンサーもまた筋肉勞働者

ダンス・パレス　木村まき子さん

木村まき子さんの歯

四四

ダンス・パレスのダンサー木村まき子の寄稿
[『ダンスファン』1932年2月]
タイトルは「ダンサーもまた筋肉労働者」。

和泉橋ホールダンサー争議手打
[『時事写真』1937 年 5 月 26 日]
東京だけでなく、神戸、阪神国道のホールでも同様の争議が起こった。

スキャンダルと実態調査

ダンスホールは男女の出会いの機会、交際を重ねる場でもあった。それは、女性が職業ダンサーであるかどうかを問わない。カップルで利用する客もいたし、男性教師にダンスを習う女性客もいた。

新聞雑誌に大きくとりあげられ、スキャンダルに発展するのは一般女性と男性教師とのあいだの深い交際だった。良家の令嬢や女優、女性教員の過ぎた遊びが話題にされ、そして人妻の乱行が大きな醜聞となった。記事のなかには、あるていどていねいに取材したとみられるものもあるが、事実無根にちかい、いわゆる「ヨタ記事」もすくなくない。匿名や仮名での報道もあるが、なかには実名を出しているにもかかわらず風聞をそのまま活字にしたような例もある。

ダンスホール業界への逆風となった大きなスキャンダルは、東京では二度、起こっている。ひとつめは一九三三年一一月に発覚した「ダンスホール桃色事件」で、銀座ダンスホールやフロリダで教師をしていた田村一男と、田村と交遊のあった女性たちの関係が取り沙汰された。とりわけ、斎藤茂吉の妻輝子や吉井勇の妻徳子らの行状は、有夫でありながら、との見かたにもとづき口をきわめての批判がなされる。もうひとつは一九三六年に起きた「第二次桃色事件」で、このときは、教師や女性利用者など個人を攻撃するというより、ダンスホールそのものが腐敗や堕落の温床であるとの見解が喧伝された。第一次スキャンダルでは教師

や教授所への規制強化が対応の軸になったのにくらべ、第二次スキャンダル以降は、ダンスホールという娯楽施設そのものを存続させる積極的な意義は認められないとの論調がつくられていく。

　同時代の評論のなかに、きわめて客観的な意見を見いだすことができる。川北長利が『ザ・モダンダンス』に寄せたもので、一部を抜粋する。

> 矯風会の如きは芸・娼妓、女給、ダンサーと並称して、新時代の職業人を自負する当業者やタキシ・ガールのプライドを容赦なく蹂躙して憚らないが、事実タキシ・ガールの本質はプロスチテユートと撰ぶ事なく、当局の風紀取締に依つて辛じて急激な堕落を阻止されて居るのに過ぎないのである。今度の事件の因子になつた舞踏教師も亦タキシ・ガールと同列の存在で、事件は当然起る可くして起つたと断じても決して過言ではあるまい。〔中略〕私は彼等を酷評する様であるが、決して責めるのではない。彼等或は彼女等をして今日あらしめたのは、我が国の踏界の矛盾した組織に存するのであつて、この組織の改善されない以上、踏界の正常な発展は到底望まれまい。我が国に於ては、所謂ダンスホールの前提なしには社交ダンスを考へられない惨めな実情にあるが、社交ダンスはタキシ・ダンスホールの有無に関りなく存在し得るのである。世界の踏界に鑑みてもタキシ・ダンスホールを唯一の温床にして社交ダンスを発達せしめた国は極めて少ないのである。我が国の社交ダンスをタキシ・ダンスホールの桎梏より開放《ママ》せよ——と云ふ事を私は持論にして居るが、事実、之が悪どいコンマーシヤリズムに毒された現在の社交ダンスを匡済する唯一の手段であると信ずる。
>
> 『ザ・モダンダンス』一九三六年一〇月

このときすでに川北は、シカゴ大学出版から刊行されたクレッシーの『タクシーダンス・ホール』（一九三二）を原書で読んでいた。

　関西でもダンスの流行にともなって、煽情的な報道はあった。また、ダンサーの自殺や心中といった事件も記事になっている。なかでも大きかったのは、京都の十字屋楼上に出入りしていた愛好者たちの人間関係のもつれ、西宮ダンスホールの支援者だった女性の「失踪」、ダンス・パレスはじめ複数のホールをまきこんだ「国際密輪魔事件」などだ。ただ、いずれも東京の例にくらべると早くに沈静化している。

　いっぽう、こういった報道とは別に、調査によって客観的に事態を理解しようとする動きもあった。ひとつは、廃娼運動、廓清運動にかかわった活動家たちのもので、東京のホールやダンサーについては『廓清』に多くの記事を寄せた木藤冷剣（白咲）の調査がある。大正時代には、おもに芸娼妓や私娼、女給、女中に関する実情を調査した人物で、『廓清』一九三四年一二月号からはダンスホールやダンサーについての報告を連載した。だが、一九三八年二月に急逝したため、残念ながら著作をまとめて刊行するにはいたらなかった。

　また、取締主体となった警察では、大阪府警察部でダンス取締りを担当した渡正監の『警察行政の理論と実際』（警察新報社、一九二九）や警視庁の重田忠保が著した『風俗警察の理論と実際』（南郊社、一九三四）があり、その一部にダンスホール取締りについての詳細な記述がある。また京都府警察部で取締規則の立案、施行を担当した伊藤清が『警察協会雑誌』一九三三年九月から一二月まで連載した「京都府に於る社交ダンスの取締に就て」は、京都のダンス黎明期から営業ダンスホール公認までの軌跡を説明しており、たいへん参考になる。

　もうひとつ見逃せないのが、各市に設置された調査セクションによる実態の把握だ。ただ、大阪市や京都市、東京市などの社会部や社会課がダンスホールについて特化した調査を実施した形跡はいまのところ見いだせていない。

そのなかで特筆に値するのが尼崎市役所に勤務していた東郷實による調査で、『社会事業研究』一九三四年四月から三回にわたって「ダンサーの生活実情調査（一）～（三）」として掲載された。東郷は大原社会問題研究所にも出入りして大林宗嗣に助言を受けながら、勤務先には明かさずに調査を敢行する。この調査では一九三三年の調査時点の尼崎ダンスホールの経営状態やダンサーの生活実態が明らかにされた。詳細は略すが、ダンサーの家族関係や学歴、収入支出などが具体的な数字をともなって説明されている。報告から読みとれるのは、ダンサーという職業が、家計支持者を失った家族の女子にとって、覚悟をもって選択された仕事であった点。あるいは、メディアのスキャンダラスな報道や世間の好奇の目でとらえられた印象とは異なる、堅実な生活者としての一面である。

戦前期のダンスホールの世界、あるいはダンサーという生きかたを理解するためには、新聞雑誌にあらわれた記事のみに頼ることなく、こういった調査報告をも尊重する必要があるだろう。

（左）渡正監『警察行政の理論と実際』警察新報社 1929
（右）重田忠保『風俗警察の理論と実際』南郊社 1934
渡は小栗一雄警察部長時代の大阪府警察部でダンスホール規制を担当した。重田の著書は昭和戦前期の風俗警察のありかたを概観できる内容。

技術志向と競技会

社交ダンスにはさまざまな踊りかたがある。また、ダンスが発達した国や地域によっても踏風は異なる。たとえばワルツはドイツやオーストリア、フランスなど、それぞれに暮らす人びとがつちかった踊りかたで踊られる。アルゼンチンのタンゴなど中南米のダンスには、伴奏される音楽とともに多様な特徴がある。

そういったダンスを一定のルールのもとに編集して標準化し、音楽も、そのダンスを踊る際に踊りやすくなるよう改変していったのが英国のダンス教師たちだった。古典的なステージ・ダンス、たとえばバレエのような見せるための踊りでは、身体技法が高度に洗練され、相当の訓練をしなければ踊れないものに仕上がっている。この技法をもとにしたダンスでは、あるていど踊りやすくしたとしても、一般の人にはなかなかむずかしい。日本でも、エリアナ・パヴロバが指導した爪先立ちで踊るスタイルには、多くの人が難儀したといわれている。

英国のダンス教師たちは、もっとダンスをたのしめるようにと、無理のない身体の動きを基本にすることを優先した。いわゆるナチュラル・ムーブメントで、自然の歩行にちかい動作をダンスのステップに採用する。踏みだした足は踵（ヒール）から着地し、前進につれて足裏（ボール）に重心がかかり、最後に爪先（トゥ）が地面を離れていく。こういった動きを基本にすれば、歩行の延長で踊ることができるとの考えだ。それだけではなく、世界のさまざまな地域で発達したダンスや音楽を、踊りやすいステップやフィガー、踊りやすいテンポの演奏に修正していく。もとの音楽やダンスの味わいも残しつつ、しかし、ペアが組んで踊ることを妨げる要素をできるかぎり削いでいく。

英国のダンス教師団体は、こうしてワルツ、フォックス・トロット、タンゴなどを、単位化された型の連続としてのダンス、および標準テンポの音楽にまとめる。身体の動きを文字と図で表記し、それをテキストとして読んだ人が、自分の身体で再現できるかたちを構築したのだった。

日本でも、英国で洗練されたイングリッシュ・スタイルのダンスが歓迎された。学びやすく、教えやすいからだ。また、一定の基準にもとづいていれば、その知識や技能を試験で確認できるから、教師の資格などを公的に認める制度をつくることもできる。風紀の問題でとかく教師やダンサーが非難にさらされやすかった日本では、こういった標準化は渡りに船だった。「インチキ教師」や「挑発的な踊りをするダンサー」を排除することができるからだ。

日本の教師団体は、英国の教師たちと緊密な関係をつくり、英国が発信する技法を研究し、身につけることで優位に立とうとする。誰がより優秀な技量を会得しているのか、それを競技会の開催で確認する仕組みをつくった。ベテランの教師たちが審査員となり、技術と表現を評価する。そうすることによって、「正しい」ダンスをひろくアピールすることにもつながる。戦前期の段階で社交ダンスの競技会がさかんになったのは、こういった事情があったからだ。

ただし、イングリッシュ・スタイルの尊重は、それ以外の踏風を少数派に追いやることになる。たとえば、多くの人がさらに簡単に踊れるよう改変されたアメリカン・スタイルは、その簡単さが仇になり、高い評価を得られなかった。いっぽう、踊り手個人のセンスが重視されるフレンチ・スタイルは、教授、習得のむずかしさゆえにひろがらない。さまざまな国から利用者が訪れる東京の帝国ホテルやフロリダでは多様なダンスが許容されたが、日本人愛好者が多く利用するダンスホールでは、イングリッシュ・スタイルが場を制する状態にあったともいわれる。

さらに、これは第二次世界大戦後に顕著な傾向になるのだが、競技ダンスは、まさにそれが競技であることから勝利至上主義と結びついた。特定のパートナーと修練を積んで大会で優勝しなければならない事情がある。だが、一曲ごとに相手をかえる「パートナー・チェンジ」の理念にもとづいて社交の輪をひろげていく立場とは、あいいれない。特定のペアで固定して研鑽を積まねばならないダンスは、もはや「社交」のためのダンスではなく、「スポーツ・ダンス」と呼ぶにふさわしい。競技ダンスは、芸術系スポーツとして発達する過程で、社交の要素を切りすてざるをえなかった。現在の社交ダンスでも、技術志向と社交重視のふたつの立場を両立することは、なかなかむずかしいようだ。競技ダンスは、カップル・ダンスが生きのこるための活路ではあったけれども、たのしみとしてのダンスの行き先を見失わせる隘路でもあった。

社交ダンス競技会のようす
[『時事写真』1933年5月30日]
1933年5月27日、赤坂溜池のフロリダで、東京、大阪、京都、横浜、神戸の5大都市対抗アマチュア選手権大会が開催された。フロリダでは1932年から競技会が開かれている。このときの優勝は東京。関東の踏風が技術至上主義だったのに対し、関西は娯楽本位の傾向が強かった。

経営者・ダンス教師のプロフィール
高橋虎男・平井正夫・武内忠雄・石橋政治郎・C.ムーア

ダンスホールの経営者のプロフィールはじつにさまざまだ。

日本で最初の商業的な踊り場である花月園のボールルームをつくったのは新橋の料理屋花月楼の亭主と女将だったし、職業的ダンサーをおいた大阪のコテジの経営者は、もともとバーを開いていた人だ。

ホールがふえれば、当然、その経営にかかわる人も多彩になる。現場との距離のとりかたにもちがいがみられた。通常、ダンスホールで現場をあずかる支配人、マネージャーと、資金を提供し収益を考える立場の経営者とは別になっていることが多かった。だが、なかには現場マネージャーが経営に参画するケースもあったし、資金提供している者が現場に関与せず、ときに名前さえ表に出さない例もみられた。

東京でいえば、フロリダの経営は資金提供を河野静が、労務提供のかたちで経営者兼支配人をつとめたのが津田又太郎ということになる。

関西の実例をとりあげると、ホールが創設された時期によっても経営者のありかたが異なることがわかる。黎明期のダンスホールは、バーやカフエーなど飲食店からの転業が多かったので、もともと料飲業界での経験がある人たちがホールの経営にあたった。こういった人たちのなかでジャズなどの音楽に精通していた者はあまり多くない。東京フロリダの津田又太郎は、活動写真館に勤めていたことがあり、またダンス愛好者としていろいろな踊り場を見聞していたから、能力あるミュージシャンを見いだし、ギャラをはじめ出演条件にかかわる交渉をして契約する力があった。反対に、大阪パウリスタの米山市太郎は、カフエーの運営には精通していても、ジャズについての理解に乏しく、雇用したバンドのマスター井田一郎の意向にしたがうしかなかった。経営者がやかましくいわないぶん、井田らは自分たちの好きな音楽、客が求める音楽を演奏することができたともいえる。

ユニオン各店を展開した小堀勝蔵も飲食店業界の出身だった。ダンスホールへの転換も早く、チケット制の導入などにも積極的で、商業的ダンスホールの雛型をつくりだしたといってよい。大阪での営業が禁止されるやいなや東京に進出。大阪式の経営で東京のそれまでのダンス業界のありようを一新する。

こういった、いわば第一世代の経営者のあとにつづくのは、ダンス好きが昂じて教師やマネージャーとなり、さらに経営者として活躍したタイプの者。これがひとつで、もうひとつは、ダンスホールをうま味のある事業だと見こんで出資する投資家的な者たちだった。前者の代表がダンス・タイガーの高橋虎男であり、後者は東山会館などに出資した尼ヶ崎三之助ということになろう。

大分県出身の高橋虎男（一八九二〜？）は、さまざまな仕事を経たのち、大阪でダンスと出会う。最初は堀江廓でも踊っていたようだ。やがてダンスを教える立場、ホールを経営する仕事にすすんだ。杭瀬の阪神社交倶楽部にもかかわったが、不本意なかたちで辞めた。しかし、ダンス・パレスという、またとない活躍の場を与えられる。ここで発揮した経営手腕が認められ、高橋の名はいっきょに高まった。多くの踏客を集めるためのサービスや宣伝の戦略、ダンサーの養成や監督、新しい音楽の導入など、このあとの他のホールの経営の雛型となるような手法を次々に案出する。けれども、出資者たちとうまくいかず、パレスを離れる。その後、杭瀬のホールを買いとるかたちで移籍し、自分の名前「虎男」にちなんで「ダンス・タイガー」と改称。多くの新聞雑誌に広告を打って、全国に存在を知らしめた。いまでこそ阪神といえばプロ野球チームのタイガースだが、それまでは阪神間で「タイガー」はダンスホールを想起させた。高橋は、上海、大連など大陸にも進出。上海では内地ではできないキャバレー・スタイルの娯楽施設を経営した。ただ、戦争が激化すると内地のダンスホールは閉鎖され、飲食店などに転業を余儀なくされる。それでも高橋は、娯楽施設の経営者として生きつづけた。

ひとつのホールが同じ人物によって継続的に経営されるとはかぎらない。右に見たとおり、ダンス・パレスのばあい、ごたごたがあって経営陣が交代。このトラブルの際には、神戸のアマチュア・ダンサーだったC. ムーア（若松鹿之助　一八九五?～一九六六）らが経営にあたるとの噂もあったが、けっきょくは大阪の商人の手に移っている。このトラブルの際にかつぎだされたC. ムーアは神戸の極東ダンロップに勤務する人で、のちに英国のダンス教師ヴィクター・シルヴェスター（Victor Silvester 一九〇〇～一九七八）のレッスンも受けるのだが、みずからは対価をとって指導するプロの教師にはならなかった。第二次世界大戦後、日本のダンス界がレン・スクリブナーとネリー・ダガンという著名ペアを英国から招聘した際には、通訳の任にあたっている。

高橋が退いたあとのパレスでは、出資者のひとり大竹新蔵という人物が、じっさいにはモルヒネや拳銃の密輸で容疑者として追われる浅井千之助だと判明、逮捕される「国際密輸魔事件」も起きた。パレスは株式会社のかたちをとっていたが、出資者のなかに身元のよくわからない者がまぎれこんでいたらしい。そこで、姫路の資産家平井正夫がくわわって経営体制を刷新する。平井正夫は、みずからヴァイオリンを演奏するクラシック音楽愛好者で、一九二五年には姫路の自邸にグランド・ピアノや蓄音機をそなえた音楽堂をつくっている。この音楽堂を「ヴィラ・ソリタリア」と命名したのは山田耕筰。平井は音楽家との交友もひろく、ヴァイオリニストのミハイル・ウェクスラーや貴志康一も、この姫路の音楽堂を訪れている。残念ながら、この建物は一九四五年七月三日から四日にかけての姫路空襲で焼失した。

このように、クラシック音楽の愛好者のなかにも、洋楽をより多くの人びとにたのしんでもらえるよう、別のかたちを構想する人がいた。ダンスホールへの出資も、選択肢のひとつだったと考えられる。

平井は現場にも顔を見せる経営者で、京都で教師として名のあった武内忠雄を呼んで副社長に抜擢している。武内はデモンストレーターとしても活躍したが、そういった人材が経営に参画しためずらしいケースともいえる。国道ホールをめぐっては、一〇年ほどのあいだに経営陣の交代がくりかえされた。

異色だったのはキング・ダンスホールで、当初は大阪府警の現職警察官、それも天満警察署と築港警察署の両署長が経営するホールだったといわれる。事情はつまびらかでないが、取締りをする側だったはずが、ダンス・ブームに商機を見いだしてのことだろう。府県境をこえた小田村側で、警察の息のかかったダンスホールが開業。刑事なども踊りに行くホールだったというが、関与は長くつづかなかった。このホールは、大阪道頓堀で旅館を営む石橋政治郎（政次郎）にひきつがれる。キングは石橋の経営のもとで安定し、服部良一が音楽を担当するなどして踏客の人気を博した。石橋も現場によく顔を出すタイプの経営者だったが、のちにマネージャーの吉桑英文がホールの運営を任かされた。

宝塚会館は、地元の平塚土地と阪急とが経営にかかわった。いっぽう京都の三ホールは、株式会社組織にすることが許可の条件だった。だが、複数の出資者を糾合するかたちだったから、経営が立ちゆかなくなると責任の所在があいまいになってトラブルが生じている。また、特殊ダンスホールの鴨涯は、先斗町の組合が経営していた。

このように、ダンスホール経営のありかたはさまざまで、かかわっている人たちも多様だった。背景の異なる人びとの参入が数々の特色あるホールをつくりあげてもいたが、難局にあたって一枚岩になる契機を欠くことにもなったようだ。

平井正夫
（平井英雄旧蔵）
姫路の資産家に生まれ、西洋音楽の普及に尽力。山田耕筰や貴志康一らと交流があった。ダンスホールにも出資し、阪神会館ダンス・パレスの経営に参画。社長として閉鎖の日まで現場を預かった。

武内忠雄（優岳）
[『ダンス時代』1936 年 7 月]
神戸で洋楽を教えていたときにダンスと出会い、技術を重視した教師の道にすすむ。京都で教師団体を率いたあと、桂やパレスでマネージャーもつとめた。第 2 次世界大戦後はネオ・トロピカル協会を主宰。

高橋虎男
[『ダンス時代』1935 年 10 月]
大分県出身。大阪で仕事のかたわらダンスを覚え、教師、マネージャーとして黎明期のダンス界を支えた。ダンス・パレスでマネージャーとして名をあげ、その後、杭瀬ホールを買収してダンス・タイガーに。卓越した経営手腕を発揮し、上海や大連にもホールを開いた。

C. ムーア（若松鹿之助）と妻みさを
[『ダンスファン』1933 年 3 月]
ダンロップ極東に勤務しつつ、アマチュアとしてダンスの普及につとめた。渡英し、シルヴェスターの指導も受けている。

石橋政治郎
[『ダンス時代』1935 年 10 月]
道頓堀の旅館大和屋を経営しつつ、キング・ダンスホールを手に入れた。音楽を重視したホールづくりをすすめ、若き日の服部良一らを育てた。

調査とダンスホール

タクシー・ダンスホールの起源と考えられているのは北米西海岸地域で、ゴールド・ラッシュ時代にさかのぼる。一攫千金を狙った男たちが西海岸に移りすみ、彼らを相手にした酒場ができた。酒の相手をする女性たちが雇用されただけでなく、売春宿のようなものもあらわれる。一九世紀後半に栄えたサンフランシスコのバーバリー・コーストという地区は、悪名が高かった。のちにハワード・ホークス監督が映画化したことで知られる街だ。けれども、周辺住民の運動や警察の取締りによって一九一〇年代には店が閉じられたり、移転を余儀なくされたりした。紅灯街としては、終焉を迎えている。

バーバリー・コーストのダンスホールでは、女性従業員が男性客のダンスの相手をした。しかし、酒の売上げから報酬をもらっており、ダンスで稼いでいたわけではない。

移民が多い北米大陸では、ニューヨークやシカゴなどの大都市にさまざまなかたちの踊り場があった。会員制で非公開の踊り場だけでなく、一般の利用者がカップルで出かけるホールもあったし、移民や初心者にダンスを教える教授所もあった。そういった施設が、バーバリー・コーストのように女性従業員をおくようになって、しだいにタクシー・ダンスホールの業態がととのえられたといってよい。北米では、女性ダンサーはダンス教師という体裁をとった。

一曲の演奏時間につき定額の代金を支払う慣習が、タクシーという名称の由来だ。現金ではなく、チケットを渡す方式もつくられ、チケット・ダンサー、チケット・ダンシングという仕組みが生まれた。ダンサーは、その枚数によって日当を得る。

さらに、男性客が女性ダンサーを選べるようにくふうされた。ホールにはダンサーが一列に腰かけており、反対側には男性客が並ぶ。曲の演奏がはじまると、男性客が目あてのダンサーの前に行き、いっしょに踊ってほしいと伝える。出勤しているダンサーが椅子にすわって並んでいる方式は、ラインナップ制と呼ばれた。

職業ダンサーがいること、ダンサーが並んで待機していること、一曲踊るごとに一枚のチケットを渡すこと。これらがタクシー・ダンスホールの基本形となった。

だが、北米のダンスホールは、犯罪や少年非行の温床とみられた。取締り当局は、酒の売買や売買春に目を光らせる。さらに少年補導を担当する部署なども実態の把握と問題の解消に向けた努力をする。とくに実態調査は重要で、いくつかの都市では報告書としてその記録が蓄積された。ダンスホールを調査対象とした調査研究は、一九二〇年代後半からみられる。こういった記録を参照してタクシー・ダンスホールの歴史をまとめたのがシカゴ大学の大学院生だったポール・G・クレッシー（Paul Goalby Cressey 一九〇〇～一九五五）だ。

クレッシーはタクシー・ダンスホールの発生や発展を歴史的にしらべるだけでなく、当時シカゴに簇生した施設についての調査を敢行した。みずからが出むいて関係者にインタビューをしたのにくわえ、客として参与観察を行ない、女性の協力者を調査員としてホールに送って情報を収集した。その成果が、シカゴ大学出版から一九三二年に出された *The Taxi-Dance Hall* である。シカゴ学派都市社会学が生みだした古典的モノグラフとして、現在でも高い評価を与えられている。初版だけでなく、その後、なんども復刻されており、また日本でも邦訳が出版されている。なお、シカゴ大学のスタッフによる調査に関する資料群の一部は、同大学図書館のウエブサイトで公開されているので参照されたい。

一九三二年ごろには、日本でもすでに多くのダンスホールが営業をしていた。北米大陸で営業していたタクシー・ダンスホールを見知っていた加藤兵次郎は、大阪にあったコテジというバーに職業ダンサーをおいた。また、チケット制も紹介し、一九二四年には大阪でタクシー・ダンスホールの業態が生まれる。ダンスホールのような施設は風紀を乱すものだとの批判は日本でも強く、警察も実態を調査した。取締りは、そういった調査にもとづいて行なわれていた。またジャーナリズムも好奇の目を向け、多くの記事が書かれる。なかには警察発表をそのまま記事化するばあいもあったが、記者が独自の調査をして読者に実情を伝えるケースもあった。大阪毎日新聞の村嶋歸之のカフエー調査に関連するダンスホールの記述は、誤りがすくないだけでなく、当時の政治経済あるいは文化状況をふまえ、俯瞰的で客観的に記述された好記録といえる。

また、廓清運動や廃娼運動にかかわった活動家による調査や、大原社会問題研究所の大林宗嗣をはじめカフエーの女給を対象とした調査があった。さらには、大阪市社会部など役所に設置された調査セクションによる実態把握のための調査も残されている。

ダンスホールに特化した調査はあまり多くない。特筆されるのは尼崎市役所に勤務していた東郷實によるものだ。『社会事業研究』に連載された記録は、尼崎ダンスホールの経営状態だけでなく、勤務していたダンサーの収支、家族関係、学歴その他多くを教えてくれる。

第三章

和洋の交錯

ダンスの日本化、花街の西洋化

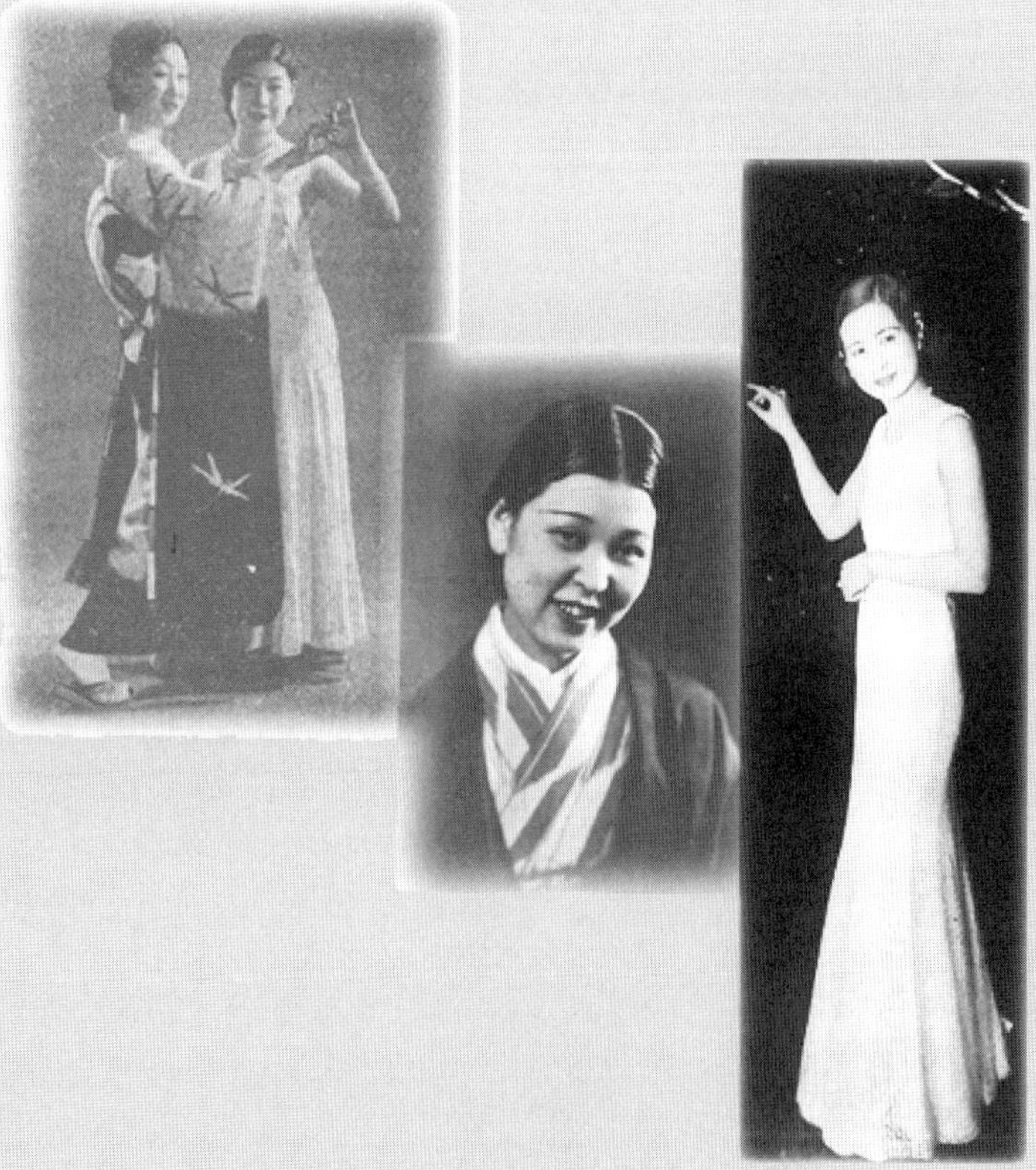

左　プレザン錦紗広告［第51回鴨川をどりパンフレット
鴨川踊事務所 1933（個人蔵）］

中　尼崎ダンスホールの藤田敏子（和子）［『ダンス時代』
1934年8月］

右　タイガーの有島里江［『ダンスファン』1934年5月］

デパートとダンス用品展

ダンスの流行に注目したのは、デパートだった。洋服、洋靴の需要を見こんでのことでもあるが、いっぽうで、和装で踊る人たちのために商品を開発し、販売していた点も興味ぶかい。大阪では一九二七年の流行に際して、南パリジヤンの山口武雄考案による和装のダンス衣裳を、大丸が調製、販売した（『ダンサー』一九二七年六月）。「袂の先きを割つて宝石をブラ垂げた、夜会着にふさはしいもの」で、これを着せられた人形が店のショー・ウインドーに飾られたところを写した画像がある。

こういった新商品を積極的に売りだしたのがデパートだった。新聞広告を確認していくと、大丸だけでなく、京都では丸物が、また東京でも三越や松屋などがダンス用品を手がけたことがわかる。

大型ホールの建設がすすめられた一九三三年の京都で、ダンス・ブームが起きる。大丸や丸物などのデパートがダンス用キモノやダンス草履、ドレスやタキシード、靴などのダンス用品を発売した。丸物では社交ダンス用品展覧会と銘打った催事も開いている（京都日日新聞、一九三三年五月九日）。とくに大丸京都店はダンス用品の売りこみに熱心で、レコード会社とタイアップしたセールなども開催。新聞広告をみると、市内の洋装店、長屋本店や長屋婦人部、パリヤなども注文を受けたようだ。

東京か関西かを問わず、男性はタキシードなどフォーマルな洋装がダンス用に推奨されたのに対し、女性についてはドレスだけにとどまらず

和装のダンス用品が並行して売られた。ここからも、日本での洋装化については、男性のほうが女性よりも早く進行したと読みとれそうだ。

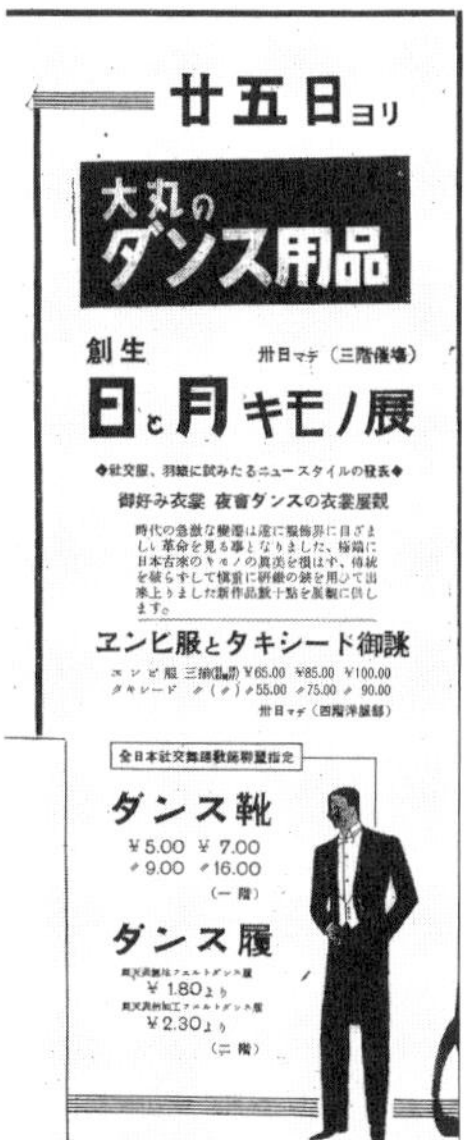

廿五日ヨリ
大丸のダンス用品
創生 日と月キモノ展　卅日マデ（三階催場）
◆社交服、羽織に試みたるニュースタイルの発表◆
御好み衣裳 夜會ダンスの衣裳展觀
時代の急激な變遷は遂に服飾界に目ざましい革命を見る事となりました、極端に日本古來のキモノの眞美を損はず、傳統を破らずして愼重に研鑚の鋏を用ひて出來上りました新作品數十點を展觀に供します。
ヱンビ服とタキシード御誂
ヱンビ服 三揃 ¥65.00 ¥85.00 ¥100.00
タキシード 〃 〃55.00 〃75.00 〃90.00
卅日マデ（四階洋服部）
全日本社交舞踏教師聯盟指定
ダンス靴
¥5.00 ¥7.00
〃9.00 〃16.00
（一階）
ダンス履
¥1.80より
¥2.30より
（二階）
月曜日休業
京都 大丸 四條
午前九時—午後六時

大丸の「ダンス用品」広告
[京都日日新聞 1933年4月25日]
「夜会ダンス」のためのキモノと、男性用のダンス靴などが販売された。

明九日より十四日まで
夏の綿布大賣出し
（例一）◇綿結城 一円 ◇瓦斯中柄 一円 ◇新銘仙 一円半 ◇越後紬 二円半 ◇實用殿方着尺 二円二十銭
御徳用ひとへ銘仙 二円八十銭より 五円まで
鴨川踊入場券付!!
殿方向絹ポーラ賣出し
單羽織地一掃賣出し
（三階）
◆初夏の香りゆたかな紗絽博多の創作品……
ひとへ帯陳列會
蚊帳荷開き賣出し
（二階）
九日より十二日まで
社交ダンス用品展覧會（四階催場）
◇踊へ招く新製品の魅力!! ◇分り易い解説・興味深い参考品のコーラス!!
全日本社交舞踏教師聯盟 京都社交舞踏教師會後援

丸物の「ダンス用品展覧会」広告
[京都日出新聞 1933年5月9日]
全日本社交舞踏教師聯盟と京都社交舞踏教師会が後援した「ダンス用品展覧会」であることが記される。

平和記念東京博覧会の染織別館における高島屋の出展「文化の幸」
[絵葉書（個人蔵）]
1922 年の開催。屋内だが下足を履いたまま生活する暮らしが提案されている。
展示された人形の衣裳については、会期中に着せ替えが行なわれたようだ。

断髪とドレスとハイヒール

昭和初期のダンサーは、いわゆるモガ（モダン・ガール）を代表する存在だった。視覚的なイメージでは、髪を短く切り、眉を長く引いてアイ・シャドウを入れた。洋装に身を包み、ハイヒールを履いて都会の路上を闊歩する。意識や行動は自由で奔放。米国で「フラッパー」と呼ばれた姿、そして生きざまを想起させる。

しかしながら、ダンスホールの世界でこれが定番のヴィジュアルになるのは、昭和になってしばらく過ぎたころ。大阪では一九二七年、東京でも一九二八、九年くらいだ。それより前にも洋装のダンサーはいるが、じっさいには和装の女性が多く残っていた。なるほど髪については、伝統的な日本髪に結いあげることはなくなっていた。だが、短くまとめてはいたものの、断髪にはしていなかった可能性が高い。大正期のダンサーの多くは、まだまだ日本的ないでたちをしていた。和装洋装のどちらにも似あう「耳隠し」という髪型が好まれたようだが、洋装への移行がすすむにつれ、耳を出し、イヤリングをつけるようになった。

日本女性がドレスを着用して踊ったのは、古くは鹿鳴館時代。ただ、このときはかなり古典的な、たとえば宮廷で開かれる舞踏会での正装だった。その後、民間で踊られるようになったときにも、おもな参加者は富裕層だったから、ドレスに洋靴ということもあっただろう。ところが商業的ダンスホールが開かれるようになると他の飲食業からダンサーに

転じる女性や接客の経験がある花街出身の女性たちが踊った。だから、多くがキモノを着ており、洋装は主流ではなかった。

京阪花街につくられた踊り場では、芸舞妓が伝統的な和装で客のダンスのパートナーをつとめている。そこから、洋装のダンス芸妓が生まれる。時期は昭和になってからのことだ。また、京阪神、京浜の商業的ダンスホールでも、和装のダンサーがすくなくなかった。女性たちが着衣に関して保守的だったこともあるし、外国からの観光客が多いホールに勤めるダンサーは、彼らの希望にこたえるために日本の伝統的衣装をまとって踊りの相手をする必要もあった。日本の女性が振袖を着てダンスをする姿は、慣れないドレスで踊るよりも高い評価を受けていた。

けれども、一九三〇年ごろになると、ダンサーはほとんどが洋髪、洋装に移行する。ダンサーは映画女優と並び、新たなファッション・リーダーとなる。パリやニューヨークの最新の情報にもとづいて、高額のドレスを仕立てるダンサーもいたし、パーマネント・ウエーブなどをつかったヘア・スタイルもとりいれた。

日本の女性の洋装化の尖兵となったダンサーたち。彼女らは、同時代の人びとの目に強烈なイメージを焼きつけた。それが、後年、ダンサーといえば断髪洋装というステレオタイプを生むことにつながったのだろう。そして、大正期から昭和はじめにかけての和装ダンサーの存在はかきけされてしまった。一九三〇年代以降も和装のダンサーは踊りつづけていたのだが、そういった存在も忘れさられていった。

1927年の大阪のダンサー2
難波新地コテジ
[『ダンサー』1927年4月]
日本髪を結いあげてはいないものの、和装で草履をはいている。この時期のホール内の写真はめずらしい。

1927年の大阪のダンサー1
千日前ユニオンの市原勝美
[『ダンサー』1927年4月]
この写真は洋装で撮影したが、和装の写真も残されている。谷崎潤一郎や坪内士行とも踊ったダンサー。千日前ユニオン時代を知る古参で、東京人形町ユニオン、杭瀬、キングと移籍した。

1932年の関西のダンサー3
尼崎ダンスホールの岩佐ふさ江
[『ダンス時代』1932年12月]
岩佐はこのころ尼崎の中堅で、スポーツもできる「近代的麗人」として人気があった。

1932年の関西のダンサー2
琵琶湖ダンスホールの高田あさ子
[『ダンス時代』1932年12月]
ベル型の帽子「クローシェ」をかぶっている。ショートカットとともに流行した。

1932年の関西のダンサー1
尼崎ダンスホールの濱ハナ子
[『ダンス時代』1932年12月]
断髪で洋装、長く引いた眉が特徴のメイク。濱は、新人ダンサーのめんどうをよくみていたという。

1936年のダンサー
タイガー・ダンスホールの錦愛子
[『ダンス時代』1936年7月]
錦は松竹楽劇部からダンサーに転じたと伝えられる。

1934年のダンサー
宝塚会館の原田久子
[『ダンス時代』1934年7月]
原田は、宝塚会館の「模範的」ダンサーだった。

振袖とダンス草履

大阪では一九二七年に大丸心斎橋店がショー・ウインドーにダンス用の振袖をまとった人形を飾っている。山口威雄の発案によるものとされる。通常の振袖とは異なり、袖の先に重りをつけ、ダンスで回転する際に、袖が大きくひろがるように仕立てられた。大正時代には、いわゆるモダンな柄の生地で和服がつくられるようになっていたから、こういった創案が特別というわけではない。また、一般女性にとって洋装、たとえばイブニング・ドレスのような衣裳を身につけることは、まだまだ敷居が高かった。そこで、洋風の建物や生活習慣にもあうような和装が考えられたのだった。

和装のばあい、晴れ着や派手な柄のもの、モダン柄などをまとうことで、ダンスの場にふさわしい華やかさを見せることはできる。特別の用意が必要だったのは女性用の草履だった。「ダンス草履」あるいは「ダンス履き」と呼ばれる商品で、生地が斬新な図柄だっただけでなく、形状の点でもじゅうらいの草履とは大きく異なる。ふだんづかいのものでは、踊りにくい。そこで、踵をすこし高くし、足先のほうが細くなる形状のものが考案された。先細りで、洋靴のようなフォルム。ハイヒールほどではないが踵あがりの形状だ。また草履の裏にはフェルトがつかわれることもあり、フロアで踊りやすくなるよう機能性も考慮されている。通常の草履とは異なり、左右非対称で、右足用、左足用の区別があった。

この「ダンス草履」は、花月園ボールルーム時代に河野静が発明したとの「伝説」もあるが、おそらくは多くの履物屋が客の求めに応じて調製したものと考えられる。一九二一年には早くも実用新案出願公告が出されているし、三越のカタログに商品が紹介された（『三越』一九二一年一〇月）。金沢市の徳田秋聲記念館でも、復元したダンス草履を展示したことがある（現在は松永はきもの資料館が保存）。なお、第二次世界大戦後に京都祇園の芸妓に依頼されて製作したものを最初とするとの情報もあるが、これは誤りだろう。

大丸心斎橋店に飾られたダンス衣裳
［『ダンサー』1927年6月］
記事の写真には、ほんもののダンサーではなく人形だとの断り書きがある。

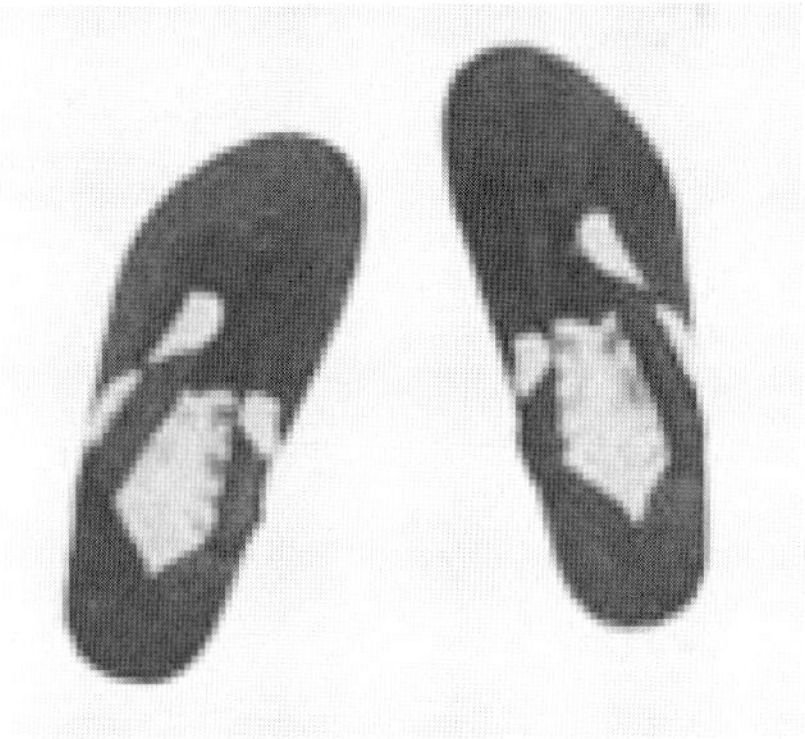

塩瀬表刺繡入ダンス草履
[『三越』1930 年 3 月]
これは昭和時代のもの。4円50銭で販売された。

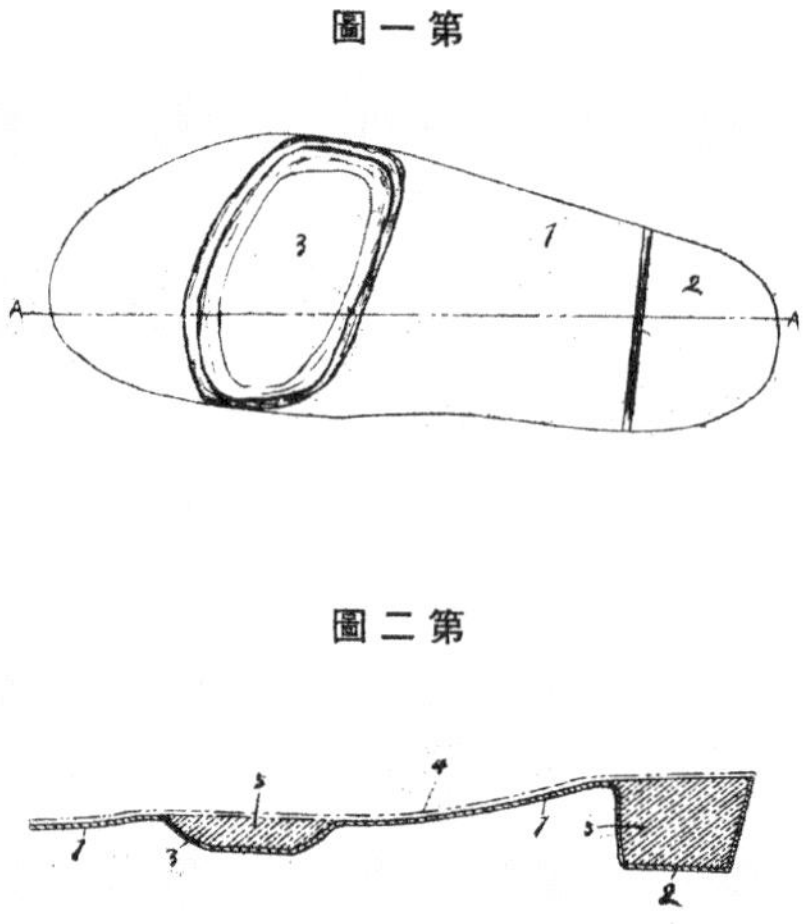

踏踊に便利な靴型の草履
[登録実用新案第 59092 号　1921 年 9 月 2 日]
ヒールとボールの部分には、ゴムやフェルトなど弾力のある素材を使用すると説明される。また、通常の草履が左右同じ形であるのに対し、ダンス用の草履は洋靴のような非対称の形状だった。

タイガーのナンバー・ワン美鈴愛子の振袖姿
[『ダンスファン』1935 年 3 月]
この衣装を着用した美鈴は、洋装の武内忠雄と組んで「日本ワルツ」、「日本タンゴ」のデモンストレーションを行なった。

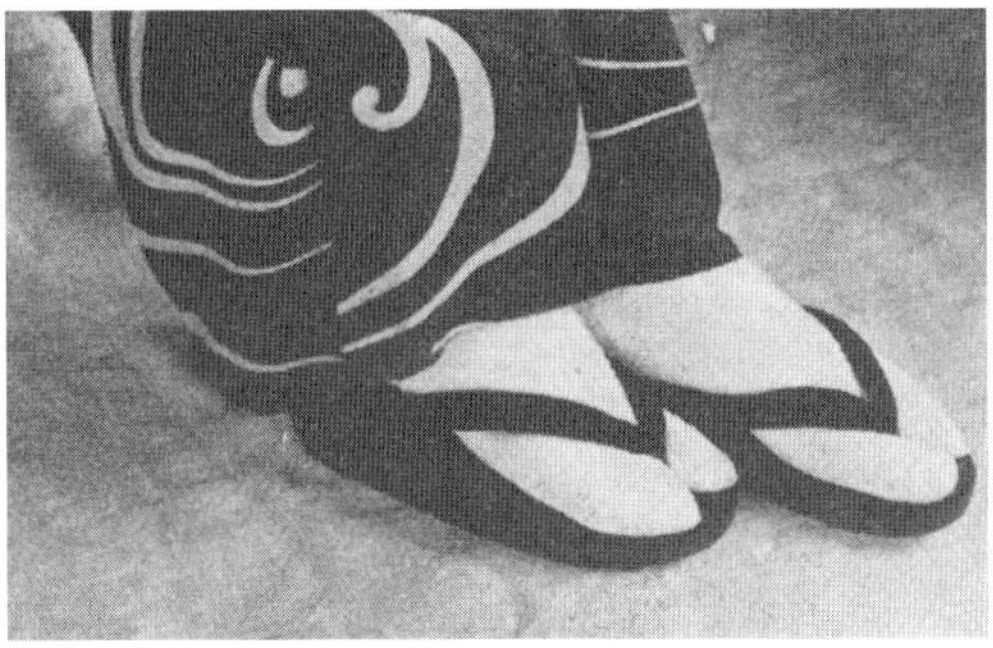

フロリダのナンバー・ワンだった北村静江（田辺チェリー）が提案するダンス草履
[ビクター・ダンス・レコード・クラブ第 5 集「コンチネンタル・タンゴ」付属の解説書　1937 年ごろ]
ハイヒールほどではないが、かかと部分がやや高くなっている。

タクシー・ダンサーの仕事と生活

ダンサーの仕事は、男性利用客の踊りの相手をつとめることである。客が初心者のばあいは、やさしいステップを教えて手ほどきもするし、そこそこ技量のある踊り手のパートナーをするときには、客のリードに誤らずにしたがうことが重要だ。ダンスの世界では、巧いダンサーの対応を「軽い」という語で評する。男性客が組んで軽く踊れるダンサーが理想というわけだ。反対に、うまくフォローができず、引きずられるようなかたちになれば、男性には「重い」と感じられる。そういうダンサーは人気が出ないので、技術を高める必要がある。また、技量のあるダンサーでも、新しいヴァリエーションを勉強して身につけておかないと、最新流行のステップに挑みたい客の相手ができなくなる。だから、本や雑誌などから踏法を学び、レッスンを受けて修練を積まねばならない。

ダンサーは接客業とはいえ、芸舞妓やカフエーの女給とは異なり、酒席にはべって酌をし、会話の相手をする行為は、基本的な業務にふくまれない。いや、そういったふるまいは法令に定められたダンサーの職務を逸脱しており、処罰の対象にさえなった。ただ、ダンスホールによっては踊り場に隣接した喫茶部でソフト・ドリンクや菓子類を提供したり、別棟にレストランを設けたりしていたので、客と同席して話すことがまったくなかったわけではない。また、客がダンスを申しこみ、一曲踊ったあとは、すぐに離れてダンサー席にもどらなければならなかったが、ダンスの最中にいくらか話すこともあった。したがって、主たる業務ではないが、会話もダンサーの仕事のなかにはふくまれていた。

通常、ホールの営業は昼の時間帯と夜の時間帯にわかれていた。昼はレコード演奏で、安価に踊りたい初心者や学生などが中心。夜はバンドの生演奏になった。入店まもない新人や多く稼ぎたいダンサーは昼夜とおしてフロアに出たし、成績上位のダンサーは夜だけの出勤ということもあった。

多くがホールの近隣に住み、徒歩で、あるいは電車やバスをつかってホールに通勤した。若いダンサーが多いホールや郊外に立地したホールでは、ダンサーのために寮を設けていたところもある。寮住まいのばあい、ダンサーたちは食堂でいっしょに食事をとるなど共同生活を送った。

午前中に起きだして身のまわりのことをすませ、出勤前には着替えて化粧をする。ホールにも控室はあったが手狭なものだったので、ダンサーとしてフロアに立つ姿をととのえてから往来に出た。冬場などは、毛皮のコートなどを羽織ることもあったから、周囲の目を惹く。夕食もホールの近くの飲食店ですませることが一般的だったようだ。

ホールの営業が終わると、節約したいダンサーは電車やバスで帰宅した。あるていど贅沢ができる成績のダンサーは、タクシーで帰ることもある。いずれにせよ、踊りつづけたあとは疲労も蓄積し、帰宅後は入浴などして脚を休め、遅くに就寝することになる。

親や子どもなどと同居しているケースでは、家事や育児もあった。だが、多くが家計を支える立場にあったから、それらを母親などにまかせていたと考えられる。

こういった日々の業務とは別に、ホールを会場として実施されるイベントに出ることもあった。技術を披露するエキジビションでは、技量に定評のあるダンサーが男性教師のパートナーをつとめた。頻繁に開催された競技会は、ダンサーにとって他のホールの同業ダンサーを見る貴重な機会で、そこで自分の力量を知ることもできた。また、そういった場で名をあげれば、ふだんの営業でも客に選ばれることがふえ、売上げ成績の向上につながることになる。ただし、エキジビションや競技会に出るためには衣服や靴に相応の出費をともなった。

子どもや弟妹が学業を終えるなどして生活にめどが立ったダンサーは、仕事を辞めた。また、伴侶を得て退職することは、ダンサーの夢でもあった。経歴四、五年で引退する女性がすくなくなかったいっぽう、長い人では一〇年以上も勤務した。財を蓄えたダンサーは飲食店や洋服店などの経営にもすすんだが、なかにはホールを転々とする「渡り」のダンサーもいて、「外地」へと流れていくようなケースもあった。

ダンサーの人生はそれぞれで、ひとくくりにして論じられるものではない。しかし、多くが経済的な支柱を失った家族のなかで、家計を支え家族を守るためにダンサーという職業を選んで働いた。

花隈ダンスホールのダンサー村田静枝の１日：ダンサー生活アラカルト
[『ダンセ・ハナクマ』1935 年２月]
10 時に起床、姐さんかぶりで自室の掃除。14 時洋装で出勤、15 時にはホールに到着。身だしなみをととのえ 16 時過ぎにフロアに出る。21 時がホールの最盛期、ラストを踊ったあとは喫茶店に立ちよってコーヒー。

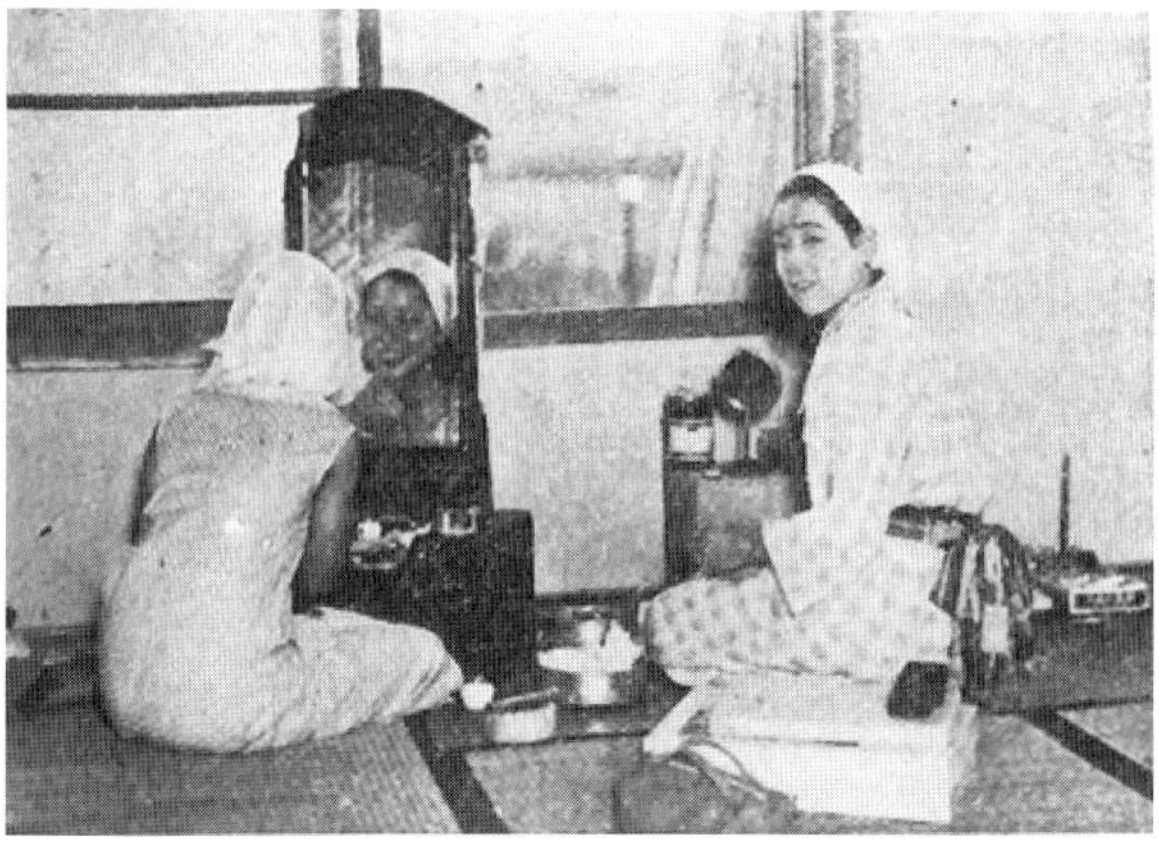

京阪ダンスホールのダンサーの宿舎生活
[『ダンス時代』1935 年 8 月]
10 時起床、洗面。その後、部屋の清掃をすませ、寮の食堂で寄宿ダンサーみんなで昼食。自室で読書などして過ごし、15 時から化粧。ホールに出て 12 時まで働く。

カフェーの時代と京阪花街の変貌

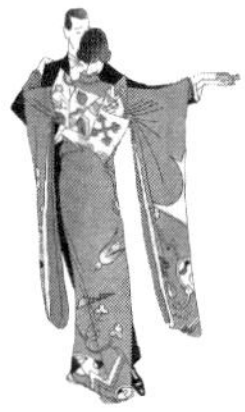

大阪のカフェーが東京に進出し、銀座や新宿をはじめとする繁華街の様相を一変させたという話は、風俗史ではよく知られるところである。時期は一九三〇年。もちろん、それ以前からも東京ではカフェーの増加が認められた。関東大震災後の街の復興のなかで人びとの暮らしぶりが大きく変貌し、洋風の食事を供する店もふえる。女性従業員が給仕をつとめる店もあって、女給仕、略して女給ということばもひろがった。女給は好奇の目で見られる存在でもあった。カフェーの増加は新しい時代を象徴する流行現象とされ、新聞雑誌の報道だけでなく、小説や音楽、映画など創作の世界でも格好の題材となる。

東京のカフェーの店舗は敷地や建物の規模が比較的小さかった。そこに流入したのが大阪資本だった。大型店舗に多数の女給を雇用、合理的、そして過激なサービスで人気を博す。ステージを設けてバンドにジャズの生演奏をさせ、ダンスなどの余興も派手に行なった。

カフェーだけをとりだしてみれば大阪方式の営業が東京を席巻する画期は一九三〇年なのだが、しかし、大阪のダンスホールが東京に進出したのは、これに先だつ出来事だった。

一九二七年に大阪府下でのダンスホール営業が禁止されたことを受け、「ユニオン」は東京進出をはかる。そしてこれ以降の人の移動が、ジャズや社交ダンスの流行を全国的な規模に拡大する。この現象を理解するには、東京の風俗史で特筆される一九三〇年の大阪カフェーの東征だけでなく、一九二八年のダンスホールの動向に注意を向けるほうがよい。この際、大阪で発達したチケット制タクシー・ダンスホール営業が移植された。東京でも、すでに日米ダンスホール（東京舞踏研究所）などでチケットと引きかえに客を踊らせる仕組みはみられたのだが、本格的なかたちは大阪からもたらされた。大阪府内のダンスホール営業禁止にともなう資本や人の移動が、東京の繁華街を変貌させる。

音楽面についてみても、この時期の人の移動には大きな意味がある。主要な働きの場だったダンスホールがなくなったことで、ジャズを演奏するミュージシャンはカフェーや映画館に転じ、さらに大阪府外に仕事を求めた。井田一郎らユニオン・チェリーランド・ダンス・オーケストラの面々も、その例である。東京に向かった者はすくなくない。関西で高いレベルに到達していたジャズ演奏家たちが東京に活路を求め、もともと東京や横浜にいたミュージシャンを刺激する。両者の力が融合して、東京のジャズのレベルが底上げされていった。ただし、すべてのミュージシャンが西から東へという潮流に乗ったわけではない。関西に残ることを選択した人も、もちろんあった。

カフェーの勃興が街のようすを変えていくのは、関西でも同じ。カフエーの圧倒的な力に対抗するべく、伝統的な花街は洋風のサービスをとりいれる。大阪では、大正期から河合ダンスなどの試みがあったが、南地大和屋や新町茨木屋などが、座敷勤めのための仕込み期間にある少女たちに洋楽洋舞を教えた。少女たちはすぐに相応の技量を身につけ、客の求めに応じてステージ・ダンスと社交ダンスの両方を提供できる力をそなえた。この動きは特定の店にとどまらず、堀江や曽根崎などにもひろくみられる。芦辺をどり、浪花踊、木の花をどりなど廓ごとの舞台にも洋楽洋舞を意識した場面や要素が付加された。

花街には芸舞妓のみの廓と芸娼妓混在の廓、娼妓のみの廓があったが、そのいずれでも洋楽洋舞が導入されていく。また、岡山はじめ他の都市への波及もあった。

警察は、新しい娯楽施設で働くダンサーや女給が、古い廓の芸舞妓や娼妓と似た仕事をする事態、あるいは兼職をきらった。芸妓が洋風のダンスの相手をすることは、ダンサーの類似行為として取り締まられることになる。芸舞妓が歌舞練場や劇場で伝統的な技芸を見せるのはよいが、ステージで洋舞を披露することには難色が示された。こういった流れのなかにあって、伝統的花街に洋風のダンスホールを設置しようとの動きが認められた。これは表向きには禁じられたものの、なかには店内に目だたないかたちで洋風のダンス室をしつらえるケースもあった。さらに大阪花街の舞台には洋風レヴユーの要素がとりこまれ、宝塚や松竹の歌劇のように和洋混淆の色あいを見せた。そういった趣向を、観客は大いによろこんだのだった。

洋楽洋舞導入の動きは京都の花街にも影響を与える。当初は宮川町が、つづいて先斗町が社交ダンスやステージ・ダンスをとりいれた。守旧的とみなされる祇園甲部（祇甲）においてさえ、芸舞妓が社交ダンスを習ったし、組合がダンスホール建設にすすもうとした時期もある。危機感をかかえた花街の動きは、のちに先斗町歌舞練場内にダンスホールが開かれる流れにつながっていく。

現在の感覚では、由緒正しい祇園甲部の芸舞妓がダンスに親しんだことじたい驚くべきことかもしれない。しかし、当時の花柳界は生きのこりのためにも洋楽洋舞を受けいれざるをえなかった。いや、花街の経営という問題だけではない。古いしきたりにしたがう土地に生きる若い女性たちも、新しい音楽やダンスに魅せられたのだ。もともと音楽や踊りの素養はある。許されるなら、一歩踏みだすことはむずかしくなかった。

祇園甲部の芸妓がダンスを踊っているという話題は、昭和に入ってすぐの新聞でも紹介されている。亀崎の芸妓つや菊は、ダンスがうまいと評判だった。

井上流で固めた祇甲の芸舞妓で他流の日本踊りを稽古するものはなくともダンスとなると治外法権、手近な川端の「あけぼの」のダンスホールへ出入する連中が却々多い　その中でもつや菊の技倆は先輩橋本たつや、後輩上柳かつ代と共に優秀なものです、お座附のワンステツプなぞ、もうとろ臭い、チヤーレ《ママ》ストンお茶ノ子さいさい、フオツクストロツト応来《おうらい》と此道にかけては迚も堂に入つたもの、蓋し新時代のゲーシヤガールとしてつや菊君など或は先覚者かも知れない、従つて学生連やダンス好の嫖客には大持てです

京都日出新聞、一九二七年四月二二日

六年ほどが過ぎた一九三三年。一力の亭主で祇園甲部の取締をつとめた杉浦治郎衛門は、組合の幹部とうちそろって阪神間のダンスホールや宝塚会館も視察、ダンスホール開業の準備をすすめた。組合事務所の一部を取りこわして洋館を新築する予定だったが、反対派に妨げられた。新聞の見出しには「祇甲ダンスホール実現せず終ひ」との文字がある（京都日日新聞、一九三四年一月二六日）。そのあいだに先斗町が先んじて営業許可を受け、歌舞練場内に特殊ダンスホールをつくってしまった。祇甲は、先斗町に出しぬかれたかっこうだ。この挫折がなければ、あるいは花見小路に洋風のダンスホールが建てられていたのかもしれない。

のちに建設される弥栄会館の設計図にはダンスホールの設備が描きこまれていたという（『技藝倶楽部』一九三三年八月）。祇園甲部で洋風のダンスホールが実現するのは、第二次世界大戦後に、占領軍兵士向けに営業したキャバレー「グランド京都」だった。

　このように、一九三〇年代前半の花街では、いまでは想像できないくらいに洋楽洋舞をとりこむ力が作用していた。カフエーでさえ、まだ和装の女性が残っている時代だ。西洋化に邁進する花街の尖端的なありようは、芸妓ふうの和装に身を包んだ女給が接客するカフエーのほうを、むしろ古色蒼然としたものに感じさせるくらいだった。大阪で「フランス・バー」を経営した中田政三は、カフエーこそが新しいことに取りくむべきだと警鐘を鳴らす。

> 芸者文化から女給文化へ、そのすべてが推移してゐるに拘らずカフエーの女給が芸者や舞妓を真似たがるのはどうしたわけか、これではカフエーの新興的イデオロギーはない。只美しいから芸者をまねるならカフエーの必要はない筈だ。こう云ふシステムは沒落の過程にあるものと思惟す。
>
> 『カフエーの営業政策と新興建築』新興カフエー研究協会、一九三四

　だが、カフエーで女給が酔客のダンスの相手をすることはきびしく取り締まられた。紆余曲折あって、ステージでのジャズ演奏やダンスの披露は容認されていくようになるものの、ダンスの相手をすることは最後まで禁じられた。客が社交ダンスを踊ることは、ホテルなどでの不定期のパーティをのぞき、許可されたダンスホールでしか認められなかった。

ダンスホールでの飲酒は厳禁されたので、戦前期の日本では、みな、しらふで踊っていたのである。もっとも、禁酒法時代の米国でも、たてまえでは客は酒を飲んではいけなかったのだから、似たような状況だったともいえる。

祇園甲部のダンス芸妓募集広告
［京都日日新聞 1933 年 7 月 13 日］
「収大」すなわち収入が多い点を強調し、「素人にても可」と添える。

祇園乙部の社交ダンスのレッスン
[『技藝倶楽部』1932 年 11 月]
このときは舞台の板の上で、足袋のみで踊っている。

京都上七軒「万春」のダンスホール
[絵葉書（個人蔵）]
店のなかに設けられたボールルームは板張りで、靴を履いて利用された。

ダンス芸妓

花柳界の西洋化は、芸妓や舞妓が西洋風の音楽やダンスを身につけるかたちですすんだ。建築物の形状などが洋風化するよりも、芸の分野のほうが先行したと見ることもできる。

技芸の西洋化は大正時代なかばから昭和のはじめにかけての動きだが、最初のうちは、酔客が座敷で芸舞妓に洋風のダンスを躍らせ、それを見るかたちだったと思われる。座敷芸に洋舞がくわわっただけの段階といえそうだ。伴奏は和楽器ではなく蓄音機で、洋楽のレコードを再生したはずだ。洋楽器を演奏するミュージシャンを多数、座敷に呼んで合奏させることはむずかしかったからである。

いっぽう、和楽器で洋楽を演奏することは、さほどむずかしいことではない。すでに学校では五線譜による音楽教育がすすめられていたから、花街の若い女性たちにも洋楽への親しみはあった。三味線でも洋楽を難なく演奏できたので、地方《じかた》が求めに応ずれば座敷で洋楽洋舞の披露は可能だった。

じっさい、新しい音楽やダンスに関心をもつ花街の女性たちはすくなくなかったし、客の求めに応じられるようにとレッスンに通う芸妓もいた。三味線を弾く技量があれば、それをマンドリンやギターにもちかえることはたやすかった。締太鼓や鼓から西洋打楽器への移行もできる。新たに伝わったサキソフォンなどについては、洋楽の教育を受けている者であっても、花街の少女たちであっても、条件に変わりはない。まもなく、芸舞妓によるジャズ・バンドも編成される。

花柳界が保守的だとイメージするのは現代的な感覚だ。二〇世紀前半までの花街には、新たなものをとりいれる柔軟性が認められる。花柳界に身をおく女性たちのなかには、外来のもの、新しいものにあえて挑戦し、売りだそうとする者もいた。進取の気風をそなえた彼女たちは、「モダン芸妓」と呼ばれる。

先駆者となったのは若草民子や花園歌子。このふたりはメディアにとりあげられることが多かったため、ことに強い印象を残した感がある。だが、東京だけでなく、京阪の花街にも多くのモダン芸妓がいた。加藤藤吉によれば、関東大震災の翌年、すなわち一九二四年に京都の宮川町に「ダンス芸妓が出現した。其の一人は立花家月子と云つて、現新橋南地の花園歌子女史であつた」と述べる（『風俗雑誌』一九三〇年八月）。だとすれば、東京での勤めより前に、京都にもいたことになる。

いっぽう加藤は「大阪も或は東京以上早かつたかも知れないが、調査が行届かない」と書きそえる。ここで、補っておこう。宮川町のタチバナ・ダンスよりも前から洋舞に取りくんでいたのが大阪南地の河合ダンスだった。はじめのうちは座敷で洋舞を披露するというていどの、いわば余興だったのだが、一九二二年ごろには外国人ダンサーに指導を仰ぐようになり、本格的なステージ・ダンスの道をめざす。サキソフォンを杉田良造に習わせたとの情報もある。河合ダンスの少女たちは実力をつけ、人気も出た。やがて一九二五年には、大阪松竹座や中之島公会堂、東京の帝国劇場でも舞台に立った。雑誌『帝劇』一九二五年二月発行の伊太利大歌劇号には、東京の新聞各紙の評価がまとめて掲載されている。河合ダンスは、震災後に帝国ホテルで行なわれた義捐公演で東京でも注目され、宝塚少女歌劇と比肩するほどの評価を受けていた。

昭和時代になると大阪の大和屋が社交ダンスの導入にすすむ。大和屋は、芸妓たちの教育を学校、いや軍隊方式にした。合理的なかたちに改革したということだ。それによって、富田屋など他を抜きさり、大きく躍進することができた。だが、洋楽洋舞については、大和屋少女連をつくって座敷で洋舞ふうの芸を見せるていどにとどまっており、本格的なステージ・ダンスからは距離をとっていたようだ。しかし、大和屋の阪口祐三郎は、宝塚少女歌劇の動向を参考にし、また上海のダンスホールを視察した結果、芸妓が客に所望されれば社交ダンスの相手をするくらいの嗜みは必要だとの方針に転じる。一九三〇年ごろには、大和屋にかぎらず、大阪、京都の花街が社交ダンスを受容する動きを見せ、一部では社交ダンスの教師を呼んで芸妓たちにレッスンを受けさせた。この潮流は、福岡や岡山、静岡など地方の花街にもおよんだ。

しかしながら、芸妓がダンサーの許可を得ずにダンサーの類似行為をすることを、警察はきらった。また、芸妓がステージでダンスを披露するのも俳優との兼業とみなされ、いずれかの鑑札のみにすることが求められた。結果的に、花街の洋風化の取組みは阻まれる。大和屋では洋風のクラブをつくって、その地下にダンスホールを設けるなどの対応にとどまった。

右に記したとおり、京都では五花街のうち宮川町が早くからダンスの導入に積極的だった。関東大震災で東京のダンス関係者が活動拠点を関西に移した際、宮川町でダンスのレッスンが行なわれ、養成されたダンス芸妓が客のダンスの相手もし、楳茂都陸平らがかかわるかたちでステージ・ダンスへの進出も企図された。その後、先斗町も追随、石井行康の指導を得て、ダンス芸妓をおくようになる。じゅうらいの芸舞妓が社交ダンスやステージ・ダンスに取りくんだだけでなく、洋楽洋舞を専門とし、洋装で出勤するダンス芸妓も誕生した。また、こういった芸妓と踊る社交ダンスを、京都では「Sダンス」と称した。京都には市内だけでなく伏見市などにも妓楼があり、そこで娼妓と踊るものについては、「Pダンス」として区別した。それぞれは、singer それに prostitute の頭文字だと推測される。

神戸も古い廓のあった福原などで社交ダンスをとりいれたとみられるが、詳細はわかっていない。

東京では白山や向島などにダンス芸妓があらわれ、話題となった。また新橋でも川村徳太郎らによって創立された新橋芸妓学校で、三味線でジャズを演奏するレッスンや、高田せい子による社交ダンスの講習などが実施されている。

戦前期の花街、邦楽界や日本舞踊の世界には、それぞれ洋風化の試みが認められたが、それを阻む力も大きかった。第二次世界大戦後には歌謡曲などの芸能分野で融合はみられたが、邦楽の人気の衰えとともに、洋楽器中心の音楽が圧倒していった。津軽三味線の人気などもあって若い世代には新しい邦楽のかたちが育ちつつある。ただ花柳界では、基本は伝統的な邦楽、舞踊を受けつぐことが中心となり、斬新なかたちでの融合の試みは下火になっている。

若草民子
［花園歌子『芸妓通』四六書院 1930］
モダン芸妓の開祖とされる。

博多「一楽」のライトルーム
［絵葉書（個人蔵）］
福岡ではダンスホール営業が許可されなかったが、芸妓らがダンスの相手をつとめた。

河合幸七郎と河合ダンス

カフエーの興隆やダンスの流行など、洋風の遊びかたがひろがる。伝統的花街は、みずからの存在を脅かすこの変化を座視することができなくなっていた。

大阪で早く対応したのは、南地の河合幸七郎が創設した河合ダンスだった。一九二二年の一月には、「ダンス音楽ニ趣味ヲ有スル者」を女給として募集する広告を出している（大阪朝日新聞、一九二二年一月一〇日）。その後、同年七月には「英人の教を受け」させていることが、時事画報社発行の絵葉書に記された。この洋舞は当初、座敷での遊びの延長ていどのものだったが、やがてステージに進出。河合のダンサーは芸妓の鑑札をもったまま、大阪松竹座をはじめ多くの舞台に立った。またシロフォンやサキソフォンなどを演奏して、ジャズにも挑戦している。人気もあり、一九二五年以降は東京の帝国劇場にも出演した。最盛期は短いが、宝塚少女歌劇と並べられる時期もあり、芸に対する評価は高かった。河合ダンスの詳細については、神谷彰編『近代日本演劇の記憶と文化１　忘れられた演劇』（森話社、二〇一四）所収の芝田江梨「踊る芸妓たち」を参照されたい。

この時期の上方花街の変貌ぶりを書いているのが食満《けま》南北《なんぼく》。

もう上方の芸妓と云つても昔のやうに、お座敷で「ほうづき」をピイ〳〵ならしながら、更に言葉もかけないと云つた風なのは一人もゐなくなつた。

汽車が持運んで、東京にも何鶴といふ妓が出来、上方にもチヤラ次などが出て来たのである。殊に震災後全く共通してしまつてゐる。〔中略〕近く大火後娼妓をもたない所の新地に、や、東京風が加味せられ、其他新しく出来てくる色町には、

「現代風」
もあれば、
「カフエー」ばりもある。
「進歩」
は何処まで廓を堕落さすかしらないが、まだ〳〵、祇園の、新町の、柳原のと、何処かにちやんとクラシツクなのものこつてゐる。老妓が今もなほはゞをきかしてゐる。先斗町や、祇園や、新町では、さう〳〵
「モダン」
な妓も出て来ない。最《ママ》も茨木屋キヤバレーの、河合ダンスのとさう新しくなつて行く世の中には、今に
大和家《ママ》オーケストラ、
で候の、
よし田屋レビユウ、
の、
祇園ダンス
と云つて祇園ダンゴの進歩したものなどが飛出さないとも限らない。
近いためしが、
松竹座ガクゲキ部へ、もと大和屋の梅吾が出てゐる。さうして頻

りにレヴユーに腕をふるつてゐる。

最もさうかと思ふと、吉野露子、五味國枝といふ映画女優が新町や南に出てゐる。

松竹ガクゲキ部の生徒が新地から芸者に出てゐる。解らないことは解らないが………。

最近、大和屋行進曲、南地小唄、新町小唄、北陽行進曲といろ〳〵出来た位だから、まだ〳〵世の中はかはる。

『上方色町通』四六書院、一九三〇

食満は、古い花街の変貌ぶりを惜しみ、願わくば古い遊びかたがつづくようにと思っている。しかし、京都でも大阪でも、遊興のかたちが刷新されていく流れをとどめることはできない。東京と京阪との土地のちがいも消えつつあった。

花街に新風を吹きこんだ河合ダンス。だが、スターだった駒菊が病気を患ったことなどから、その存在感は薄れる。さらに、舞台に立つダンサーは「遊芸人」の免許をとる必要があり、かつ座敷で客を接待する芸妓との兼業を警察が認めなかったために、茶屋での収益をステージに回す経営手法がなりたたなくなる（大阪朝日新聞、一九三五年一月二三日）。河合ダンスの活動は昭和戦前期までにとどまったが、少女たちの努力はいまなお評価に値する。

河合ダンスのステージ
［食満南北『上方色町通』四六書院 1930］
ラインダンスの場面。

『河合ダンスグラヒック』第１輯の表紙
（個人蔵）
第１輯は 1930 年１月に刊行された。1 部 20 銭。

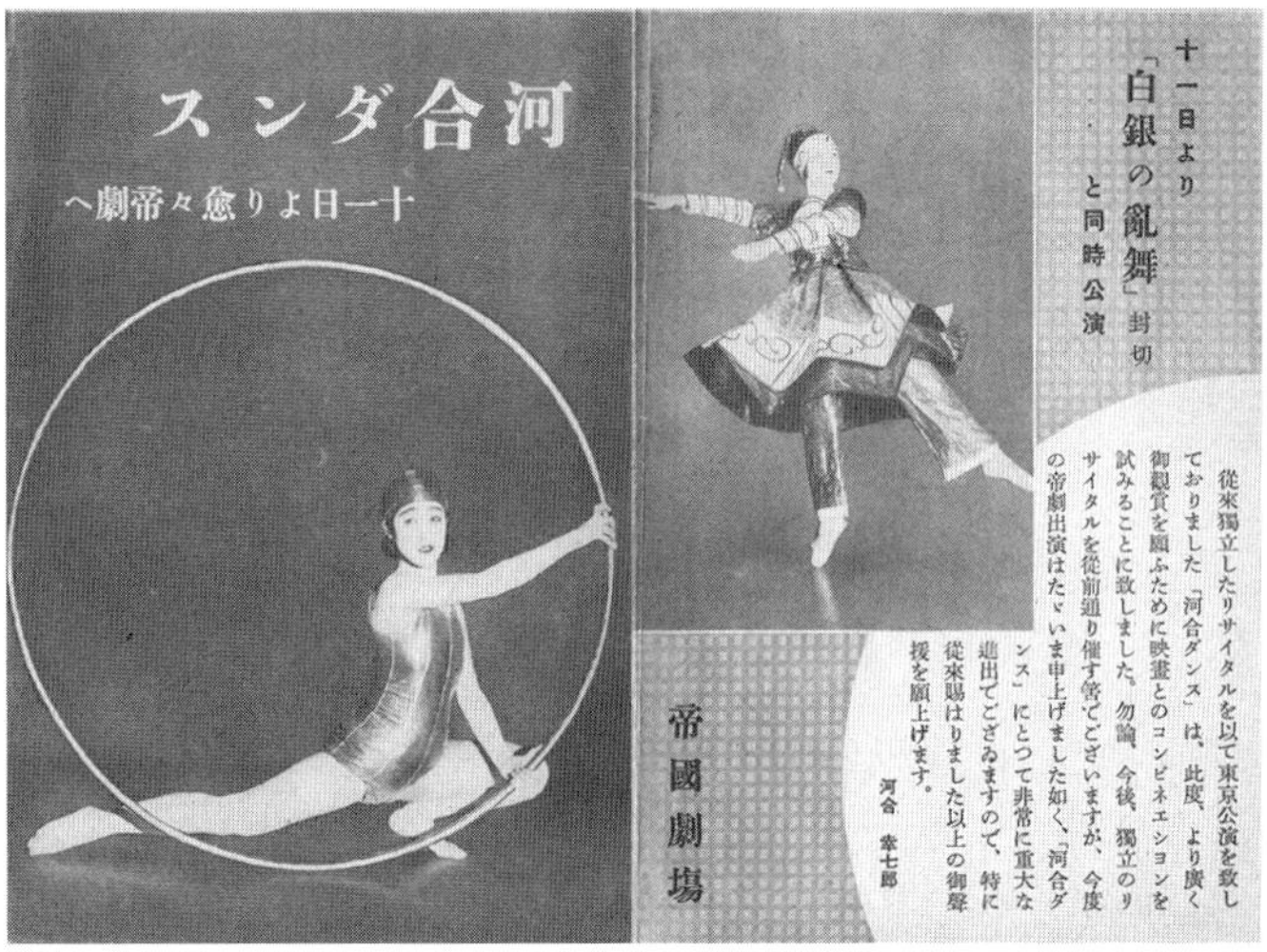

河合ダンス帝国劇場公演パンフレット
(個人蔵)
河合ダンスは大阪松竹座や東京の帝国劇場でしばしば公演を行ない、人気を博した。

阪口祐三郎、きみ夫妻と大和屋少女連

大阪の花街、南地の大和屋は少女たちを学校方式、いや軍隊方式で育成した。「大和屋芸妓養成所」は明治の終わりごろ、一九一〇年にはじまるとされる。合理的な育成法を導入したのは阪口祐三郎《さかぐちすけさぶろう》(一八八四〜一九六一)。妻の阪口きみ(一八八〇?〜一九三九)も、女性たちの教育には大きく寄与した。「軍隊方式」と形容されることもあるが、師匠について稽古をする伝統的なしかたを見なおしたのだった。文化功労者の武原はん(幸江)も、この養成所で舞踊を習った二期生である。

阪口のアイデアと実践で、大和屋は花街で抜きんでた存在になる。明治時代には名妓八千代がいた富田屋《とんだや》が格も高いとみなされていたのだが、いつしかそれが逆転。大和屋、富田屋の順にしたのは「阪口祐三郎の腕であった」と、作家の宇野浩二は評する(『大阪』小山書店、一九三六)。阪口はさらに新大和屋を興し、新事業を開拓していく。

大和屋の育成方法を知った阪急の小林一三は、宝塚少女歌劇の創設に際し、学校スタイルの教育システムのヒントにしたともいわれる(『大和屋歳時』柴田書店、一九九六)。反対に、宝塚少女歌劇と同じようなかたちで洋楽洋舞をとりいれた芸の披露を大和屋がはじめている。「大和屋少女連」がそれで、おそらくは養成所での育成が軌道に乗ったあとの、大正時代のなかば以降のことだろう。大阪の花街の芸妓の育成と洋楽洋舞の導入、宝塚少女歌劇の創設とその発展。このふたつは同時進行的な現象だった。小林一三と阪口祐三郎はたがいに影響を与え、意見を聞く間柄にある。ふたりを比較して論じるのは右にも紹介した宇野浩二だ。くわしくは『大阪』を参照されたい。ただし、事実関係についてはさらにくわしく確認する作業が残されている。

さて、大和屋の養成所では伝統的な芸だけではなく、洋楽やダンスの教授もしていたようだ。『大大阪画報』（大大阪画報社、一九二八）には、童話劇「星の世界」を演じる少女たちの写真が収められている。こういった出しものは、大きな劇場の舞台よりも、むしろ座敷や広間で披露されたものと考えられる。ただ、その詳細を伝える資料はすくない。

大阪の花街ではさまざまな改革がすすめられていた。河合ダンスがステージに打ってでたのも、そのひとつのあらわれだ。河合では、芸妓たちに客の社交ダンスの相手もさせている。伝統的な座敷遊びだけでなく、ステージ・ダンスと社交ダンスのふたつのたのしみがあることは、大正時代のなかばくらいには河合の大きな特徴となっていた。

大和屋では少女連をつくって洋舞を見せる余興をとりいれてはいた。しかし、阪口祐三郎は社交ダンスの導入について、消極的にみえた。松川二郎のことばを借りれば、「急進派」の河合とは対照的に、大和屋は「漸進派」だったことになる（『全国花街めぐり』誠文堂、一九二九）。それが、上海のホテルやダンスホールを視察したのち、阪口は方向を転じる。新聞が、阪口本人のコメントを伝えている。

> 南地でダンスをやらすのは決して上海カブレをしたのでもないし、外国風に上流婦人が公衆と混つて踊るのを奨励する訳でもない、そんなことをしてはきつと間違が出来る、しかし芸妓としては必要だ、ダンスなど、いつても大してむつかしいものではない、昭和のヤツチヨロマカセだ、客の需めに応じて一緒に踊れないやうだつたら芸妓の将来がない、それで大いに奨励するだけのものだ、一方日本固有の芸は捨てるどころか一層精進させ、今までのやうに八宗兼学的に浅くとも広くといふ方針をやめ狭くとも深く専門的に研究させて本当の芸道の達人を作出す積りだ
>
> 大阪毎日新聞、一九三〇年六月二七日

阪口は、伝統的な芸を基本とする考えを捨ててはいない。しかし、客の求めがあればダンスの相手もできてこその芸妓、だとの認識をもっていた。花街に生きる女性たちは、素養のひとつとして社交ダンスを身につけておくべきだ。そのような考えから、講師を呼んで集団レッスンを計画した。茶屋の施設としてダンスルームを併設してもいる。大和屋の動向は他の業者を大きく刺激した。大阪では新町や曽根崎、堀江にも社交ダンスを導入する動きがみられ、芸妓たちのレッスンが計画されている、あるいはレッスンが行なわれたとの記事が新聞に散見される。同じ時期には東京や京都の花街でも同様の動きがあり、地方にも飛び火して岡山などでも芸妓にダンスを習わせようとしている。

一九三〇年ごろ、花街は生きのこりをかけ、芸舞妓たちや見習いの少女たちに洋楽洋舞を身につけさせ「ダンス芸妓」を育成しようとつとめた。だが、各府県の警察は、これをよしとしない。当初こそ黙認されたが、やがて芸妓たちが集団レッスンを受講することさえ認めなくなる。

洋風の社交ダンスを踊るダンサーは、許可されたダンスホールでのみ客の相手をする。芸妓がダンサーと似たような営業をすることは認められない。――そういった方向で分離分断がすすんでいく。花街では、社交ダンスの提供を断念するか、座敷の奥に非公開のダンスルームを設け

て客の求めに応じるかしかなかった。
阪口祐三郎をはじめとする先進的な試みによって、洋楽洋舞と伝統的な歌舞音曲とが融合する可能性はあった。けれども、それが大きな実を結ぶことはなかった。

大和屋少女連童話劇「星の世界」
[『大大阪画報』1928（関西大学図書館蔵）]
公演の日時や場所は確認されていない。

茨木屋キャバレーナイトと吉田屋ダンス洋楽芸妓

大阪の花街のダンスは、南地の河合と大和屋が抜きんでて有名だったが、他の花街にもさまざまな取組みがみられた。なかでもユニークだったのが、新町の茨木屋だ。茨木屋は、芸妓にダンスを習わせるにとどまらず、キャバレー方式の営業を試みようとした。

新町廓では、静松という店の井筒あいが二階客間をぶちぬきにしてホールをつくり、芸舞妓たちに客のダンスの相手をさせたのだという。一九三〇年一月のことだ。五円のチケット一枚で入場でき、食事もついていたから評判をとった。たった一五日で営業禁止とされたが、これが他の店に波及する。この事情を伝えているのは加藤藤吉だ（『風俗雑誌』一九三〇年九月）。

その後、同じ新町で吉田屋が洋楽にあわせて踊る芸妓を養成しようと、茨木屋、播市と合同で教習場を設立。新聞広告で「ダンス洋楽芸妓」を募集する（大阪毎日新聞、一九三〇年二月二一日）。吉田屋は、近松門左衛門の「夕霧阿波鳴渡」、歌舞伎では「廓文章」の舞台として描かれたことで知られるのだが、その吉田屋がダンスをとりいれたのは一大事件だった。

いっしょに養成所を立ちあげた茨木屋も歴史は古い。徳川時代の茨木屋幸斎は紀伊国屋文左衛門と並び称される人物として名があった。その茨木屋は一九二八年ごろから「キャバレー宴」という企画を新町演舞場で催す。テーブルと椅子を入れ、芸妓たちの踊りを見るのだが、出しものとしては伝統的な舞踊があるいっぽう、ジャズをとりいれ客をたのしませようとした。ここから発展的に生まれたのが「茨木屋キャバレー」で、一九二九年二月のことだった（大阪朝日新聞、一九二九年二月一三日）。客と芸妓が社交ダンスを踊るわけではなかったが、舞台上の芸妓たちはセーラー・ズボンを身につけて男装し、やはり洋装した芸妓といっしょに「モガモボソング」を踊った。伴奏はジャズ。新聞記事に添えられた写真から、おそらく灘萬ジャズ・バンドが客演したものとみられる。そして、客はテーブル席で、関東煮（おでん）を食べながら酒を飲み、ステージを鑑賞した。

時期は特定できないが、おそらくこれらの試みを客として見たであろう阪急の小林一三が「痛快味」をおぼえた、と感想を残している。その後、「私の描く未来の大阪花街」という文章を発表した（『私の行き方』斗南書院、一九三五）。小林は、かねてより宝塚少女歌劇の舞台で和洋の融合に挑戦してきたが、この時期には花街の近代化について想を練っていた。大阪だけでなく、新橋や築地の改革を提案する「銀座繁昌策」という文章もある（『文藝春秋』一九三一年四月　『次に来るもの』斗南書院、一九三六）。

さらに翌一九三〇年にはさきに書いたとおり吉田屋、播市と合同で新町音楽舞踊学校を創設。その二年後には茨木屋として新舞踊の公演を実現する。場所は茨木屋の座敷。「イバラキヤン・ナイト」は、益田太郎冠者がつくったようで、「露西亜のお人形」の場面などの写真が残されている（『ダンス時代』一九三二年一二月）。

「イバラキヤン・ナイト」
［『ダンス時代』1932 年 12 月］
「露西亜のお人形」を披露するのは大西席照千代（右）と木村席小豊。

茨木屋キャバレーナイト「日本タンゴ」
［『ダンス時代』1933 年 1 月］
益田太郎冠者の作とされる。大西席の床喜代と小石が演じた。

洋楽の練習風景
[『風俗雑誌』1930 年 9 月]
「大阪キャバレー」のための新町舞踊音楽学校での稽古とみられるが、撮影日時、場所等は不明。金管楽器のほか、シロホンやドラムセットもみえる。袴をつけ女学生ふうのいでたちをしている。

大阪新町の吉田屋
[絵葉書（個人蔵）]
新町九軒町の吉田屋では 1930 年に芸妓にダンスを習わせている。その後、吉田屋レビュー団を編成し、京都の先斗町レビュー団とともに東京公演を企図した。

阪急小林一三の花街改革案

日本古来の伝統的な技芸を身につけた芸舞妓たち。もし、彼女たちがドレスに身を包み、ジャズにあわせて踊ったとしたら、どういう印象を受けるだろうか。

それは、いまから九〇年ほど前に、多くの花街でじっさいに見られた光景だった。現在の感覚からすると、一九三〇年代の尖端的な試み、あるいは洋風化が押しよせる都市で生きのこるために採用された苦肉の策と受けとめられよう。花街の関係者はそれほどに焦っていたのだろうし、芸舞妓たちは気の毒にもそういう風潮に振りまわされたのだ、と思う人があるかもしれない。

しかし、花街のあがきのように見える芸妓の洋装や洋舞は、近代的な経営者が思いえがく和洋融合のかたちでもあった。阪急の小林一三は、花街側から助言を求められるなかで、芸舞妓の職能を大きく変え、経営の仕組みを根本から変革するよう提案している。地元大阪だけでなく、東京でも同様の相談を受けた。大阪の花街改革の提案は、「私の描く未来の大阪花街」と題する文章として発表された（『私の行き方』斗南書院、一九三五）。これは、新町茨木屋によるキャバレー営業に向けた試行錯誤をふまえ、南地大和屋の阪口祐三郎との対話などのなかから結実したアイデアだと見られる。

東京に関しては、新橋の川村徳太郎から相談を受けた。銀座周辺の街づくりの方向性を見すえ、花街の大きな改革案を練りあげる。地元だけでなく、松竹との連携も模索し、また警視庁との意見交換まで行なった形跡が認められる。具体的な計画案は、「銀座繁昌策」という文章に読みとることができる（『文藝春秋』一九三二年四月、のち『次に来るもの』斗南書院、一九三六）。

詳細はそれらの文章にゆだねるが、小林一三のユニークな点は、花街にダンスホールをつくり、芸妓たちにダンサーとして客の相手をさせるという項目を重視している点だ。これは経営上の問題を解決する方策でもあるのだが、いっぽうで、芸妓たちの収入を安定させることで、不道徳な生活に陥らないようにしたいとの考えにもよる。

これらのアイデアはしかし、実現をみなかった。東京の銀座、新橋、築地については、外様の意見を丸呑みできない事情が左右した可能性もある。宝塚の東京進出でさえ抵抗は大きかったから、利害関係者すべての合意を得て計画をすすめることには困難があったにちがいない。

では、大阪で実現したかというとそうではない。もちろん、小林や阪急の力を借りることなく、花街の地元の努力ですすめたいという意思はあっただろう。いや、それ以上に大きな要因として考えられるのは、警察による風俗営業の統制だった。警察は芸妓の仕事、ダンサーの仕事、ステージに立つ俳優の仕事を区別し、兼業を認めなかった。ダンス芸妓を認めたのは、かぎられた時期やばあいによる。ダンスホールとカフェーなど飲食店の併設を許可せず、芸妓がダンサーの類似行為をすることを禁じた。芸妓の鑑札とダンサーの免許は厳格に区分され、ステージに出演する俳優などとも異なる業務と考えられた。

これは、一義的には風俗営業などの取締りにかかわることなのだが、結果として、伝統的な邦楽、日本舞踊と、外来の洋楽洋舞がまざりあうことを阻害する。もちろん、洋楽と邦楽とが融合しなかったわけではない。ただ、それは、外来の、とくに西洋の芸術をありがたがる「洋高邦低」の価値観のもとで進行した事態だった。能の舞台に三味線を入れたり、歌舞伎の上演に西洋楽器の演奏をくわえたりすることはできない。だが、日本の楽曲を、西洋の楽器で演奏できるようなかたちに変えていけば、人びとが西洋音楽に親しめるようにはできる。小林一三は、宝塚少女歌劇や宝塚国民劇での試行錯誤のなかから、手ごたえを感じとっていただろう。

けれども、戦争を遂行する国は、別のかたちで融合をおしとどめた。西洋由来のもののうち、英米から渡来した文化は排除する。ジャズやダンスが花街に定着することは、けっきょくはできなかった。

なお、宝塚におけるさまざまな取組みや、新舞踊、新日本音楽など邦楽邦舞側の試みについては、渡辺裕の『宝塚歌劇の変容と日本近代』（新書館、一九九九）、『日本文化モダン・ラプソディ』（春秋社、二〇〇二）を参照されたい。

小林一三『雅俗山荘漫筆 第三』1933（個人蔵）
小林一三じしんが非売品として刊行していた冊子。この「第三」には『経済往来』に発表した「外人誘致の具体案」も収められており、そこでもダンスホールの活用が提案されている。

宮川町　タチバナ・ダンス

宮川町は京都の花街の伝統のなかにあって、革新的な動きを示した。祇園甲部や先斗町にくらべると格下とされたことが、思いきった改革への原動力になったといってよい。

もともと、京都には十字屋楽器店の楼上でダンスをたのしんだ人たちがいた。その後の同好会の乱立のなかでスキャンダルも生じ、捜査の手が入る。警察のきびしい取締りにより、京都の踊り場や同好会は、ホテルのボールルームなどをのぞき閉鎖、解散に追いこまれる。それでも踊りたい人たちは、飲食店の二階や自宅に設けた小さなフロアでこっそりとダンスを踊っていた。

そういった受け皿のひとつが花街の茶屋、貸座敷だった。もともと客が芸舞妓と遊ぶための空間。畳敷きの座敷とはいえ、カップルの数がすくなければ踊れないことはない。また、客の求めに応じるかたちで板張りのフロアを設ける店もあったようだ。京都の芸舞妓たちは震災前からダンスに取りくみはじめている。

そういった店のひとつが宮川町の立花家（立花屋とも）だった。もっとも、誰がいつから洋風のダンスを踊りはじめたのか、はっきりとした資料は見いだせていない。おそらくは拠点だった十字屋がダンスから距離をとるようになって以降のことだと考えられる。また、これもはっきりしないのだが、立花家では、芸舞妓が踊って客に見せるダンスと、芸舞妓が客のパートナーになって踊るダンスとが混在するかたちだったようである。『京都府警察史　第三巻』（一九八〇）などの資料は、立花家に追随し、多くの飲食店が客にダンスを踊らせるようになったと伝える。

座敷の遊客にダンスを見せることから、ステージに立ち観客にダンスを披露するかたちにすすむ道のり。それは、すでに大阪の河合ダンスが歩んだ道すじだった。立花家では、関東大震災後の一九二四年一二月二日に京都市公会堂で公演するとの予告がある。ダンス芸妓の立花瑠璃子ら「十余名の第一座」が出演するとされた（京都日出新聞、一九二四年一二月二日）。ダンスの振付や指導をしたのは松浦旅人（一九〇一？〜一九二七）で、石井漠のもとで修業した人物だった。

昼間は松浦がステージ・ダンスのレッスン。そして夜になると、練習の成果を客に披露した。また、洋舞を見せるだけでなく、男性客のダンスの相手もした。別の資料などから、板を張ったフロアを用意していたように読める。踏客のなかには、谷崎潤一郎や辻潤の姿もあったという（京都日出新聞、一九二五年六月一〇日）。立花家は「宮川町のダンス屋」と呼ばれ、京都に遊ぶ人たちには知られる存在だった（神代種亮「三都食道楽覚書」『文藝春秋』一九二五年二月）。

立花家は繁昌したのだろう、ダンス芸妓の育成に力を入れる。そして、指導にあたった松浦は、日本舞踊を基礎にしつつ、松竹楽劇部や河合ダンスに負けないステージを見せたいと意気ごみ、「タチバナ、ダンスガール」たちを育てた（京都日出新聞、一九二五年六月一〇日）。ただ、こういったダンスを、花街ではなく市中の劇場で見せる試みは理解されず、警察が風俗壊乱を理由に上演禁止に処した。

ダンス芸妓のなかには洋装の者もいたし、伝統的な和装の者もあった。ダンスを所望されれば、見せるダンスであっても、パートナーをつとめるばあいであっても、ポータブルの蓄音機とともに座敷に出た。花代はじゅうらいどおり。またダンス以外の芸妓としての勤め、すなわち酌をしたり、酒の相手をしたりといった仕事もこなした。宮川町では、立花家以外の店でも、こういったサービスを提供するようになる。

だが、松浦旅人が若くして逝去。指導者を失った宮川町は、新たに楳《うめ》茂都《もと》陸平《りくへい》（一八九七～一九八五）を招聘する。

日本舞踊楳茂都流の家に生まれた陸平は、新しい時代を担う舞踊家だった。すでに宝塚少女歌劇で指導した実績をもち、歌劇やレヴューなどの舞台も手がけている。宝塚のあとは松竹楽劇部でも舞台づくりにかかわった。その後、楳茂都舞踊研究所を創設して独立。新たなジャンルとして「新舞踊」を興した。楳茂都は一九三一年に渡欧するのだが、それまでのあいだ花街の西洋化にも積極的にかかわった。宮川町は、松浦と楳茂都のふたりの指導のもと、京都花街のなかではまっさきに洋舞の導入に舵を切ったことになる。

そして、関東大震災のあとには、東京、横浜からダンス関係者も立花家を頼ってきたといわれる。震災まで東京や横浜には社交ダンスの愛好者がつどう同好会組織があり、また来日外国人や海外在住経験のある日本人が手ほどきをする教授所もふえつつあった。そういった踊り場が壊滅し、生きのびた被災者も京浜を離れた。関西に移住した人びとのなかには、谷崎潤一郎のような文学者もいたし、音楽やダンスの関係者もふくまれていた。

函館出身の加藤兵次郎は、ダンスの普及という生涯の目標を立て、東京で活動しようと計画していたが、やはり震災で頓挫。富裕層の多い関西をめざした。だが、日本人女性はなかなかダンスに親しまない。そこで、踊り場に職業ダンサーをおくかたちを考えた。動員されたのは花柳界の女性たち。彼女たちをタクシー・ダンサーとすれば、当座、不足する女性を補うことができる。こう考えた加藤は、花街の女性たちに社交ダンスを指南する。大阪の南地でも教えたが、京都では宮川町だったと伝えられる。

タチバナ・ダンスで社交ダンスを身につけた少女のなかには、のちに大阪や阪神間のダンスホールで活躍したダンサーもいる。そのひとりが、尼崎ダンスホールで長くダンサー勤めをした藤田敏子（和子）（一九一三～？）だった。花街からダンスホールへという経歴を歩んだ女性は彼女だけではない。花街は、草創期のダンサーの供給源として一定の割合を果たしていた。

タチバナ・ダンスはいっとき勢いを失う。しかし、大阪府、京都府でダンスホール営業がきびしく取り締まられたことを受け、花街でのダンスはふたたび注目される。また同じ京都では先斗町も洋風化に力を入れはじめた。宮川町の早すぎた試みも、一九三〇年になるとようやく世間に受けいれられる。もともとステージでの公演実績もあり、社交ダンスについては踏華倶楽部を運営した梅本伊三郎を招いて芸妓たちにレッスンをさせている。宮川町では社交ダンスの相手をする芸妓には洋装をさせた。当初は違和感をもつ人もいたようだが、洋装で断髪のダンス芸妓営業が認められた。

このころの宮川町のダンス芸妓のなかには、阪神間のダンスホールのダンサーから転じた女性もあるようだ。ダンサーからダンス芸妓へ。さきの藤田敏子とは逆の順番で経歴を積んだことになる。

ステージ・ダンスのほうでも大きなイベントがあった。先斗町が少女レヴュー団を組織し、派手に活動したことも刺激になっただろう。一九三二年には、宮川町歌舞練場で舞踊団のレヴュー形式の公演を行なった

（『技藝倶楽部』一九三二年八月）。この舞踊団は商店街のイベントなどの余興にもくわわっている（京都日日新聞、一九三三年四月一日）。

宮川町の洋舞は、このあと失速していった。戦時体制が強められると花街での遊興そのものが贅沢だとみなされる。宮川町のタチバナ・ダンスは、戦前期の京都花街の特色のひとつだったが、あまりふりかえられることなく忘れられつつある。

ダンス芸妓ヒトミ
[『技藝倶楽部』1930 年 9 月]
宮川町「大君」のダンス芸妓だった。髪型も着物の柄も斬新。ダンス・パレスの養成の出身ともされる。

ダンサーの藤田敏子（和子）
[『ダンス時代』1933 年 8 月]
藤田は宮川町のタチバナ・ダンスから大阪パウリスタへ、さらに尼崎ダンスホールに移籍し、そこで長くつとめた。これは尼崎時代の写真。断髪して話題になったころ。翌 1934 年、名を和子に改めた。

宮川町レヴュー「興国行進曲」
[『技藝倶楽部』1932 年 8 月]
宮川町のダンス芸妓が総出演した舞台。

宮川町舞踊会試演
[『技藝倶楽部』1932 年 8 月]
上から大君スミ子とノリ子の「鶴亀」、中央が立花屋カヅ子とエス子の「越後獅子」、下が大君ルビーの「セノオオリエンタル」。

先斗町少女レヴューと歌舞練場特殊ダンスホール

いまでは想像もつかないことだろうが、京都の先斗町では芸舞妓が洋楽洋舞を習得し、ステージでレヴューを披露したり、遊客の社交ダンスのパートナーをつとめたりした時期がある。もう百年ちかく昔のことになるのだが、伝統的な花街、それも京都でそういった動きがあったことは埋もれさせてはならない事実である。

京都の花街のうち、洋風化で先行したのは宮川町。舞踊家で、宝塚少女歌劇や松竹楽劇部にもかかわり、渡欧経験もある楳茂都陸平の力を借りて、芸舞妓にダンスを教えた。一九二六年ごろのことである。京都の宮川町だけではない。すでに大阪では南地の河合ダンスが名を上げていた。それらの動きに刺激を受けてか、先斗町も早くから洋楽洋舞に取りくんでいく。先斗町の取締をつとめる寺井徹郎は、改革に積極的だった。寺井は、遠州から京都に来た「変り者」で、「その進取の気質が積極的な諸施策を生み出した」と評される人だ。先斗町の「モダーン化に拍車をかけた」のだ、とも（田中緑紅『京の三名橋 中』京を語る会、一九六九）。先斗町では、すでに一九二七年、歌舞練場を地上四階地下一階の近代的な鉄筋コンクリート造の建物にあらためていた。

帝国劇場で舞台に立った石井行康（一八九〇〜？）は関東大震災後に活動拠点を京都に移し、石井舞踊研究所を開く。いまもある石井アカデミー・ド・バレエの前身にあたる。先斗町は、この石井行康に指導を依頼した。日本舞踊と西洋のダンスを調和させる能力を買ってのことだ（京都日出新聞、一九二九年六月二三日）。少女連約五〇名がレッスンを受けた。

「ぽんとちょう少女舞踊団」による第一回公演は、一九二九年秋。日本舞踊と洋舞の二部編成のステージのフィナーレは「ジヤズかつぽれ」という出しものだったという（京都日日新聞、一九二九年一〇月五日）。

翌一九三〇年春には先斗町少女レヴユー団として歌舞練場で「吾が京都」全八場を上演。期間は四月一日からで、祇園甲部の「都をどり」と重なる日程であり、五月からの先斗町恒例の「鴨川をどり」にさきがけてのものだった。「吾が京都」というタイトルは、宝塚少女歌劇の「吾が巴里（モン・パリ）」を意識したものだろう。

和洋混淆、さらには中国大陸の音楽までをとりこんだステージ。ジャズは少女たちが演奏した。もちろん、こういった極端な試みの評価は割れた。守旧派は、伝統的な美意識にあわない洋楽洋舞を無理にねじこむことに強い拒否反応を示した。

だが、改革を推進する側はひるまない。一九三二年の鴨川をどりの感想を述べあう座談会が京都日日新聞によって開かれる。席上、舞台監督をつとめた日疋重亮はパリのレヴユーのほうが都をどりや鴨川をどりの形式をとりいれたのであって、「いはゞ本家はこちらにある」との見解さえ示している（京都日日新聞、一九三三年五月一二日）。

先斗町では、ステージ・ダンスと並行して社交ダンスのレッスンにもかかりはじめる。一九三〇年には大阪、東京でも花街が社交ダンスを導入する明確な動きがあったのだが、京都でも同様だった。指導はステージ・ダンスと同じく石井行康。寺井取締は、ダンスホールが許可される可能性も視野に入れつつ、まずは「座興を助けるため」、「新時代の芸妓として適はしい素養を作るため」に芸妓たちに社交ダンスの稽古をさせているのだという（京都日出新聞、一九三〇年六月二八日）。

ステージ・ダンスについては教習生の募集も行ない、一九三三年からはマンドリンを演奏するバンドも編成、鴨川をどりの舞台に活用しようとの考えだった（京都日日新聞、一九三三年一月九日）。

先斗町少女レヴユー団は新京極の松竹座をはじめ劇場や博覧会に出演したほか、京都専門大店の陳列会などの余興でも引っぱりだこ。「京名物の一つとして認められるやうに」なる（京都日日新聞、一九三三年二月二〇日　一〇月三日）。レヴユーの舞台に立った少女たちのなかには芸妓の道にすすむ者もあったし、ダンサーに転じることもあったようだ。

東京では日本橋芸妓のレヴユーが知られた。ジャズ・バンドも編成し、公演にあわせてレコードも発売するなどしていたようだ。大阪の吉田屋レヴユー団と先斗町少女レヴユー団とが東京に出むいて、日本橋のレヴユー団と合同公演を催そうとの企画もあった（大阪朝日新聞、一九三〇年八月三一日）。この合同公演がじっさいに行なわれたのかは不明だが、先斗町少女レヴユー団は東京日比谷公会堂での公演を実現させている（京都日日新聞、一九三〇年一〇月二二日　読売新聞、一〇月二二日）。

その後、先斗町レヴユーはさらなる「躍進」を狙って「本格的の歌劇団」への改組をめざす。廓内の少女にくわえ、一般からの募集によってメンバーを補強、養成する計画を立てていた（京都日日新聞、一九三五年二月一八日）。

いっぽうの社交ダンス。歌舞練場の三階にホールが新装され、社交ダンスの練習をしていた芸舞妓たち五〇名が「第一回上げざらへ会」に参加したのが一九三三年一月二〇日。このときは会員券を発売するかたちで、男性会員は「百余名」。ダンスの伴奏をつとめたのは、少女レヴユーの面々で、ワルツ、フォックス・トロットなどをたのしんだという（京都日日新聞、一九三三年一月二一日）。

四月に京都府がダンス取締規則を制定したのを受け、先斗町では二〇日、芸妓をパートナーとするダンスホールの設置許可を願いでている（京都日日新聞、一九三三年四月二〇日）。九月二〇日には許可され、二一日に開場。一〇月一日から正式開業となる。当初は月一回のオープンだったが、やがて毎日の営業となったようだ。郊外の大型ホールもまだ建設途上で、先斗町の鴨涯《おうがい》ダンスホールこそが京都府によって許可され最初に営業を開始したホールだった（京都日日新聞、九月二一日　一〇月九日）。天井にはミラーボールが輝き、芸舞妓がマンドリンでジャズを奏でた。

既存の建物の改装でホールを開業できた先斗町は、祇園甲部に先んじることができた。祇園甲部でもダンスホール開設の計画があったのだが、調整に時間がかかり後れをとったかたちだ。その後つくられた弥栄会館には、ダンスホールを準備する計画もあったが、実現しなかった。けっきょく、戦前期の京都で許可を得てダンスホールを営業できた花街は先斗町だけだ。先斗町の特殊ホールについては、一九三九年までは営業していたことが確認できた。ただ、その後のようすはわからない。

先斗町の少女レヴユーは一九三八年くらいまで活動していたことがわかる。出しものは「愛国行進曲」や「日本陸軍」といった題のものになり、軍国調音楽にあわせたダンスを見せていたらしい。その後も洋舞の披露はしていたが、それも一九四〇年くらいまでのようである。

敗戦からわずか一か月あまり。先斗町歌舞練場内に「キャバレー鴨川」が開かれ、「女子舞踏従業員」が募集されている（京都新聞、一九四五年九月二三日）。

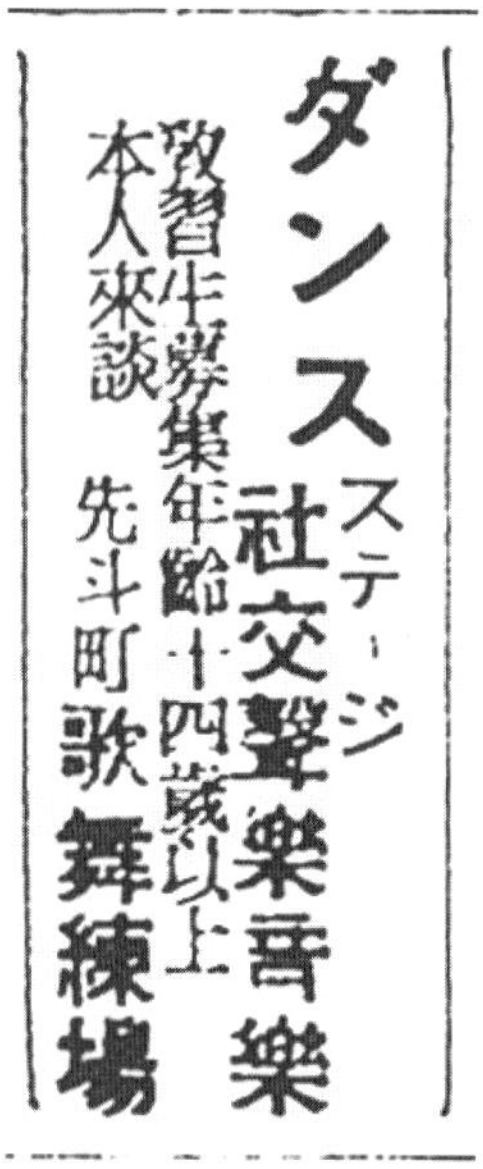

先斗町歌舞練場広告
[京都日日新聞 1932 年 12 月 20 日]
14 歳以上の少女を募集し、ステージ・ダンスや声楽を教習した。「社交」の文字もあり、ダンス芸妓として養成されたものとみられる。

先斗町の若い芸妓連のダンス稽古
[京都日日新聞 1930 年 6 月 28 日]
先斗町歌舞練場の舞台で練習している。

同じく先斗町での稽古
[京都日出新聞 1930 年 6 月 28 日]

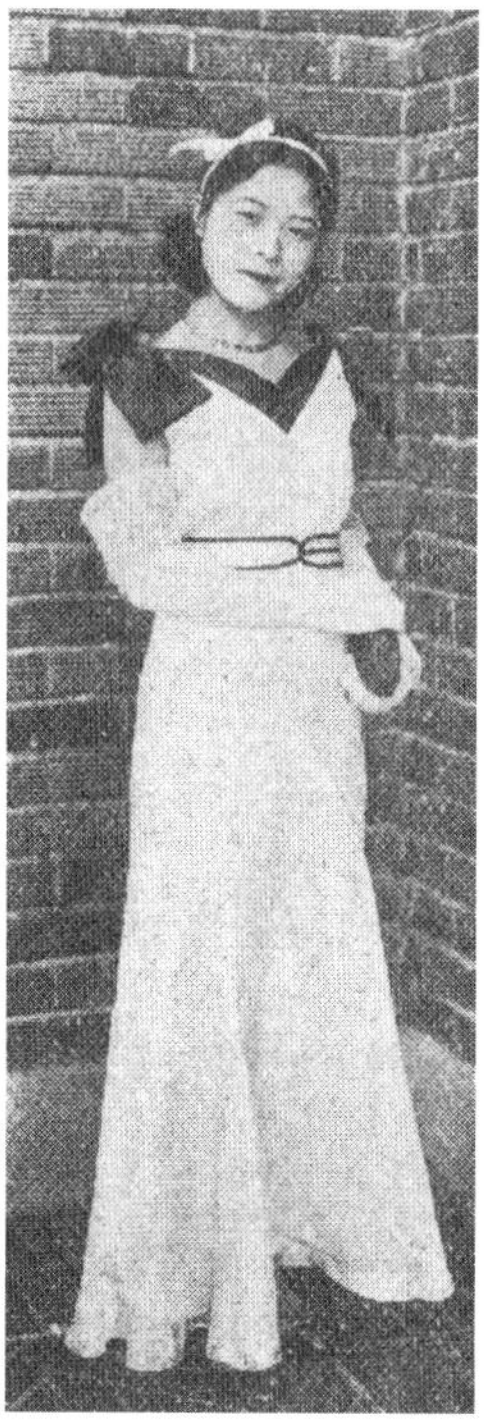

先斗町のダンス芸妓
[『技藝倶楽部』1934 年 1 月]
富貴谷の常子。少女レヴュー団を「卒業」し芸妓の鑑札を受けてデビュー、先斗町歌舞練場に開設された特殊ダンスホールで利用客のパートナーをつとめたとみられる。

SダンスとPダンス

廓には、主として芸舞妓をおく土地と、娼妓が多い土地、また芸娼妓が混在する土地とがある。芸舞妓は文字どおり客に芸を見せる仕事をする。いっぽう娼妓は、買う男の相手となって身体を売る。芸妓が客と夜をともにすることがなかったわけではないが、芸妓と娼妓とのあいだには明確な区別があった。警察から下附される鑑札も別種のものである。

芸妓には、「唄い女」や「拍子」などの別称があった。英語では、geisha と音のままローマ字表記されることもあったが、singer を訳語に充てることもあった。これは唄い女の意をとったものだろう。いっぽう娼妓は prostitute と訳されていた。ここから、売春宿、娼館を「P屋」と呼ぶこともあった。だが、「ピー」という呼びかたは中国語由来とする説もあって詳細はわからない。芸妓と娼妓の略称として、それぞれ英語の頭文字のSとPがもちいられた。一般の用法というよりは、業界や警察での隠語のようなものだと考えたほうがよい。

そのSとPの区別をダンスのパートナーにあてはめた用例が、京都にあった。京都では、芸妓と踊るダンスをSダンス、娼妓と踊るものをPダンスと呼び、区別した。京都府警察部の資料だけでなく、地元の京都日出新聞や京都日日新聞の記事でもつかわれていたので、京都では一般の人も知る機会があったことばだ。

さきにみたとおり、廓にはそのなりたちによって、芸妓中心、娼妓中心、芸娼妓混在という三種類があった。昭和初期の京都では、たとえば祇園甲部は芸妓中心、宮川町は芸娼妓混在、島原は娼妓中心といったぐあいだ。これらさまざまな廓が、いずれも西洋音楽や西洋舞踏をサービスにとりこんでいく。そして、女性が社交ダンスのパートナーをつとめるばあい、芸妓ならSダンス、娼妓ならPダンスと呼ばれた。

関東大震災後に京都でのダンスの受け皿となった宮川町は、社交ダンスの普及でも先行した。浮き沈みはあったが、一九三二年の段階では「七十名に近いダンス芸妓がポータブルをかゝへて活躍して」いたという（京都日日新聞、一九三二年一一月一四日）。蓄音機やレコードをもって、座敷に出むいていたことになる。

明けて一九三三年。新年の新聞には「ダンス狂時代／芸妓も踊る」との見出しのもと、次のように書かれている。

> 約廿分前まではこの座敷に冴ゑた三味の音色が屋外に響き雪起しでもあらう寒空にとけて流れてゐた、それが忽ち和室のダンス・ホールと早替りだ、京の祇園、先斗町、上七軒も宮川町にもこの情景が毎夜展開される、そして「これからの芸者はみんなダンスを心得てゐなけりやいけない…」
>
> 京都日日新聞、一九三三年一月四日

古い廓は、西洋風の舞踏を組みこむことによって客をふやすことに成功する（京都日日新聞、一九三三年一月二九日）。

一九三三年にダンス取締規則を制定するにあたって、京都府警察部はダンスホールのダンサーとは別に、花街に設けられた特殊ダンスホールにおいて芸妓がダンスのパートナーをつとめることを容認した。許可されたのは先斗町歌舞練場内に開かれた鴨涯ダンスホールだった。先斗町で芸妓を呼んだ遊客であれば、その芸妓をともなって入場しダンスを踊ることもできたし、ホールに雇用されたダンス芸妓をパートナーにすることもできた。こういったケースがSダンスということになる。

いっぽう、娼妓をおく店でも、抱え妓にダンスをおぼえさせ、客の相手をさせる。七条新地の「ミス大平」（ミス太平とも）や、中書島の「末高楼」などの妓楼では、多くの客がダンスをたのしんだ。なかにはカップルで出かけていき、妓楼のホールをレッスン場所につかうようなケースもあって、風紀の乱れが心配された。そこで京都府警察部では、芸妓とのSダンスは許可されたホールで認め、娼妓と踊るPダンスや、妓楼でダンスを踊ることを厳禁する方針をとる。ダンス・フロアを新設などした妓楼では、投資が無に帰した。一九三三年を境に、京都ではPダンスが衰退し、Sダンスのみが残る。

京都府以外の府県では、しかし、芸妓がダンサーまがいのサービスをすることを許容しなかった。京都府だけが、外国人観光客への配慮や花街の保護といった理由をつけて、Sダンスを許したのである。もっとも、芸妓が客としてダンスホールに行くことまでは禁じていない。ダンスホールでたのしむ芸舞妓はいたし、座敷で遊んだ客に同伴してダンスホールに行くこともあった。

生駒花街、花隈花街とダンスホール

大阪府と奈良県との境、奈良県側に位置するのが生駒の歓楽街だ。もともとは生駒聖天の門前に栄えた場所で、廓もあった。

都市部からは離れた古い花街に洋風のダンスホールが開かれたのは、大阪府での営業禁止が生みだした結果である。事情は、兵庫県側の小田村、尼崎市と同じ。だが、この時点で奈良県にはダンスホールを直接取り締まる規則がなく、その間隙をついての動きだった。

資金をもつ地元の有力者が、関西第一生駒（社交）ダンスホールの開業をくわだてる。いっぽう、料理屋の一軒が独自にホールを開こうとする。規模の大きなホールと小さなホールとが同時並行で準備をすすめた。

関西第一生駒のほうは西洋風の建物で、開業は一九三〇年四月一日（大阪毎日新聞、一九三〇年三月二九日）。高地にあるから涼しく、夏は客が集まるものの、もともとは花街だから、当初は「女を漁る下級な大阪人がヒヨロ〳〵出掛けて、バンドを見て不思議な顔をしてゐた」と回顧されている。また、支配人は「もとはサーベルを提げてゐた、イカメシイ役人だつた」との情報もあり、阪神間キング・ホール同様、退職した警察関係者がかかわっていた可能性がある（『桂ダンスホールニュース』一九三六年一〇月）。花街の芸妓たちが客として利用することも目だつホールだった。

小さいほうのホールについては、その後の状況は不明。閉鎖された可能性が高い。そのため、生駒ダンスホールといえば、関西第一生駒をさすのが通例となる。

音楽に関していうと、ドラムの山口豊三郎がいっとき、この生駒にいたようだ。山口はキングを経て、東京人形町のユニオンに移っていく。他方、この生駒を拠点に活動をつづけたのがピアノの成田七五三夫（圭造）で、演奏のほかにヴォーカルもつとめ、作曲や編曲もこなした。一九三四年ごろには、服部良一のバンドにいたアン・トニーもサックスで参加している（『ダンス時代』一九三四年一〇月）。成田は、のちにハワイアンのバンドも編成した。

一九三八年になるとダンサーの服装を規制し、さらに男性教師も詰襟の服を着用することとした。四月からは「ダンスホール」の名称を控え、「生駒会館」に変更している（『ザ・モダンダンス』一九三八年四月）。閉鎖についての情報は不明だ。

兵庫県は、国際港をかかえる事情から外国人接遇のためにダンスホールを許容していたが、日本人が営業ダンスホールで踊りはじめたことを受け、舞踏場及舞踏手取締規則を制定する。県下のダンスホールは、この法令のもとで許可されたものであり、それ以外にホテルで開催される臨時のパーティなどがあった。また、神戸クラブや敏馬《みるめ》ボートハウス、塩屋カントリークラブなどで在日外国人が踊ることも黙許された。

国際都市神戸にも古い花街があった。そのひとつ花隈では、茶屋や料理屋などの施設内にダンスのための部屋を設けるケースがみられたようだ。たとえば料理屋の治作がつくったダンスルームについては絵葉書が残されている。だが、実態はあまりわからない。

その後、一九二八年に兵庫県は取締規則を制定。すぐに花街の花隈から出願があって翌年には許可されたが、資金調達や工事の遅れなどから開業は遅れた。オープンは一九三一年一一月一一日だった（『ダンセ・ハナクマ』一九三四年一一月）。花隈は、大黒正宗の蔵元安福又四郎が資金提供していたようである。一九三三年の段階では上筒井のカフェ「サロン春」と経営上は同系列にあったようだ（京都日日新聞、一九三三年五月一八日）。

また、一九三四年九月からは『ダンセ・ハナクマ』というタイトルの月刊誌を刊行した。これも、このホールの大きな特徴だ。ダンスホールが独自メディアとして新聞タイプの月刊誌を刊行することや、ダンス雑誌が特定の教師団体、舞踏所組合と提携関係にあることはみられた。だが、ひとつのホールが一雑誌を刊行したのは破格のことで、これは出資者に潤沢な資金があったからこそである。

このホールで演奏したミュージシャンには、平茂夫、飯山茂雄、杉原泰蔵、松本伸、芝辻賢三、大森盛太郎、安井清士、胡桃正義らがいる。また、一九三四年には一〇名編成ながらジャズ、タンゴ、ハワイアンの三部制をとり多様な音楽を客に提供した（『ダンス時代』一九三四年九月）。一九三六年、花隈は、尼崎の経営にかかわる中屋敷岩夫によって姉妹ホールとされる。バンドも、尼崎にいた芝辻賢三を呼ぶなどして両ホールの連携が強められた。ダンサーの募集も共同で実施している。尼崎は前の安原竦之助時代に西宮ダンスホールと連携していたので、三ホールが中屋敷のもとで経営される。バンドは尼崎、西宮、花隈を巡回することもあった。ただ、この中屋敷はダンス業界を離れ、実業界に転じた。

一九三八年夏にいったん休業との報があるものの、その後も営業していたようだ。他のホールより遅い一九四〇年の一一月まで営業し、その後、中華料理店に転じた（*The Japan Chronicle* Dec. 5, 1940）。この時期まで営業できたホールは数すくない。

生駒ダンスホール
[『夜の生駒　第二集』夜の世界社 1935]
ジャケットを脱ぎワイシャツ姿で踊る男性や、夏物の着物か浴衣で踊っているとみられる男性もいる。

生駒ダンスホール「社交ダンス研究会」の広告
[『夜の生駒　第二集』夜の世界社 1935]
男性利用客のみならず、ダンサー志望の女性にも教授した。1か月の会費は15円。

花隈ダンスホール
[『ダンス時代』1936年7月]
左端のペアの女性は地元の芸妓とみられる。

第四章

ダンスホールと近代建築

たのしみの空間づくり

左上　蕨 シャンクレール内部［伊藤正文『ダンスホール建築』東学社 1935］

右上　赤坂溜池 フロリダ 内部［『社交ダンス講座 第１巻』春陽堂 1933］

左下　大連常磐町 大連会館 外観（梅原陽子蔵）

右下　淀 京阪ダンスホール 内部［伊藤正文『ダンスホール建築』東学社 1935］

京都の愛好者
「十字屋楽器店」と田中ゆき、建築家・本野精吾

京都での社交ダンスの普及に尽力したひとりは、いまも営業する楽器店十字屋の女将、田中ゆき（一八八一～一九五六）。もうひとりは京都高等工芸学校（現・京都工芸繊維大学）の教授で建築家として名のある本野精吾（一八八二～一九四四）だ。

京都の十字屋は、東京銀座の十字屋が京都で開催された第四回内国勧業博覧会に出展したあと、そのまま拠点を残すかたちではじまった店だ。当初の経営者は田中伝七だったが、その没後、妻のゆきが子育てをしながら暖簾を守った。大正時代には大正琴の流行があり、楽器や譜面を売って経営を安定させるいっぽうで、西洋音楽の紹介や、愛好者の活動を支援。京都における交響楽の演奏会の開催の陰には、十字屋の女将の働きがあった。ゆきのもとで京都十字屋は発展を遂げ、新店舗を建築する。その際にかかわったのが、本野精吾だとみられる。

本野は建築を学ぶためにドイツに留学。その際にダンスのたのしみをおぼえたようだ。帰国後は教壇に立ちながら、ダンスの愛好者たちとレッスンをつづけパーティを開いた。

一九二一年六月、大阪ホテルで開催された舞踏会。北尾禹三郎や踏華倶楽部、ピアノ同好会などの人びとが参加した催しだ。この日の参加者たちはダンスに魅せられ、それぞれが新たな活動に歩をすすめる。

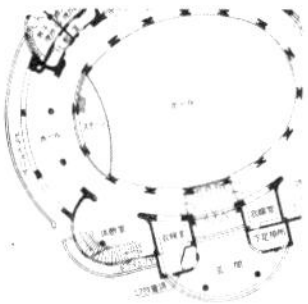

田中ゆきと本野精吾は、この夜の感激を忘れなかった。京都にも社交ダンスをたのしめる場所をつくろうと考える。十字屋の新店舗の三階には音楽のレッスンなどができるホールが設けられていたから、そこを会場にすればよい。だが、ダンスの研究会について運営のノウハウがない。田中ゆきは、京都府職員で、クラシック音楽の活動にかかわっていた岡本正一をともなって、花月園ボールルームの視察に出かける。岡本の父中井弘（桜洲）は、鹿鳴館を命名した人物でもある。

ふたりは理想的な踊り場のようすを見聞して、それを京都に移植しようとした。残念ながら、田中ゆきが河野静と会ったかどうかはわからない。ただ、花月園が京都の社交ダンスのモデルのひとつであったことは重要な事実だ。

十字屋では、ロシア人舞踏家をはじめ外国人を教師に招き、レッスンを行なった。レッスン料は高額だったので、京都でもかなり裕福な階層の人たちだけが習ったようである。そのなかには、大谷光演（句仏）の娘素子らの姿もあった。腕試しということだろう、翌一九二二年の初夏にはカリフォルニア大学グリー・クラブの来演を得て、京都ホテルで舞踏会も開催している。だが、華やかな話題はここまで。その後はダンス排撃派の攻撃にさらされることになる。

十字屋は、一九二七年のダンスの弾圧にまきこまれ、拠点としての機能を果たせなくなる。田中ゆきも店をあずかる女将として、スキャンダルの種をかかえこむようなことはしたくなかっただろう。社交ダンスと縁を切り、クラシックを中心とした洋楽の普及やレコード販売の方面に注力するようになる。十字屋の関与は短かったとはいえ、しかし、京都に社交ダンスを根づかせたことはまちがいない。

京都には社交ダンスの教授所が数多く開かれ、ダンスルームを併設する飲食店もみられた。また京都ホテル、都ホテル、それにステーション・

ホテルでは定例のダンス・パーティがあり、クリスマスや新年の舞踏会が華やかに開催された。十字屋の女将田中ゆきが蒔いた種が、芽ぶき、花を咲かせたのである。一九三〇年代後半に京都でダンス・ブームが起ったのは、十字屋が先鞭をつけていたからこそだといえる。

本野は、営業ダンスホールとはかかわらず、また誰でも受けいれるような愛好者の集まりからも距離をおいた。いっぽうで自邸にダンス・フロアを設けるなどして、家族や友人との踊りをたのしむようになる。もっとも、一九三〇年代になると、商業的ホールを許容するような意見を発表しているし、京都の花街の茶屋のためにダンスルームの設計をしたかに読める資料も残されている。商業的ダンスホールに深く関与することはなかったが、京都でダンス文化をひろげるために一定の役割は果たしていたとみてよい。

田中ゆき肖像
[大阪朝日新聞 1922 年 8 月 10 日]
十字屋楽器店の女将として洋楽や社交ダンスの普及に尽力していた。

京都十字屋楽器店でのダンス会
[京都日日新聞 1929 年 2 月 6 日]
第 1 回の練習の回顧記事。前列左端が田中ゆき、後列中央が本野精吾。このあと毎週土曜、4 か月にわたってレッスンが行なわれた。月の会費 25 円で、総額 100 円にもなったという。

都ホテル舞踏場
［絵葉書（個人蔵）］
都ホテルでの舞踏会は、在日外国人をはじめ多くの参加者を集めた。

池田谷久吉建築設計事務所と大阪の繁華街

大阪府令の改正と改築工事

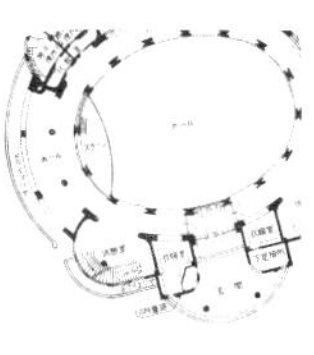

建築家として、また郷土史家として知られる池田谷《いけだや》久吉《きゅうきち》（一八九七〜一九五六）は、かつて大阪府警察部建築課で技手をつとめていた。おもな仕事は、大正時代につくられた都市計画法や市街地建築物法にもとづいて行なわれる建築物の確認申請の審査、建築監督だった。古い社寺については新たに図面を描きおこす必要もあり、そういった業務もこなした。その後、府を退職して個人事務所を開き、民間の商業建築物、官公庁、学校企業のオフィスや工場、住宅などの設計にたずさわる。

ダンスホール建築にかかわったのも、この個人事務所時代のことだ。大阪府は、一九二七年のダンスホールの取締り強化にあたって、狭小な店舗での営業や、飲食店や宿泊業など他業種との兼業を認めない方針をとる。ダンスホールに課された構造要件はきびしく、また改築の猶予期間も短いものだった。だからこそ、多くのホールが廃業を余儀なくされたのである。

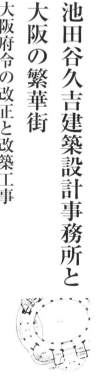

けれども、千日前ユニオンの小堀勝蔵と戎橋パウリスタの米山市太郎のふたりは、規則にそったかたちで改築し、ダンスホール営業の許可を得ようと考えた。そこで、警察部建築課に勤務した経験をもつ池田谷久吉に、設計を依頼したようだ。

この時期のことは、池田谷じしんが回想している。池田谷は、パウリスタとユニオンがともに「大阪最初の公許社交ダンスホール」だったとの認識を示している（『上方』一九三一年八月）。建築家の池田谷が設計した以上、規則が定める条件を満たしている、と考えていたはずだ。けれども、結果的に両ホールの営業は認められなかった。ユニオンは飲食店に転業、パウリスタは長い法廷闘争へとすすみ実質的に廃業となる。経営者からの依頼を請けた池田谷も、大阪府の対応は理不尽だと感じただろう。

池田谷久吉がかかわった仕事については、右のダンスホール改修工事をふくめ、その書類や図面が、家族のもとに残された。現在は、泉佐野市教育委員会によって保管されている。当時の大阪につくられた数多くの商業建築のようすを伝える貴重な資料群だ。詳細については、池田谷胤昭編『建築家・郷土史家 池田谷久吉の生涯』（二〇一九）という冊子にまとめられた。

パウリスタやユニオンなど、大阪の黎明期に営業したダンスホールについては、外観写真とイラストがわずかに残されているだけで、建物の具体的な姿を教えてくれる資料はほとんど見つかっていない。そのようななかで、池田谷が残した図面と、許可を得るためになんども修正された書類は、当時のホールの実像と、取締りの様相を詳細に物語る。

池田谷は依頼主のホール側に同情的だった。だからこそ、短期間になんども図面や書類を手なおしして、営業がつづけられるよう助力したのだろう。最後はいずれのホールも営業を断念するが、ユニオンの小堀は、大阪市内の他の店舗や広告塔などの設計を池田谷の事務所に依頼している。信頼していたのだろう。なお、のちにキャバレーのマルタマが大陸の天津に進出をはかった際、既存の建物の一部をダンスホールに改修するよう池田谷の事務所に依頼したらしい記録も残されている。

大阪都心の商業建築の多くは空襲によって失われた。戦前期に池田谷の事務所がかかわった繁華街の建物も現存するものはほとんどないと思われる。

池田谷久吉
［池田谷胤昭編『建築家・郷土史家 池田谷久吉の生涯』2019］
撮影時期は「昭和 20 年代初期」とされている。

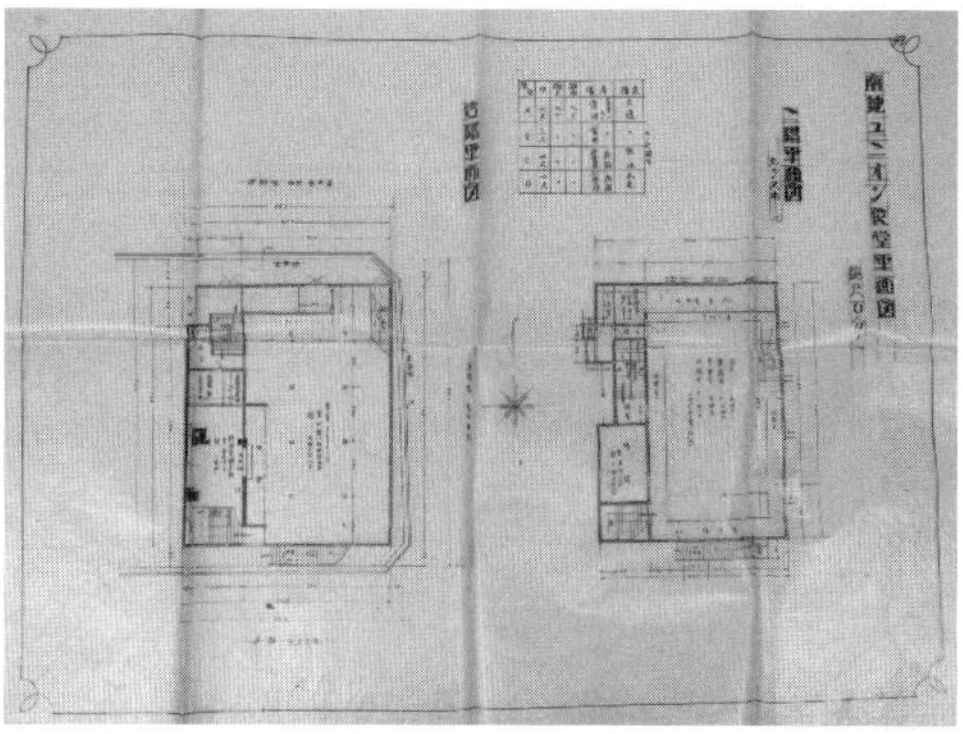

南地ユニオン食堂平面図
（歴史館いずみさの蔵）
池田谷建築事務所によるダンスホールへの改修計画。図面右側が２階部分。その中央に「三十坪四二」の舞踏場が設定されている。

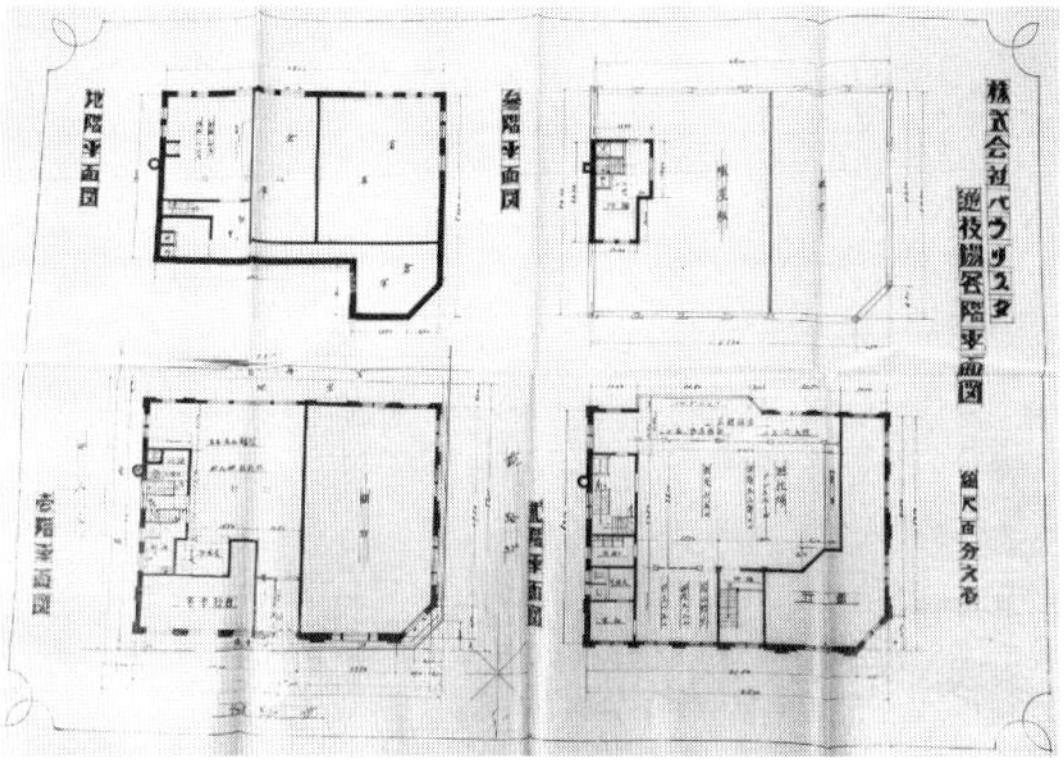

株式会社パウリスタ遊技場各階平面図
（歴史館いずみさの蔵）
池田谷建築事務所による戎橋パウリスタの改修計画。図面右下が２階部分で、「三十二坪〇〇」のダンスホールが設定されている。

建築家とダンスホール

本野精吾・古塚正治・貞永直義・佐藤武夫・池田谷久吉・吉田貞一

戦前期のダンスホールでは、斬新なデザインだけでなく、最新の音響設備や照明器具、換気装置などを基礎にした踊りやすい空間づくりが求められた。そういった空間をつくりあげることができるのは、欧米の踊り場をじっさいに見聞した人びとであり、そのなかには建築家もふくまれている。

関西のダンスホールづくりに貢献した建築家について紹介しておこう。

まず京都でのダンスの普及に力を尽くしたのが本野精吾だった。洋行帰りの本野がダンス好きだったことは知られているし、自邸にダンスを踊る空間を用意していたこともたびたび言及される。しかし、その本野が京都のダンス流行をつくりだした人だった点には、あまり注意がおよんでいない。三条寺町にあった楽器店十字屋の女将田中ゆきは、一九二一年六月二五日の夜、大阪ホテルで開かれた舞踏会のようすを見て感激する。この舞踏会には、同じ京都から本野も参加していた。京都にも同様の活動をひろげたいと考えた田中ゆきは、京都府の職員だった岡本正一といっしょに花月園や神戸オリエンタル・ホテルを視察する。この視察後、十字屋の新店舗三階に設けたホールを、愛好者がつどう場として提供する。一説には、このホールの設計に本野精吾がかかわったともいわれる。

本野は十字屋楼上のダンスのレッスンに参加し、ホテルで催される舞踏会にも参加して達者ぶりを披露した。しかし、十字屋の他の利用者が起こしたスキャンダルをきらい、活動から距離をおくようになる。田中ゆきも、志なかばで場所の提供を断念した。

だが、その後も本野精吾の名は京都のダンス界では知られていた。個人の住宅内や、花街の座敷奥にひそかに設けられた踊り場をつくる際には、助言をしていたものとみられる。のちに京都で商業的なダンスホールが増加したとき、時期尚早との意見を表明したこともあるが、じょじょに容認へと傾く。ただ、商業的ダンスホールに直接関与することはなかった。

阪神間ではその壮麗さが人目を惹いた阪神会館ダンス・パレス。このホールの設計は貞永直義。貞永は、踊り場の空間を構成しつつ、ばあいによっては映画館に転用できるかたちを想定して図面を引いた。ダンスのフロアにも映画の客席にもなるように、無柱の空間を確保する。独特の夜間照明は、国道を走る自動車や路面電車を利用する多くの人びとの目にとまった。

さらに大きなダンス空間を設計したのが古塚正治。古塚の事務所は、宝塚ホテルにつづいて、その連携施設として位置づけられる宝塚会館の図面を引く仕事を担当した。敷地は当初計画よりひろくなり、利用者の踊りやすさに配慮して、角のあるフロアではなく円形のフロアが採用された。ドイツのクロール・ガルテンを参考に、豪華なドームのかたちが与えられた。古塚は、京都でも桂ダンスホールを担当する。

東京のフロリダを設計した佐藤武夫は、京都の東山会館をも手がける。のちには蕨のシャンクレールにもかかわるので、日本のダンスホール建築の主要な物件には佐藤の経験が注入されたことになる。東山会館は外見こそ地味で、やや古めかしいとの印象を与えたようだが、内部のつくりは利用者を満足させるものだった。

関西の踊り場づくりで書きおとすことのできないのが池田谷久吉だろう。大阪府警察部で建築を担当した池田谷は、独立して事務所を開いた昭和初期に、パウリスタやユニオンなどのダンスホール建築にかかわる。そして、理不尽な取締りの始終に立ちあった。改修され、ダンスホールとして許可されて利用はされたものの、わずか一年ほどで閉鎖に追いこまれた踊り場。外観や内装についての写真など視覚的資料がほとんど残されなかったこれらの踊り場の図面は池田谷家で保存され、いまは泉佐野市教育委員会が保管する。池田谷久吉の仕事は商業建築にとどまらず、公共施設から寺社までひろい範囲におよぶ。残された資料の活用と研究が望まれるところだ。

また、ダンス・パレスの支配人を高橋虎男からひきついだ吉田貞一もユニークな存在で、いくつかの踊り場の設計にかかわる建築士だった。が、仕事の具体的な情報はわかっていない。

東山会館
［伊藤正文『ダンスホール建築』東学社 1935］
佐藤武夫の設計による。京津国道からホールまでの専用道も設けられた。

同（正面）
（平井英雄旧蔵）
阪神国道側からみたパレス。

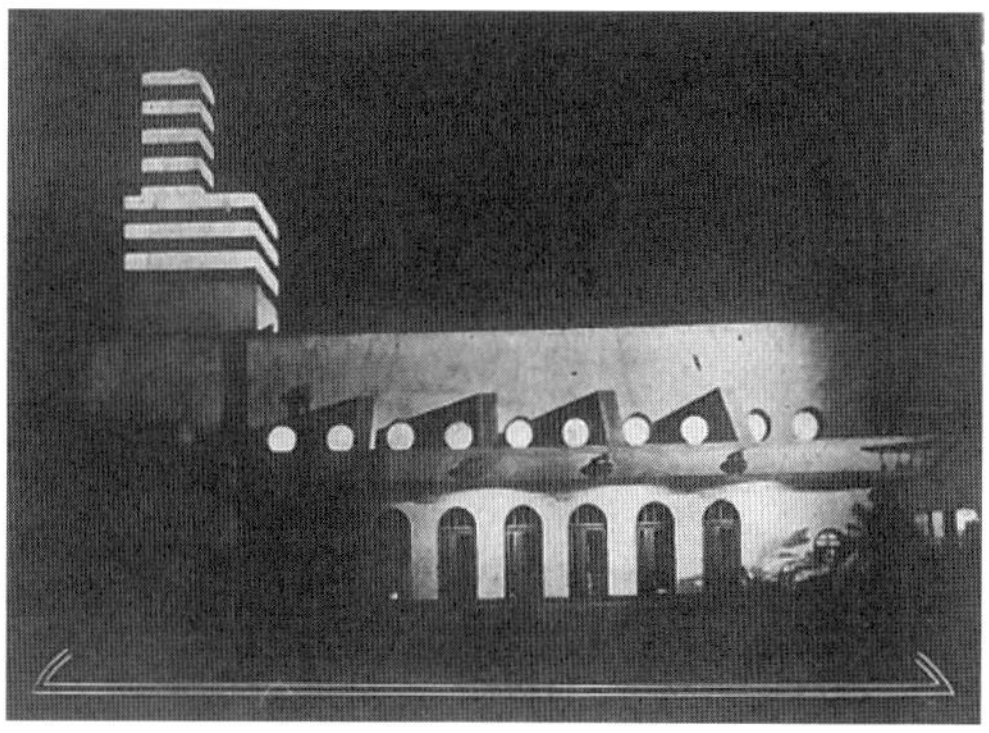

ダンス・パレスの夜景（側面）
[『ダンス時代』1933 年 1 月]
貞永直義の設計による。

阪神国道四ホールとモータリゼーション

「尼崎ダンスホール」・「ダンス・タイガー」・「キング・ダンスホール」・「阪神会館ダンス・パレス」

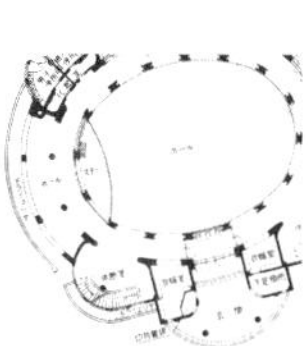

ここでは、阪神国道沿いに開かれた兵庫県小田村、尼崎市の四ホールについて、設立順に説明する。これらのホールは、「国道四《こくどうし》ホール」あるいは「阪国四《はんこくし》ホール」などと総称される。国道四ホールの建築に関しては、西村豪の「尼崎のダンスホール建築」（尼崎市立歴史博物館紀要『地域史研究』一二二号、二〇二二）にくわしいので、本書では概要を記述する。

国道四ホールがつくられた背景は、その名にあるとおり阪神国道が一九二六年暮れに開通したことだった。だが、近代的な国道が建設され、自動車の便がよくなったことが理由のすべてではない。それ以前から、複数の鉄道が大阪神戸間をつないでおり、また新設の国道でも路面電車やバスが運行された。人の流れが、それだけ頻繁になり、輸送量も格段に増加していた。

もうひとつは、本書でくりかえし述べているとおり、大阪府でのダンスホール規制が強化されたことで、府県境をこえた地域に拠点が移ったという事情がある。交通基盤の整備と警察の取締りの強化。これらが、国道四ホールの成立の主要因だった。また、この地の利がよかったために、四ホールはたがいにライバルでありつつ共存共栄の関係にもあって、一九四〇年の全国的閉鎖に向かう時期でも比較的長く営業をつづけることができた。

このうちもっとも古いのは「尼崎ダンスホール」。場所は阪神電車尼崎駅の南、開明橋の西詰南側にあった玉突屋「庄下倶楽部」の、その二階に小さなホールがつくられる。当初は、中屋敷岩夫、小堀良助、小西甫らの共同経営だった（『ヴァラエティ』一九三九年八月）。中屋敷は大分県出身で、大阪で働いたのちダンスホール営業に見こみがあると考えて尼崎での経営に打ってでた。先見の明のある実業家だ。また小堀良助は大阪のカフエー・ユニオンを経営する小堀勝蔵の弟、小西はのちに琵琶湖ダンスホールにもかかわっている。こういった飲食店の関係者だけでなく、地元尼崎の理容業者、次山斎次郎や阪口万太郎らも参画している。

当初はユニオン人脈の藤村浩作がマネージャーの任にあたり、開業準備をすすめたようだ。だが、藤村はこのホールには長くとどまらなかった。出願は一九二七年六月（大阪朝日新聞阪神版、一九二七年六月七日）。準備段階では、「尼崎ダンシング倶楽部」の名称もつかっている（神戸新聞、一九二七年六月七日 六月二九日 七月二〇日）。ダンサーは一〇名ほどだったという（神戸新聞、一九二七年六月二九日）。大阪府でのダンスホール営業禁止によって、中央倶楽部にいたダンサーが移籍しているし、のちにはパウリスタからの移籍組もくわわることになる。ダンサーのひとり吉田あい子の回想によれば、開業まもない尼崎ダンスホールでは、ウォークとクォーターターンができればじゅうぶんで、ワルツやタンゴはあまり演奏されなかったという。また、ダンサーでイブニング・ドレスを着ているのは少数で、洋装でもアフタヌーン・ドレス、また和装のダンサーもいたのだという（『ダンセ・ハナクマ』一九三四年一一月）。

開業は七月二〇日。アドミッション制とチケット制を併用するかたちだった。入場料は五〇銭で、一回のダンスは一五銭だった。ダンスの伴奏は、蓄音機とバンドで交互に行なわれた（大阪朝日新聞、一九二七年七月二〇日）。昼間は「尼崎ダンシング倶楽部」の活動で、午後五時以降にバンドが入ってホール営業をしたとみられる（神戸新聞、一九二七年七月二〇日）。当初のバンドのメンバーには、成田七五三夫ほか東松二郎、橋本淳、小畑光之らがおり、南里文雄や飯山茂雄の客演もあった。のちのジャズ界で重要な役割を果たす人たちだ。

開業の約一年後、経営をめぐる「紛擾」が起こる。寄りあい所帯の経営にありがちな対立だった。傷害事件や怠業なども新聞で報じられている。その後、大阪の飲食店関係者が撤退し、地元の出資者による経営になったようだ（神戸新聞、一九二八年九月一一日 九月一五日 大阪朝日新聞神戸版、九月一二日）。また、玉突屋の二階では手狭でもあったのだろう、一九二九年一〇月には国道により近い玉江橋に新築されたホールに移転した（神戸新聞阪神版、一九二九年一〇月五日ほか）。

このホールは兵庫県の取締規則が制定される前に開業していたが、他のホールがオープンするにつれて施設更新の必要に迫られる。それを補うためか話題づくりにも熱心で、ナンバー・ワン・ダンサーが脚に高額の保険をかけたことや、ダンサーの野球チームがカフエーの女給チームと対戦したことなどが、いずれも新聞記事になっている（東京朝日新聞、一九三〇年一一月二〇日 大阪時事新報、一九三一年二月一八日）。

尼崎につづいて誕生したのが「阪神社交倶楽部」（杭瀬《くいせ》ホール）。名称が示すとおり、当初は社交クラブのかたちをとった。しかし、兵庫県が新しい取締規則を制定した時期に開業準備をすすめていたことから、建築や運営の条件に適合するために時間を費やした。地元の青年団などから反対もされたようだ。いったん建てたホールを改築するよう要求され、開業許可は一九二九年七月一八日までずれこむ。しかし、時間をかけたぶん、先行する尼崎ホールより新しい施設を用意することができた。オープンは同年七月二二日（神戸新聞、一九二九年七月二三日）。このホールでは藤田嗣治や水谷八重子、谷崎潤一郎、坪内士行らが踊っていたとも伝えられる（大阪時事新報、一九三〇年五月一日）。

興味ぶかいのは、この杭瀬のホールの開業当初のダンサーの動きだ。かつて大阪の千日前ユニオンでダンサー勤めをしていた市原勝美らは、この杭瀬の開業に際して阪神間にもどってきている。同様に、ダンス教師、大阪のホール閉鎖後、東京の人形町ユニオンに移って働き、さらに、支配人の藤村浩作も、大阪から東京、そして阪神間へと移動を重ねた。震災という自然災害だけでなく、警察の取締りのありようなどが、人材の交流を促し、結果的に音楽やダンスのひろがりをつくりだす要因になったといえそうだ。このようなひろがりかたは、のちに大阪資本カフェーが東京の料理飲食業界を席巻する現象に先行するものといえる。

このホールは、経営上の問題から営業できなくなる。その機に乗じてホールを手に入れたのがパレスを辞した高橋虎男だった。高橋は、名称を「ダンス・タイガー」に変更し、阪神間を代表するホールにおしあげていく。これ以降の経緯については別項を参照されたい。

阪神間で三番めに誕生したのが「キング・ダンスホール」。一九二九年に認可され、開業したのは一九三〇年四月三日。キングは創業当時、大阪府の警察署長二名が経営にかかわっていた。現職のままとは考えにくいが、その可能性もある。くわしい事情は確認できていない。やがてそれら警察関係者は現場から手を引いているようだ。その後、大阪で旅館を営んでいた石橋政治郎が経営主となる。石橋もホールのサービスを改善し、雑誌などに広告を積極的に掲出した。

キングで注目されるのは、音楽。このホールでは、若き日の服部良一がチャンスを与えられた。フィリピン人をふくむバンドを率い、サックスを吹くだけでなく、ヴォーカルもつとめた。この阪神間での経験が、服部を類まれな音楽家に育てていく。また、服部が東京に移ったあとは、梅澤清一が長くバンド・マスターをつとめた。梅澤は、地域で暮らし、またキングの踏客の要望にあわせた音楽を演奏した。たとえば、「日本もの」と呼ばれるジャンル。日本人になじみのある楽曲を、ジャズふうにアレンジし、踊りやすいテンポで演奏する姿勢を貫いた。

もうひとつは、新機軸のサービスの展開。たとえば少女サービス係を導入したことがあげられる。じゅうらいのホールでは、客のさまざまな要望に対応するためにボーイが働いていた。客の案内、ソフト・ドリンクの注文取りや給仕、チケットや煙草の販売といった仕事だ。それぞれのサービスに対して、ボーイはチップを受けとった。客の側からすれば、そのぶん出費が必要となる。これを変えたのが後述のダンス・パレスだった。パレスではボーイにかえて少女たちを雇用し、チップ制を廃止。これが他のホールにも波及し、キングもすぐに少女サービス係の仕組みを導入している。キングでは、すでに少女ジャズ・バンドに演奏を担当させるなどしていたこともあり、このサービス係をアピールした。少女たちの仕事ぶりもよかったのだろう。人気も出て、やがては「国道名物」とまでいわれるようになる。少女サービス係のなかから、やがてダンサーになる道を選ぶ者もいたので、ダンサー養成のルートをつくったともいえるだろう。

阪神間で最後に開業したのは「阪神会館ダンス・パレス」。一九三〇年二月に許可され、大型のホールの建設がすすめられた。工事が遅延して開業が遅れたため、宝塚会館が先にオープンするかたちになる。一九三〇年八月一三日に開館式を催し、一五日から一般営業を開始した。開業は遅かったが、当初のマネージャーを高橋虎男がつとめ、ダンスホールの運営に類まれな手腕を発揮した。パレスでは、その後、マネージャーの高橋虎男が追われたり、国際密輸魔事件にまきこまれたりといったトラブルもあったが、平井正夫が経営に参画したあとは運営も安定した。独自のメディア『ダンス・パレス・ニュース』も刊行、阪神間で第一級のホールの座を占めた。敷地面積や建物の豪壮さでは宝塚会館に軍配が上がるものの、地の利のよさで多くの愛好者を集め、ダンサーたちのサービスの質も高く評価された。来日した外国人たちの接遇や遊興につかわれることもたびたびだった。

パレスでは、閉鎖にあたっての従業員の扱いについても懇切な対応がなされた。長く勤務した須藤喜一郎によって、閉鎖にいたるまでの経緯を示す記録にとどめられた。その記録もふくめ、関連する資料は尼崎市立歴史博物館に保管されている。なお、パレスの詳細については、関連する本書の他の項目も参照されたい。

ダンス・タイガー　開業1周年のころ
[『ダンスファン』1934年6月]
杭瀬ダンスホールを買収し、改装。建物正面には地球と戯れる虎のデザインがほどこされた。

キング・ダンスホール
[『ダンス時代』1935年9月]
この写真は創業にちかいころのもの。

キングの少女サービス係（少女ボーイ）
[『ダンスファン』1936年6月]
キングでは前年の1935年から従来のボーイに代えて少女を配置した。チップも不要になった。

尼崎ダンスホールと経営者の中屋敷岩夫
[『ダンス時代』1933年8月]
玉江橋移転後の建物。

尼崎・小田地区のダンスホール
ダンス史、音楽史の欠落

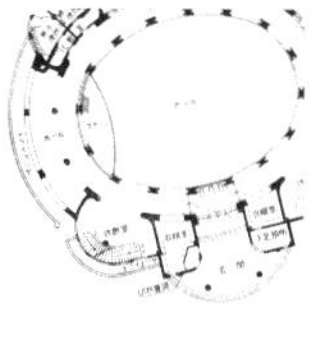

大阪からの交通基盤がととのったことで、府県境をはさんで接する小田村、その西の尼崎市にダンスホールが進出する。大阪側から、阪神社交倶楽部（杭瀬ダンスホール、のちダンス・タイガー）、阪神会館ダンス・パレス、キング・ダンスホール、そして尼崎ダンスホール。これら四つのホールは「国道四ホール」あるいは「阪国四ホール」と総称された。阪神国道沿線では、ほかにも西宮にふたつのホールが開かれたが、大阪からの踏客が多かったのは尼崎のホールだった。

国道ホールは関西のダンスの拠点でもあり、またジャズ音楽を育てた。文学者たちも多く訪れ、映画俳優やアスリートたちも立ちよる。ダンスホール営業が許可されなかった愛知県に暮らす作家の國枝史郎は、わざわざ尼崎まで踊りに出むいたほどだ。歌手の来演はもちろん、内外の多くのミュージシャンがイベントに呼ばれている。パレス、タイガーの両ホールにかかわった高橋虎男が残した寄せ書き帖には、村松梢風や双葉山、小川武、細木原青起、麻生豊らの手になると思われる文字や絵がみられる。

ダンスの専門雑誌も、この地域で『ダンスファン』と『ダンス時代』の二誌が発行されつづけた。同時期の東京で継続的に刊行されていた雑誌が、やはり二誌（『ザ・モダンダンス』と『ダンスと音楽』）だったことを思えば、昭和戦前期の小田、尼崎地区の重要性はおのずと理解されるだろう。

にもかかわらず、現在、モダニズムについて論じる際に、この地域の状況が顧慮されることは、あまりない。大阪や神戸、京都などの都市については、それぞれの街で華ひらいたモダニズム文化が誇り高く語られてきた。また、「阪神間モダニズム」として大阪、神戸間の地域にみられた新しい芸術や建築、音楽などの勃興、発展が再評価されてきた経緯もある。そのような動きから、尼崎や小田がとりこぼされてきた感がある点は残念でならない。くわしくは、桃谷和則「阪神間モダニズム論の現在と尼崎」（『みちしるべ』五〇号、尼崎郷土史研究会、二〇二二）で論じられている。

評価がきちんとなされなかった理由はいくつかある。現在の尼崎の、どちらかというと庶民的なイメージ、あるいは工業都市としての印象がじゃまをして、戦前期に先進的な文化がはぐくまれた事実を見えにくくしている。尼崎が日本のジャズ音楽をリードしていた時期があったことなど信じられない、というわけだ。

もうひとつは、そういった戦前期の状況を説明しようにも、資料が焼失あるいは散逸していたという事情による。第二次世界大戦前の廃業、戦争末期の空襲の被害によって失われたものも多く、さらには高度経済成長からバブル経済期にかけての変化によってわずかに残されていたものも消えさった。いま、尼崎市内にダンスホールがあったことを伝える遺跡的な建物は、ひとつも残っていない。また、尼崎、小田地区のダンスや音楽の状況を伝える雑誌などの資料も、私蔵されるなどして存在が知られないままだった。この地域は、日本の音楽史、ダンス史において、資料の「空白」ゆえに語られることがすくなかったといえよう。

だが、二〇二〇年に尼崎市立歴史博物館が開館し、以前から収集されてきた資料を継承。これらが整理され、活用の道が開かれつつある。おそらくは、この博物館に蓄積される資料が、日本のダンス史、音楽史の「空白」を埋めていくことになるだろう。

　同館には、小ぶりだが、ずっしりと重い手水鉢が展示されている。かつて尼崎ダンスホールの敷地内にあった小さな祠の、その脇におかれていたものだ。寄進したのは尼崎ダンスホールのダンサーたち。彼女たちはホールの繁昌を祈り、家族の幸福をねがって手を合わせた。これが、地域の歴史をたどりなおす出発点になる。

　歴史として語りつがれる物語は、ときに、別の見かたによって補われる必要がある。東京など大都市の事情に必要以上に引きずられて書かれた歴史。それを、地方を足場としてたぐりよせ、異なる物語として提示する試みこそが、たえず求められている。

尼崎ダンスホールの跡地にあった祠
（1994年 著者撮影）

ダンサーが寄贈した手水鉢（1994年 著者撮影）
［尼崎市立歴史博物館蔵］
尼崎ダンスホールの跡地を引きついだ尼崎港運の敷地内に残されていた。「昭和十一年一月　ダンサー一同」と刻まれている。

西宮二ホール

「西宮ダンスホール」・「西宮ガーデン・ホール（西宮会館）」

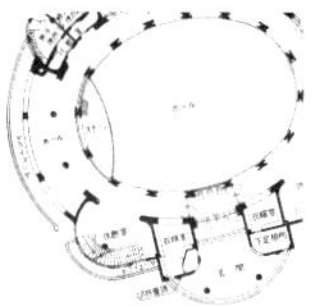

西宮には従前からカフエーとダンスホールとの中間的な施設があったようだ（神戸新聞、一九二七年三月八日）。だが、これは警察に告発されており、詳細は不明。大阪府でダンスホール営業が禁止されたあとには、西宮の阪急夙川《しゅくがわ》駅近くに「甲南倶楽部」という踊り場がつくられた。会員制にちかいものだったようだが、実態について伝える資料はすくない。残された広告から、教師として加藤兵次郎や藤村浩作が指導にあたったことがわかっている（『ダンサー』一九二七年六月）。この踊り場は、大阪の商人根津清太郎がつくったとされる。いや、既存の施設を買いとったものかもしれない。ともかく、根津は、妻の松子がダンス好きだったこともあって大阪から近いところに場所を確保したかったのだろう。根津夫妻がここで踊っていたことは、谷崎潤一郎が書きのこしている。そして、清太郎と別れた松子は、谷崎の妻になる。三人の人生の転機に深くかかわる場所のひとつだ。

一九三〇年の時点で西宮には、複数のダンスホール開業の出願があったようだ（大阪毎日新聞阪神版、一九三〇年四月二日　神戸新聞、四月一七日）。さらに、甲子園ホテルが隣接地に大舞踏場の建設を計画、西宮署に出願した。ただ、これも県が却下している（神戸又新日報、一九三一年六月三〇日）。

西宮には、「西宮ダンスホール（西宮ダンス倶楽部）」と「西宮ガーデン・ホール（西宮会館）」の二か所がつくられた。開業はともに一九三一年。まず、西宮ダンスホールが八月に開業し、一一月オープンの西宮ガーデンがつづいた。経営者はどちらも女性で、西宮ダンスホールは颯《さつ》波《は》史恵《ふみえ》、西宮ガーデンは大村とくという人物だった。

颯波は、阪神間の富裕層の女性たちにダンスを普及させる活動を展開しており、名を知られていた。大阪や神戸を避け、阪神間で踊り場づくりを計画、酒造業の辰馬家の後おしも得て、西宮森具《もりぐ》にあった自宅を改装し、ホールをつくる（大阪時事新報、一九三一年一月一一日）。その後、事情があって移転にふみきり、同じ西宮の産所町の土地を見いだした。これは、もとの甲南倶楽部が根津清太郎の手を離れたあと、ひきついだ経営者が移転を計画したまま実現できずにいたものだったとみられる。それを颯波が買収し、新たな建設計画を立てたようだ（神戸新聞、一九三〇年八月三〇日ほか）。家庭的な踊り場をめざしていた颯波だったが、この際、ダンサーをおく商業的ダンスホールの経営に転じた。なお、西宮ダンスホールの所在地は、産所町に隣接する神楽町とされている。

ただし、颯波はその後、経営から手を引いた。また、このホールの閉鎖も謎に包まれている。勤務しているボーイによる放火で全焼し、その後、再建されることなく終わった。ダンサーは尼崎ダンスホールに引きとられたという（『ヴァラエティ』一九三九年一〇月）。

いっぽう西宮ガーデンの経営者大村とくは、質屋を営む人で、創業のころすでに七〇代だったとも伝えられる。大村は、一九二九年の段階ですでに「甲子園社交クラブ」というホールの開業許可を受けていた。しかし、あまり遠くない場所に宝塚会館やダンス・パレスなど大型ホールがつくられたからだろう。競合を避け、ホール収容人員を一三〇名から九〇名に減らし、またダンサーを四五名から三〇名にするなど計画を縮

小する（大阪毎日新聞阪神版、一九三〇年八月一九日）。

西宮の二ホールが開かれた場所は、阪神国道四ホールや神戸四ホールにくらべると交通の便がよくなかった。それは、落ちついた環境を好む家族連れなどには好まれる立地でもある。また、ひとつところに腰をすえて音楽の道をすすもうとするタイプのミュージシャンに選ばれる仕事場ともいえた。

西宮ガーデンを拠点にしたのが前野港造。ハタノ・オーケストラから大阪北浜の灘萬バンドを経て、松竹座、ユニオンなどに出演した。サックスの第一人者として後輩たちに慕われた前野は、遅くとも一九三二年には西宮ガーデンを活動の場にしていたようだ。他のホールと異なり、イベントなどをしないホールで、前野は音楽にうちこむ。よい楽器をそろえ、客にも評判だった。前野バンドは、経営者大村とくの自慢でもあった。前野は、このホールが営業不振に陥り休業する一九三八年九月まで、ずっとステージを守った。移動のはげしいミュージシャンの世界ではめずらしいことだ。西宮ガーデンがなくなったあとは、タイガーやキング、パレスにも出演している。そして、前野港造の名は、ダンス・パレス閉鎖に際に記念につくられた写真帖『わすれな草』にも記載された。

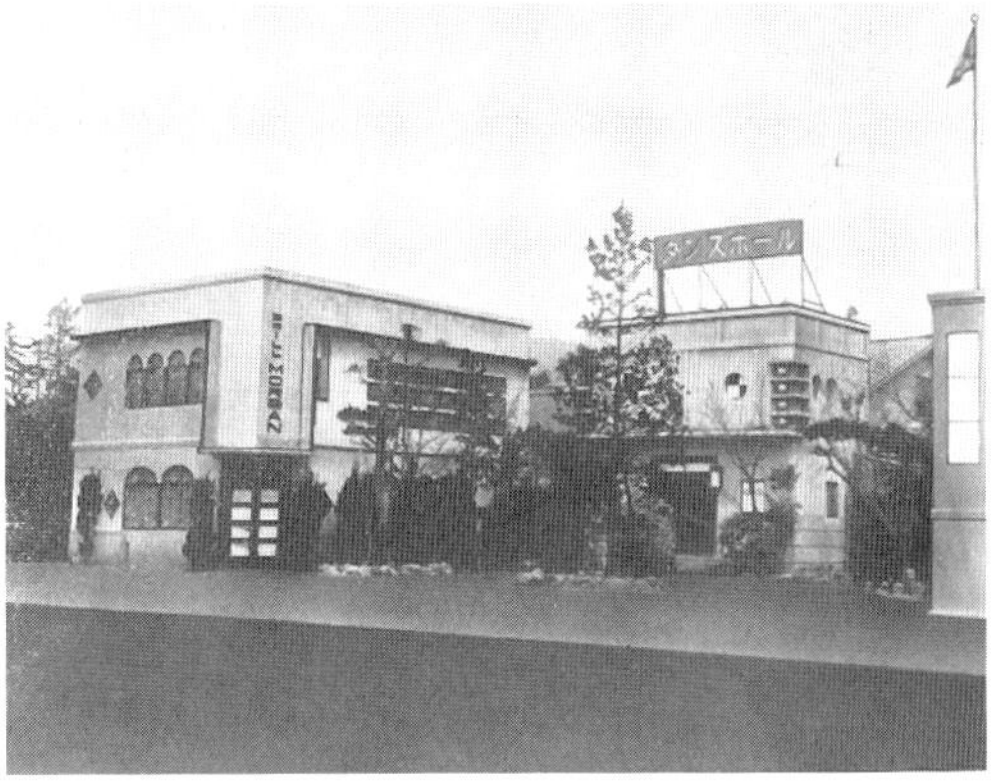

西宮ダンスホール外観
[『ダンスファン』1936年6月]
丸窓が特徴的な外観。左の建物は別棟のグリル。

同、内部
[『ダンス時代』1935年6月]
天井にはミラーボールほか、さまざまな照明装置がそなえられている。踊る女性はドレス姿。

西宮ガーデン・ホール外観
[『ダンス時代』1936 年 7 月]
門柱に「GARDEN HALL」と刻まれた銘板。

同、内部
[『ダンス時代』1932 年 10 月]
開業の翌年、『ダンス時代』創刊号に掲載された写真。撮影時期が夏だったせいか、男性は白っぽいスーツ姿が多い。女性には、まだ和装がみられる。

神戸四ホール
「キャピトル」・「ソシアル」・「ダイヤ」・「花隈ダンスホール」

神戸港には、外国航路をつかって来日する外国人が多く、洋楽や洋舞も早くから伝わっている。欧米人だけでなく、ハワイやフィリピンから渡航してきた人びとも洋楽洋舞を日本にもたらしたことは看過できない。そして、迎える日本人も、外国人向けの宿泊施設や飲食店で新しい音楽やダンスにふれることになる。

その神戸でダンス教室を開いたのが高垣清之進。一九〇一年に渡米し、二〇年以上をニューヨークで過ごした。「紐育舞踏師範学校」でダンスを身につけ、のち「米国社交舞踏大学校」を開いて校長となり、日米両国の人びとにダンスを教えたという（『在米日本人人名辞典』日米新聞社、一九二二ほか）。帰国した高垣は、楠町に「帝国社交舞踏学館」（学館とも）を開き、『社交舞踏通信教授書』を出版した。このテキストは、一九二一年に刊行された鈴木四十や小高親らのものよりは遅れるが、それでも一九二五年一二月の刊行で、教科書としては初期のものといえる。高垣はこのテキストをつかってダンスの通信教育もはじめた。ニューヨーク帰りの高垣の発想は柔軟で、ワルツなどを和楽器で伴奏する「ダンス三味線」をも教えたようだ。

高垣は、この学館を発展的に解消し、生田筋にダンスホールを興す。最初は名称が定まらないが、やがて「エンパイア」に落ちついた。このホールが神戸の商業的ダンスホールとしては古い。音楽はレコードでは

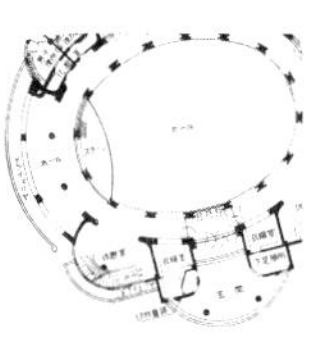

なく、バンドが演奏していたらしい。高島屋少年音楽隊の一期生だった谷口又士は、楽隊の解散後、このエンパイアで演奏しながらジャズをおぼえたのだと回想する（『ジャズランド』一九七五年八月）。フィリピン人楽士といっしょに演奏することで技量を磨いたようだ（徳永政太郎「日本ジャズ音楽運動小史（下）」『音楽新潮』一九三〇年五月）。「婦人教師」の名称で女性従業員も雇用しており、これが実質的にダンサーだった可能性がある。高垣の妻ユキも婦人教師のひとりで、のちに西宮ガーデン・ホールでダンサーとして働いた（『ダンスファン』一九三二年八月）。ただ、高垣は一九二八年に兵庫県舞踏場及舞踏手取締規則が制定されるとホール営業から撤退。玉突屋に転業したとされる。

高垣のエンパイアと同じころに神戸で名を馳せたのが京町の「ＫＮＫクラブ」。新聞広告などから判断すると、ここもダンサーをおき、バンドが演奏するかたちの踊り場だったようだ。ＫＮＫは商業会議所に勤める人物が開いたといわれるが、詳細は不明だ。ＫＮＫとエンパイアは客をとりあい、楽士の争奪戦となる。それが結果的に腕のよいミュージシャンを育てた。トランペットの南里文雄も、この両ホールで演奏していた。

ＫＮＫは一九二七年ごろに経営が悪化。家主から立ちのきを求められると、経営者が雲隠れしてしまう（神戸又新日報、一九二七年一一月九日）。その後、このホールの関係者とみられる片山光児が渡台し、ダンス教室を開こうとした。内地のダンスホール規制が人的ネットワークの拡散につながったことになる。

大阪や京都の弾圧的規制、それに兵庫県の新規則制定。それらは神戸のダンスホール業界を活気づける要因にみえたが、じっさいには過当競争で落伍する業者も生じた。このあとは、許可されたホールの寡占状態が形成されていく。

もうひとつ神戸で重要な役割を果たしたのが、「ミヤサキ音楽院」（ミヤザキ、宮崎とも）だった。陸軍軍楽隊出身とされる宮崎峯三（峯二、武利、武邦、俊夫とも）が永澤《えいざわ》町に開いた音楽学校で、ドラムの田中和男やピアノの平茂夫らが、この学校の出身だという。ただ、学校といっても、いっぽうで奏者を活動写真館やレコーディングに派遣する業務も担っており、その意味ではプロダクションのような存在だった。無声映画の時代には東京、大阪に「バンド部屋」という組合があり、楽士をかかえて映画館に送りこんでいた。「宮崎バンド」も、神戸新開地の興行街などでは知られた派遣元だったようだ。

もちろん楽士養成のほうも継続しており、一九二七年ごろにはピアノ、チェロ、ヴァイオリン、マンドリンのほか管楽器のレッスンも行なっていた。その後、専門部と普通部に分離、さらに「ダンス部」を増設していく。加納町のダンス部のレッスンは、昼は個人教授、夜はバンドによる演奏を売りものにしたホール営業だったとみられる。表向きは会員組織だが、会員になればダンスホール同様の利用ができたのだろう。

このミヤサキが一九二七年七月から名称を「キャピタル」に変更する（神戸新聞、一九二七年七月七日）。「久しく空家だつた平家の異人屋敷跡」を借りうけ、オープンしたホールだった（神戸又新日報、一九二七年一一月二〇日）。ダンサーも募集している。千日前ユニオン時代からのダンサー米田貞子も、大阪のホールが閉じられたあとの一時期、このホールにいたとされる（神戸又新日報、一九二七年一一月二〇日）。そして、その後、東京人形町のユニオンに移り、日本のダンサーの草分けのひとりとして長く活躍した。

経営者の宮崎は、ホールへの転換を機に引退。しかし、加納町のキャピタルは、このあと神戸四ホールのひとつとして長く営業をつづけた。「キヤピタル」は「キヤピトル」と表記されることもあり、英字新聞でもCapital と Capitol の両方がつかわれる。後年は「キヤピトル」で定着するので、本書でもキヤピトルで統一する。

「キヤピトル」につづいたのが「ソシアル」。その前身は一九二七年八月に開かれた娯楽場「神戸社交倶楽部」（K．S．C．）である。場所は山本通二丁目の「外人街」で、ホールには欧米人、インド人も出入りした（神戸又新日報、一九二七年一一月一九日）。やはり、たてまえは社交機関で、卓球やビリヤード、囲碁将棋などもそなえてはいた。だが、「女子舞踏部会員」の募集広告も見られ、実質的にパートナーをつとめるダンサーを雇用したと考えられる（神戸新聞、一九二七年八月六日）。倶楽部は、のちに「ソシアル」と呼ばれる。武内忠雄は、この踊り場について「外人も日本人も混合」の「トテモ家庭的な気分」だった、と回顧している（『ステップ』一九四八年二月五日）。ソシアルは、山の手から元町の東入口に移転。さらに一九三二年には改築された。

一九二七年秋、浪花町に開業したのが「ダイヤ倶楽部」（大阪毎日新聞、一九二七年九月二二日　神戸新聞、九月二四日）。「ダイヤ」と略記されることが多い。時期的には大阪のホールが閉鎖に追いこまれつつあるころで、ダイヤではダンサー募集広告を打って大阪からの移籍組をとりこもうとした。経営者は大阪商人の橋爪源三郎。このホールも異国情緒がセールス・ポイントだった。外国人利用客も多かったという。バンドではピアノのアーチ・グランドら黒人たちを登用、その演奏は人気を博した。ギャラも高額で、ひとりあたり月三〇〇円、五名編成で一五〇〇円だったという（『ダンスと音楽』一九八二年二月）。

ダイヤの音楽に魅せられたのがジョーゼフ・エヴァンス（ジミー原田）。退屈な日常から抜けだそうと、最初はミヤサキのダンス教室に通う。ダンスをおぼえた原田はエンパイアで踊り、さらにダイヤでドラム演奏に興味をもち、音楽の道を歩きはじめる。このあたりはジミー原田の評伝を参照されたい（佐藤美枝子『理屈じゃないよ気分だよ』東林出版社、一九九六　益田兼大朗『ジミー』現代書林、一九九九）。

神戸市内のホールでは、最後に「花隈ダンスホール」ができた。ここも花街のホールだ。兵庫県の新規則がつくられてすぐに出願、許可を受けているが、資金の問題や経営陣のもめごとから三年ほど空回りとなる。開業したのは一九三一年一一月一一日のことだった（『ダンセ・ハナクマ』一九三四年一一月）。大黒正宗の蔵元、安福又四郎が経営にあたったようだ。このホールの音楽を担当したミュージシャンをみると、初期には平茂夫、のちに芝辻賢三の名がある。彼らが苦労したのは、最新の洋楽が踏客に受けないことだった。花街だったので、「日本もの」を好む傾向が強かったのかもしれない。また、創業からしばらくはダンサーたちも和装だった。神戸では、花隈ホールのダンサーがドレスを着はじめ、他のホールのダンサーもじょじょに洋装に変わっていった。一九三四年ごろには、ほとんどが洋装になったのだという（『ダンセ・ハナクマ』一九三四年一〇月）。

神戸の商業ダンスホールは、エンパイアとKNKがさきがけとなり、その後、キヤピトル、ソシアル、ダイヤ、花隈があらわれた。初期の二ホールが閉じられたことで、いわゆる神戸四ホールの時代となる。国道四ホールと西宮二ホール、それに宝塚、鈴蘭台をあわせ、兵庫県には一二ものダンスホールが営業する時代があった。

神戸四ホールでは、ソシアル、キヤピトル、ダイヤの三ホールが一九四〇年一〇月末で閉鎖された。花隈ダンスホールのみが一一月末まで営業をつづけて、その後、中華料理店に転じた（*The Japan Chronicle* Sept. 19, Dec. 5, 1940）。

花隈の最後の営業日は、この年の一二月だったようだ。何日のことなのか具体的には書きそえられていないものの、ダンス教師の青柳武男が次のように回想している。

> ダンスえ《ママ》の決別の夜、ダンサーも、楽士も、教師も、従業員も、もうダンスが出来ない、今宵を最後にダンスが日本から消えて行くと云う、悲壮と云うか、あわれと云うか、相擁して、高井ルビーの歌う〝蛍の光〟は今もなお私の耳もとに残って居ります
>
> 『ダンスと音楽』一九八三年五月

キャピトル舞踏場の内部
[『ダンス時代』1935 年 6 月]
神戸 4 ホールのなかでは長い歴史を刻んだ。

ソシアル・ダンスホールの内部
[伊藤正文『ダンスホール建築』東学社 1935]
倉庫を改造してつくられた珍しい例。天井はガラス張りで開閉ができた。夏は開け放って換気をしたという。

ダイヤ倶楽部
[『ダンス時代』1936 年 7 月]
増改築が行なわれたころの写真。

エンパイアの高垣清之進とルス・バナール
[高垣清之進『社交舞踏通信教授書』
帝国社交舞踏学館 1925]
ニューヨークでもダンス教師だった高垣は神戸の黎明期をリードした。パートナーのバナールについてはくわしくわからない。

『ダンセ・ハナクマ』1935 年 2 月
（個人蔵）
表紙は吉田博一。

『ダンセ・ハナクマ』1934 年 11 月
（個人蔵）
当時の印刷物としてはぜいたくなつくりだった。この雑誌の後継誌として『モダンサロン』が刊行されるとの情報もあるが、確認できていない。

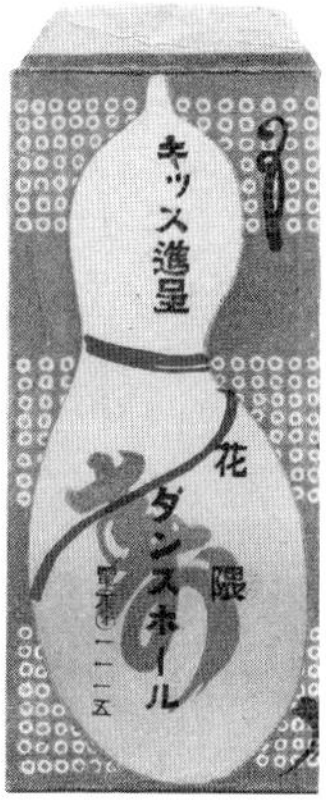

花隈ダンスホールのポチ袋
（個人蔵）
花街らしく瓢箪に寿の文字の意匠。「キツス進呈」との宣伝文句は当時カフエーなどでよくつかわれた。

「宝塚会館」と屋外舞踏場

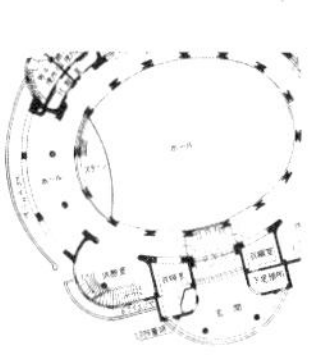

同じ兵庫県下でも、阪神国道沿いで営業したダンスホール群とはちがった特徴をもっていたのが「宝塚会館」だった。

もともと、宝塚ゴルフクラブなどにつどう富裕層が宝塚ホテルでダンス・パーティを開いていた。ただ、ホテルの一室は手狭で、音楽的にも不満があったのだろう。もっと本格的なホールをと望む声があり、阪急や、地元の平塚土地が経営に参画するかたちで計画が立てられる。一九二八年の兵庫県舞踏場及舞踏手取締規則の制定後に、それに適合するよう設計がなされ、翌一九二九年に認可されている。だが、宝塚ホテルの支配人だった南喜三郎が欧米を視察し、建設場所も、建物の規模や形状も、よりひろく大きなものに変更され、それが実現した。ベルリンのクロール・ガルテンがヒントになっているようだ。古塚正治の設計、竹中工務店の施工で、一九三〇年八月三日から招待会を催し、六日から一般営業を開始している。規模もさることながら、スプリングを埋めこんだフロアや内装など、すべてが一流だった。建設費だけで三〇万円が投じられたとする資料もある（東山会館からの照会を受けた宝塚会館の回答文書）。

宝塚会館では、ダンス界で敬意をもってみられていた加藤兵次郎を顧問にすえる。加藤は、ここで理想とする家庭的な踊り場を実現させようとした。ただし、職業ダンサーをおかずに営業するという判断にはいたっていない。踊り場の理念にあったダンサーを雇用するべく、加藤が責任をもって選考し、そして基礎から教練した。

ダンサーをおいたという点では、他の商業的ホールと大きなちがいはない。しかし、宝塚会館には他のホールがまねできない施設がそなわっていた。屋外舞踏場（オープン・エア・ボールフロア）である。こういったかたちの踊り場が併設されたホールはほかになく、また夏のあいだにかぎられていたとはいえ、屋外でのダンスがたのしまれたことは、戦前期日本のダンス史では特筆事項といえる。なぜなら、抱きあって踊る男女の姿は、屋内の見通せない構造のなかに囲いこまれてきたからだ。警察の風俗統制の、ひとつの型だといえる方式なのだが、宝塚会館は、その例外といえるだろう。

同じ兵庫県では、阪神国道沿線のダンス・パレスにも準備段階で屋外舞踏場の計画があったようだが、じっさいには許可されていない。そこで、パレスはホールから離れた場所で屋外ダンス・パーティの開催を試みる。一九三一年三月一五日は日曜日、その午前一〇時。パレスから六八名のダンサーが信貴山《しぎさん》に派遣され、岡田利典らバンドも随行した。京都日日新聞は「法灯ゆらぐ霊山にモダンの尖端を行くダンサー」が「贅を尽した衣裳をひるがへして乱舞し人目をひいた」と報じる（京都日日新聞、一九三一年三月一六日）。

これ以外にも、社交ダンス愛好者たちが六甲山で観月舞踏会を開いた記録もある（『ダンサー』一九二七年五月）。京都ホテルでは、夏のあいだ屋上で納涼ダンスが開催された（京都日日新聞、一九三二年七月二五日）。したがって、臨時の催しで、また不特定多数に目撃されるところでなければ、屋外、露天での社交ダンスも禁じられていたわけではない、ということになる。

宝塚会館は、立地が郊外だったこと、また敷地が外部からは見通しづらかったことなどにより、屋外舞踏場で踊ることが許可されたのだと見てよい。

風俗取締りの基本にある「屋外から見通せない構造」という要件。ダンスホールもその規制対象だったから、戦前期の日本では屋外で踊ることはない、と著者じしんも考えてきた。屋外でのダンスが実現したのは第二次世界大戦後のことだ、と。けれども、じっさいには、かぎられた例ながら、戦前期にも屋外でのダンスはあったのだった。このことは特記しておいてよいと思う。この点、筆者のこれまでの著作では、じゅうぶんに明らかにできていなかった。ここで補っておきたい。

さまざまな面で戦前期日本のダンス界の到達点とも評価できる宝塚会館。しかし、世間がダンスそのものに向けたまなざしをかわすことはできなかった。どんなに家庭的でどんなに上品に運営されていても、伝統的な価値観とはあいいれないとみなされた。だからだろう、当初は宝塚少女歌劇の生徒たちがこのホールに立ち入ることが禁じられる。だが、生徒たちからダンスのたのしみを奪いとることはできない。始末書覚悟でホールに遊ぶ生徒たちの話を耳にした小林一三はついに折れ、生徒監がついていくならかまわない、と方針を変えたという。このエピソードを書きのこしたのは、宝塚で公演をすることのあった女優の水谷八重子だ（『小林一三翁の追想』小林一三翁追想録編纂委員会、一九六一）。

宝塚会館は、豪華な踊り場だっただけに経費もかかり、客足が落ちるとともにきびしい状況におかれた。他のホールよりもほぼ一年早い一九三九年一月末で営業を断念。最後の夜まで勤めたダンサーは一二名。その半数が尼崎ダンスホールに移籍、残りは阪急系列の他の娯楽施設に仕事を求めた。

その後、軍需工場の合宿所などに転用されたが、一九四四年に宝塚大劇場が閉鎖されると生徒たちの練習場となった。春日野八千代や冨士野高嶺らの世代の生徒たちは、ここを慰問公演の練習のための「道場」としてつかった。劇団の施設が接収されると、宝塚会館は少女歌劇の衣装や資料を保管する場になる。このホールで守られたものによって、第二次世界大戦後の宝塚歌劇は再建されていく。

宝塚会館の建物は、レストランに変わり、そしてキャバレーに転じた。踊り場として再生したことになる。しかし、多くの遊び場が都心につくられていくと、郊外に立地するぶん経営的には不利だった。結婚式場や花嫁学校としての利用も企図されたが長続きせず、最後は宝塚映画製作所の資材置き場となり、ダンスホールとしての役目を終えた。取りこわされた跡地は住宅地に生まれかわっている。

小林一三や加藤兵次郎が夢見た理想のダンスホール建設の道は戦争で断たれ、宝塚の地で生きのびることはなかった。だが、第二次世界大戦後、阪急東宝グループは東京の日比谷や名古屋で東宝ダンスホールを運営、戦前期の雰囲気をたもった空間をつくりだす。ただ、最後まで残っていた日比谷ホールも二〇一九年には営業を終えている。

宝塚会館（正面）
[絵葉書（個人蔵）]
阪急電鉄発行のもの。

屋外舞踏場で踊る人たち
[『ダンスフアン』1932 年 7 月]
屋外舞踏場でのダンスのようすをとらえた写真は数すくない。

同、屋外舞踏場
[絵葉書（個人蔵）]
同じ写真をつかった絵葉書のなかには、「宝塚節」の歌詞の一部（月も浮れる陽気なジャズに踊り更かそのステツプ軽く）を添えたものもある。

「鈴蘭（台）ダンスホール」

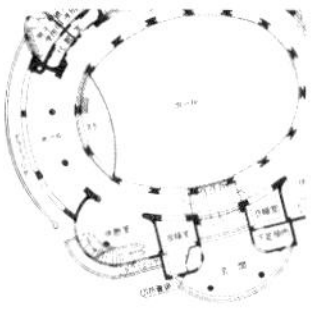

兵庫県内でもっとも遅く開かれたのが「鈴蘭台ダンスホール」（鈴蘭ダンスホール）だ。鈴蘭台は「関西の軽井沢」との謳い文句で売りだされた住宅地だが、神戸市内からはすこし離れた場所に立地したため集客に苦労することが予想されていた。神戸有馬電気鉄道（神有電車）は沿線住民をふやすために魅力的な娯楽施設を必要とした。鈴蘭台住宅地は系列の新興土地建物が開発し、その付帯事業として経営したのがダンスホールだった。

一九三二年九月に工事を開始したものの竣工まで時間がかかり、一九三四年五月にずれこむ（神戸又新日報、一九二七年九月三〇日　大阪朝日新聞阪神版、一九三四年五月三〇日）。その後も経営上のトラブルなどがあり、開業できないまま、いたずらに時間が流れた（『ダンスファン』一九三四年八月）。着工から二年半も過ぎた一九三五年二月一一日に、ようやく開業している（『ダンスファン』一九三五年三月）。良好な住宅地のなかのダンスホールだったから営利主義を排する方針で、ダンサーをおかない会員制のホールとしてスタートする。正会員は月額五円を納入する必要があった。だが、けっきょくは方針を転換。ダンサー一五名を雇いいれ、さらに二七名への増員をはかった。小規模の踊り場だったためか、伴奏もレコードだったようだ（『ダンス時代』一九三五年六月）。

このホールの営業実態はよくわからないのだが、雑誌に掲載された広告から一九三六年の夏ごろのようすだけ紹介しておく（『ダンスファン』一九三六年九月）。この時点でダンサーは総数で三四名になっており、ふたりの教師がいた。また、五名編成のバンド「鈴蘭ハーモニー・ハウンズ」が奏楽を担当していたようだ。チケットは一〇枚一円。「爽涼・海抜一千尺／林間の幽邃境」、「気易く踊れる家族的ホール」をアピールする。「幽邃境」とは人里離れたの意で、自然環境には恵まれていたものの、客商売としては立地の悪さが致命的だった。

開業から約三年後の一九三八年三月一三日未明、火災に遭い焼失。前日が土曜で、夜は八〇名ほどの客が踊っていたという。建物は丸焼けで、失火か放火かも判別できなかった。このときダンサーは二三名。ダンサーにはドレスと靴を新調するに足る金を給与したうえで神戸市内のホール預かりとなる（『ザ・モダンダンス』一九三八年四月）。このホールはその後、再建されることなく終わった。

鈴蘭ダンスホール
[『ダンス時代』1935 年 6 月]
広告写真には「土地会社の直経にして、膨大なる資本をバックに」とのキャプションがある。

外客誘致とリゾート・ホテル

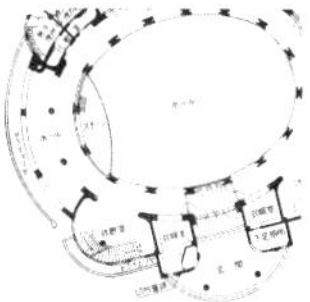

一九一二年、ジャパン・ツーリスト・ビューローが設立された。その後、一九三〇年には観光事業の発展を目的とした中央機関として国際観光局が鉄道省に設置される。関西では、同年、京都市が観光課を設けた。これは、全国で初めてのことだ。

外客を誘致すべく、全国に高級ホテルが建設されていく。この流れの詳細については、砂本文彦『近代日本の国際リゾート』（青弓社、二〇〇八）を参照されたい。現在、クラシック・ホテルと呼ばれているのは、この時代に整備された国際観光ホテルだ。

ホテルが建設されたとしても、宿泊する外国人観光客をサービス面でどのように満足させるのか。一九三二年一月、日本ホテル協会の第二回総会が大阪で開催された。このときの議論をもとに、日本ホテル協会会長の大倉喜八郎は大阪府知事宛てに陳情書を提出する（大阪朝日新聞、一九三二年一月二一日）。協会側が主張したのは、ダンスの取締りのしかたが府県ごとに異なり、きびしい制限があるところでは外国人をたのしませることができない、というものだった。一流ホテルでのパーティは、許容してほしいという要望だ。どんなに豪華な建物であっても、ダンスが踊れないようなホテルには魅力がない、そういう趣旨の陳情だった。

だが、大阪府や京都府は規制の見なおしには動かない。そのようななかでダンスホール営業許可に舵を切ったのが滋賀県だった。中京圏では愛知県もダンスホール営業を認めていなかったが、蒲郡ホテルにダンスホールが併設されるとの観測もあった。滋賀県は、隣接する京都府が許可しないのなら、先に開業させれば客を呼びこむ好機になると考えた。滋賀県が営業を認めるやいなや複数の業者から出願があり、旅館の紅葉館が出願した琵琶湖ダンスホールが認可される。また、国際観光ホテルとして琵琶湖ホテルの建設計画もすすみ、こちらでもダンスホールを併設する青写真が描かれた。琵琶湖ホテルでのダンスホール営業は経営上の判断から先送りされてしまうのだが、滋賀県が観光開発に熱心だったことを物語るエピソードだ。

けっきょく、こういった全国的な動向をみて、ようやく重い腰をあげたのが京都府だったということになる。このあと、京都には三か所の郊外型ホールがつくられ、花街のなかに特殊ホールも認可される。ただ、判断が遅かったことや、交通の便の悪いところに建設させたことが祟り、長くつづく踊り場をつくることはできなかった。

琵琶湖ホテル
[絵葉書（個人蔵）]
琵琶湖ホテルでは常設のダンスホールはできなかったものの、パーティは開催された。

蒲郡ホテルのダンスホール
［パンフレット（個人蔵）］
ダンスホールはバーや娯楽室とともに地階におかれた。

雲仙観光ホテルでの舞踏会
［絵葉書（個人蔵）］
1934 年 8 月 18 日に開催された国際仮装ダンス会を撮影したものと推定される。

蒲郡ホテル
［絵葉書（個人蔵）］
アクセスは基本的に自動車だった。

「琵琶湖ダンスホール」

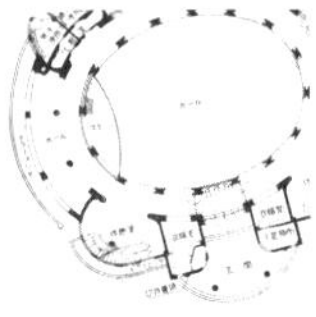

琵琶湖ホテルの計画では、外国人観光客向けのホールを設けることが検討された（京都日日新聞、一九三三年九月二九日）。しかし、資金難や他の営業ホールとのかねあいから、この計画は実現をみなかった。

いっぽう、滋賀県ではダンスホールを許可する方向で事態が進行する。琵琶湖畔で紅葉館という旅館を経営する高木源三郎（源二郎）は、新庄知事時代にホールの許可を得た。だが、いざ工事にかかろうとしたとき、知事の交代があり、県は許可を取り消す可能性を示唆する（京都日日新聞、一九三二年八月二五日）。琵琶湖ダンスホールは、すでにダンサーの募集もはじめていて、引きかえす選択肢はなかった。一九三二年一〇月一二日、一三日には関係者へのお披露目をすませ、一五日から一般開業する（京都日日新聞、一九三二年一〇月一一日　一〇月一七日）。ホールは、紅葉館別館の付属施設という位置づけでもあったようだ。

京都府でも新規則を定めてダンスホール営業を許可することになるのだが、手続きなどが遅れた。そのかん、琵琶湖ダンスホールは京都からも客をとりこんで繁昌する。京都から大津までの道のりは遠かったので、八坂から迎えの自動車を走らせるサービスで踏客を確保しようとした。いっぽう、ホールの終業後にダンサーを外に連れだす客もいて、警察が目を光らせた。客のなかにはチケットを一〇〇枚も渡してダンサーを貸切り状態にする者もいたという（京都日日新聞、一九三三年八月三〇日）。

一九三七年末の内務省によるダンスホール閉鎖の方針を受け、翌一九三八年一月には琵琶湖ダンスホールが営業をやめるとの報道が出た。曰く「国策に順応することこそ本意である」と。ホールを閉じて大広間に改築するプランまで具体的に示され、またダンサーや楽士は「北支方面へ移住し更生のステップを踏み出す」だろうとの見通しも添えられている（京都日出新聞、一九三三年一月一七日）。じっさいにはその後もダンサー募集の広告が掲出されており、営業はつづいたようだ（京都日日新聞、一九三三年三月二六日）。新聞広告などからは、琵琶湖ダンスホールが一九四〇年の夏ごろまでは営業をしていたことがわかる（京都日日新聞、一九四〇年七月二三日）。ただ、閉鎖の正確な時期は特定にいたっていない。

なお、第二次世界大戦後の一九四六年には、同じ所在地にあった「県下唯一の進駐軍専用」の「キャバレー琵琶湖」がダンサー一〇〇名を増員するとの広告がみられる（京都新聞、一九四六年九月二一日）。おそらくは琵琶湖ダンスホールの施設が占領軍兵士のための娯楽施設に転換されたものと推測される。

紅葉館別館と琵琶湖ダンスホール
［絵葉書（個人蔵）］
湖畔にたたずむ中央の建物がダンスホール。

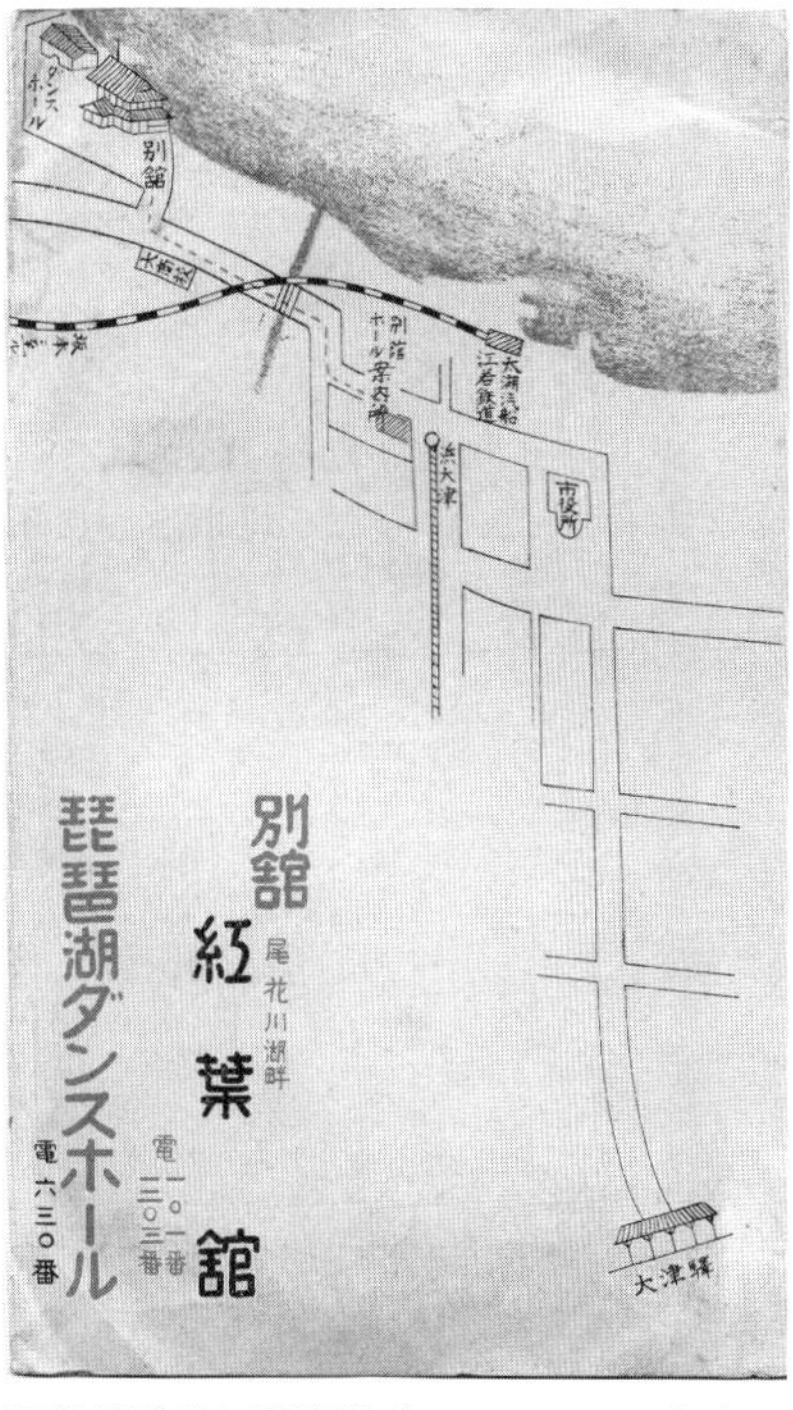

紅葉館別館と琵琶湖ダンスホールの案内図
（個人蔵）
葉書を封入したタトウに描かれたもの。

京都の大型三ホール
「桂会館」・「京阪ダンスホール」・「東山会館」

京都では、一九二一年ごろから楽器店の十字屋を中心としたダンス愛好者の活動があった。やがて民間の営業ダンスホールも開かれ、小規模ながら踊り場はふえた。「ローヤル」や「京都ホール」、「明ぼ乃」、「錦魚亭」などの名が記録に残っている。しかし、大阪府と同様、一九二七年にはきびしい取締りが行なわれ、京都のダンスホールはほぼ壊滅にいたる。いっぽう教授所の名を借り、あるいはパーティと称して、ダンス愛好者たちは踊りつづけた。また、花街でも洋舞をとりいれる動きがあり、芸舞妓が社交ダンスの相手をするようなこともみられるようになる。

外国人観光客に対するサービスを充実させるため、京都にダンスホールを建設すべきだという意見は、一九三〇年代には具体的な運動となる。花街の代表が京都商工会議所に建議したことが新聞記事として掲載された（京都日日新聞、一九三二年六月一八日）。その後も、知事らに対して陳情を行なうなど、かなり積極的にダンスホール誘致をすすめた。花街は伝統的な文化を守りつづけているはずだというのは、現代人の思いこみにすぎない。花街は、そのようなイメージとはまったくちがう動きをしていたのだ。

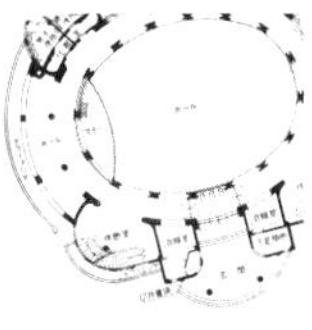

ホテルでのパーティ、教授所や同好会での練習、さらには花街のダンス。京都では大きなブームが起こりつつあった。学生が多く、また映画人にもダンス・ファンがいて、ダンスホールの需要が高まった。そういった流れをみて、京都府ではダンス取締規則の制定に動く。

一九三三年の一月には規則の制定に向けた準備がすすんでいることを地元新聞が伝えている。いっぽうで、娼館でのダンス、いわゆる「Pダンス」をきびしく取り締まり、会員制の同好会や、教授所のかたちをとったホール、カフエーなど飲食店が併設するダンスルームなどについても、許可を得ていない事業所についてはことごとく閉鎖に追いこんだ。国際規格の新たなホールができる前に、小規模のものは一掃しておこうとの考えだった。

しかし、本格的なダンスホールが許可されるとの噂は、ダンスを教えようという者、ダンス用品を売ろうとする業者、建設にかかわる取引で甘い汁を吸おうとたくらむブローカーなどの、さまざまな思惑を生む。表面的なダンス・ブームの陰で利権をめぐる混乱が生じる。いっぽうで、道徳的退廃を招くおそれがあるとして、京都市聯合婦人会が許可に反対する陳情を行なってもいる（京都日日新聞、一九三三年三月三日 三月二四日ほか）。京都府がダンスホール営業に対して前向きだったのは、観光産業のためということもあるが、ホールやダンサー、教師に課税して税収をふやそうとの目論見もあったようだ。

一九三三年四月、京都府ではダンス取締規則を公布、ダンスホールの許可にふみきった。規則にはダンスホールだけでなく、ダンサーについての定めもあり、また教授所や、臨時のパーティについても条項を設けている。後発の規則ながら、そのぶん網羅的な規則がつくられたとみてよい。この規則の制定により、四月からは許可を受けたダンスホールは公然と営業できることになった。ただし、市域拡張にともなって新たに京都市に編入された地域に、一〇〇坪以上の大型ホールを三か所にかぎって許可するとの方針であった。また、別に花街に特殊ダンスホールを認めることになるのだが、これについては別項に記す。

出願者数が予想をこえ、審査が滞って許可までにかなりの時間が費やされた。けっきょく、警察が出願者の調整をはかり、三か所に集約した。複数の出願者をたばねるかたちの経営体制がつくられたので、後年のトラブルの種となる。

すったもんだのあげく、山科署、伏見署、太秦《うずまさ》署の管内にそれぞれ一か所ずつ合計みっつの大型ホール、それに先斗町の特殊ダンスホールの開業が許可される（京都日日新聞、一九三三年七月一一日）。東山、京阪、桂の三ホールはさっそく建設工事に着手、ダンサーの募集や養成を開始した。

また、新規則によって認められた教授所も開業ラッシュとなる。京都のダンス教師たちのあいだには派閥争いがあったのだが、最終的には武内忠雄（優岳）が率いる団体「京都プロフェッショナル・ダンサーズ」が主導権をとった。武内忠雄は黎明期の神戸のダンスホールでダンスをおぼえた人で、のちには桂ダンスホールや阪神会館ダンス・パレスでも運営に参画した。研究熱心な人で、著述も多い。雑誌などへの寄稿だけでなく、デモンストレーションをとおしてダンスに対する世間の理解を深めようと努力した。第二次世界大戦後も多くの後進を指導。武内の活動は、富裕層の社交の集まりであるネオ・トロピカル協会に継承される。

京都府が許可したダンスホールの開業第一号は先斗町歌舞練場に設けられた特殊ホールの「鴨涯ダンスホール」だった。現存する歌舞練場の建物のなかに開かれている。郊外の大型ホールでは、まず「桂会館」（桂ダンスホール）が竣工、クリスマス前に開業にこぎつける。場所は、桂下豆田町。現在の阪急京都線桂駅のすこし北、線路の東側にあった。一九三三年一二月一七日に招待客への披露、一八日から一般営業をはじめている（京都日出新聞、一九三三年一二月一八日）。

つづいて一九三四年四月一日に「京阪ダンスホール」（ダンス京阪ホール）がオープン（京都日出新聞、一九三四年四月二日ほか）。場所は淀の京都競馬場のやや北、京阪国道沿いの納所《のうそ》和泉屋で、京都の市街地から遠く、また最寄りの淀駅からの距離もあった。競馬ファンの富裕層を客にとりこもうとの思惑があったのかもしれないが、自動車がないと不便な立地は経営上の弱点だった。ホール側は、京阪電車や新京阪電車の駅からの送迎バスの運行で対応するが、さらに乗車券とチケットのセット販売などもしなくてはならない事態になる。

開業がもっとも遅かったのは「東山会館」（東山ダンスホール）だった。開業は一九三四年の四月一二日（京都日出新聞、一九三四年四月一二日ほか）。だが、時間をかけたぶん、建築、設備は随一のもので、フロリダを手がけた佐藤武夫が設計、清水組が施工した。ダンサーの募集、養成もていねいにすすめることができた。音楽は大井蛇津郎こと野川香文が顧問をつとめ、ジョーゼフ・エヴァンス（ジミー原田）のバンドを招いた。ダンスの技術面では東京の研究団体モダン・ウォルサーズの池原南や原潔らが顧問に名を連ね、川北長利が現場のマネージメントにあたっている。東京で洗練されたノウハウが京都にもちこまれた、ともいえる。場所は、山科日ノ岡。京津国道沿いの丘の上だった。自動車で乗りつけるのを前提とした立地だ。が、桂や京阪とちがって不便とはいえず、祇園や先斗町からタクシーに乗れば一〇分ほどで移動でき、外国人観光客が宿泊する都ホテルや京都ホテルからも近かった。京都市が考えていた理想に、もっともかなうものだったといえよう。

経営者の尼ヶ崎三之助らが潤沢な資金を用意し、上品さをモットーに、川北らがマネージメントを行なった。音楽では、エヴァンス率いるバンドにサックスの東松二郎、トランペットの工藤進がいた。当時、神戸の花隈にいたトロンボーン奏者の大森盛太郎は、このエヴァンスのバンドを聴くために、わざわざ神戸から通ったのだという。そして、「日本で初めての個性あるバンド」と評している（『ジャズ』一九七五年六月）。

　東山会館ができると、地の利が悪い他の二ホールは苦境に立たされる。とくに京阪ホールの「凋落」ぶりは顕著だった。また、京阪、桂ともに資金難からの人員減や、楽士の欠勤騒ぎ、さらにはチケットの値下げなどが報じられている（京都日出新聞、一九三四年八月一四日　一〇月二五日　一九三六年一月二九日）。

　桂ダンスホールは当初、経営がうまくいかなかった。その理由は、「経営者が無経験であつた為」とされている（『桂ダンスホールニュース』一九三六年五月）。だが、競技会やイベントに力を入れることでもちなおす。桂は教授部に優秀な人材をおいた。京都の女性教師の草分け佐々木初枝が在籍し、また、永吉彰を迎えて指導や経営にあたらせたことが特筆される。永吉は、戦前戦後をつうじて教師として活躍し、一九六一年には妻の菊子とともに渡英する。さらに教師の顧問として小山賢之助がいたことも、このホールの技術面を支えた。小山は宝塚会館でも教え、戦後は西宮北口に教室を開いて指導にあたった人だ。

　しかし、桂ダンスホールは慢性的経営難で、ダンサーの貯金を会社が流用したり、無許可のダンサーを働かせたりといった不祥事がみられた（京都日日新聞、一九三八年三月四日）。社長の辞任を受け、東山会館の出資者で桂の株主でもあった尼ヶ崎三之助らが経営にかかわるかたちになる。が、けっきょく「時局」を考え「一時閉鎖」を決定。ダンサーを東山会館に移籍させる対応をとった（京都日出新聞、一九三八年三月二四日）。最後となった三月二六日の夜、営業後のホールで解散式が行なわれた（京都日日新聞、一九三八年三月二七日）。

　いっぽう京阪ホールの閉鎖も、同じく一九三八年の春。社長の久保田登が朝鮮半島や満洲の状況を視察し、「社会情勢に鑑みホールの如きは全く不必要」と認め、自主的廃業を決めた（京都日出新聞、一九三九年三月一六日　京都日日新聞、三月一六日　四月八日）。

　このように、大型三ホールでは東山会館だけが生きのこり、特殊ダンスホールの鴨涯とあわせて二か所が京都の踊り場となった。けれども、東山も客の減少で経営が悪化、ダンサーの収入もかんばしくなく、辞めていく者もいた。さらに出資者の尼ヶ崎三之助や取締役になっていた佐藤正純について横領の嫌疑がかけられる（京都日出新聞、一九三九年一二月一二日）。結果的に、この事件が致命傷となり、一二月二三日には休業届が提出された（京都日日新聞、一九三九年一二月二三日　京都日出新聞、一二月二四日）。詳細はわからないが、ホールを閉鎖に追いこむための圧力のひとつだった可能性も否定できない。

桂ダンスホール（桂会館）
[小野薫「ダンスホール」『高等建築学 第22巻』常盤書房 1934]
建物正面に装飾塔が配置され、左側のらせん階段とともにホールを印象づけた。

京阪ダンスホール
［伊藤正文『ダンスホール建築』東学社 1935］
大林組設計部による。外壁には乳白色のタイルが貼られ、夜間は明るく輝いた。

東山会館
［『ダンス時代』1934 年 8 月］
中 2 階のタンゴ・バンド席の高さからも建物の大きさが伝わる。フロアにはチーク材がもちいられ、板は放射状に張られた。教授場、食堂、貴賓室などもそなえた。

モータリゼーションと郊外ダンスホール

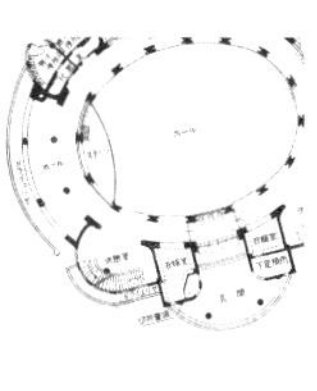

ダンスホールは外来の文化の器だから、かつてそれが開かれた場所は、いわば西洋に近いところだったといえる。神戸や横浜など外国航路の船が発着する港街のホテルにボールルームがあり、居留地ほか外国人が暮らす邸宅やクラブにも、その備えはあった。京都のホテルのように外国人が好む観光地のホテルでも、ダンス・パーティがさかんだった。

その後にあらわれた商業的なダンスホールを、その立地でわけて考えるといくつかのタイプにわけることができる。

まず、都心の繁華街で営業したケース。大阪では初期のコテジやパウリスタ、ユニオン、南北パリジヤンをはじめ、花街堀江のホールなども、みな街なかにあった。これらは大阪府の取締規則改正によって駆逐される。京都でも、河原町や木屋町、新京極などにあったから、大阪とほぼ同じような分布状況だった。東京や神戸でも、昭和初期から一九四〇年までのホールはほとんどがそうだった。

いっぽう、郊外につくられたものとしては、最初期の鶴見花月園のボールルームがそれにあたるだろう。花月園のばあい、遊園地を利用する家族連れなどは、京浜電車の花月園前駅や東海道線の鶴見駅をつかった。だから、遊園地で昼間の時間帯を過ごす人たちにとっては、郊外とはいえ鉄道駅に近い立地といえた。いっぽう、ダンス愛好者にとってはそうではない。ディナーなどをふくむボールルームの高額な利用料を支払うことができる富裕層が、自動車で乗りつけたのだから、東京や横浜の都心からみればドライブのたのしみをともなう郊外の踊り場だった。ボールルームは花月園のなかでも東京湾を見晴らす高台にあり、そういった立地がまた、売りものになっていた。

だが、一九三〇年代前後になると、社交ダンスの愛好者は増加。チケットの値段も安定したからサラリーマンや学生などが客層にくわわってくる。昼間はさらに安い。都市生活者の手ごろな娯楽のひとつになった。交通基盤もととのい、都市間をつなぐ、あるいは郊外に延びる鉄軌道や舗装道路が敷設されると、ホールが都心に立地する必要性は薄れる。ダンスホールは装置産業でもあって、多人数がいちどきに踊れるフロアや大人数のバンドが演奏できるステージ、その他の付帯施設も整備しなくてはならない。あるていどの敷地面積を確保するためには、郊外に開いたほうが都合がよい。近隣に騒音が漏れないようにするとか、換気をよくして室内の清浄をたもつとかいった配慮も求められたから、都心のビルに入居する手狭なホールでは解消がむずかしい課題もあった。

阪神国道は一九二六年暮れに竣工したが、これは道路沿いに多くのホールが開業する契機となった。大阪から電車だけでなく、タクシーでも向かうことができたからだ。また小田村、尼崎市だけでなく、西宮でもホールが開かれる。阪神間に林立したホール群は、大阪、神戸の双方から踏客を呼びこむことに成功した。これは、郊外とはいえ大阪、神戸の二大都市にはさまれる地域だったからだろう。

さらに宝塚会館のように郊外に立地することのメリットを最大限に活かしたホールも生まれる。鉄道駅からの送迎などの便宜もあることにはあったが、基本的には自動車が交通手段だった。しかし、自然に囲まれた敷地には、豪華な建物だけでなく、付帯施設群ものびのびと配することができた。宝塚では、だからこそ屋外舞踏場を設け、露天でのダンスも実現したのだった。

同様に東京から郊外に向かう路線沿いにも、川口や蕨、浦和、市川、千葉、新丸子、川崎などにホールが開かれた。なかでも規模の大きさで評判だったのは蕨の「シヤンクレール」と新丸子の「東横会館」だろう。

関西では生駒にダンスホールが開かれるが、もともと花街だったため、宿泊を前提とした遊びに組みこまれていた感がある。なお、大阪東郊には、会員制の公《いさお》ダンスも自前の踊り場を設けた。公ダンスは、新潟に拠点をおいたほか、京都にも支部をおいてホテルでパーティを開催するなどした異色の団体だった。

京都三ホールに先行した琵琶湖ダンスホールも、老舗旅館の新館に付帯するかたちだった。当初は京都のダンス愛好者を惹きつける力をもったが、京都に新ホールが建設されると苦戦を強いられる。郊外のホールは、立地が強みにもなり、弱みにもなった。

京都では、一九三三年から一九三四年にかけて、みっつの大型ホールがつくられた。外国人観光客誘致のためとの理由づけもなされたが、京都のダンス愛好者たちも待望していたからである。古い花街からもダンスホール設置許可の要望が出ていた。だが、都心で認められたのは特殊ダンスホールとしての先斗町のみ。あとは、市域拡張に際して京都市になった郊外だった。これも別項で説明しているとおりで、桂ダンスホールは新京阪電車の桂駅が、また京阪ダンスホールは京阪電車の淀駅が最寄り。都心からは遠かった。東山ダンスホールだけは、山科署管内とはいえ京都の繁華街から自動車ですぐの場所だった。これも近代的な京津国道の開通によって恩恵を受けたといえる。京都三ホールのうち桂と京阪は集客に苦しみ、早くに廃業した。兵庫県で最後に許可された鈴蘭（台）

ダンスホールが郊外に立地したのも、会員制をめざしたその性格ゆえだったと考えられる。けっきょくはダンサーをおくホールに転換。そうなるとなかなか客を集められず、これも繁昌したとはいえなかった。

川口会館とダンサー
[絵葉書（個人蔵）]
川口会館は東京日日新聞などに広告を出し、利用者を誘った。流行歌手や、上海ブリューバードの中国人ダンサーをゲストに迎えたイベントなどもある。

公会館
[『ダンス時代』1933 年 4 月]
生駒かさね岩にあった公ダンスの本拠地。

東横会館
[『ザ・モダンダンス』1934 年 6 月]
東横や川崎など郊外ホールは夏でも涼しいことをセールスポイントにした。

川崎ダンスホールの広告
[『ザ・モダンダンス』1933 年 9 月]
雑誌の裏表紙に掲載された広告。「東京よりドライブで 15 分」が売り文句だった。

市川ダンスホール
[『ザ・モダンダンス』1935 年 2 月・3 月]
ホール最寄りの市川駅までは、省線で「東京駅から 25 分」「お茶の水駅から 20 分」だった。

東京八ホール、横浜、千葉、埼玉

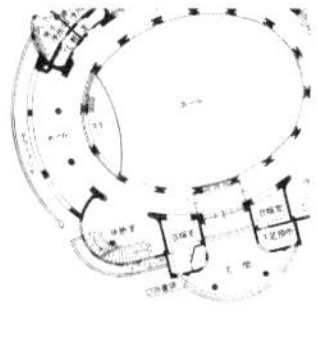

震災前の東京やその近郊には、会員制の踊り場が形成され、ダンス・パーティなどを催した。会員外の者でも、パーティなどの機会には、踊ることができ、じょじょにダンス愛好者の輪がひろがっていく。

一九二〇年に鶴見花月園にボールルームが開かれたあと、一九二二年の段階では、エリアナ・パヴロバの教室が桜田本郷町の南欧商会に、池内徳子の教室が京橋に、西本朝春の三葉舞踏学校が小石川にあったほか、新橋の江木写真館の楼上には松山省三の常盤会があり、地学協会の月木会、赤坂見附の緑会、帝国ホテルを拠点にした水曜会などが活動していた（舞踏研究會『社交ダンス』二松堂書店、一九二二）。玉置眞吉の「社交ダンス十年の想ひで」や村岡貞「日本に於ける社交ダンスの変遷史」などには、さらにくわしい情報があるが、確認が必要な点も多くふくまれているので、ここでは省略する。

これらの踊り場は関東大震災で壊滅的な被害を受けるが、その後の復興過程で同好会や教授所はじょじょに再建された。商業的なホールが誕生するのも、この時期だ。ただ、一九二八年までに東京で営業していたホールは、同好会、研究所形式のものが多い。もとは会員制の閉じた集まりだったものが、じょじょに非会員を受けいれて踊らせるようになる。料金さえ払えば誰でも踊らせるという意味では、商業的な公開ダンスホールの性格を帯びはじめたことになる。また、初心者の手ほどきをする教授所としての機能もあわせもつことが多かった。このような発展が生じたのは、ダンスのブームによって高まった需要に対して、踊る場所がすくなかったからだ。また、なかなか解消されない課題が女性会員の不足だった。せっかく踊り場を設けても、参加者の性比が著しくアンバランスだと、数のうえですくない女性会員は踊りつづけることになり、多くの男性会員はあぶれて踊る機会がなくなってしまう。そこで、名目的には会員としてダンスの相手をつとめる女性を雇用し、パートナーとする慣行が生まれる。いわば、アルバイトのダンサーだ。この段階では、タイピストや百貨店の販売員など他の職業をもつ女性が、請われて踊り場に招かれたようだ。これが、のちにダンスのパートナーを専門的につとめる職業ダンサーとなっていく。

東京で早くに開かれたのは東京舞踏研究所で、日米信託ビルに入居していたことから、「日米」と呼ばれるホールになる。もとは、このビルにあった食堂「日米華」のホールを舞踏場にしようとのアイデアからはじまり、富裕層を顧客とする洋服商の八幡清が、その人脈を活かしてダンスホールを開業する。ただし、当初は世間をはばかって「研究所」という名称を選んだようだ。のちにチケット制を導入、名称も「日米ダンスホール」とあらためる。ここには田辺静江やルボーフ、その娘の浪花愛子ら七、八名が職業ダンサーとして在籍した。

その次が人形町の朝日舞踏場。日鮮会館にあったホールで、立木よねが経営した。ここも、どちらかというと同好会的なものを基盤にした踊り場だろう。復興途上の東京でも多くの踊り場が開かれていた。

復興途上の東京ダンス界に参入したのが大阪資本のユニオンで、経営がむずかしくなっていた人形町の朝日を買収（朝日はのちに再開）。大阪千日前ユニオンの教師やダンサー、楽士たちが動員されるかたちで大規模経営のホールに転換する。経営者の小堀勝蔵は、東京の慣行だった入場料とダンス・チケットを併用する営業ではなく、入場料を無料にし、客がダンサーと踊るぶんだけチケットを購入するかたちにかえた。この、「人形町ユニオン」による営業スタイルの改革で東京のダンスホール地図は大きく塗りかえられていく。また、一九三〇年に起こる大阪資本による東京のカフェー界への進出の地ならしとして、このダンスホール「ユニオン」の移動があったと位置づけることも可能だ。

一九二八年は東京に多くのダンスホールが開かれた年だ。渋谷百軒店の映画館では、地下に設置していたローラースケート場をダンスホールに改装し、「喜楽館」として営業をはじめた。四谷の番衆町で箱根土地が営業した遊園地「新宿園」の跡地に開かれたのが「国華」。ここに人形町ユニオンの村田健が赴き支配人となる。国華にも関西のダンサーが雇われるなどし、大阪人脈に連なる踊り場だった。国華は、のち八丁堀に移転している。

国民新聞記者でダンス愛好者だった小川一人が開いたのが「青南舞踏場」。青山五丁目にあった。そのほか「乃木坂」、「ノーブル」、「ベニス」、「新宿」、「赤坂」、「麻布」、「ソシアル」（神戸のソシアルとは無関係）などがぞくぞくと開業していく。一九二八年のクリスマス前の新聞広告をみると、右のうちユニオンと国華をのぞく九ホールは東京ダンシングホール同業組合をつくっていたことがわかる（東京日日新聞、一九二八年一二月二四日）。

ダンスホールの開業ラッシュ、ダンサーという尖端的職業への注目は、新聞雑誌の記事のみならず、小説や映画、音楽などに格好の素材を提供した。だが、いっぽうでダンサーという職業は道徳的な堕落につながるものだとみなされた。不特定多数の男性客と抱きあって公然と踊るということは、受けいれがたいと考えられた。また、商業ビルにテナントとして入居するホールの多くが小規模でせまく、火災の可能性や換気不良による感染の危険性を考慮すると、ダンスホールは構造面からみても問題ぶくみの娯楽施設だった。そこで警視庁では新たな規則を設け、営業面、構造面で基準を満たさないホールを容認しない姿勢を見せた。

一九二八年一一月には警視庁令「舞踏場取締規則」が制定される。警視庁では、すでに一九二四年九月に飲食店でのダンスを禁じる「通牒」を出し、一九二五年には「舞踏ホール取締ニ関スル件」を制定してダンスホールの増加に対応しようとしていた。それらをさらに強化するかたちでダンスホールの規制に乗りだす。新たな取締規則によって、経営者やダンサーに営業上の遵守事項を設定した。そして、構造上の条件も課して、一定の規模や施設をそなえなければ許可されない仕組みをつくりあげたのである。とくに構造上の要件を改装などでクリアできる業者はほとんどなく、廃業を余儀なくされた。このあたりは、大阪府や京都府での取締りの手法が東京府でも応用されたとみることが可能だ。

それまで東京には二一か所の踊り場があったとされる（重田忠保『風俗警察の理論と実際』南郊社、一九三四）。それらのほとんどが、新規則によって淘汰された。また、規則制定後は、移転や経営者の交代はあったものの、新規の出願を許可することがなかったから、東京市内のホールは八か所に限定された。増加を認めないという意味ではきびしい規制なのだが、いっぽうでこれら八ホールの寡占を容認したともいえる。日米、ユニオン、国華、フロリダ、和泉橋（飯田橋）、帝都、銀座、新橋（九段）は、しばしば「八大ホール」とも称された。

大阪府でのダンスホール営業禁止が、踊り場の分布を変化させ、川をこえた兵庫県側、山をこえた奈良県側へと拡大したように、東京の郊外にもダンスホールが開かれていく。もともと横浜という国際港をもつ神奈川県には、最古の花月園はじめ、横浜市内に多くのホールがあった。このうち踊り場の規模や存続期間の長さなどからみて重要なのは、金港、カールトン、オリエンタル、メトロポリタン、太平洋、横浜フロリダ（フアロス）の六ホールで、神奈川県内にはほかに川崎ホール、東横会館があった。なお、横浜のダンスホールの開業時期については、羽田博昭「横浜のダンスホール」（『市史通信』第一〇号、横浜市史資料室、二〇一一年三月）にくわしい。右の六ホール以外の情報もふくめ、地元の新聞記事などを精査したものだ。

東京からの鉄路や道路が整備されると、隣接する埼玉県、千葉県にもダンスホールがあらわれる。埼玉県下では浦和のキャピタル、川口のバル・タバラン、それに蕨のシャンクレールだった。千葉では、千葉ダンスホールと市川ダンスホールが営業した。大阪での禁止を受けて阪神間のホールが栄えたのとはちがい、東京市内には有力なホールが多数あったから、埼玉や千葉のホールは客集めに苦労する。有名ミュージシャンの演奏のみならず、低価格チケットを売りものにしたり、客たちの放埒な行動を見逃したりといった手法もみられた。これによって東京から客を引きよせることはできたが、しかしトラブルが露見し警察沙汰になる事態もしばしばだった。

なお、埼玉のホールに関しては、川島浩「蕨「シャンクレール」覚書」も参照されたい（『蕨市立歴史民俗資料館紀要』第七号、二〇一〇年三月）。

千葉ホールは一九三一年の四月一四日に開場した。かるかや食堂の小川繁という人が経営者で、当初は会員組織だった（東京日日新聞千葉版、一九三一年二月四日 四月一四日）。いっぽう市川ホールは一九三二年七月に許可されている（読売新聞千葉版、一九三二年七月八日）。開業日については不明だ。

東京のダンスホールについて婦人客入場禁止の措置がとられたあとも、千葉ホールでは婦人客を受けいれた。そのため、週末になると東京のホールから利用者が千葉に流れたともいわれている。ただ、それも千葉署によって禁じられる（東京日日新聞千葉版、一九三九年六月二七日）。これが客足を遠ざけ、やむなく閉鎖にふみきった。他の地域と同じ一九四〇年のことだが、千葉は九月いっぱいで営業を終えたようだ（東京日日新聞千葉版、一九四〇年八月二五日）。

帝都ダンスホール（帝都舞踏場）
［絵葉書（個人蔵）］
映画館の帝都座の５階にあった。

和泉橋ダンスホール改装記念絵葉書
（個人蔵）

同
改装に際しては、彫刻家太田南海作の
「ささがに姫」を飾るなどした。

銀座ダンスホール
[『ザ・ダンス』1933 年 5 月・6 月]
フロア中央におかれたバンド席は回転するしかけだった。

国華ダンスホール
[『舞踏』1930 年 10 月]
八丁堀の中島屋のビル上層に開かれた。

人形町ユニオンダンスホール
[『風俗雑誌』1935 年 7 月]
大阪ユニオンの東京支店という位置づけでオープン。ダンサー、教師、ミュージシャンなどが東京に進出する際の拠点のひとつだった。地下にバー、4 階に食堂があった。

フロリダのナンバー・ワンだった
田辺静江（チェリー）
[『ザ・ダンス』1932 年 10 月]
ウクレレの宣伝に起用された。

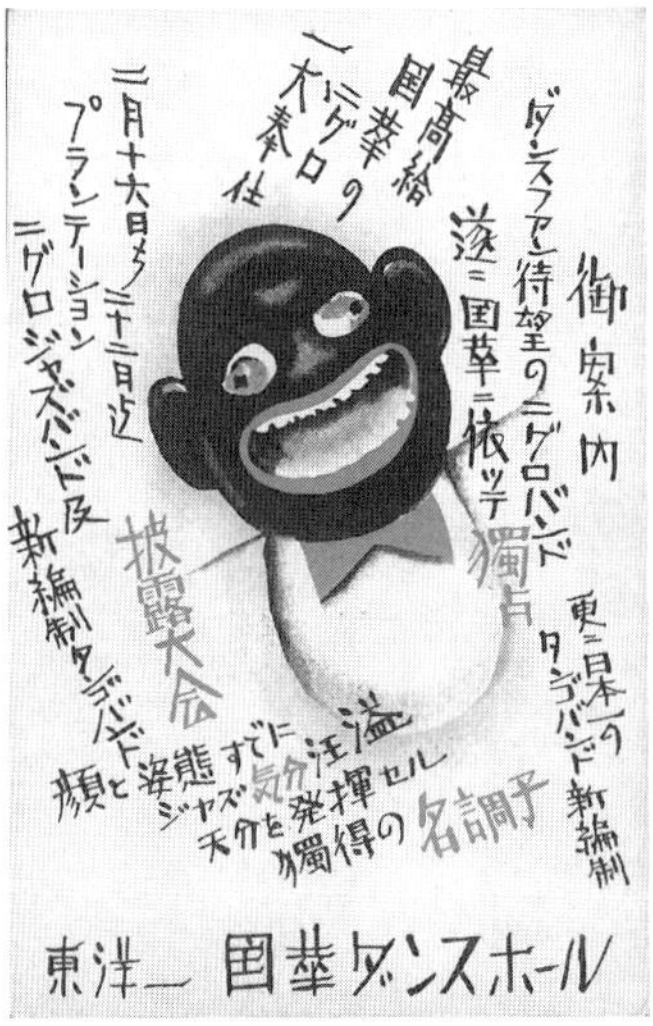

国華ダンスホールの御案内
[絵葉書（個人蔵）]
ジャズを演奏するのが「ニグロ」
である点が強調されている。

国華ダンスホールで踊る村田健（健吉）
（村田家蔵）
パートナーをつとめるのは小畑しげの
と推定される。

九段ダンスホール
[『ザ・ダンス』1933 年 2 月]
仮装舞踏会の際の記念撮影と見られる。

新橋ダンスホールの広告
[『ザ・モダンダンス』1935 年 5 月]
東京のホールは商業ビルの上階にテナント
入居するかたちが多かった。

日米ダンスホール
[『ザ・モダンダンス』1933 年 9 月]
東京 8 ホールのなかではもっとも古い踊り場だった。

阪神からの展開
金沢・新潟・別府

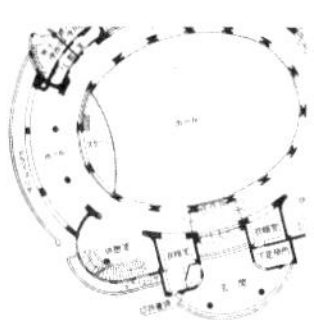

関西のダンス文化は、北陸へ、また別府をはじめとする温泉地へと波及した。

まずは金沢。金沢といえば伝統的な花街のイメージが強いが、京阪と同じように、ダンスの文化がおよぶのも早かった。大型のダンスホールではなく、まずはカフエーにジャズ音楽が入り、女給が相手をするかたちがひろがる。「八洲亭」や「自由軒」、「東洋軒」、「ブラジル」といった店がダンスの踊れる店としてあげられている。ただし、レコード演奏によるものだったようだ。

転機は一九三一年。翌年開催予定の「産業と観光の大博覧会」を前に、「香林坊ホテル」が新築した建物の地下に大阪のカフエー「美人座」を入れた。同じ大阪の「赤玉」も金沢に進出。多くの女給を送りこみ、ジャズ・バンドに演奏させる計画もあった。しかし、警察はカフエーでのジャズの演奏やダンスの実演、宿泊施設とカフエーが同一の建物にあることなどを、よしとしなかった。赤玉の営業には一定の制限がくわえられ、香林坊ホテルのほうは美人座のかわりに料理屋の「大市」を呼ぶかたちに計画を変更する。

大阪資本の大型カフエーが進出したことで、金沢の繁華街の様相は一転する。けれども、これに反発した人びともいて、ダンスホールの許可についても慎重な意見が強かったようだ。だが、一九三一年の段階ですでにダンス教授所が開かれており、石川県の警察部も遊技場取締規則の改正などを検討する。

いっぽう、ステージ・ダンスについては並木町の「尾山倶楽部」でレヴユーの公演などがあり、一九三二年には金沢出身の高田せい子の凱旋公演もあった。近郊の粟ヶ崎遊園には少女歌劇もあり、金沢の人びとはこれらの娯楽に親しんでいた。また、古くさい座敷遊びより社交ダンスのほうが健康的で、家族関係を良好にするとの期待もあった。東京などのホールで遊んだ人たちはその実情を伝え、地元にも踊り場が開かれることを望んでいた。

ダンス歓迎の雰囲気が醸成されたことを察知した尾山倶楽部の山森三九郎は、ダンスホール営業を出願、これをきっかけに複数の業者が開業の意思を示す。ただ、けっきょく実現したのは尾山倶楽部のホールだった。「金城舞踊音楽研究所」というかたちで、ステージ・ダンサー三〇名とダンスホールのダンサー二〇名が募集され、尾山倶楽部の劇場三階部分にフロアを設ける計画だったようだ（北國新聞、一九三二年一二月四日ほか）。警察の決裁が遅延したため、ホールはしばらく会員組織の教授所として運営されたという（北國新聞、一九三二年一二月二二日）。経営者の森山は、ホールが開かれる日を待たずに亡くなった。

また、一九三一年には、金属工芸家の水野朗（六代目源六）が「金沢ダンシング・ホール」（金沢ホール）を下新町に開いている。ここは小規模だったが、徳田秋聲が「町の踊り場」という小品で描いたことで知られる。土間をフロアに転用したもので、板は張られていなかった。

金沢のダンス・ブームは、カフエーに先導され、あるいは芸妓ダンスというかたちでひろがった。お座敷に蓄音機をもちこんでのダンスも、とりいれられる（北國新聞、一九三四年三月一三日）。けれども、一九三五年にはダンスのブームにも翳りがみえ、八洲亭が併設したダンス・クラブでは電気も止められ、女給たちの給料も支払われない状態に陥っていたという（『ダンス時代』一九三五年五月）。

近郊の湯涌温泉に開業した「白雲楼」には、大きなダンスホールがつくられた。この白雲楼は第二次世界大戦後もホテルとして営業され、踊り場も維持された。さらに山中温泉の「河鹿荘」にも豪華なダンスホールがつくられていた。いずれも京阪神から金沢方面に向かい、芸妓遊びや温泉目あてに出かけた客が利用したものと考えられる。ダンスをからめた娯楽のありかたを、関西の業者や踏客が北陸方面に移植していった、との流れを想定できる。

そのような伝播のありかたをよく物語るのが、同好会組織の「公《いさお》ダンス」だった。新聞記者から会社経営に転じた齋藤人兆（新吉）という人物が運営していた組織で、新聞雑誌にときどき広告が出るていど。知名度は高かったわけではない。だが、生駒に自前の会館をもっており、そのような踊り場に自動車で通うことができる富裕層を会員にしていたとみられる。滞在してダンスの教授を受けられるよう、宿舎もあったらしい。大阪清和会館や奈良ホテル、京都の都ホテルでも家族的なパーティを開催していた。

この公ダンスが、新潟に進出する。新潟では、カフエー「孔雀」がダンスホールを開いていたが、フロアがせまくダンサーも少数だった。齋藤は、ダンサーを補充するなどしてこのホールを建てなおし、これとは別に教授所にちかいかたちで「新潟ダンスホール」を経営する。新潟ダンスホールは公ダンス北陸本部でもあった。

港町には港町ならではの独特なダンス文化も育つ。新潟では、もうひとつユニークな踊り場があった。いまもホテルとして営業をつづける「イタリア軒」だ。一八七四年に来日したチャリネ曲馬団が新潟で公演した際、ケガをして一座を離れることになったイタリア人ピエトロ・ミオラ。この人の暮らしを助けるためにつくられた西洋料理店が、イタリア軒の起源である。ミオラはその後帰国するが、料理店は地元の人びとによって株式会社として運営される。一九三〇年に火災に遭って焼失するが、翌一九三一年に新館での営業を再開、新築された建物二階にダンスホールが開かれた。東京からバンドを呼ぶこともある、新潟有数の踊り場になった。

新潟のふたつの踊り場、孔雀とイタリア軒は、いずれも坂口安吾の『吹雪物語』で描写されている（『定本 坂口安吾全集 第二巻』冬樹社、一九六八）。作中、名称は「金鶏」、「エスパニア軒」に変えられているものの、重要な舞台となっている。ただし、両ホールとも一九四〇年八月で営業を終えた。

北陸方面とは逆の、瀬戸内海を経て西へのルートで伝播したことも確認できる。別府は関西から船で行き来できる温泉地で、利用客も多かった。そこに、ダンスホールが開かれるのは自然なりゆきだった。

別府のばあい、経営は地元の旅館などだったが、ノウハウを移植したのは阪神間のダンスホール関係者だった。とくに、一九三二年にダンス・パレスのマネージャーをつとめる高橋虎男が招聘され、別府で講演を行なったことが画期となっている。もともと高橋は大分県の出身で、いわばこれが凱旋講演だった。別府訪問中に三度の講演を依頼され、それぞれ亀の井ホテル、別府市公会堂、別府音楽協会で話した。ダンスホール経営の見通しや実情を語り、同伴したダンサーといっしょにダンスの実演もしてみせる。高橋は、「温泉と女のみ」では「保健上にも憂ふべきこと」だとの持論を述べ、近代的な社交施設としてのダンスホールの必要性を説いた。この講演の直後、別府ホテルやビリケン食堂などが店をホールに改造する計画を立てたという（『ダンスフアン』一九三二年二月）。

もちろん、それまでにも飲食店が酔客にダンスを踊らせるようなことはあった。だが警察は正式な規制の根拠をもっていなかった。ようやく一九三三年一一月に「「ダンス」ホール取締ニ関スル件」を出した（『大分県警察史 第一巻』一九八六）。

本格的なダンスホールの早い例は別府ホテル。開業当初は小規模だったため、拡張工事をしてバンドを入れられるステージをそなえた。追加のダンサーも尼崎ダンスホールから迎える（『ダンス時代』一九三三年六月）。このホールは、「リラ」と改名し、さらに「パレス」となる。別府のホテルでは、亀の井もダンスホールを開いた。大都市のダンスホールはマナーとしてきびしいドレス・コードを客に課していたし、警察もダンサーや客の服装の乱れには注意していた。だが、温泉場のホールでは、浴衣がけの客が踊るなど、いくぶん弛緩したムードがあり、それがまた人気だったらしい。ただし、ダンサーの服装は温泉場であっても、だらしないものは認められていない。

ホテルのほかにも、「オリムピック」、「ビリケン」など飲食店が併設するホールがあった。別府のダンスホールは、関西だけでなく、大分や関門のダンス愛好者を惹きつけていたようだ（『別府』一九三三年一〇月）。ただ、これらの踊り場がフロアの拡張やバンドの導入などをすすめたころには戦争への協力が求められるようになり、営業に対する締めつけも強まった。別府のダンスホールは一九三九年まで営業していたことがわかっているものの、その後のようすは不明だ。

なお、「熱海ダンスホール」など静岡県下の温泉街にも東京や横浜からの踊客を受けいれる踊り場が数多くつくられた。ただし、旅館やホテルが併設したホールについては、開設の時期や営業の実態などの詳細を明らかにできていない。

仕事をおえた別府オリムピックのダンサーたち
［『ダンス時代』1936 年 4 月］
コートを羽織り、近くの寮まで帰る。オリムピックは喫茶スズランの階上にあった。

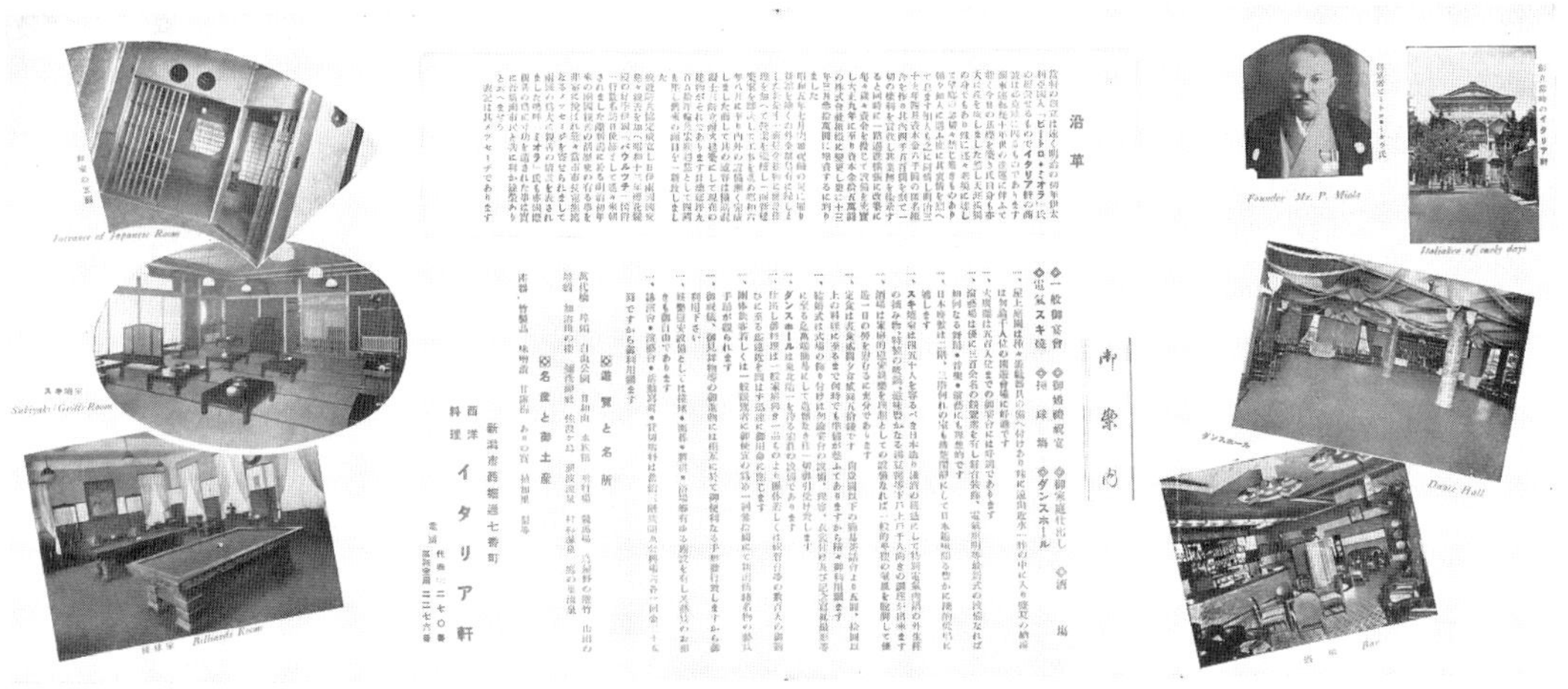

新潟イタリア軒と創業者のミオラ
[パンフレット（個人蔵）]
ダンスホール、バーなどの施設案内が付される。

新潟古町通とカフエー孔雀
[絵葉書（個人蔵）]
道路の右側に写るのが孔雀。ダンスホールは階上にあった。

湯涌温泉白雲楼のダンスホールとバー
[絵葉書（個人蔵）]
ダンスホールには蓄音器がおかれている。バンドが常時演奏していたわけではないが、本格的なつくりになっている。

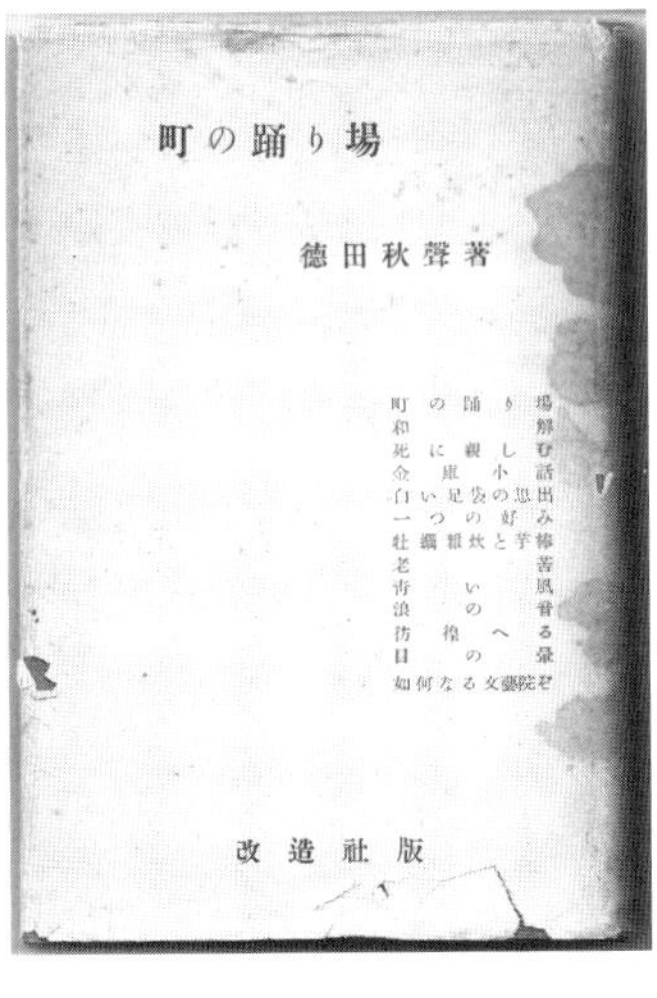

徳田秋聲『町の踊り場』
『経済往来』1933年3月号に発表され、翌1934年、改造社の文芸復興叢書の1冊としても刊行された。

内地と外地

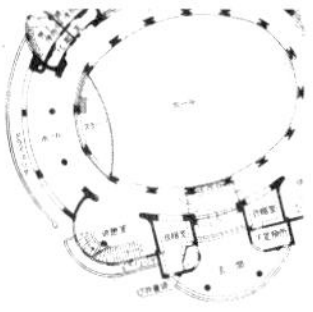

戦前期の「内地」では、都市部および都市近郊や温泉地などにダンスホールが開かれ、ホテルなどにもボールルームが設置された。警察による取締りの枠組みが確立された一九三〇年代なかばには新設が許可されなくなったため、ホールの数はほぼ一定する。おもなものは千葉二、埼玉三、東京八、神奈川九、新潟二、石川二、滋賀一、京都三（特殊一）、奈良一、兵庫一二、大分四で、これ以外にもレコードをもちいる小規模ホールや、教授所を大きくしたていどのホールがあった。時期によってじゃっかんの増減はあるが、だいたい五〇か所だったと考えてよい。

これに対し、「外地」のホールはどうだったか。

まず、日本が併合した朝鮮半島ではダンスホール営業は認められなかった。ホテルでの舞踏会についても、公認はされていなかったようだ。ただ、じっさいにはカフエーで踊られることはあった。カフエーは朝鮮でも内地と同じように増加していて、ここで遊ぶ男性客が妓生を呼んでパートナーになってもらうかたちだった。床下にオンドルをそなえた伝統的な部屋では、靴を脱いで、靴下だけになった男たちが妓生を相手に踊ったという。

朝鮮の若い世代には、社交ダンスを踊りたいという人たちもいて、警察に対してダンスホールの営業を許可するようはたらきかけることもあった。しかしながら、日本占領時代には実現していない。

領有が半世紀におよんだ台湾では、昭和時代になってダンスホールをつくろうとの動きがみられた。時期的に早いのは一九二七年の台北で、神戸からダンス教師を呼んでホールを開く計画があった。けれども、このときは警察が許さず、開業にはいたっていない。この年は、大阪、京都でダンスホールに対するきびしい取締りがあり、神戸でも多くのホールが淘汰された。これがダンス経営者の目を外地に向けさせることになり、ダンサーや教師、ミュージシャンが働く場を求めて移動したのだが、台北も選択肢のひとつだった。

その後、カフエーの女給や芸妓と踊るかたちが維持され、また音楽愛好家たちも同好会のかたちでダンスをたのしんだ。

一九三一年になると、ついに警察も許可に傾き、「同聲」と「羽衣」の二ホールが開業する。同聲は、もともと同好会的な踊り場だったが、内地からダンサーをスカウトするなどし、タクシー・ダンスホールに転換した。いっぽうの羽衣は台湾在住の漢民族すなわち「本島人」が経営に参画し、立派なビルを用意してダンスホールをつくりあげた。

同聲も羽衣も、日本人と中華系の人びとがともに利用しており、どちらかが占有したり、どちらかを排除したりすることはなかったようだ。しかし、ホールが許可された時期が遅かったこともあり、数年のうちにきびしい経営状態に追いこまれた。一九四〇年には、閉鎖となっている。

中国大陸には、上海や青島など欧米列強が租借した地区をふくむ都市があり、早くからホテルでのダンス・パーティが開かれ、また営業ダンスホールもつくられた。けれども、一九二〇年代以前に踊っていたのは欧米人がほとんどで、中華系の人びとはなかなかダンスになじめず、ダンサーも日本から供給されたくらいだ。

だが、あまり時を経ずに中国でもモダンな文化としてジャズや社交ダンスが受けいれられ、欧米系、アジア系の利用者が混在する国際的な踊り場が形成されていった。とくに上海では、レベルの高いジャズ演奏と、飲食をともなうダンスが売りもので、いわゆるキャバレー形式の営業がひろがる。租界ごとに経営者は異なり、日本のダンスホールは虹口地区で営業をつづけた。開業や閉鎖の時期は不明だが、「ブルーバード」（ブリユーバード）、「桃山」、「ライオン」、「極東」、「タイガー・ハウス」などがあった。

また、青島にも早くからホールが開かれ、日本人も利用している。のちに東京フロリダのダンサーとして売れっ子になる田辺チェリーも、青島の学校時代にダンスを身につけた人だ。

関東洲ではロシアが支配していた大連を日本がひきつぎ、中国東北部への進出の足がかりとした。大連の飲食店では、ロシア人女性がダンスの相手をつとめることがあった。やがて日本人も踊りはじめ、ホテルのパーティがさかんとなり、営業ダンスホールも開業した。大連から北上するかたちで、奉天（瀋陽）や新京（長春）、ハルピン（哈爾濱）ほか多くの都市で日本人経営のダンスホールがあらわれる。

これら外地のホールも数のうえでは無視できない存在だった。台北二、大連八、奉天四、新京三、ハルピン四、青島七、天津一、北平（北京）一。このほか鞍山や吉林、斉斉哈爾などにも日本人がかかわるダンスホールがあった。これも最盛期と衰退期とのあいだで数に開きはあるが、おおむね三〇か所があったとみられる。内地とあわせると八〇か所ほどのホールがあって、一部のミュージシャンやダンサーたちは、これらのホールのあいだを移動したのである。

日本人がもたらした洋楽洋舞が、それぞれの街でどのように受けいれられたのか、あるいは受けいれられなかったのか。詳細を知ることは、いまではむずかしい。中国大陸などでは現在も高齢者のなかに社交ダンスを踊る習慣が根づいてはいるが、戦前期に日本人によって伝えられたダンスを直接、継承したものなのかどうかは不明だ。

外地のホールの閉鎖は、内地同様一九四〇年の前後だった。

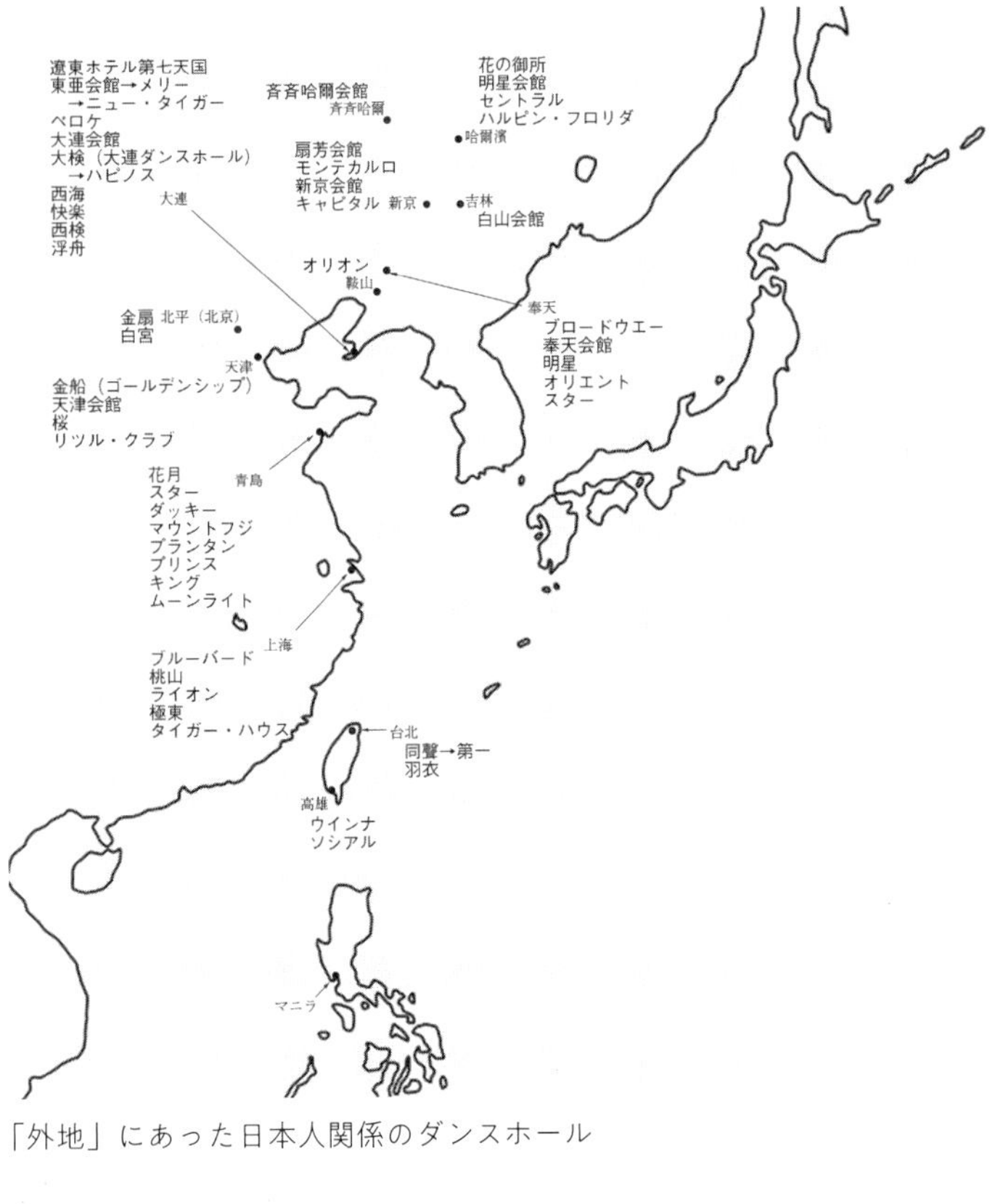

「外地」にあった日本人関係のダンスホール

台北二ホール「羽衣」・「同聲」
「内台融和」とチャイナ・ドレス

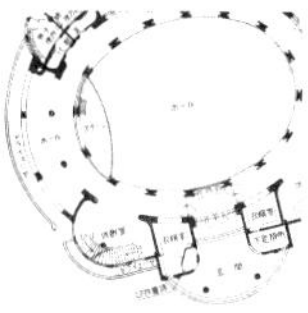

台湾で一般の人びとが社交ダンスを踊るようになった経緯については、『ダンスファン』誌に寄せた水町京二という人物の回顧記事がある。水町は新聞記者だったようで、この報告とかなり重複する内容の記事「台北の屋根の下」および「社交ダンスの渦を巡る」が台湾日日新報に掲載されている。一九三二年一月二八日から三月一五日にかけてのもので、途中、上海事変による中断をまたぎ都合一八回にわたり連載された。台湾日日新報の記事のほうが具体的でくわしい。以下では、これらの資料にそいつつ、他の情報を補って述べたい。

台湾でダンスホール営業が許可されたのは台北でのことだが、ほかにも高雄や台南にクラブ形式の踊り場があった。高雄のクラブはダンサーをおいていたため、一九三八年には黙認状態から課税対象の営業ホールに取扱いが変更される（『ヴァラエティ』一九三八年一〇月）。また港町の基隆でもホール営業許可を求める声はあがっていたようだ。ただ、本格的な商業ダンスホールは台北で発展したとみてよい。

台湾での社交ダンスのはじまりは、一九二七年ごろとみられる。神戸から渡台した片山光兒、とし子夫妻が先鞭をつけたのだという。この渡航は、関西のダンスホールが警察によってきびしい取締りを受けた時期になされたもので、営業が許容された神戸ではダンスホールの過当競争が生じた。片山光兒は神戸ＫＮＫホールにもかかわっていた人だから、新天地を求めて台北に向かったのではないかと推測される。

台北の林樹枝という人が、かつて名古屋にいたことがあり、その際に片山にダンスを習ったとのいきさつがあったようだ。渡台した片山夫妻を林が迎えるかたちで台北での社交ダンス教室の開業がくわだてられる。民家の二階をホールに改造して準備をすすめたが、警察は公開のダンスホールを許可しなかった（台湾日日新報、一九二七年一一月二七日）。片山は内地にもどり、大阪梅田新道の北パリジヤンがホール営業から飲食店に転じていたので、そこに拠点を見いだした。「ダンデイ・クラブ」という集まりでダンスを教えたことが広告などから読みとれる（『ダンスファン』一九三二年六月）。なお、この人のその後の消息は不明だ。

ほかにも内地から台湾に渡ったダンス人はいる。たとえば、のちに神戸のダイヤで教師をつとめる姫野宏亮や、阪神国道ダンス・パレスのダンサーとなる河野銀子らだ。だが、台湾ではなかなかホール営業が許可されなかった。このように関西のホール規制がつくりだした人の動きは、内地にとどまらず外地をふくめたひろがりをもっていた。そういった動きから生まれたダンス熱は、じょじょに台湾にひろがり、ダンス愛好者は台北に拠点をつくりだしていく。「欣踏倶楽部」、「コロムビア倶楽部」、「同聲倶楽部」などの同好会だ。そして、これらの倶楽部がやがて台湾にダンスホールを生みだす下地となった。

欣踏倶楽部は一九三一年一月に創設。建物のようすはくわしくわからないが、靴を脱ぎ、靴下の上にカバーをかけて、日本式の畳敷きの座敷で踊ったようだ。伴奏は蓄音機。もとは築地町にあったが、すぐに明石町の日の丸ビル二階に移転した。

このビルの向かいにあったのがカフエーの美人座。カフエーの男性客たちは、酔って踊りたくなると、女給を欣踏倶楽部に連れて行く。女性会員がすくない倶楽部側は、こういった利用を許した。いやそうしないと営業がなりたたなかったのだろう。会員制といってもあいまいで、芸妓も多くふくまれていた（台湾日日新報、一九三二年二月二一日）。パレスのナンバー・ワンになる河野銀子が台北時代に踊っていたのも、この店だったらしい。なお、この台北の美人座をふくめ、「外地」のカフエーについては山路勝彦『美人座物語』（関西学院大学出版会、二〇二三）にくわしい。

台湾総督府や台湾銀行に勤めるエリートの利用が多かったのがコロムビア倶楽部。名称に示されるとおり、台湾コロムビア販売商会の建物で活動した（台湾日日新報、一九三二年二月二三日）。コロムビア倶楽部は、カフエー「ライオン」で台湾最初のダンス・パーティを開催したことが伝えられる（台湾日日新報、一九三〇年九月一九日　九月二一日）。このパーティがきっかけとなって台湾でのダンス熱が高まる。けれども、警察は飲食店やホテルでダンス・パーティを開くことを認めなかった。台湾随一の鉄道ホテルでの舞踏会も許可されない（台湾日日新報、一九三〇年一〇月二日　一〇月三日）。

しかし、台湾の警察が、ダンス営業許可に関して非常にかたくなだったというのではないようだ。どちらかというと、取締りの体制さえできれば許可する心づもりだったが、法令などの整備がずるずると先延ばしにされてしまった面がある。規則が発布されたのは一九三二年二月七日。二三条からなる台北州令「舞踏取締規則」で、構造要件もかなり詳細に定められている（台湾日日新報、一九三二年二月七日）。業者側の対応は六か月ほど猶予されたが、改築で適合できそうなクラブはなく、許可される可能性があるのは同聲くらいにとどまる見通しだった。なお、台湾の取締規則の制定は、内地の京都府の規則などより早い。

規則がつくられたことで、あいまいなかたちで営業していたダンスホールはいったん消滅し、愛好者たちはふたたび会員制の倶楽部にもどっていく。警察もこれを黙認した。あいかわらず女性会員が不足したので、それを補うためにカフエーの女給の入場料を免除する慣行が定着。新聞記者の水町京二のことばを借りれば、台北の「カフエのダンスホール化」がすすんだということになる。（『ダンスファン』一九三二年六月）。

なおこの時期の台北の踊り場には、歴史的にみて看過できないものがある。池内徳子とみられる女性が営んでいたホールだ。池内徳子は米国帰りのステージ・ダンサーで、東京で社交ダンスを教えた。震災の前、多くの同好会があったころだ。教授所は最初、京橋にあったが、のちに大塚に移った。巣鴨の教室といわれることもある。そして、この池内舞踏研究所に居候をしていたのが若き日の稲垣足穂。また池内徳子は衣巻省三の家に出張教授もしており、衣巻はいわゆる馬込文士村のダンス熱に火をつけた。宇野千代や尾崎士郎、萩原朔太郎、川端康成ら文学者が社交ダンスとの接点をもった背景として池内徳子の教授所の存在は大きい。池内はしかし、妹つるをともなって渡台したらしい。だが台北の繁華街大稲埕《だいとうてい》に大きなホールを建設する計画にかかわっていたらしいことが新聞記事に見られるのみで、池内姉妹のその後の消息はわからないままだ（台湾日日新報、一九三二年三月一〇日　三月一五日　一〇月七日）。

台北州令によってダンスホールの営業許可がおりたのは一九三二年の秋、一〇月一二日で、二か所のホールが許可された（台湾日日新報、一九三二年一〇月一三日）。さきに書いた欣踏倶楽部が「羽衣会館」として商業的ダンスホールに転じた。場所は花柳街の西門町で、六階建ての洋館を確保し七万円の費用を投じて改装工事を行なった。ダンサーのなかには阪神間や東京から集められた者もいる。バンドも内地から招聘した。マネージャーは大阪毎日新聞の記者をしていた福澤文華で、欣踏倶楽部や花街で社交ダンスを教えたこともある人だ。この福澤が開業前に内地に渡ってダンサーを集めたことが伝えられている（台湾日日新報、一九三二年一〇月一八日　一〇月三〇日）。

羽衣会館のオープンは一一月三日。五日から一般営業となる。チケットは一〇枚で一円五〇銭だった。

いっぽうの「同聲倶楽部」（同聲ダンスホール）は、一一月一一日の開業（台湾日日新報、一九三二年一一月一一日）。「本島人」の関与が高いホールで、日新町に開かれた。ダンサーも、会員制時代からの女性パートナーを雇った。経営陣だけでなく、バンドにも台湾出身者とみられる氏名が記される。このころは内地のダンサーも多くは洋装で、残された写真をみるかぎり、この同聲倶楽部でもドレス姿のダンサーが多い。ただ、和装のダンサー、チャイナ・ドレスを身につけたダンサーがいる点が特色だ（『ダンスファン』一九三二年一二月）。

けれども、羽衣が日本人のホール、同聲が台湾人のホールといったような明確な棲みわけがあったわけではない。いずれのホールも本島人の客が多かったものの、利用者はまざりあっていた。新聞記事などでは「内台融和」といったことばがもちいられているが、実態はもうすこしちがっていて、よりさまざまな人びとを受けいれていたらしい。

ダンス教師の姫野宏亮が、台湾のホールのようすをレポートしているのだが、それによれば、台湾から東京の学校に進学して帰省してきた留学生と、上海で遊んで帰ってきたモダン・ボーイとが、それぞれの踏風でダンスをたのしんでいたようだ（『舞踏公論』一九三五年一月）。客やダンサーの出身地が多様だったのみならず、ダンスも音楽もさまざまだったものと推測できる。

内地のホールとのちがいは、多様性だけではない。蒸し暑い気候風土だったから、客はよく上着を脱いで踊った。ただし、ダンサーが薄着をすることは挑発的とみられたので、それらに対する監視の目が光った。

台北二ホールの経営状態は安定していた。同聲は第一劇場の四階に移転し「第一ダンスホール」となる（台湾日日新報、一九三五年一二月二二日）。教授所がふえたことにともない、一九三三年一〇月には台湾社交舞踏教師協会も設立された（『ザ・モダンダンス』一九三三年一〇月）。

だが、このあとは内地と同じように戦争に向かう力に逆らえなかった。献金などの協力を自主的にすすめても、営業時間を短縮されるなどして、風あたりは強くなる。第一ダンスホールに袴姿の男が乱入して剣舞を見せる示威行為もあった（大阪毎日新聞台湾版、一九三八年八月四日）。始業前に宮城あるいは伊勢神宮を遥拝することが義務づけられ、一般女性の単独利用や学生の利用が禁じられた。さらにダンサーの増員も許可されなくなる（台湾日日新報、一九三八年一〇月一日　大阪毎日新聞台湾版、一〇月四日　『ヴァラエテイ』一九三八年一一月）。

内地のダンスホールに未来はないと見きって渡台した関係者たちは、さらに別の行き先を考えなくてはならなかった。ダンサーたちは女給になるしかないと悲観する。規制強化の結果、当然、利用客は減少する。このころ羽衣のダンサーは一三名、第一が一七名、楽士はともに七名を数えるにすぎなかった（大阪朝日新聞台湾版、一九三八年一〇月二日）。

一九四〇年に向けて内地のダンスホールは順次廃業、閉鎖された。同様に台湾の踊り場も失われていく。一九四〇年夏には高雄と台南のクラブが活動停止。台北のダンスホールについては一〇月末で閉鎖とすることが通達された（大阪朝日新聞台湾版、一九四〇年一〇月三日）。しかし、この期日までもちこたえることはできない。最後まで営業した第一ダンスホールは八月いっぱいで自主的廃業の道を選んだ（台湾日日新報、一九四〇年八月二八日）。

台湾では内地と同じころに社交ダンスのブームが起こり、クラブが生まれ、カフエーの女給や地元の芸妓と踊る慣行が定着した。内地より遅れてダンスホールが許可されたあと一時的な発展をみたものの、内務省の方針にしたがって内地のホールとほぼ同じころに閉鎖される。日本統治下の台湾のダンスホールの歴史も、二〇年ほどの短いものだった。

台湾第一ホールジャズ・バンド
[『ダンス時代』1938 年 1 月]
前年まで京阪ダンスホールにいたドラムの山崎長重が台湾第一のバンドを編成。ジャズだけでなく、タンゴ、ハワイアンの 3 部編成だったという。

台湾同聲ダンスホール
[『舞踏公論』1935 年 2 月]
バンド・マスターは周玉當という人だった。ダンサーは洋装のほか、和装、チャイナ・ドレスと多様。

台湾第一ダンスホールの愛国デー
[『ダンス時代』1938 年 1 月]
1937 年 10 月、愛国デーとしては第 2 回の催し。ダンサーの前に積みあげられているのは慰問袋。

ダンス・パレスのナンバー・ワン時代の河野銀子
[『ダンス時代』1933 年 8 月]
河野は、「内地」にもどりパレスに勤務。大阪時事新報主催の読者投票でもチャップリン歓迎使節のひとりに選抜された。

上海タイガー・ハウスと天津マルタマ

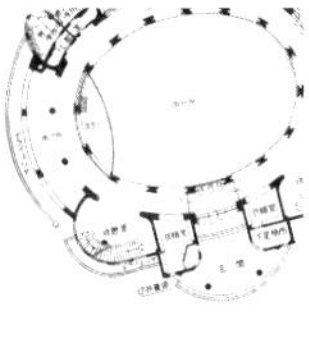

内務省によってダンスホールの閉鎖方針が打ちだされたのは一九三七年の暮れ。これを受けて、業界は大混乱をきたす。まずは恭順の姿勢を示すために、営業上のさまざまな自粛がなされた。ダンサーが服装や髪型を質素なものに変えるとか、売上げの一部を献納するとか、そういった対応が、じゅうらいにまして目だつようになっていく。

このままダンスホールを営業することは、「内地」ではむずかしい。ほとんどの経営者はそう考えただろう。だが、じっさいに海を渡って大陸にホールをつくるまでの実行力をそなえた経営者はかぎられていた。

タイガーの経営者高橋虎男は積極的に動く。いっぽうで進出の拠点となる場所を探し、いっぽうで大陸に向かうダンサーを募集する。京都では大型のホールをつくったがために経営が傾き、ダンサーたちは次の職を探しはじめていた。その京都で新聞広告を打ち、面接などを実施する（京都日日新聞、一九三八年三月四日　京都日出新聞、三月七日）。さらに東京や地元尼崎でも女性従業員を募った。

上海でのダンスホール開業のためには、軍の力添えが不可欠だった。高橋が軍を口説き落とした理屈はこうだ。これまで上海の歓楽はフランス租界でも共同租界でも中国人が支配しており、日本人も多くの金をつかってきた。これからは逆に、日本人の経営する娯楽施設で外国人の金を吸いあげる必要がある、と。「新上海の咽喉部を扼する当上海ダンスタイガーは国策の一つとして、陸海軍当局あげての特別な御援助をうけ、この一帯は今後絶対に新規営業不許可にも拘らず、特別許可をいたゞきました次第」と、高橋はふりかえっている（『ザ・モダンダンス』一九三八年六月）。

中支派遣軍の許可を得た高橋は、上海でのダンスホール開業を実現。場所は北四川路。「ムーン・パレス」（月宮殿）という四階建てのビルを確保し、そのなかにダンスホール、ホテル、レストラン、キャバレーなどを併設した。この総合娯楽施設は高橋虎男の名にちなみ、「タイガー・ハウス」と命名される。四月二三日からキャバレー、ダンスホール部分が先行開業した（『ザ・モダンダンス』一九三八年四月　五月　六月）。

大陸ではダンスホールと他の娯楽飲食施設との兼業が制限されない。経営者の観点からすれば、これは大きな利点に映る。キャバレーをはじめ、内地ではできないビジネスの展開が可能だった。高橋は、この大陸での事業でかなり儲けたが、敗戦でほとんどを失った。上海タイガー・ハウスの最後がどうなったのかは明らかでない。

さらに大連にも拠点をつくる。岩代町にあったメリー・ダンスホールが経営難から売りに出され、これを高橋が買収した。同じ一九三八年の五月一日から「ニュー・タイガー」として開業。高橋はわずか一週間あまりのあいだに大陸にふたつのダンスホールを開業させた。高橋は、ダンサーだけでなく、多くの女性たちを内地から大陸に送りこんだ。その数は、五百名以上にもなる（『九州文化大観　第二版』日本文化研究会、一九四〇）。大連ニュー・タイガーは、一九四一年までは営業していたようだが、その後、飲食店に転換した。

こういった動きを示したのは、ダンスホール経営者だけではない。キャバレーのマルタマも大陸進出の機会をうかがっていた。日本人街がつくられた天津には、早くからダンスホールが開かれたのだが、そこに拠点を設けたのがマルタマだった。一九三七年には、「天津会館」をオープン。一階がキャバレー、二階がダンスホール、三階が和洋宴会場で、こちらも大規模な娯楽施設だった。雑誌記事は、天津の繁華街に「道頓堀そのまゝ」の景観がつくりだされたと報じている。マルタマが女給やダンサーとして送りこんだ女性も二百名ほどになると伝えられた（『ザ・モダンダンス』一九三八年五月）。ただし、こういったかたちでつくられた施設は短命に終わる。天津では営業時間の短縮などが求められ、ダンサーの数も減らされた。そして、一九三八年一一月にはダンスホール閉鎖の措置がとられ、天津会館もカフェーへの転業を余儀なくされた（大阪毎日新聞大陸版、一九三八年一一月一日『ヴァラエティ』一九三九年一月）。経営者、ダンサー、それにバンドマンたち。多くの関係者が活路を求めて渡った大陸だったが、そこにもダンスホールが生きのこる余地はなかった。

神戸港から鴨緑丸で渡航する天津会館女性従業員の見送り風景
[『ダンス時代』1938 年 1 月]
このときマルタマは 200 名の女給、ダンサーを大陸に送った。

上海タイガーのダンサー、サービス嬢募集広告
[京都日日新聞 1938 年 3 月 4 日]
広告には「軍許可済」との文字がみられる。

大陸を北へ
大連、奉天、新京、ハルピン

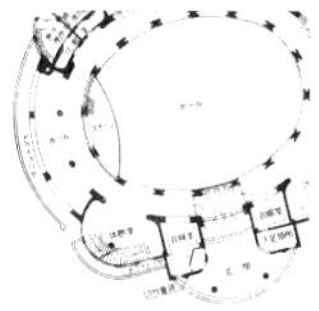

大陸をめざしたのは、関西のダンス関係者にかぎったことではない。東京のダンサーや教師、ミュージシャンも新天地での成功を夢見た。内地での展望が開けないなか、活路を模索。人の流れが交錯した。トランペッター南里文雄のように神戸から東京へ、そして大連へ、ふたたび東京へといった経路をたどって活躍した人もいる。どこか特定の地域から、決まった地域への移動が一方向的に起こったのではない。

ただ、日本人が経営するダンスホールが開かれた経緯をたどると、やはり大連から奉天、新京へ、そしてハルピンへというふうになる。中国大陸には、海路で上海や青島、大連に、また陸路でもロシア経由でハルピンへ到達することができたから、もともとダンスを踊る施設はあった。ハルピンや大連にはロシア人女性のダンサーがいたし、上海や青島にもホテルやダンスホールが古くからあった。そういった街に日本人が進出し、日本人向けのホールを開いた。また、いわゆる満洲では、日本人が初めて社交ダンスや、中南米のダンス音楽を伝えたであろう街もある。

大連ではヤマトホテルで舞踏会が開催されていた。また、ロシア人の経営するレストラン「ビクトリア」が踊れる店として名を馳せていた。いっぽう、遼東ホテルでもレストラン利用者がダンスをたのしみはじめ、その後、ダンス・ブームが到来する。内地の流行が、いくらか遅れて大連に届く。しかし、その後の展開は早く、ダンスホール営業の許可が待望された。にもかかわらず関東庁警察の対応は緩慢で、一九三一年まで正式の許可はおりなかった。

ホテルでのダンスが先行的に認められ、その後、一九三二年には「東亜会館」や「ペロケ」といった民間のダンスホールがつくられた。また、「大連会館」のように飲食店から転業したものや、花街の検番に開かれた「大検ホール」、「西海」、「快楽」なども参入する。

大連のホールでは飲酒が認められた。だが、資料によれば、それによってホールの風紀が乱れることはなかったようだ。内地の教師協会が指導するかたちで満洲舞踏教師協会も創設され、教師やダンサーによる競技会や模範舞踏の発表会なども頻繁に開催され、それが風紀の維持に貢献した面もあろう。

大連でのダンス流行のピークは一九三三年。カフエーの人気を圧倒する。同時にそれは「反ダンス運動」を引きおこす。関係者のスキャンダルも新聞雑誌に書きたてられ、世間の目はダンスに対して冷ややかなものに変わっていく。経営的に弱いホールは売りに出され、たとえばメリー・ダンスホールは高橋虎男によって買収されている。そういった状況にあっても施設を新設する大連会館のようなホールもあったが、一九三九年には風紀粛清が関東州庁によっておしすすめられた。多くの踊り場が映画館や飲食店に転業。けっきょく、一九四一年までに大連の踊り場は消えている。

他の都市についてもまとめておこう。奉天（現在の瀋陽）では一九三一年に「ブロードウエー」が許可され、その後、「奉天会館」、「明星」などが開かれた。このうち明星は、大連の遼東ホテルを経営していた山田三平によって買収されている。山田三平は、自分の健康維持のためにダンスをはじめ、遼東ホテルに「第七《だいしち》天国」というダンスホールを設けたのをきっかけに、大陸各都市に進出してホールを経営した。奉天の明星のほか、同地の「オリエント」も買収、さらに鞍山で「オリオン」を経営した。満洲舞踏教師協会や大連舞踏場組合の役職をつとめ、内地のダンス事情を視察するなどして業界の発展に尽力した人物だが、一九三七年に歿した。奉天のダンスホールは一九四一年まで営業したが、その後、閉じられて、映画館などに変わっている（大阪朝日新聞南満洲版、一九四一年四月一一日）。

満洲国の首都として建設されつつあった新京（現在の長春）にもダンスホールは進出した。一九三〇年に「扇芳会館」が開かれ、「モンテカルロ」、「新京会館」、「キャピタル」などがつづいた。モンテカルロには、英国でシルヴェスターのレッスンを受けたダンス教師の山市太平がいたこともあり、キャピタルには東京からダンサーが送りこまれた記録がある。いずれも、インチキなダンスを排除し正しいダンスの普及につとめるとの名目があったのだが、内地のダンス業界の限界が露呈していたことをも物語る。けれども、日本人のダンサーや教師がイングリッシュ・スタイルのボールルーム・ダンスを大陸にもたらしていた事実は興味ぶかい。また、扇芳会館には、タンゴを演奏するバンドが出演している。ジャズだけでなく、内地で人気が出た中南米の音楽やハワイの音楽も、日本人ミュージシャンによって中国の東北地方にまで送りとどけられていた。新京のダンスホール閉鎖は、一九四一年だった（大阪毎日新聞満洲版、一九四〇年一二月二一日）。

ロシア人をふくむ複数民族が暮らしたハルピン。もともとヨーロッパ由来の文化がもたらされていたので、踊り場もあった。ロシア人女性が働くキャバレーでは社交ダンスもステージ・ダンスもあり、日本人男性のなかにはロシア人女性と過ごすひとときを目あてに旅行する者もいた。日本人向けのホールは「花の御所」、「明星会館」、「セントラル」、「ハルピン・フロリダ」などがあった。閉鎖は一九四一年。だが、ロシア人経営のキャバレーなどは、そのまま営業をつづけたようだ。

大陸ではこれ以外にも北京（北平）に「金扇」と「白宮」があり、青島に「花月」、「スター」、「ダッキー」、「マウントフジ」、「プランタン」、「プリンス」、「キング」、「ムーンライト」など日本人経営のものだけでも多くのホールがあった。吉林に「白山会館」、斉斉哈爾に「斉斉哈爾会館」、通遼には「通遼会館」があったとされるが詳細はわからない。いずれも一九四〇年から一九四一年にかけて閉鎖されたようだ。

東恒次
[『ダンス時代』1935年9月]
大連神社建設のために宮大工だった父とともに大連に渡った東は、キャバレー大連会館の工事も請け負い、さらに経営にかかわった。のち、ダンスホール営業に転じる。

常盤町移転後の大連会館
（梅原陽子蔵）
1階にはキリン・ビヤアホールが入居、のちに上階が増築された。第2次世界大戦後も近年までダンスホールとしてもちいられた。

大連会館での催事
（梅原陽子蔵）
衣裳などからカントリー・ダンスと推定される。撮影時期は不明。

遼東ホテル
［絵葉書（個人蔵）］
この建物の屋上を改装し、ダンスホール「第七天国」を開いた。

同、内部
［『ザ・ダンス』1933年5月・6月］
ペロケの内部写真はすくないが、かなり斬新なデザインだったことがかいまみえる。

ペロケ・ダンスホール
［『ザ・モダンダンス』1935年2月・3月］
左側壁面の三角形の窓が特徴的。第2次世界大戦後も長く映画館として利用された。

朝鮮総督府とホールの不許可

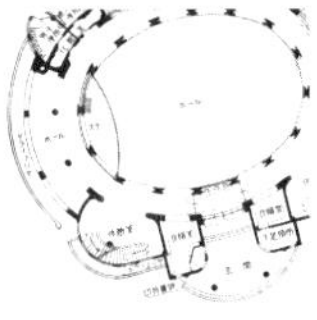

　別項で説明したとおり、戦前期にはいわゆる「外地」にも日本人経営のホールが数多く存在した。しかし、朝鮮半島でのダンスホール営業は許可されなかった。例外は朝鮮ホテルでのクリスマス・パーティで、外国人主体のものだった。ソウルの三越にダンスホールがつくられたのは、日本の敗戦が決まったあとのことだという。同じ外地でも、台湾とは大きく扱いが異なった。

　朝鮮半島でのダンスホール営業がなぜ認められなかったのかについては、明確な答えが得られていない。男女のあいだを遠ざけ、衆人環視のなかで身体接触をするようなことは回避する。それは、儒教的な価値観を共有する東アジアでは、納得できる話だ。だが、同じ東アジアでも、中国大陸の上海ではダンスが早くから普及したし、日本列島の都市部でもきびしい監視下ながらダンスホールは許可されている。なぜ、朝鮮半島だけで例外的に認められなかったのか。

　内地では、ダンス愛好者たちの行動におしきられるかたちでダンスホール営業は許可された。また、京都のように、外客誘致という名目がダンスホール許可の後おしをしたケースもある。

　朝鮮についても、外国人観光客を迎えるためにダンスホールが必要だとの意見はあった。たとえば朝鮮総督府鉄道局参事の職員だった佐藤作郎は、「朝鮮に於ける観光事業に就て」という記事で、ソウルに宿泊する外国人観光客が一様に夜のたのしみがないと訴えるのだと書く。「劇なくカフエ・バーがなく、シネマなく、殊にダンスがない。相当の設備を持ちローカル・カラーを表はしたダンス・ホールの、せめて一軒は許可せらるべきではあるまいか。殊に近来洋式生活に馴れた内鮮人数も多く、洋式施設でも内鮮人の誘致可能となつて居る今日、ダンス・ホールの経営維持は当然可能と信ずる」、と（『朝鮮』一九三一年七月）。

　朝鮮総督府が発行する雑誌に、こういった意見が表明される反面、警察のほうはダンスホール許可には傾かなかった。この当時の朝鮮の風俗警察担当者のなかに、京都府や大阪府でダンスホールの取締りを担当していた人物がいたことも確認できる。

　朝鮮の若い世代のなかにも、ダンスホール待望論はあった。モダニズム文化への接近は、自由な生きかたの希求でもあったからだ。このあたりの事情は、日本語訳もされた『ソウルにダンスホールを』（金振松著／川村湊監訳、安岡明子・川村亜子訳、法政大学出版局、二〇〇五）にくわしい。

　朝鮮半島でダンスがまったく踊られなかったわけではない。これは、一九三五年ごろの事情を伝えたものだが、喫茶店や料理屋、カフエーなどでは客が妓生や女給を相手に踊ることがあったようだ。

　朝鮮半島の家屋も、日本家屋と同じように、靴のままダンスを踊るのには不向きな点が多かった。しかし、新築の喫茶店などであれば、下足のまま踊ることは可能だ。日本式の建物の座敷に芸妓を呼ぶばあいは畳の上で踊ったし、オンドルがそなえられた部屋では妓生に相手に靴を脱いで踊った。ダンスのために設けられた空間ではないから、音楽もレコードだったようだ。（『ダンス時代』一九三五年一月）。同様の体験をした榛名静夫も、記憶を書きのこしている。油紙を敷いた部屋で踊りつづけ、靴下に穴をあけてしまった、と（『ダンス時代』一九三六年七月）。

妓生のなかには内地でダンサー勤めをしたことがある女性もいて、そういった人の動きが朝鮮半島にダンスのたのしみをもたらしていた。ただ、内地でダンサーとして働いた女性については、日本ふうの名前で勤めていた可能性が高く、動向をくわしく知ることはむずかしい。

数すくない例が、銀座ダンスホールの水の上明子こと沈明淑だった。「朝鮮貴族令嬢が……ダンサーになるまでの涙の秘話」という記事が事情を伝える（『主婦之友』一九三二年九月・一〇月合併号）。この時期の銀座ホールは、「内鮮融和」の立場をとる親日派の実業家李起東によって経営されていた。李起東が社長をつとめた銀座新興株式会社は、銀座ダンスホールはじめカフエーのグランド銀座や花月園ダンスホールを傘下に収め、料理飲食業界で大きな勢力として注目されていた。ただ、大阪から東京進出を果たした赤玉グループの榎本正らとの競争に敗れ、李は朝鮮に帰ったという（石角春之助『銀座秘録』東華書荘、一九三七）。

平壌妓生学校　歌劇に新生面を拓くモダンな妓生
[絵葉書（個人蔵）]

平壌妓生学校　管絃楽に新手法を見せる妓生
[絵葉書（個人蔵）]

第五章

ダンスホールとメディア　活字と音と図像と

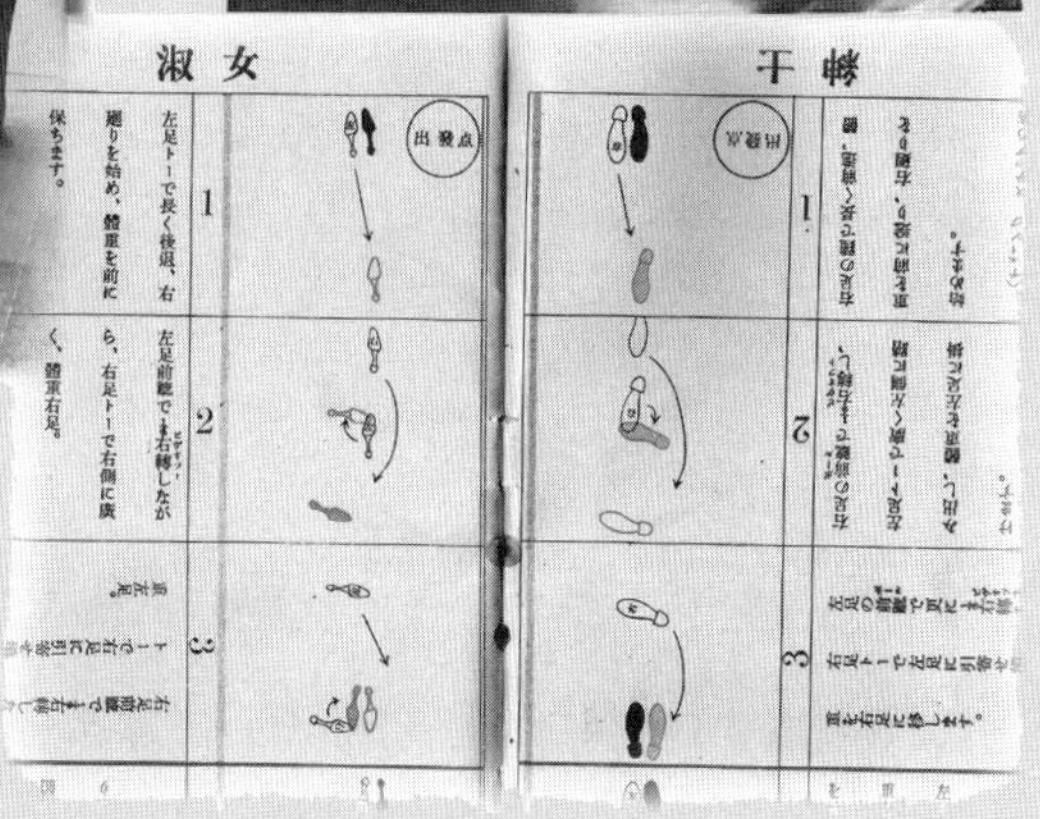

左上　タイガーのドアボーイ「インダル」（平井英雄旧蔵）

右上　ダン・レコード店広告［『ダンスファン』1934 年 6 月］

左下　八重洲口 日米ダンスホールのマッチラベル

右下　玉置眞吉『足型図解社交ダンス早わかり』音楽世界社 1933

谷崎潤一郎がめぐる関西の踊り場

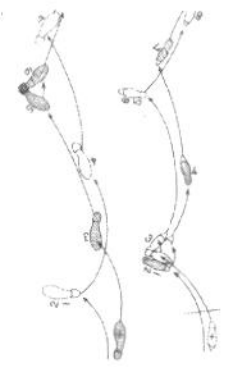

関東大震災のあと関西に移住した谷崎潤一郎の足跡をたどると、黎明期の踊り場の歴史と重なるところが多い。

まずは京都。谷崎は、宮川町立花家のタチバナ・ダンスに通っていた時期がある。京都の花街ダンスでは早いものだが、これを目ざとく遊びにとりいれているのは谷崎ならでは、というところだ。谷崎は、京都で座敷遊びとダンスとを組みあわせてたのしんだ。校正者の神代種亮《こうじろたねすけ》は、谷崎がタンゴを踊って見せたことを記録している（『文藝春秋』一九二五年二月）。また、新京極のローヤルというダンスホールで踊っていたらしいことも、谷崎じしんの「東京をおもふ」と題したエッセイから読みとれる。

大阪ではユニオンで踊った記録がある。目撃者は小出楢重の一家（『聞書き小出楢重』中央公論美術出版、一九八一）。また、谷崎松子も、谷崎、それに芥川龍之介といっしょに踊りに出かけたことを書きのこしている。谷崎じしんの回想は、『当世鹿もどき』（中央公論社、一九六一）にある。パリジヤンのダンサーにご執心だった時期もあったらしい。そのダンサーが姿を消したので、消息を尋ねる英文の手紙を知人のケショ・ラム・サバルワルに送ったほどだ（細江光『谷崎潤一郎 深層のレトリック』和泉書院、二〇〇四）。

谷崎に大阪のダンスホールを教えたのが誰なのかは、確定はできない。ただ、推理はできる。横浜で暮らしていたころ、谷崎一家は近所のメディナという人物にダンスを教わった。そのメディナは神戸に引っこし、大阪のコテジというバーをダンスホールに転換させるよう促したことが伝えられている（『ダンスと音楽』一九九一年五月・六月合併）。メディナは関西に移ってきた谷崎とも、おそらく交際をつづけていただろう。だとすれば、メディナ周辺から得た情報をとっかかりにして関西の踊り場事情にくわしくなったとしても不思議ではない。谷崎の回想には「カテーヂ」すなわちコテジが出てくるので、そこで踊っていたのなら、タクシー・ダンスホールが開かれゆく、まさにそのときに立ちあった可能性が高い。大阪の黎明期のホールにもまた、谷崎がステップを踏んだ跡がある。

谷崎は、京都の立花家やローヤル、大阪のコテジ、ユニオン、パリジヤンのほか、神戸のオリエンタル・ホテルなどにも出かけている。

大阪のダンスホールが営業できなくなったあと、西宮の夙川駅前に開かれた甲南倶楽部でも踊ったらしい。ここは松子の夫根津清太郎が経営にかかわる踊り場だった。このホールの話も『当世鹿もどき』に出てくる。根津の没落によって消えていったホールだが、開業当初は加藤兵次郎がレッスンをするホールだった。さらに阪神国道沿いにオープンした阪神社交倶楽部（杭瀬ダンスホール）でも谷崎は踊っていたようだ（大阪時事新報、一九三〇年五月一日）。

谷崎が商業的なダンスホールで目にされることは、これ以降はない。踊ったとしても、家のなかでのことだったろう。そして、その後、谷崎の関心は日本回帰ともいうべき方向にすすむ。東京で失われてしまったものが、関西にはまだまだ残っていたからだ。ダンスのような洋風の文化に身を浸す気もちからは、じょじょに遠ざかった。

横浜時代から花月園ボールルームやグランド・ホテルに出かけ、震災後は京都、大阪、神戸に生まれはじめた踊り場に通った。谷崎は、久米正雄や奥野他見男らとともに、踊る作家の草分けのひとりに数えられる。だが、早くから踊っていただけに、ダンスから距離をとる時期もまた、早かった。

谷崎潤一郎の著作
横浜から関西移住後までのダンス経験がもとになった作品群。『愛しき人々』、『赤い屋根』、『京の夢 大阪の夢』、『当世鹿もどき』。

ジャズの時代とジャーナリズム

村島歸之と北村兼子、大宅壮一ら

ダンスホールについての報道をになった記者には、その存在を肯定する立場と、否定的に論じる立場の、ふたつのタイプがあった。

否定的なことを書く人は、新聞雑誌の記者だけではない。古い価値観によって世事を判断する評論家なども、伝統的な道徳に適合的でない洋楽洋舞、それらをとりいれた生活、さらにはそれを職業にすることを、おおよそ否定していた。なかには部分的に肯定するケースもないわけではない。たとえば、海外生活の経験があり教養がある人にはふさわしいが、そうではない人びとはダンスなどすれば必ず道徳的に堕落すると決めつける論調がそうだ。

いっぽう肯定的な論者は、ダンスによって人と人との親睦が深まる。とくに日本人の国際化を考えれば、社交ダンスを嗜むことは近代人の素養として必要だとする意見がみられた。また若い男女の健全な交際の方法として、社交ダンスを評価する向きもあった。

けれども、当時の評論を肯定論と反対論にふりわけて整理するのは単純に過ぎる。そのような意味で、洞察力あるジャーナリストが書いたものを参照することは有意義だ。

ダンスホールの問題を扱い、実情をきわめて冷静に記述し、かつひろい視野に立って考察したのは、大阪毎日新聞の記者、村嶋歸之《むらしまよりゆき》（一八九一〜一九六五）だろう。当時のジャーナリストのなかでもっとも客観的で信頼できる情報を私たちに残してくれたのは村嶋だといえる。村嶋は、カフエーについて書いたいくつかの著作のなかで、ダンスホールにもふれている（『歓楽の王宮 カフヱー』文化生活研究会、一九二九 および「大阪カフエー弾圧史」『中央公論』一九二九年一二月）。黎明期の事情に関してはいっそうの確認が必要な箇所もあるが、村嶋が力をこめたのは、カフエーやダンスホールに対する警察の取締りのありかたを、遊廓などの関係者と府会議員など有力者とのあいだの癒着に関連づけて考えることだった。大阪のみならず、かつては多くの都市で開発を大義名分として廓が開かれ、その際に、土地をめぐる利権が生まれた。政治家や投資家は、そこに生じる甘い汁を吸おうと暗躍する。こういった構図のなかでは、カフエーやダンスホールなど新興の娯楽施設は邪魔者でしかない。しかし、人びとが廓での遊びを古くさいと感じ、新しい娯楽に向かっていく流れを、やすやすとは止められない。だから、営業のしかたを制限するため、警察の取締りによって圧力をくわえる手法がとられた。

事案によっては、具体的に関係を描き、誰が悪者なのかを特定することができるだろう。しかし、たとえば大阪のダンスホール規制のばあいは、書ききるほどの証拠が得られなかったのかもしれない。だが、村嶋歸之は、状況証拠に相当する事実を示し、読者が「問題」に関心を向けるよう事態を冷静に書きつづっている。

日本で最初の女性記者とされる北村兼子（一九〇三～一九三一）。北村が精力的に執筆した時期は、ちょうどダンサーという職業に就く女性たちがあらわれ、ふえたころにあたる。ダンサーや、あるいはカフエーの女給たちもふくめ、男性たちをよろこばせる接客業で糧を得る同性への同情。それを基盤にしつつ、ダンスホールに出入りする人びとを生き生きと描写した。この時期の記録で、女性が書いているものはすくないので引用しておこう。

> 松竹座のかへりにハイカラの一連がユニオンになだれ込む、その騏尾について這入つて行けば真赤な上衣に装ひ凛々しい美少年、入津料取立所の関門ならぬ色電燈の下に控へて『いらつしやいませ』の声もうれしき極みである。〔中略〕
>
> 河合ダンスが国粋芸術の色街に新しく踊り出してからはや五年もたつ、それに対抗して花々しく蓋をあけたユニオンダンスはこみ合ふ千日前の雑音の中にバンドの響きを洩して若人の胸をおどらす。一つはあくまでお茶楼の奥座敷であるに反して一つは積極的に開かれたる社交室である。
>
> 開かれたる社交室——オープン、ソーシヤル、ルームこそ、げにいま私達の望んでゐるものではなからうか。些の秘密も持たない明るい部屋こそまことに社交の要件である。〔中略〕
>
> 断髪洋装に耳飾りの女、丸髷にダンス草履の女、つぶしの粋な大年増、七三、ウエーブ、髷なし、髷あり、古今東西ごつちや交ぜ、そのお相手つかうまつるは赤いボヘミアンネクタイに粋をみせるモダ・ボーイ、頭の禿を気にしながら決して俯下かぬお老人、われこそはモダンの総本家でございと髪を縮らし、火難責めにして裾広のズボンに清洒な背広を着こんだ男、痩せたる、肥えたる、若いの、老けたの。
>
> 『婦人記者廃業記』改善社、一九二八

北村兼子は『竿頭の蛇』（改善社書店、一九二六）や『表皮は動く』（平凡社、一九三〇）など他の著作でもダンスに言及している。若くして亡くなることがなければ、さらに多くの記事を残してくれただろう。

ここでは大阪で活躍した村嶋と北村のみについてふれたが、ダンスホールに関する論評では、高橋桂二や小川一人、大宅壮一らも重要だ。現在では風俗史の書き手として知られる高橋桂二は、大正時代の黎明期から昭和初期にかけてのダンスホールについてレポートを残した。『新社交ダンス〔と全国舞踏場教授所ダンサー案内〕』（高瀬書房、一九三三）という網羅的な本もある。小川一人は国民新聞の記者だったが、ダンス好きが昂じて同好会を組織し、さらには『社交ダンス入門』（春陽堂、一九三三）を出版した。ダンス誌への寄稿も多い。社交ダンスがおかれている状況に関する客観的な評論にすぐれた人で、内容も信頼できる。

大宅壮一は、服部良一はじめ大阪から東京に出て活躍した人びとを「阪僑」と呼んだ（『文藝春秋』一九五八年六月）。音楽や芸能の分野に関しては的確なとらえかたであり、また巧みな表現だといえる。服部は、その阪僑のひとりであることを自認してもいたようだ。

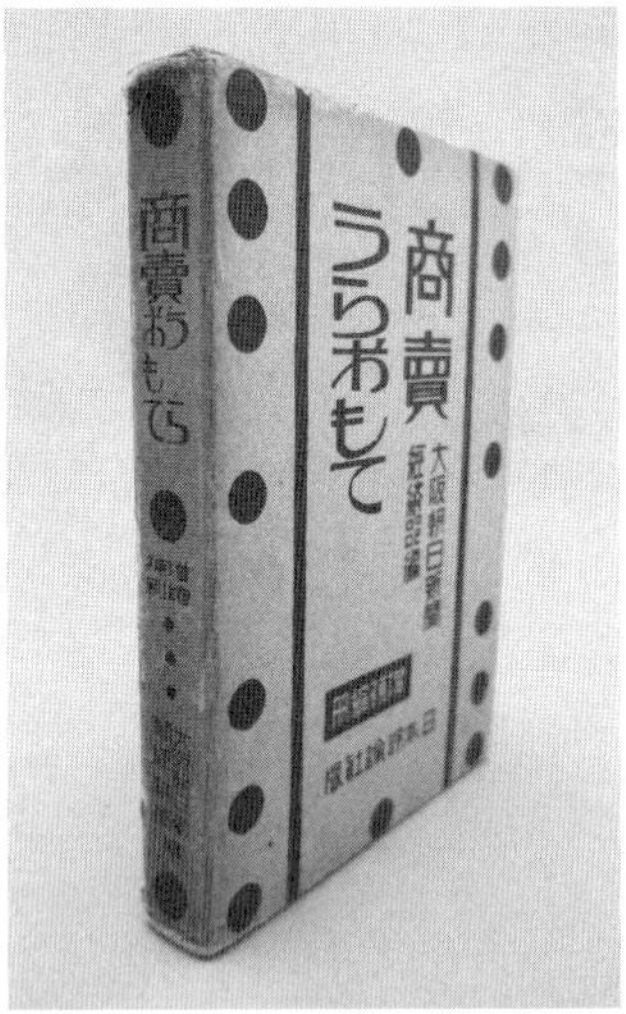

大阪朝日新聞社経済部編
『商売うらおもて』
日本評論社 1925

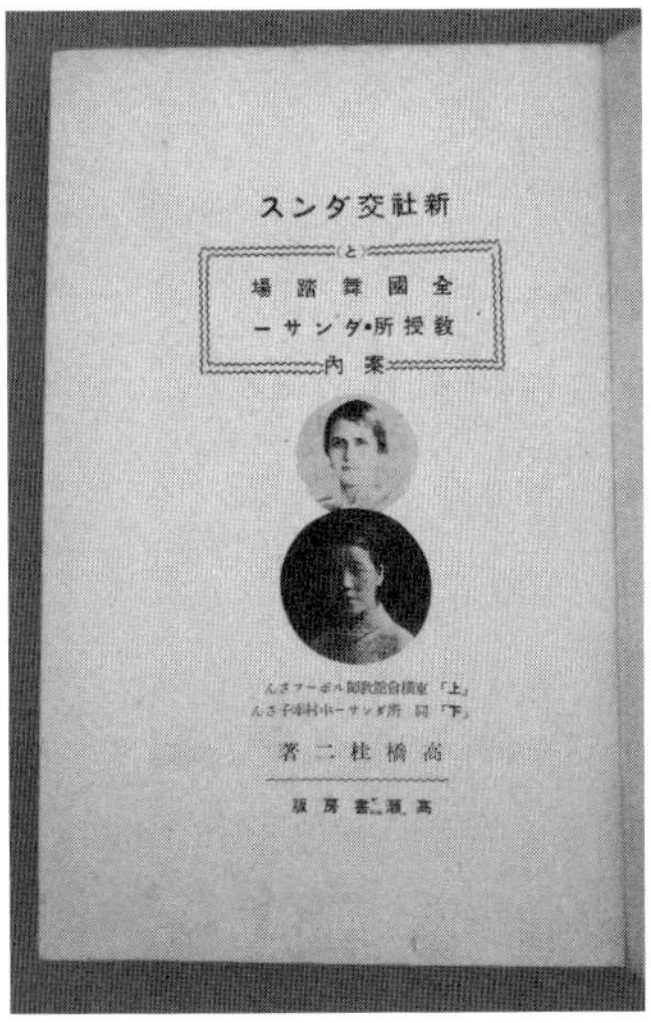

高橋桂二『新社交ダンス〔と全国舞踏場教授所ダンサー案内〕』
高瀬書房 1933
高橋は性風俗の記録を多く残したことで知られる。ダンスホールについても黎明期から取材にもとづく記事を書いた。本書の扉には、2名のダンサーの肖像がある。上は、長く日本でダンサーとして活躍したルボーフ。

活字で学ぶダンス
ブック・ダンスの時代

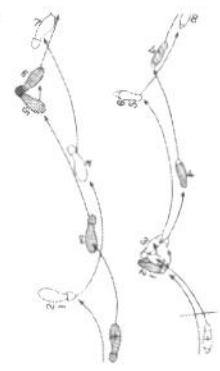

テレビ放送もなく、インターネットをとおして動画を送受する技術もなかった時代。ダンスを学ぶには、踊れる人に直接指導してもらうか、本に印刷された文字情報から踊りかたを読みとくか、そのいずれかしかなかった。

昭和時代になると映画のシーンとしてダンスを踊るペアが映しだされることもあったが、それを個人や小集団でレッスンに利用することは現実的でなかった。映画の時代にあってもなお、ダンス習得のためのメディアの主力は本や雑誌だった。指導者によるレッスンを受けられた人たちはよいが、それだけの時間やお金のゆとりをもたない人たち、近くに教室がない人たちは、活字と、簡単な図に頼るしかなかった。こういったダンス習得のありかたを「ブック・ダンス」あるいは「ブック・ダンシング」と呼んだ。

社交ダンスについての解説は、古くは明治時代のはじめごろからみられる。西洋人との交際方法を説いた本で、たとえば一八九九年刊の土屋元作『内外交際心得』（上田屋書店）では、舞踏会に招かれる可能性を頭におくべきだとするものの、不慣れな日本人が踊りにくわわる必要はないとのアドバイスもなされている。一九〇四年には高橋清世編『貴女紳士 袖珍舞踏書』（東京女子体操音楽学校）というポケット版が出されている。同書の巻末には、舞踏会の手帖ふうの、一二曲分のダンスの番組と約束した相手の名を記入する欄が三二ページも用意されていて、裏表紙にはペン差しも付属する。一九〇七年刊の坪井玄道『舞踏提要』（大日本図書）という本もある。だが、解説されているのは、古いスクエア・ダンスが中心だ。おとなのための社交ダンスとは別に、学校教育のなかに子どもたちの運動のためにダンスがとりいれられた時期には、これを指導する教員のための解説書も出されている。

一般の社交ダンス愛好者のために書かれたものとして、日本最初の教則本とされるのが鈴木四十《すずきよそ》『社交ダンス』（十字屋楽器店、一九二一）だ。鈴木は英国グラスゴー大学に留学した技術者で、現地の女性と結婚、帰国後も英国ふうの生活をつづけた。請われるままにダンスを教えたが、花月園舞踏場が開場した翌年に、社交ダンスの基本を解説した本を出版するにいたる。

その後、関西では北尾禹三郎の北尾商会と、京都の十字屋楽器店とが協力して『舞踏と音楽』というテキストを出版したようだが、現物は確認できていない。さらに神戸でレッスンをしていた高垣清之進の『社交舞踏通信教授書』がつづいた。この本で高垣はダンスの通信教育を試みている。

英国では、社交ダンスの教師たちの手によって、さまざまな種類のダンスが一定の法則のなかで編みなおされ、標準的な踊りかたが確立されていく。英国の帝国ダンス教師協会は、フィリップ・リチャードソン（Philip John Sampey Richardson 一八七五〜一九六三）が編輯を担当した雑誌 *The Dancing Times* をつうじて、その技術を普及させる。またヴィクター・シルヴェスターをはじめ多くの教師が手にとりやすいテキストを執筆。それらは世界に輸出され、版を重ねた。日本でも丸善など書籍輸入商が販売し、英語の読める人たちは、英文のダンス教科書を読んでダンスを研究、独習することができるようになった。

そのひとりが、玉置眞吉である。玉置は、和歌山県の山村の出身だが、縁あって教会の活動にかかわり、のち、東京に出て明治学院で学んだ。英語を読む力をつけるかたわら、帝劇の公演や浅草オペラの見物にも精を出し、洋楽洋舞に興味をもつ。文化学院の職員として平野萬里や与謝野鉄幹、晶子夫妻らがダンスをたのしんだ「明星舞踏会」のようすを見た。山田耕筰、近衛秀麿の日露交驩交響管絃楽団の公演の裏方をつとめ、浅草で知りあった西本朝春から社交ダンスを習い、以後、輸入される英文テキストを翻訳しつづけ、その知識にもとづいてダンスのレッスンをする教室を開いた。日本のダンス教師の草分けと呼ぶべき人だ。

玉置眞吉は、生涯で数多くの教則本を出版した。主要なものは、ヴィクター・シルヴェスターの『モダン・ボールルーム・ダンシング』（Silvester, V. 1927. *Modern Ballroom Dancing*. Herbert Jenkins）を翻訳解説した『モダン社交ダンス』（四六書院）で、一九三一年刊行の第一版から、戦前期は一九三八年刊行の六訂版までが確認できている。さらに玉置じしんの著作も多数ある。テキストのなかには大きな紙に印刷された足型を付録としたものもあるし、ポケット版の十銭文庫を書いたことも、社交ダンスの教則レコードを出したこともある。雑誌には音楽関係の評論も寄稿しており、ダンス音楽についての記事は多数。ジャズ、ワルツ、タンゴほかダンスのための音楽を収録したレコードの審査員などもつとめた。

ダンスに関する出版物としては、月刊の専門雑誌があるほか、各ダンスホールが出していたニュースレターや、ダンスについての情報を網羅した丸の内出版と春陽堂の講座もの、さらには持ち運びに便利なカード型の教材など、じつにさまざまなものがある。建築家が執筆したダンスホール建築の専門書もある。雑誌については、別項を参照されたい。

アマチュアの研究団体モダン・ウォルサーズの一員で、戦前期のブック・ダンスの状況にくわしい川北長利によれば、この時代に日本のダンス界の技術の基礎となっていた本は三冊。さきにあげたシルヴェスターの『モダン・ボールルーム・ダンシング』、アレックス・ムーアの『ボールルーム・ダンシング』（Moore, A. 1936. *Ballroom Dancing*. Pitman）、それにイブ・タインゲート＝スミスの『モダン・ボールルーム・ダンシングの教科書』（Tynegate-Smith, E. 1933. *The Textbook of Modern Ballroom Dancing*. The Dancing Times）だった。この三冊にくわえ、シルヴェスターの『ボールルーム・ダンシングの理論と技術』（Silvester, V. *Theory and Technique of Ballroom Dancing*. Herbert Jenkins）が、貴重な情報源だったという。タインゲート＝スミスの本にはフィリップ・リチャードソンが序に相当する文「主として歴史的見地から」（Mainly Historical）を寄せ、ボールルーム・ダンスに関する歴史をごく簡潔にまとめている。リチャードソンは、後年、『英国のボールルーム・ダンスの歴史』（Richardson P. n.d. *The History of English Ballroom Dancing (1910-45)*. Herbert Jenkins）と『一九世紀の社交ダンス』（Richardson P. 1960. *The Social Dances of the 19th Century*. Herbert Jenkins）の二著を書く。

このうちシルヴェスターの著作については玉置訳のほか、姫野宏亮訳や大竹二郎訳、溝端隆三・松平康夫訳、濱井弘訳の版もある。濱井弘（一九〇九〜二〇〇〇）は大阪屋號書店に生まれ、若き日は社交ダンスに夢中。のち浪曲師の二代目神田山陽となる（『桂馬の高跳び』光文社、一九八六）。タインゲート＝スミスの大著も、出版の一年後には邦訳が出版されている（小川繁・幾野賢・幾野進『新興社交舞踏教程』一誠社、一九三四）。戦前期のダンス愛好者たちが、いかに研究熱心だったのかを示す訳書群だといえよう。タインゲート＝スミスの翻訳書には来日したアンドリューとプレストンのペアが推薦の辞を寄せているし、いっぽう、シルヴェスターの英文原著にはドイツ、デンマーク、オランダのダンス関係者からの推薦文が掲げられているが、そこには宝塚会館の加藤兵次郎のものもある。活字媒体のなかでの国際交流の契機も、認められる。

大正時代に松竹座のステージにもかかわった林博は、後年、上海の北四川路に林博舞踏研究所を開いてレッスンをしていた。同研究所からは一九三三年に『上海社交ダンス図解』というテキストが刊行されている。日本人が外地でダンスのテキストを出した例として紹介しておきたい。

林は同書の序で、次のように書いている。

> 学習者が書物のみにて練習したる技巧が、実際に活用できないのは何故か。
>
> この理由が他にも有るだらう、けれ共、私は今日のダンスが余りに型にはまり過ぎる事と、男子が婦人に対するリード（誘導）に深い考慮が、ないのに起因する、と、思ふのである。
>
> 職業ダンサーとは踊れるけれ共、夫人令嬢とは好く踊れない、又は、一般の紳士諸君の相手は出来ない、との言葉を聞く機会が多い、これは婦人のフォローに対し男子のリードが適当によく行はれて居ない事に由るのであると考へて居る。
>
> 故に、私は、本著に於て、実際の経験より得たるリードを記述する事に努力した。〔中略〕
>
> そして、自由で、自然な、国際大都市上海に在住する内外人によつて踊られつゝある、ステップを多く紹介し〔下略〕

林は、シルヴェスターらイングリッシュ・スタイルの指導者たちの著作も参照したようだが、それがそのまま通用する内地と、さまざまな文化を背おった人びとが踊る上海とでは事情がちがうことを意識して書いている。内地の社交ダンスがブック・ダンス、イングリッシュ・スタイル偏重の傾向にあったことを物語る記述だ。また、戦前期の日本の社交ダンスは、ダンスホールの男性客と女性ダンサーという組みあわせで踊られることが主流になるが、それには林がいう技術的な面、すなわち男性のリードがうまくなかったために、フォローする女性の側に高い技巧が求められたこととも関連するようだ。

いうまでもないが、活字や簡単な図を頼りに学んだダンスの技術には、さまざまな誤解が生じる余地がある。執筆したダンス教師が自分の身体の動きをいかに正確に、また親切に記述したとしても、それがいったん文字や図に変換されてしまえば、読者が解読する際に、あるいは読者じしんの身体をつかって動きを再現する際に、いかに誠実に努力したところでまちがいは起こる。

ブック・ダンスの時代、ダンス界では、英語を読むことのできる教養層の立場が優位だった。だが、本場英国からダンス教師が来日してデモンストレーションを披露することがあると、議論が沸騰する。本から読みといた動きとは異なるかたちが示されるケースがあったからだ。教科書をありがたがるブック・ダンス派は、来日した英国人ダンサーの技術が未熟なのだと批判し、英文に頼らずに踊っていた一派は、ブック・ダンス派こそまちがっているのだと攻撃した。こういった不毛な争いが、戦前にはよく起こっている。

ブック・ダンスには、そういった欠点があるのだが、それでも人びとは多くを活字から学びとった。日本人が社交ダンスのレッスンを受けるために英国のシルヴェスターのもとに出かけたのは、一九三四年。プロのダンス教師山市太平と、アマチュアで神戸の愛好者C．ムーアだった。その後、高橋忠雄もシルヴェスターの門を叩いている。だが、戦時下になると英国文化であるボールルーム・ダンスや米国発祥のジャズ音楽は適性娯楽として排撃された。日本からのダンス留学が再開されたのは一九六一年、永吉彰、菊子夫妻の渡英からだった。

明治時代のダンスのテキスト
上流の人びとが社交のために催す夜会での舞踏に招かれた際の心得として解説されている。

『方舞』1902

『内外交際心得』1899

『舞踏提要』1907

『貴女紳士 袖珍舞踏書』1924

鈴木四十『社交ダンス』十字屋楽器店 1921
（個人蔵）
日本で初めての社交ダンスのテキスト。携帯のためか小さい版型。
花月園舞踏室についても書かれている。

英国から輸入されたダンスのテキスト、専門誌

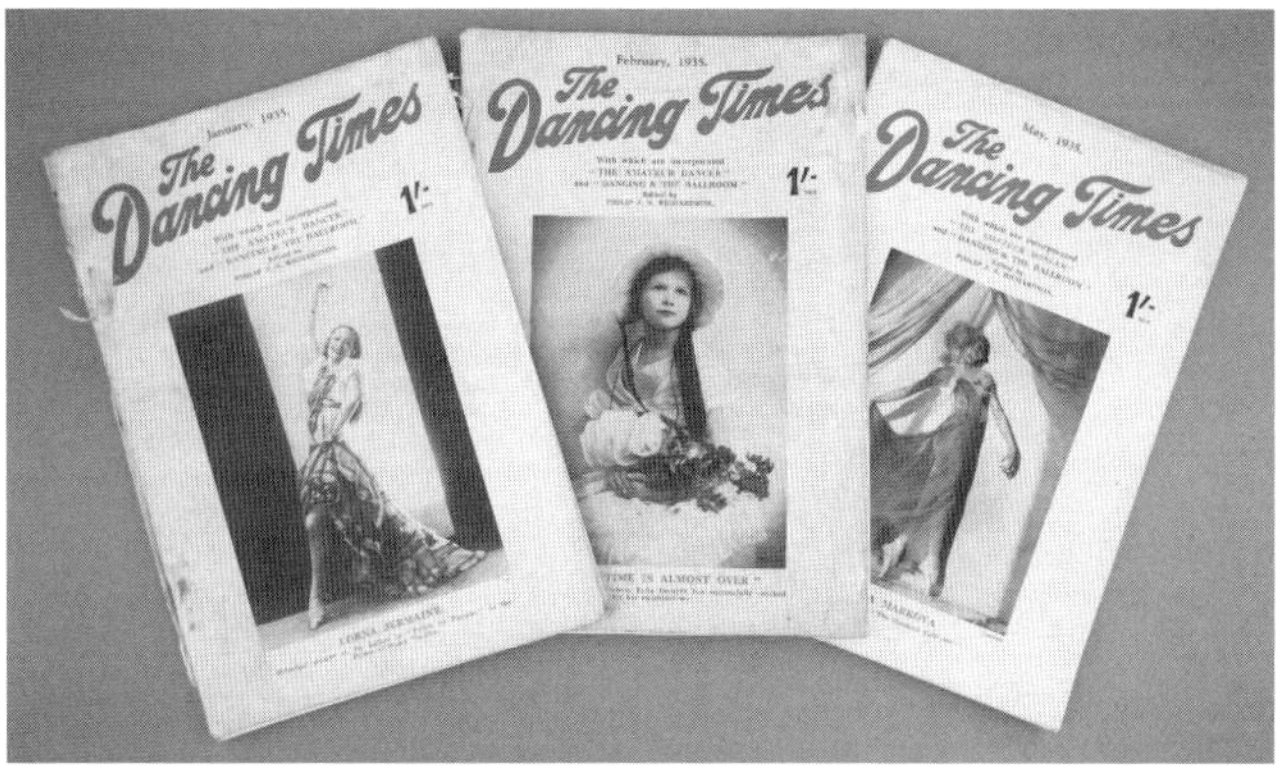

英国のダンス専門雑誌 *The Dancing Times* の 1935 年ごろのもの。

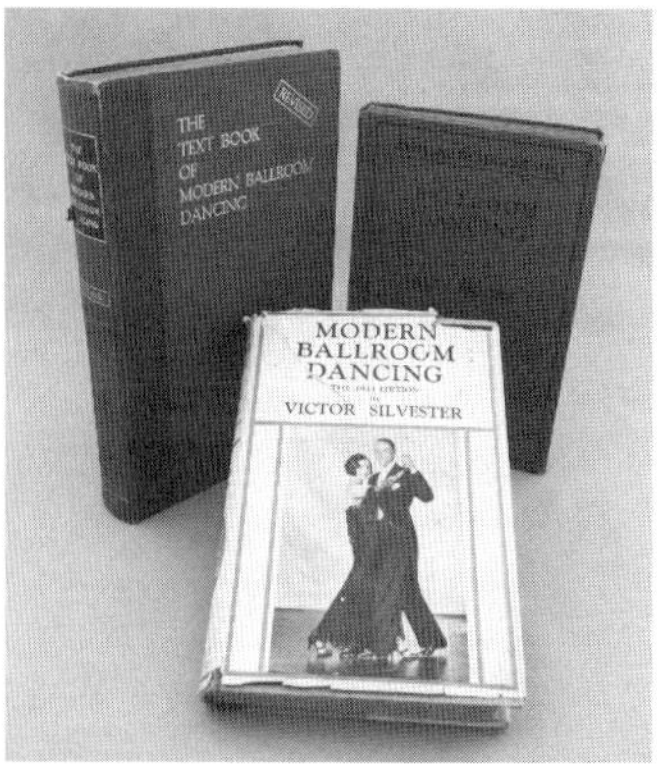

シルヴェスター、ムーア、タインゲート＝スミスの原書

The Dancing Times に寄稿された日本人による日本のダンス事情を伝える記事。

玉置眞吉の著作　玉置は、シルヴェスターのテキストの邦訳をはじめ、数多くの解説書を執筆し、また教師として指導、審査にあたった。第２次世界大戦後もフォーク・ダンスの普及などにつとめた。

定番のものからポケットに入る小型のテキストまで

同書の扉

『モダン社交ダンス』
四六書院 1931

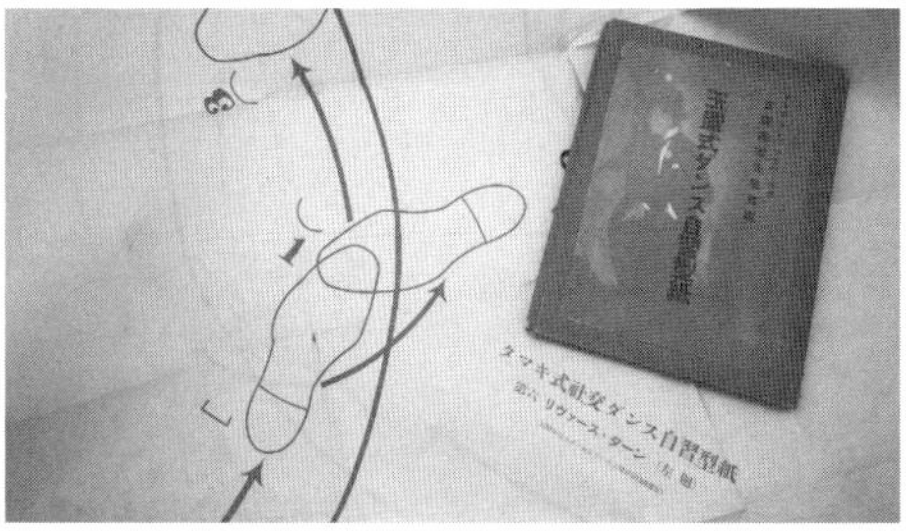

実寸の足型を大きな紙に印刷したものもある。

日本で出版されたさまざまなテキスト　日本人が執筆する多くの本が出され、「ブック・ダンス」を支えた。

宝塚で刊行された『社交新ダンス読本』。

タイガーの教師姫野宏亮の３部作。

小川一人『社交ダンス入門』1931

著者の森潤三郎はフランス風の目賀田ダンスをひろめるために尽力した。

英国のテキストの翻訳書など。

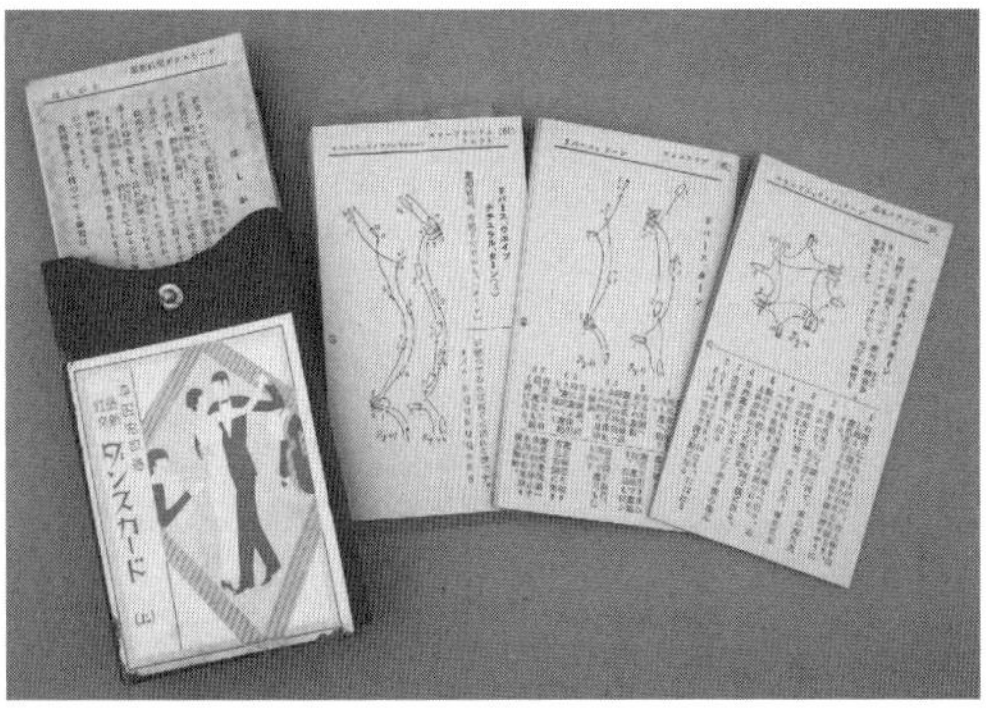

ダンスカード
カードには足の運びなどが詳細に記載されている。

社交ダンスの講座本　ダンスの技術やマナー、音楽、建築などを網羅的に解説する講座本も刊行された。

春陽堂版『社交ダンス講座』全３巻。

丸ノ内出版社版『社交ダンス講座』の内容見本。

丸ノ内出版社版『社交ダンス講座』全３巻。

教則レコード

ダンスホールの時代のメディアは、書籍や新聞雑誌などの印刷物が中心ではあった。だが、放送ではラジオが普及しており、また映画やSPレコードの利用もすすんでいた。

社交ダンスのような新しいジャンルにかかわる人びとは、やはり新しいメディアを積極的に活用しようとした。映画は相応の資金が必要とされるので、劇映画や記録映画にダンスのシーンをくわえることはできても、教師や教授所がダンスのレッスンのために映像をつかうにはいたらなかった。欧米ではインストラクション・フィルムも利用されていたようだが、日本ではまだ贅沢に過ぎたようだ。

いまなら動画の利用も簡単だが、メディアがかぎられていた当時、どういったくふうによってダンスを教えようとしていたのかがしのばれる。活字媒体だけで伝えられることに限界があるように、音声だけでダンスの動きを理解させるのは至難の業だった。

レコードは、ダンス音楽の録音再生にもちいられ、蓄音機が普及していたからダンスの教授にも活用できると考えられた。ただ楽曲そのもののレコードは評価もされるが、伴奏的な音楽にくわえ教師の解説ナレーションなどが重ねられた音源には、実用的な価値しか認められない。現在のSPコレクターも、珍品としてならともかく、あまり熱心に収集している形跡はない。したがって、ここでは中古市場で偶然に見つかったものや、広告やレコード会社のリストなどにあらわれたものを例示するにとどまるが、それでも、社交ダンスの教則レコードにいくつかの種類があったことがわかっている。

関西ではタイヘイ・レコードから出されたダンス教授レコードがある。大鹿實と山本三枝子とが解説のナレーションを担当し、タイヘイジャズバンドが伴奏している。「フォックストロットの踊り方」、「タンゴの踊り方」、「ウォルツの踊り方」でいずれも盤面表裏にわけて録音された。大鹿はキング・ダンスホールの主任教師だった人で、山本三枝子はベテランのダンサー。ふたりはのちに結婚している。

東京では、ビクター盤のダンス教授レコードが出されている。関東舞踏審査員会審査員の吉田庄太郎と山田健二が説明を担当する「社交ダンスの踊り方 ワルツ」、それに関東舞踏審査員会審査員の中原光と原潔が連名で担当した「社交ダンスの踊り方 タンゴ」で、それぞれ二枚組で発売された。

コロムビアからは玉置眞吉が日本舞踏教師協会の会長名義で「社交ダンスの踊り方『ダンスの独習レコード』」を出している。美装筐入りの四枚組。「社交ダンス初心者の心得」という解説ブックレットも付属する豪華なものだ。内容は、「社交ダンスの踊り方 フォックス トロット」、「社交ダンスの踊り方 ブルース」、「社交ダンスの踊り方 タンゴウ」、「社交ダンスの踊り方 ワルツ」となっている。このレコード集については店頭掲示用のポスターも残されていた。なお、玉置はほかにもパーロホンからダンス練習用のレコードを出した。A面が「ワルツの踊り方」、B面が「ブルースの踊り方」で、いずれも指揮は後藤純、パーロホンダンスオーケストラの演奏で吹きこまれた。

玉置眞吉は、多くのテキストを執筆したいっぽう、レコードというかたちで現在の私たちに彼じしんの声を残した。

ダンス教則レコード
（個人蔵）
当時はSP盤で、片面3～4分の収録が限界だった。ダンス音楽の伴奏に重ねて、教師がナレーションを吹きこんでいる。

玉置眞吉「社交ダンスの踊り方」
（個人蔵）
コロムビアの玉置眞吉「社交ダンスの踊り方」は解説書付き筐入り。店頭掲出用のポスターも残されている。

同ポスター

同解説冊子

ダンス教師　玉置眞吉

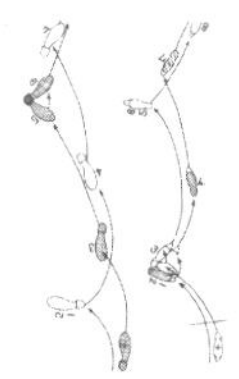

玉置眞吉（一八九五〜一九七〇）は、新宮から熊野川をさかのぼった三重県紀和町花井《けい》という集落で生まれた。玉置は生涯の大半を東京で過ごすが、故郷は熊野であり、そのことが彼の人生の方向を決定づけた。和歌山県尋常師範学校を卒業した玉置は、県内の小学校で教壇に立ち、洗礼を受けキリスト者となった。青年時代に沖野岩三郎や大石誠之助と交流、知らず知らずのうちに社会主義的な思想にも関心をいだく。が、大石はいわゆる「大逆事件」で死刑に処せられる。玉置も警察の捜査、監視の対象とされたため、学校勤めを辞めざるをえなかった。

波乱に満ちた玉置の生涯については、自伝『猪突人生』（一九六二）にくわしい。右にあるとおり、玉置と西洋音楽との出会いは教会で、讃美歌がその最初だった。故郷を出た玉置は、しばらくのあいだ神戸の賀川豊彦のもとで伝道を手伝う。その後、勉強をしなおすため東京の明治学院神学部にすすむ。若い玉置を魅了したのは帝国劇場のオペラ。勉強のかたわら帝国劇場の三等席で音楽と演劇にふれた。オペラの本場が浅草に移行する時期にあたり、玉置は西洋音楽にのめりこんでいく。

卒業後、工場に勤めつつ伝道をはじめたが、他方でオペラの舞台をデザインした絵葉書を製作、メロディー社という会社をつくって販売する副業にもいそしんだ。さらに原信子歌劇団にもかかわる。英語を読む力を身につけた玉置は、オペラの翻訳なども手がけていたという。そのころに知りあったのが米国帰りの西本朝春で、玉置は西本からフォックス・トロットという踊りを教わったのだという。

熊野の、そしてキリスト教の人脈に連なっていた玉置は、同郷の西村伊作が東京で開いた文化学院の幹事となり、事務長のような立場で仕事をした。ここで舞踊詩を教えていた山田耕筰と知りあい、また小谷野寛猛に社交ダンスを習った。文化学院にはフランスからもどった平野萬理もダンスをもちこんでいる。「明星舞踏会」と呼ばれる集まりでは、与謝野晶子、鉄幹らといっしょにダンスをたのしんだ。けれども、関東大震災の際、与謝野晶子が現代語訳の作業をすすめていた源氏物語の原稿を火災から救いだせず、責任を感じた玉置は文化学院を辞す。

ふたたび教会関係の仕事にもどっていた玉置だったが、山田耕筰と近衛秀麿による日露交驩管絃楽大演奏会の公演でマネージメントの仕事に就いた。この楽団の大阪公演の際、玉置は山田といっしょに「コテジ」に立ちよっている。

日本のクラシック界の画期となる大イベントにかかわって以降、玉置眞吉はその後半生をダンスの普及につとめることになる。クリスチャンだったことで早くから西洋音楽に親しみ、また英語の勉強をしていたことが外来のダンスの知識を豊かにする基礎になった。のちに玉置はブック・ダンスによるイングリッシュ・スタイルの第一人者となる。

玉置はフロリダをはじめダンスホールで教師や顧問をつとめたこともあるが、独自の教室「タマキ・ダンス・アカデミ」を開いてレッスンの時間をもった。指導はきびしかったと伝えられる。教室での指導だけでなく、競技会の審査員をつとめ、さらに日本社交舞踏教師協会の初代会長にも就任した。

玉置眞吉の最大の業績は、膨大な量の著作を残したことだろう。ふだんから社交ダンスの技術を説明する英書の教則本や英文の雑誌記事を読み、それを翻訳し、玉置じしんの解釈をくわえて発表した。一九二八年の『社交ダンスの仕方』を皮切りに単行本も多い。なかでも十銭文庫『三〇年型社交ダンスの手引』とその続編『続社交ダンスの手引』（いずれも誠文堂、一九三〇）は売れた。また、シルヴェスターの『モダン社交ダンス』の邦訳解説は、初版が一九三一年に出され、その後、一九三八年までのあいだに六訂版まで出されている（いずれも四六書院）。ほかにも音楽世界社の社交ダンス叢書や四六書院の社交ダンス全集など、ダンスの種目ごとに刊行されたシリーズものも手がけた。

教則レコードも吹きこんでおり、いまも玉置の声を聴くことができる。ダンスについての著作だけでなく、ダンスのための楽曲についてもレコード評を執筆し、ビクターなどが発売したダンス・レコード集の審査員、選者もつとめた。もし玉置眞吉という教師がいなければ、日本での社交ダンスの普及にはさらなる時間が必要だっただろう。だが、やがてダンス関係の雑誌も出されなくなり、教授所に習いにくる人もいなくなる。ダンスホールが閉じられた一九四〇年からのち、玉置が働く場所は探照灯工場だった。

第二次世界大戦後も執筆活動の勢いは衰えない。楽友社から一九四六年に出された『社交ダンス必携』は占領下のダンス・ブームを支える入門書だった。この本は一九六一年の八訂増補版まで版を重ねている。

そして、社交ダンスだけでなく、スクエア・ダンスやフォーク・ダンスの普及にも力を入れ、全国の学校や工場をめぐり、多くの人たちにダンスのたのしさを伝えた。晩年は国立音楽大学附属小学校に赴任、子どもたちにダンスを教える日々を過ごし、一九七〇年に帰天した。

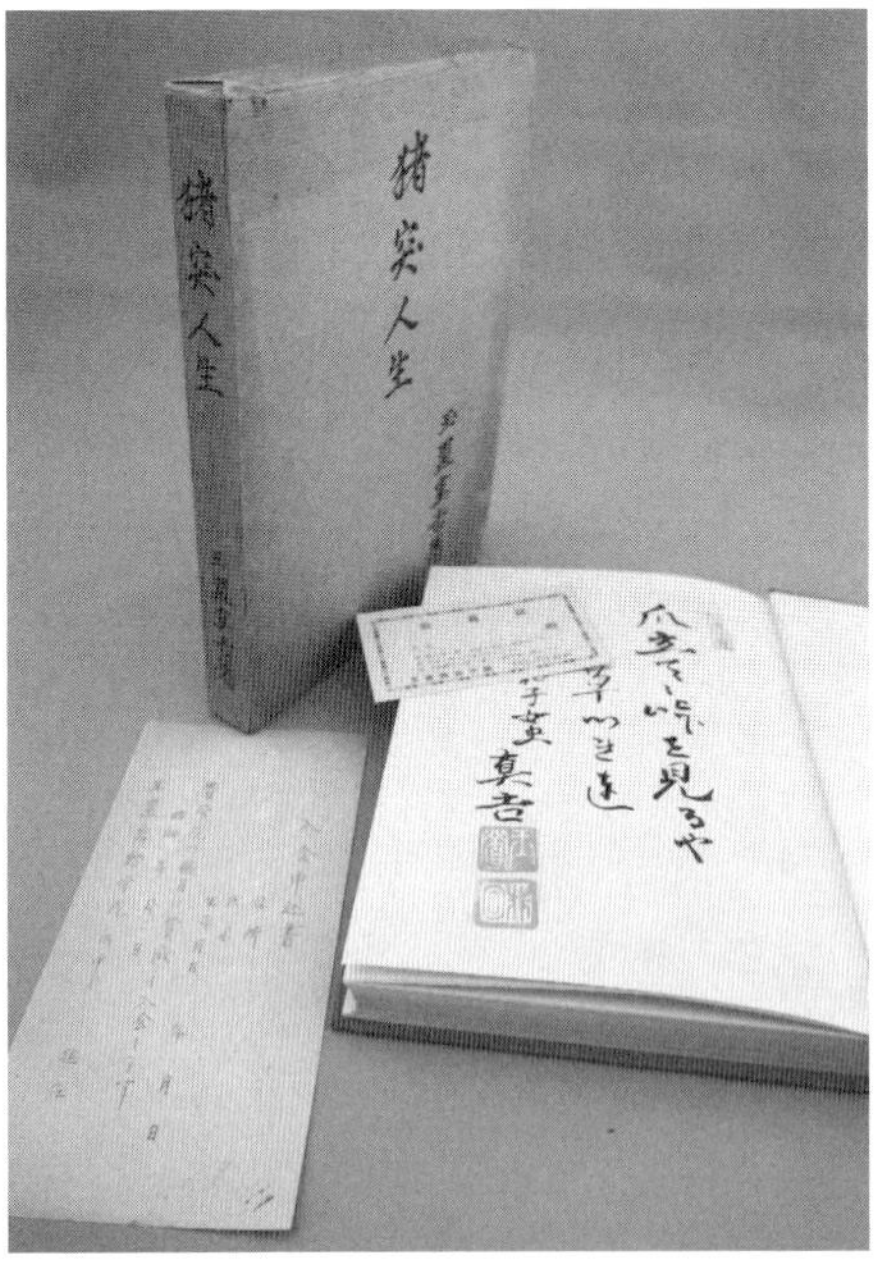

玉置眞吉の自伝『猪突人生』1962
玉置は非回と号した。扉には自筆の句がある。玉置は熊野の出身で、キリスト者であり、音楽好きだった。そこからダンス教師の道を歩む。

関西のダンス専門雑誌『ダンサー』・『ダンスファン』・『ダンス時代』・『舞踏公論』・『ザ・ニッポンダンスタイムス』

関西でもっとも早く刊行された社交ダンスの専門誌は、宇津信義が編輯主幹をつとめた『ダンサー』誌である。創刊は一九二七年四月。現存が確認されているのは六月発行の三号までで、短命に終わったとみられる。定価は三五銭。大阪でダンスホール規制が強化された時期に対抗的なメディアとして生まれ、そして大阪府の新しい取締規則制定の結果、府下での営業ができなくなったことにより役割を終えたものとみられる。刊行元は大阪の共立出版社で、これも詳細については不明だが、この時期のダンス界をとりまく事情を伝える貴重な資料であることにまちがいはない。

表紙のイラストはのちに舞台美術家として活躍する大塚克三。当時のダンサーの尖端的な表情。眉を長く引き、アイ・シャドウを入れ、頬に紅をさす。髪は短く切って、耳が見えている。——そういう容姿を大胆に描いたものだ。いっぽう、内容はたいへんまじめで、ダンスホールの存在意義を力説し、大阪府による規制の強化を批判している。また、洋楽洋舞の情報だけでなく、伝統的な技芸や花街のようすも伝えるところが特徴的だ。写真も多く、コテジやパウリスタ、パリジヤンなど黎明期のダンスホールに関する、信頼できる情報を掲載している。創刊号は個人蔵のもののほか、熊本県立図書館の山崎正董《やまさきまさただ》雑誌創刊号コレクションにもふくまれる。第二号は個人蔵のものしかない。第三号は国立国会図書館が所蔵しており、閲覧可能である。

『ダンサー』からややあとのものでは、創刊の第一号しか発見されていないが、一九二八年に大阪で刊行された『ジヤズ』（ジヤズアドバイタイザ社）という雑誌がある。タイトルにあるとおり音楽の情報もふくむ雑誌ではあるが、ダンスホールやダンサーについての記事が多くを占める。もし継続的に出されていたなら、一定の役割を果たすことになったのかもしれないが、詳細は不明だ。この『ジヤズ』誌と同様に、カフエー関係の雑誌などもあったはずなのだが、散逸したか、あるいは私蔵され未公開のままになっているか、ともかくも研究に活用できる状態にあるものはかぎられている。

大阪をはじめ、関西の状況を伝える雑誌は存在した。ただ、その現物が公開されていなかったために、これまでの音楽史やダンス史では、関西の事情についてはまとまった記述がなされないままだった。ミュージシャンやダンス教師たちの回顧のなかに、断片的に京阪神のダンスホールの逸話が残されるにすぎなかった。けれども、二〇〇〇年代になり、これら関西のダンス雑誌があるていどまとまったかたちで古書店に出はじめた。本書では、その内容を確認したうえで、従前の風俗史や文学史、音楽史、建築史その他の歴史をとらえなおす作業を行なう。

なかでも、関西で刊行された二誌は、刊行の継続性やカバーする時期の点で見逃せない。ひとつは一九三〇年一〇月創刊の『ダンスファン』であり、もうひとつは一九三二年一一月創刊の『ダンス時代』である。

雑誌『ダンスファン』は一九三〇年一一月に創刊された。右の『ダンサー』が大阪府のダンスホール営業禁止のころを伝えるものであったのに対し、『ダンスファン』は、阪神国道沿いのダンスホールがほぼそろった「黄金時代」ともいえる時期に創刊された。ちょうど、阪神会館ダンス・パレスや宝塚会館が開業したすぐあとのことだ。さらに二年後の一九三二年一〇月には『ダンス時代』が創刊される。創刊時の編輯人兼印刷発行人は下村等正の名義だが、実質的な編輯は下村澪子という女性があたっていた。関西では、この二誌があいならんでダンスや音楽の情報を伝えた。いずれもが小田村、尼崎市に拠点をおいた。東京に匹敵するダンス情報の発信源がこの地域にあったことは注目に値する。

両誌はライバル関係にあったが、誌面の構成や記事の色あいにはちがいがある。もちろん共通する内容もあって、ダンサーの写真や近況、ダンスホールの情報、最新のダンス技術の解説やダンス音楽の紹介は、専門誌として欠かせないものだった。しかし、比較すると『ダンス時代』のほうがより文芸的で、ダンス以外のさまざまな文化領域にひろく目配りをしている。徳田秋聲や國枝史郎が寄稿したのも、この『ダンス時代』誌だった。いっぽうの『ダンスファン』では競技会の成績やその評価、ダンスの技術解説にかかわる記事が重視された。

二誌の印刷所について。『ダンスファン』誌は、ナニワ印刷所（現・NPCコーポレーション）が長く担当した。他方『ダンス時代』は、創刊からしばらくのあいだが三光社、その後をプラトン社が担当した。化粧品メーカーの中山太陽堂（現・クラブコスメティック）が創設し、雑誌『女性』や『苦楽』を出したことで知られるが、『ダンス時代』のころにはすでに廃業していた。印刷事業のみが大阪市西区江戸堀の工場で継承されており、そこが担当したものとみられる。ただし、その後はアサヤマ印刷所が手がけ、さらに三光社にもどり、最後は奈良の中川三陽堂から送りだされている。

さて、関西ではほかに、澤の鶴ビルに編輯拠点をおいた『ザ・ニッポンダンスタイムス』、山口武雄が編輯にあたった『舞踏公論』があった。いずれも一九三四年ごろの号が見つかっているが、これらも全貌はつかめていない。『ザ・ニッポンダンスタイムス』は、おそらく短命に終わったものとみられ、編輯担当だった阪本三造は、のちに『ダンスファン』誌に移っている。いっぽうの『舞踏公論』は、東京の「日本舞踏教師協会」が『ザ・モダンダンス』誌を刊行していたのと同じような位置づけで、関西の教師団体「国際舞踏教授聯盟」によって創刊された。いわば、教師協会の機関誌的な雑誌だった。ここには、ダンスホール経営者との対立を読みとることができる。ダンスホール経営者は、教師たちがむずかしいダンスを教えるから客が減るとの考えをもっていた。他方、教師たちは、正則があるからこそダンスの水準が維持され、ホールは風紀的退廃を免れていると考えた。そのような立場のちがいから、ホール寄りの雑誌とは別に、教師団体も独自メディアをもつにいたったのだろう。

けれども、やがて時代はダンスに寛容でなくなる。『ダンスファン』は一九三六年九月号のあとは刊行された形跡がない。また、『ダンス時代』誌も一九三八年一月を最後に、その後、出版できなくなった。関西や、別府、さらに外地のダンスホール情報は、東京に残った『ザ・モダンダンス』（改題後は『ヴァラエテイ』）でのみ扱われることになる。

『ザ・ニッポンダンスタイムス』1935 年 1 月
創刊は 1934 年とみられるが詳細は不明。酒造業の澤之鶴ビルに事務所をおくかたちで刊行された。写真は戦前、戦後ともダンサーとして活躍した山本清子。

『舞踏公論』1934
関西の教師団体である国際舞踏教授聯盟（KBKR）によって 1934 年に創刊された。ダンスホールやダンサーの情報を中心にした他誌と一線を画す意図があったものの、長続きしなかった。写真は 1935 年 2 月号。

『JAZZ』創刊号 1928
阪神間のダンスホール黎明期の 1928 年に、ジヤズアドバタイズ社から刊行されたが、創刊号以外は確認できていない。

ダンス雑誌の編集者
宇津信義・八木亮輔・下村澪子・左方一夫ら

ダンス専門誌の草分け『ダンサー』の編輯を担当したのは、宇津信義という人物だった。宇津については情報が乏しく、新聞社あるいは雑誌社の記者だった可能性はあるが、よくわからない。宝塚歌劇などの演出家として知られる同姓の宇津秀男と関係があるのかどうかも確認できなかった。宇津信義については雑誌『野球界』に学生野球や社会人野球に関する記事があることが確認できるていどだ。映画の監督をしたとの情報もあるが、詳細は不明。が、初のダンス雑誌の編輯をまかされた点を考慮すれば、一定の力量をそなえ、また文筆業界やダンス業界に人脈をもつ人だったと推測される。

『ダンスファン』の編輯は八木亮輔（一九〇一？～一九八二、戦後は亮一に改名）による。八木は、夕刊大阪新聞の記者だった。大阪には大阪朝日新聞、大阪毎日新聞はじめ数多くの新聞があったが、なかでもダンスホールやダンサーについての記事、読み物を掲載したのが大阪時事新報や大阪日日新聞、大正日日新聞、関西中央新聞、夕刊大阪新聞などだった。しかし、大阪朝日新聞、大阪毎日新聞、大阪時事新聞以外のものは戦災などでほとんど失われている。これらの新聞社にはダンスホールにくわしい記者がおり、ダンス・ブームを側面から支えた。八木は、そのような記者のひとりだったが、みずから転身し、ダンス専門誌の編輯の仕事にすすんだ。

『ダンス時代』の下村澪子は複数の新聞で記者をしていたようで、『ダンスファン』にも記事を書いた。だが、その後、下村は『ダンス時代』の創刊にかかわり、八木の『ダンスファン』とはライバル関係になる。こういった緊張関係にある両誌が並立していたからこそ、関西のダンス愛好者はさまざまな情報に接することができたといってよい。戦時下、関西のダンス雑誌が刊行を断念する時期は東京にくらべて早かったが、第二次世界大戦後の復刊はすばやかった。それは、下村と八木が、いちはやく雑誌の再興に尽力したからだった。

もうひとり、書き手として関西で欠かせない人物がいる。左方一夫《さかたかずお》だ。もとは舞台美術や装置、照明などについて論評する文章を書き、宝塚の『歌劇』に寄せていたが、のちに社交ダンスの愛好者となり、多くの雑誌に記事を書いた。また、関西から拠点を動かさず、戦前戦後をつうじて京阪神のダンスホール情報、ダンサーやミュージシャンの消息を伝えた。左方が残した記録がなければ、関西のダンスの歴史を編むことはできなかっただろう。『ダンスファン』や『ダンス時代』、東京の『ザ・モダンダンス』などへの寄稿のほか、『ダンス京阪ニュース』の編輯も担当している。

八木亮輔（亮一）
[『ダンスファン』1934 年 6 月]
夕刊大阪の記者からダンス雑誌編集者に転じた。
第 2 次世界大戦後は亮一と改名、同誌を復刊させた。

下村澪子（みお）
[『ダンス時代』1935 年 8 月]
女性記者として新聞雑誌、『ダンスファン』に寄稿していたが、『ダンス時代』の編輯者となる。第 2 次世界大戦後も同誌を復刊した。

東京のダンス雑誌

関東大震災で甚大な被害を受けた東京、横浜では、踊り場が再建されるまでに時間を要した。ダンスの専門メディアが生まれるまでにも一定の時日を要したために、関西のほうが先行するかたちになった。

とはいえ、一般の雑誌がダンスを素材にすることはあったので、京浜の人びとはそういった情報をもとにダンスについて知ったようだ。たとえば、『東西』という雑誌がある。山中静也という人が編輯し、梅光社から刊行された雑誌だ。ダンスだけに特化したメディアではなかったが、ときにダンスに関する特集記事を掲載していた。玉置眞吉も「社交ダンス十年の想ひ出」(『ザ・モダンダンス』一九三六年四月)で、この『東西』誌の一九二八年一二月刊行分のなかに当時の東京のダンサー、教師、バンドマンの写真と情報が掲載されていると言及する。ただ、雑誌の現物は、端本が古書店でまれに出るていどで、図書館などにまとまった所蔵はない。筆者の手元には一九二九年六月発行の第一二号「ダンス研究」があるが、この時点での関西のダンス界のようすについて短信を掲載しており、神戸のダイヤ、エムパイア(帝国舞踏学館)、ソシアル、キャピトル(宮崎音楽院)の四ホール、尼崎、夙川(甲南倶楽部か)、それに会員制で運営されていた大阪の清和倶楽部などの動向を伝える。また、東京に関しては国華ダンスホールのレポートがあり、在籍ダンサーとして、のちに阪神間で活躍する岩田蝶子や小畑八重子、小畑静江らの名を見いだすことができる。小畑八重子は大阪のパリジヤンでダンサーをしていた小畑しげのとみられる。静江はその妹で、ふたりは規制強化後、一時、東京に移っていたものと推測される。

東京でもこのあと新規則が施行されるが、それ以前の状況、すなわち東京が八大ホールによる寡占状態になるまでのようすを伝える貴重な記録もある。それによれば、東京のダンスホールの同業者を糾合する動きがあったものの、東京舞踏研究所(日米)などの東京勢と、大阪から進出してきたユニオンなどとのあいだでは、まとまりを欠いていたらしいことが読みとれる。この『東西』誌はあくまでも「美粧、流行、思想、風聞、ダンス、科学、文学、漫画、演芸、映画」をひろくとりあげる「近代人雑誌」なので、ダンス専門誌とはいえないが、それでも他の号が閲覧できる状態になれば、東京だけでなく、関西のダンス事情の欠落を補う資料となりうる。

その後、東京では『舞踏』という雑誌が一九三〇年一〇月に創刊されている。発行元は舞踏社。社交ダンスの技術や心得、ダンスホールやダンサーの情報などを幅ひろく掲載した雑誌で、社交ダンス専門誌といってよい内容のものだ。創刊号のほか第二号を見つけることができたが、第三号以降が継続的に発刊されていたのかどうかは不明だ。創刊号には玉置眞吉や森潤三郎が寄稿しているほか、国華ダンスホールの植木三郎や村田健が執筆しており、さらに裏表紙に国華ダンスホールの広告が掲載されているところから、このホールの力添えがあって出された可能性を思わせる。第二号には舞踊家石井漠の寄稿などもあり、このまま発展すればステージ・ダンスなども扱う雑誌に成長した可能性はある。

東京では一九三二年に『ザ・ダンス』誌が創刊される。もともとフロリダが刊行していた『フロリダ・ダンシング・タイムス』が発展的に再編され、装いも新たに公刊されたものだ。したがって、執筆陣もフロリダに寄る人脈に連なる人が多く、国際的でかつ研究的な記事が目だつ。また、映画や音楽、ファッションなどダンス以外の流行現象への目配りも充実している。同人のひとり川北長利は、関西だよりとして京阪神の踊り場のようすをレポートした。京都の花街がどのようにダンスの導入をはかろうとしたのか、その内情を伝える川北の記事は、きわめて貴重な資料となっている。ただし、この雑誌も一九三九年一月まで、創刊からおよそ一年半で刊行されなくなった。のち、同人たちの一部が『ダンスと音楽』（ダンス音楽社）を興して、『ザ・ダンス』誌の流れを受けつごうとした。なお、『ザ・ダンス』誌は、川北長利が所蔵していた現物が神奈川近代文学館に寄贈され、閲覧できるようになっている。

東京でもっとも長く刊行された専門誌は『ザ・モダンダンス』である。編輯は藤村浩作で、もともと大阪、阪神間で活躍した教師でありマネージャーであった。けれども、さまざまな事情から東京に拠点を移し、やがてこの『ザ・モダンダンス』の刊行を大きな仕事として継続する。関西のダンスホールとも縁が深く、競技会その他のイベントが実施されるたびに関西にも足を運んだので、記事も京浜の事情ばかりでなく、関西の情報が一定ていどの割合を占める。

この雑誌は一九三八年一〇月から『ヴァラエテイ』と解題される。その後、一九四〇年八月まで刊行されたが、内地のダンスホール閉鎖などにともない、継続がかなわなかった。だが、関西のダンス雑誌が刊行できなくなった一九三八年以降のことは、この『ヴァラエテイ』誌のみが唯一の情報源となっている。第二次世界大戦後は一九四九年一〇月から復刊、一九五九年三月から『ダンスと音楽』に改題され、一九九五年六月で刊行終了となった。創刊から戦争による中断をはさみ、半世紀以上にわたってダンス専門誌として大きな役割を果たした雑誌だが、これもまとまったコレクションはない。戦前期のものについては、神奈川近代文学館に一部が所蔵されており、第二次世界大戦後のものは一部が国立国会図書館や一部の公共図書館、大学図書館に収められている。また、戦前期の刊行分は長く瀬川昌久のもとで保管されていたが、いまはその行方が確認できない。筆者の手元には瀬川コレクションの複写と、戦後分の現物で収集できたものがあるので、いずれ公開できるかたちにしたいと考えている。

なお、これ以外にも戦前期の東京では上述の『ダンスと音楽』、『社交ダンス』（一誠社）、『日本版ダンシング・タイムス』（中外書房／一誠社）、『ダンシング・タイムス』（朝日書房）などの雑誌があった。『ダンスと音楽』は、一九三五年一〇月の創刊、一九三八年六月で廃刊となった。文学者などの寄稿も多く、また刊行されていた期間もダンスホール閉鎖に向けた時期で、興味ぶかい記事が多い。現在のところ、個人蔵のものしかない。この戦前の『ダンスと音楽』は、『ザ・ダンス』誌の同人らによるもので、第二次世界大戦後に復刊した『ザ・モダンダンス』が再改題のうえ刊行された『ダンスと音楽』（モダン・ダンス社）とは系譜上のつながりはない。

東京では、各ダンスホールが出していたニュースレターもある。また、一般誌でも、とりわけダンスの情報を多く掲載したものに、『軟派』や『近代日本』がある。『近代日本』は、ダンサーの人気投票のようなイベントを行なっては臨時増刊を出すようなことをしていた。ただ、所蔵図書館がなく、資料としてもちいるには制約がある。『新青年』や『モダン日本』、『話』などもダンスホール情報やダンサーのゴシップ記事を掲載しており、時期によっては毎号掲載のコーナー企画にもなったが、企画は長く継続されなかった。

右にあげた各誌が散逸してしまわないよう、所蔵の確認と整理、デジタル化などの作業が期待される。

『ザ・ダンス』創刊号 1932 年 5 月
『フロリダ・ダンシング・タイムス』を発展的に継承し、ダンス界や近接領域をひろくあつかう雑誌となった。編輯人兼発行人は大井蛇津郎（野川香文）。

『舞踏』創刊号 1930 年 10 月
東京では『東西』という雑誌もダンス事情を多くあつかったが、専門誌としてはこの『舞踏』が古い。主幹は伊達京二、顧問を玉置眞吉が勤めている。

『ダンスと音楽』1935 年 4 月
『ザ・ダンス』の廃刊後、同人たちが別に興した雑誌。音楽記事に力を入れた。第 2 次世界大戦後、『ザ・モダンダンス』誌が『ダンスと音楽』に改称するが、戦前の『ダンスと音楽』と系譜関係はない。

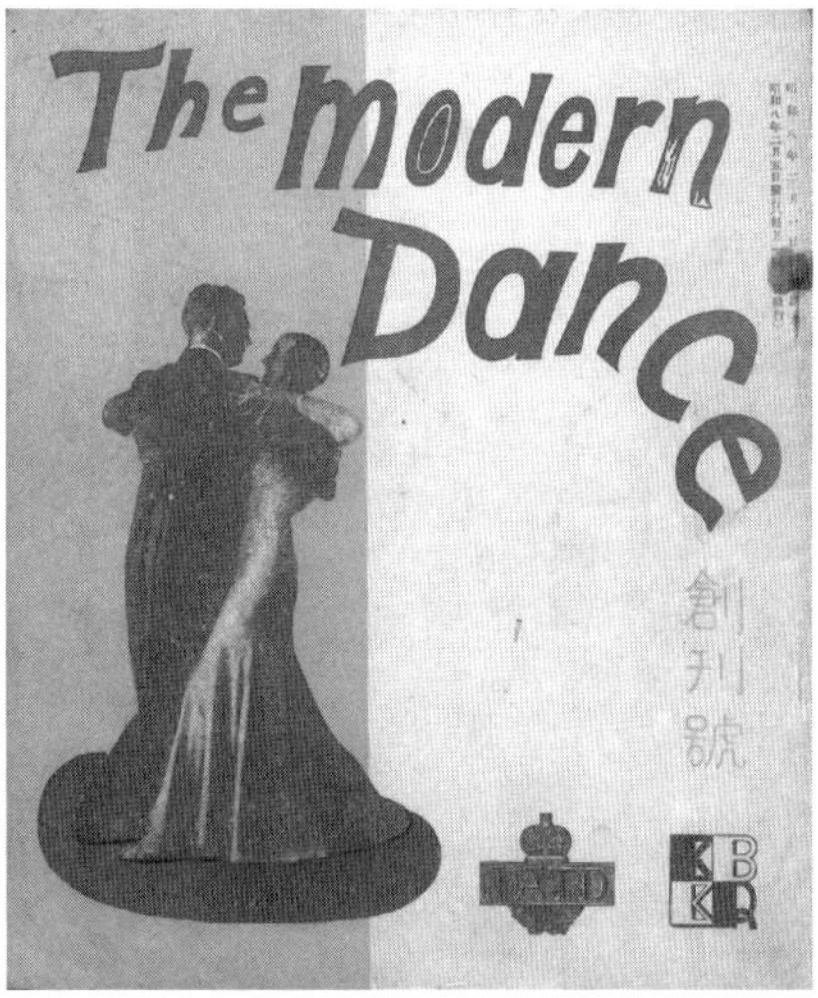

『ザ・モダンダンス』創刊号 1933 年 2 月
日本舞踏教師協会（NATD）の機関誌として創刊。編輯人は当初、長江卓三（石川達三）で、のち藤村浩作や榛名静雄が中心となった。

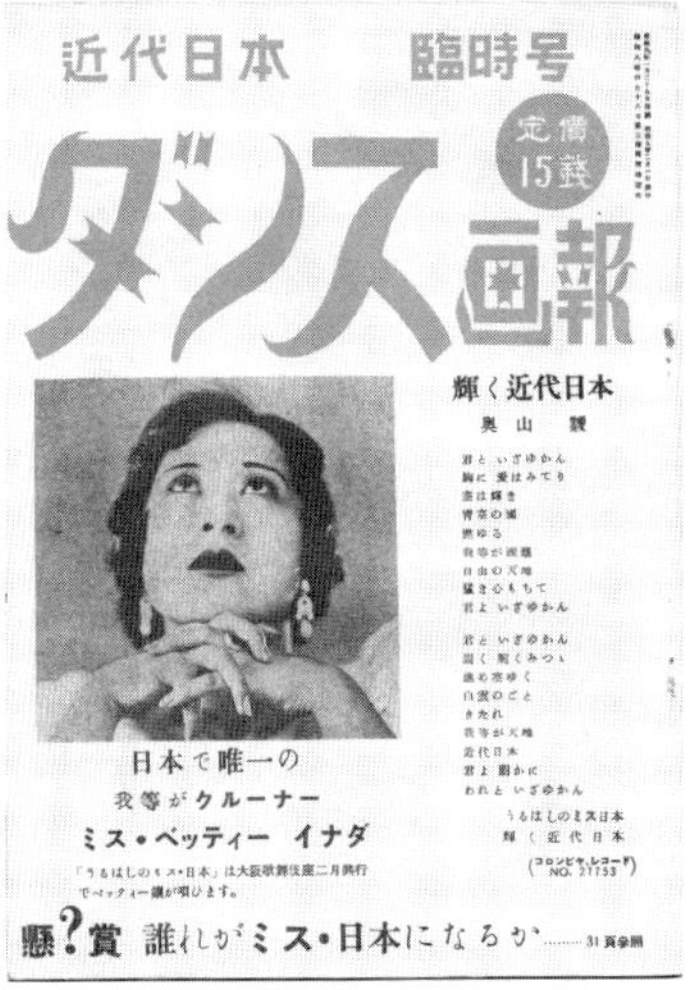

『近代日本臨時号　ダンス画報』1932年2月
『近代日本』は1932年の創刊。『日本グラフ』から改題された雑誌で、ダンスホール関係の記事を多く掲載した。写真はその臨時号で京浜、関西各ホールのダンサーの写真が掲載され、読者にミス日本の予想をさせる企画が告知された。

『社交ダンス』1934年1月
1933年創刊と推定されるが詳細は不明。シルヴェスターはじめ英国の著作の翻訳の権利を得た一誠社が刊行。

ダンスホールの独自メディア

『ダンス・パレス・ニュース』・『ダンセ・ハナクマ』・『琵琶湖ダンスホールニュース』・『桂ダンスホールニュース』・『ダンス京阪ニュース』・『ヒガシヤマ』

ダンスホールは、それぞれが独自のメディアをもっていた。東京ではフロリダの『フロリダ・ダンシング・タイムス』や『ラ・フロリダ』、『流行の王様』が確認されており、ほかに銀座ダンスホールの『社交』、帝都ダンスホールの『帝都』があったことがわかっている。

ここでは、資料の収集整理がすすんだ関西のホールについてみておこう。まず、阪神会館ダンス・パレス。ニュースレター『ダンス・パレス・ニュース』を一九三四年一二月から月刊で発行。三〇〇〇部が無料配布されたという。なお、この『ダンス・パレス・ニュース』の前にも印刷物を発行していたらしいが、現物は確認されていない。

リニューアル刊行された『ダンス・パレス・ニュース』の当初の編輯兼発行人は新澤勝義の名義になっている。じっさいにはダンサー係の須藤喜一郎が担当していたようだ。その後、ダンサーの桂宮子らが編輯作業にあたるようになる。現在のタブロイド判にちかいサイズで、四ページだてが基本だが、号によっては六ページだてのものもある。内容は、ホールのイベントの予告、ダンスの技術解説、新入ダンサーの紹介、バンド情報など。だが、ダンサーが編輯にかかわってからは、彼女たちが執筆した記事、詩歌や小説、エッセイなどが特徴となり、このようなメディアをもったことがダンス・パレスというホールの特色にもなる。当時のダンサーの生きかたや考えかたを、いまに伝える資料にもなってい

る。現存する最後の号は一九三七年一〇月発行の第三五号である。

『ダンス・パレス・ニュース』など多くの独自メディアが小さなサイズの新聞タイプがほとんどだったのに対し、異色だったのが神戸の花隈ダンスホールの『ダンセ・ハナクマ』だ。本文が三〇ページをこえる冊子で、他の専門誌、たとえば『ダンス時代』などと見比べても遜色がない出来ばえである。おそらくは、花隈ダンスホールの経営にかかわった大黒正宗の蔵元である安福家から製作費が出ていたのだろう。

見つかっている号がかぎられているため全貌が明らかにできたわけではないが、一九三四年一〇月発行分が第一巻第二号なので、この年の秋ごろに創刊されたと推定される。ダンス以外の情報も豊富だが、ダンスに関しては花隈ホールのことがらに多くの字数を割いており、その点で、専門誌よりはカバーする範囲がせまい。

『琵琶湖ダンスホールニュース』は一九三六年七月の第二号以降が確認できた。同年の創刊だろう。一九三二年の開館からは、すこし経ってから独自メディアをもったことになる。写真を多用し、レイアウトも凝っている。そのぶん、文字情報は控えめだ。八ページだて平綴じ、発行は同ホールだが、編輯人の名は記載されない。ただ、京都のダンス教師上田敬三や、かつて尼崎ダンスホールの経営にかかわっていた小西甫らの寄稿があり、琵琶湖ホールに関西のダンス関係者の人脈がかかわっていたことがわかる。

詩やエッセイなどダンサーの創作、レコード評がみられるのも興味ぶかい。ここの経営者が紅葉館の高木源三郎だったこともあり、紅葉館の広告が掲出されるほか、大津の上柴、下柴、真町、新町各検番の芸妓一覧が電話番号とともに掲載されている点が特徴的だ。いっぽう、飲食店や洋品店、楽器店などの広告は京都からの出稿が目だつ。一九三七年一二月刊行分までが確認できる。

桂ダンスホール（桂会館）では、開業から二年経った一九三六年五月に『桂ダンスホールニュース』を創刊。表紙とも一六ページだての平綴じ。編輯兼発行人は株式会社桂会館社員の酒井松鶴、発行所は桂ダンスニュース社となっている。男性利用客からホールへのメッセージ、ホールからダンス愛好者への情報提供が誌面を埋める。ホール側は施設や料金、送迎サービスの説明、教授部の紹介、イベントの告知のほか、「新入社麗人ダンサー御紹介」のページをおいて、ダンサーの肖像写真を掲載している。

その後、ページ数の増減はみられるが毎月刊行されたらしい。一九三六年一〇月発行の号には「桂セレナーデ」が掲載されている。作曲は、生駒ダンスホールで音楽を担当し、桂でもバンドの編成などにかかわった成田圭造（七五三夫）のようだ。だが譜面は残されておらず、残念ながら楽曲の復元はかなわない。それでも毎月のイベントの詳細や、ダンサーや教師の動向などが読みとれる貴重な資料だ。また、競技会の内容を伝える読み物もあり、小山賢之助や永吉彰が技術的な解説をする記事もみられる。現存が確認できた最後の号は一九三七年六月発行のもの。終刊がいつなのかは不明だ。

京阪ダンスホールが発行した『ダンス京阪ニュース』で確認できているのは、一九三六年七月発行の第一五号のみ。創刊は、開業まもなくのころだと推定される。平綴じ一二ページだてで、編輯兼発行人は左方一夫。関西のホールについての記事を雑誌に寄せた文筆家だ。発行所はダンス京阪ホールとなっている。左方が編輯をしていたからだろう、『ダンスファン』や『ダンス時代』など同時期の月刊誌にちかい内容、レイアウトで、文章やデザインも洗練されている。他の号が発見されていないことは惜しまれる。

東山会館の『ヒガシヤマ』も創刊の第一号のみが確認できるばかりだ。平綴じ八ページだての小さな判型で、一九三四年六月の発行。編輯兼発行者は佐藤正純となっている。「あとがき」を川北長利が書き、東山会館が「上品に〳〵──それのみを目指して」いると強調する。それが「経営者の尼崎氏や其のエキスポーネントの佐藤氏」の「鞭撻」によるとの背景も記される。

さらにホールの建築を担当した清水組技師長八木憲一の報告、音楽部顧問の大井蛇津郎がジョーゼフ・エヴァンス（ジミー原田）のバンドを評した記事、ダンス教師池原南のホール評、川北長利の施設紹介など、小冊子ながら読みごたえがある。

各ホールが独自に刊行したニュースに掲載された記事は、あからさまに他を貶めるようなことはすくないものの、やはり身びいきだと思われる内容をふくむ。資料として貴重であることはまちがいないが、バンド評や教師の人物評でゴシップ的なものについては慎重に読みとく必要がありそうだ。

こういったメディアに掲載された広告には、洋服洋品店、靴店、美容室、楽器店、レコード店、飲食店などダンスホール営業に関連する業者のものがあり、ダンサーやミュージシャン、利用客がどういったモノやサービスを購入利用していたのかを知る手がかりになる。また工務店や建築資材を扱う企業、電気設備にかかわる会社などの広告からは、ダンスホール建築にかかわる業者のようすも窺いしることができる。

DANCE PALACE NEWS

『ダンス・パレス・ニュース』
1934 年 12 月
1934 年に創刊された。月 1 回発行。
ダンサーたちの寄稿が多い。

『琵琶湖ダンスホールニュース』
1936 年創刊とみられる。地元大津の花街に関する情報も併載している。
写真は 1936 年 9 月の第 4 号。

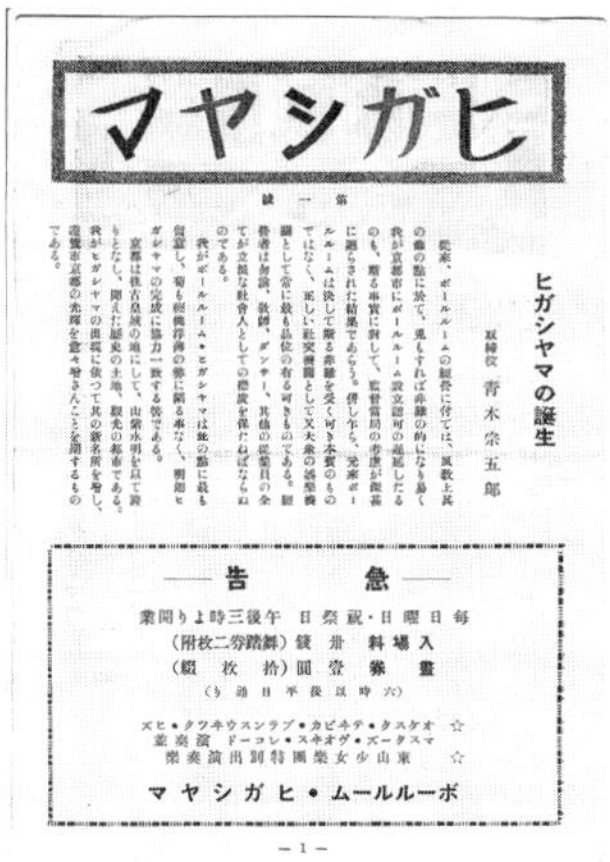

『ヒガシヤマ』
1934年6月発行。創業まもなく出された小冊子。

『ダンス京阪ニュース』1936年7月
創刊時期は不詳。編輯兼発行人に左方一夫の名前がある。

『桂ダンスホールニュース』
1936年5月創刊。ホールでのイベント情報はじめ、バンドやダンサー、教師の動向を伝える。

写真家とダンスホール

ダンスホールの写真を多く撮影したのは、渡辺義雄や濱谷《はまや》浩《ひろし》、師岡宏《もろおかこう》次《じ》など東京のカメラマンたちだった。フロリダのような、モダンで国際的な舞踏場があったからだろう。ダンスホールのフロアで踊るダンサーや利用客の姿をとらえたものもすくなくない。これらの写真家の作品は、雑誌『フォトタイムス』に発表されており、また現在では東京都写真美術館のウエブサイトなどで閲覧することができる。

関西には、ハナヤ勘兵衛や中山岩太ら芦屋カメラクラブのメンバーだった写真家がいるが、ダンスホールの内部をとらえた写真やダンサーを被写体とした作品で目だったものは見いだせていない。もちろん、ダンスの専門雑誌があって、その誌面を多彩な写真が飾っているから、撮影者もすくなからずいただろう。たとえば生駒ダンスホールで音楽を担当した成田七五三夫の弟成田燦は、大阪の南森町でナリタ写真館を開いていた。ダンス雑誌に広告を出しているし、ダンスホールの広告写真やダンサーのプロフィール写真を多く撮影していたようだ。だとすれば、関西の写真家が撮影するダンス関係の写真は、作品というより、むしろ商業印刷物にもちいられる素材として重宝されたのだと考えられる。

新聞社のカメラマンも取材現場としてダンスホールを多く撮影している。けれども、これら報道の素材写真も紙面に掲載されたものを見ることができるだけで、オリジナルにちかいプリントが良好な状態で利用できるわけではない。現在、新聞各社では、資料のデータベース化の作業をすすめているが、利用料や掲載料などが高額で、ひろい活用をすすめるうえでの大きな妨げになっている。

渡辺義雄撮影の東京フロリダ
[『フォトタイムス』1933年9月]
フロアを見おろすグリルから撮影されたもの。カンチバレーの椅子が特徴的。

同じく渡辺撮影のフロリダ　上層のバンドはムーラン・ルージュの面々。フロアで踊る人びとについては、あえて外国人を被写体にしているとみられる。

新聞雑誌にあらわれたダンスホール

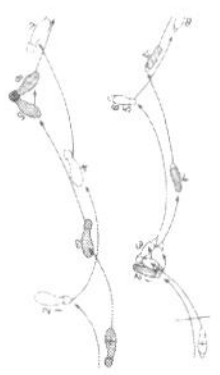

戦前期の主要なマス・メディアは新聞と雑誌だった。放送ではラジオ、そして映像では映画があり、ダンス音楽が放送され、ダンス・シーンをふくむ作品が上映されていた。が、多くの人びとにとって、ダンスホールの事情を知る日常的な窓口は新聞記事や広告であり、視覚的なイメージを与えてくれるのは新聞雑誌の写真やイラストだった。

ダンスホールで社交ダンスをたのしむという習慣は、当初、奇異の目をもって見られた。明治時代や大正時代は、踊る人がかぎられていたから、ダンスについての報道も、めずらしいものを見るようなスタンスで記述されることが多かった。

やがて欧米の暮らしぶりが紹介され、一般の人びとにも男女が組んで踊るダンスの存在や、華やかな舞踏会のことが伝わるようになると、創作をふくめ、ダンスということばが理解されるようになる。

都市部で生活する人たちにとっては、ダンスホールが開業し、「ダンサー」と呼ばれる女性たちが登場することで、たとえ踊りをたのしまない人であっても、社交ダンスは知識として共有されるものとなった。

ダンスホールが存在しない地域の人びとにも、新聞小説やその挿画、雑誌の記事などによって事情は伝えられた。そのような意味で、社交ダンスやダンスホール、ダンサー、ジャズという音楽などのイメージ形成に大きく寄与したのが新聞雑誌など活字媒体だったといえる。

もちろん、それはダンスに対して好意的で肯定的なイメージだけをつくりだしたわけではない。一部の不道徳なダンス関係者の素行はスキャンダラスに書かれたし、事件報道では警察による発表がそのまま報じられることも多く、読者に否定的な印象を植えつけた。戦前のダンス界では、なんどか大きなスキャンダルがあったし、戦争に向かう国家では、軽佻浮薄な音楽や娯楽に対して冷ややかなまなざしが向けられた。それでもダンスホールにまつわることがらのなかには、人びとの好奇心をくすぐり、音楽やファッション、建築などへの関心を高めるきっかけがふくまれてもいた。

　現在の読者がこれらの素材にふれるとき、好奇心にかられていたずらに醜聞だけをとりあげるのではなく、ダンスホールという娯楽のありようやダンサー、教師として生きた人たちの生きざまを、その日常生活とともにとらえる心がまえが必要だろう。

ダンスホールの情報を伝える一般の雑誌『サンデー毎日』や『週刊朝日』、『話』などは、スキャンダルもふくめダンスホールに関する多くの記事を掲載した。

文学者とダンス

谷崎潤一郎・久米正雄・奥野他見男・村松梢風・稲垣足穂・萩原朔太郎・室生犀星・永井荷風・菊池寛・吉井勇・斎藤茂吉・徳田秋聲・國枝史郎・坂口安吾

かぎられたページ数のなかで、文学者とダンス、ダンスホールとのかかわりをすべて書きつくすことはできない。くわしくは拙著『ゲイシャのドレス、キモノのダンサー』を参照されたい。ここでは、これまであまり知られていなかったことがらを紹介しておこう。作品の評価を不問に付し、風俗資料として小説を読解する作業に違和感をいだく人がいるかもしれない。しかし、こういった作業も、作家たちのダンスへの向きあいかたを読みとる助けにはなるだろう。

　東京、横浜、京阪神の初期のダンスホールについて貴重な記録を残したのは谷崎潤一郎で、別項で説明した。久米正雄、徳田秋聲、國枝史郎らについても、別に記す。

　谷崎とほぼ同じころに踊り場に通いはじめたのが久米正雄だ。久米は、帝国劇場に出かけた帰りに松山省三に誘われて江木写真館の楼上にあった常盤会に顔を出す。その後、執筆のために滞在した花月園で平岡静子（河野静）にダンスを教わる。谷崎一家と踊ったのもこの時期だ。その後、東京に踊り場ができると、久米は吉井勇らを誘ってユニオンに出かけてもいる。久米は、商業的なダンスホールだけでなく、個人的にも昭和倶楽部など同好会のような集まりでダンスをたのしんでいたようだ。

　見過ごすことができないのは、当時の人気作家、奥野他見男（西川他見男）だ。奥野は、大正時代の花月園や神戸のオリエンタル・ホテル、大阪の河合ダンスや松竹座、一九二七年の営業禁止前のコテジ、パウリスタなど黎明期の踊り場のようすを、ユーモアをまじえながらも、かなり正確に伝えてくれる。売れっ子でありすぎたことが、作品に高い評価を与えられていないことと関連するのならば残念なことだ。家族ぐるみでダンス好きだった奥野は、そのことがもとで娘を失い、そして作家をやめてしまった。突然、文壇から消えてしまったために刊行がつづかず、読みつがれる作家でなくなった点も惜しまれるが、ダンスの研究においては必読の作品がすくなくない。

内地ではないが、古い時期の上海のダンスにふれるのが村松梢風だ。「魔都」や「上海」には一九二〇年代後半のようすが描かれている。

大正時代、米国帰りの池内徳子の教授所で居候をしていたのが稲垣足穂。東京では文士たちがダンスに親しみ、その輪のなかに萩原朔太郎や室生犀星、宇野千代、尾崎士郎らがいた。芥川龍之介も傍らでダンスをみている。作家たちの複雑な人間模様については近藤富枝の『馬込文学地図』(講談社、一九七六)はじめ、藤澤桓夫『大阪自叙伝』(朝日新聞社、一九七四)、萩原葉子『父・萩原朔太郎』(筑摩書房、一九五九)、足立巻一『夕暮れに苺を植えて』(朝日文芸文庫、一九九五)などを参照されたい。

永井荷風は、日記「断腸亭日乗」のなかで、東京のカフエーやダンスホールについてときおり書いている。まだ八大ホールの時代になるより前の、一九二八年ごろの東京の踊り場のようすや、人形町のユニオン、火災に遭う前のフロリダと推定されるホールでの見聞だ。

東京のダンスホールの状況を、巧みに作品に組みこんでいたのが菊池寛だった。菊池の作品、たとえば「勝敗」は、大阪、東京の朝日新聞連載時から多くの読者によろこばれ、松竹が映画化している。フロリダが、まさに東京随一のホールになっていく、その時代を描いたものだ。日本文学研究のドナルド・キーンが学生時代に日本語を学んだ際の教材のひとつが、この菊池の「勝敗」だった。

文学者のなかには、思わぬかたちでスキャンダルにまきこまれた者もいる。吉井勇の妻徳子は、一九三三年にダンス教師と関係を取り沙汰された。このときには斎藤茂吉の妻輝子も、「有閑マダム」の「桃色事件」などの見出しのもと、新聞雑誌に書きたてられた。斎藤は、これを機に輝子と別居することになる。

坂口安吾にも、東京以外のダンスホールを舞台とした小説や、体験を綴ったエッセイがある。

一九三六年三月、坂口安吾は故郷の新潟に出かけた。生まれた家はすでにない。幼なじみの女性と会ってダンスホールへ行くのだが、坂口は踊れなかった。ふたりはソファーにすわってぼんやりして時を過ごす。帰りの汽車のなかで坂口は、ホールで踊らなかったことを悔い、ダンスを習おうと決意する。東京にもどり三日ほど習ってはみたものの、うんざりしてやめてしまったのだという(「流浪の追憶」初出は都新聞、一九三六年三月一七日〜一九日 『定本 坂口安吾全集 第十二巻』冬樹社、一九七一)。このときの経験をもとに、坂口は『吹雪物語』を書く。同年から翌一九三七年にかけてのことで、作中、新潟の孔雀ダンスホールやイタリア軒とみられる踊り場が描かれている。作品は京都で執筆された。京都に滞在していたある日、坂口は祇園で遊び、そのあと舞妓のひとりに誘われ東山会館へ向かう。その夜のことは、第二次世界大戦後のエッセイ「酒のあとさき」に書きのこされている。酔った坂口はドテラの着流しというラフなスタイルだったが、いっしょに出かけた舞妓のキモノ姿に見惚れてしまう。

私はこのとき、酔眼モーローたるなかで一つの美しさに呆気にとられてゐた。それは舞妓の着物、あの特別なダラリの帯、座敷の中で踊つたりペチャクチャ喋つてゐるときは陳腐で一向に美しいとも思はなかつたのだが、ダンスホールの群集にまじると、群を圧して目立つのだ。ダンサアの夜会服などは貧弱極るものに見え、男も女もなべて他の見すぼらしさが確然と目にしみ渡るのである。伝統のもつ貫禄といふものを思ひ知らされたのであるが、それにしても伝統の衣裳をまとふ、その内容が空虚では仕方がないので、然し、小さな舞妓のキモノが群集の波を楚々とくゞりぬけて行く美しさは今でも私の目にしみてゐる。

『光』一九四七年四月

昭和戦前期の東山ダンスホールで舞妓と踊ることができた。それを示す挿話のひとつである。

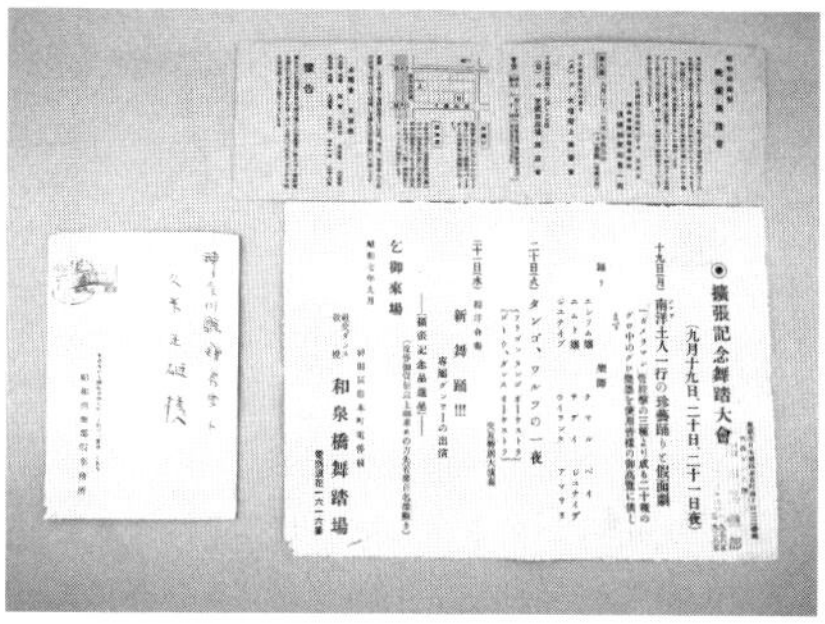

久米正雄宛ての舞踏会案内状など（個人蔵）
徳田らもメンバーだった昭和倶楽部では、東京の各ダンスホールでしばしばイベントを開催した。久米の手元には、その招待状などが送付されている。

菊池寛『勝敗』新潮社 1932
1931年、大阪朝日新聞・東京朝日新聞で連載。当時の文学者にとってダンスホールはかっこうの題材だった。

関西のダンスホールと文学者、文筆家

國枝史郎・三島由紀夫・徳田秋聲・藤澤桓夫・織田作之助

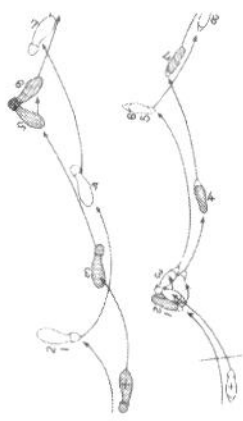

東京のモダン風俗をとりあげた小説についてはこれまでに多くの書き手がふれている。ここでは、関西のダンスホールと関連する作家や作品について述べる。

たとえば国道ホールでよく踊ったという点では、國枝史郎、徳田秋聲らの名をあげることができる。

國枝史郎はダンスホールに関する小説、エッセイを多く残した。それらは、『国枝史郎伝奇全集 補巻』（未知谷、一九九五）および『国枝史郎伝奇風俗／怪奇小説集成』（作品社、二〇一三）に復刻されている。長編小説の「ダンサー」や「東亜の謎」は前者に、また「生《いのち》のタンゴ」は後者に収録された。作品の成立事情や内容については、それぞれ収録書の解説を参照されたい。

國枝は、東京を離れ、ダンスホールがない愛知県の知多に移った。そのため、しばしば阪神間のダンスホールに踊りに出かけて、作品の着想を得た。長編「ダンサー」のモデルはダンス・パレスの女性だったのではないかとの噂もあったが、あくまでもフィクションである。國枝はダンスホール通いに妻のすえをともなうことも多く、ふたりで踊りをたのしんだり、レッスンを受けたりした。國枝のダンス熱はダンス教師の資格をとって教授所を経営するほどだったが、一九四三年に他界。残された妻すえは、第二次世界大戦後、東京数寄屋橋のシルク・ローズという教室でダンスを教えはじめる。ここでレッスンを受けたのが三島由紀夫だった。三島は、その後、小説「山羊の首」、「仮面の告白」、「鹿鳴館」、「豊饒の海」などの作品にダンスにかかわる記述を残した。

また、國枝よりも前からダンスに親しんでいたのが徳田秋聲で、息子の一穂とともに踊る作家として知られていた。徳田もときに関西の踊り場で目撃されており、また関西のダンス雑誌にも寄稿しているが、数はかぎられている。國枝や徳田はダンスに入れこんでいたので、ダンスホールのようすや、ダンサーたちの言動を、愛好者ならではの視点から細かく書きのこしてはいる。ただ、関西に定住したわけではないので、その見分が断片的な印象にとどまることもしばしばだ。

関西の作家でダンスホールをとりあげたのは、藤澤桓夫や織田作之助。

藤澤は、『淡雪日記』に収められた「今日からの恋人」で、ホールの閉鎖がちかづくころのダンサーを描いている。作品の初出は『オール読物』の一九三八年五月号。前年末に内務省の方針が出され、ダンスホールがいつ閉じられてもおかしくないと思われていた時期に書かれたものだ。大阪からタクシーを飛ばし、杭瀬の三角形の旗のあるホール、おそらくはタイガーに向かう。そこで踊ったユリというダンサーとの出会い、その後の日々が綴られている。大阪で働く若い男と、わけあってダンサーとなった女性の恋。その結末については、ここでは略す。

織田作之助の作品にも、ダンサーやダンスホールにかかわるくだりがある。たとえば「世相」。この作品の登場人物のひとりは、神戸でダンサーだったが、京都の宮川町でダンス芸妓となり、その後カフエ美人座の女給になった、という設定だ。架空の設定ではあるが、当時の女性の遍歴としてはリアリティがある。新しい風俗と古い花街とを往還しているところに目を向けている点が興味ぶかい。また、「夫婦善哉」の続編には、別府のビリケン・ダンスホールのことが書かれていて、阪神と別府とが近い位置にあったことがわかる。

藤澤桓夫『淡雪日記』輝文館 1940
藤澤は、ダンスホール閉鎖がちかい時期の作品「今日からの恋人」に、阪神国道のホールにつとめるダンサーを登場させた。初出は『オール讀物』1938 年 5 月号。

ダンスホールと画家
赤松麟作・宇崎純一・堀寅造・大塚克三・小出楢重・川西英・麻生豊・細木原青起・不二木阿古・榎本千花俊・奥田巖三ら

ダンスホールという場やダンサーという存在を画題とした画家はすくなくない。また、雑誌や新聞の記事あるいは小説などに添えられた挿画でもダンスホールやダンサーは、よく描かれた。数えきれないという表現は誇張ではないし、埋もれたままの資料にも添えられている可能性があるから、すべてを網羅するのは不可能だ。

簡単なイラストや漫画などでは、ありきたりな切りとりかた、陳腐な表現で、おもしろみのないものも見うけられる。が、多くの描き手は、鋭い観察眼と巧みな描写力で、最新の風俗のありようを図像として定着させ、いまに伝えてくれる。関西のモダニズムでは、神戸の風俗をとらえた版画家川西英の作品がとりあげられることが多い。川西もダンスホールの色あいをよく伝えるが、どのホールを描いたものなのかは特定されていなかった。しかし、阪神間、神戸のホールの写真が発掘されたことで、今後の検証作業によって明らかになるかもしれない。

ダンスホールという洋風の場を描くのだから、日本画よりも洋画のほうがより親和性が高いと思われようか。けれども、洋画家でダンスホールを描いた作はさほど多くない印象だ。むしろ変化する世相に強い関心をいだいたのは日本画家たちだった。伝統的な生活のようすが、明治以降、大きく変化し、戦争や震災などを経て、古いものは急速に失われていった。移ろいゆく風俗を写しきってこそ、日本画にも進歩があると考えた人たちもいただろう。そういった変化のなかに身をおいてもたくましく生きる女性たち、すなわちダンサーは、人間として、画家たちの創作意欲を刺激したようだ。

　東京画壇では、不二木阿古や榎本千花俊、奥田元宋（巖三）にダンサーを描いた作品がある。榎本は、ヨーヨーが流行したころフロリダのダンサーたちが戯れる姿を「揚々戯」に描いた（島根県立石見美術館蔵）。また奥田は、「舞踏場の一隅」でフロリダのダンサー席にすわる女性五名を描いた。うちひとりが和装である点が興味ぶかい。

　フロリダを描いたものでは、挿画で知られる岩田専太郎の第二次世界大戦後の作品もある。洋画では、東京の風俗を多く描いた木村荘八が描いた「戯画ダンスホール」（三重県立美術館蔵）があり、花月楼の平岡権八郎と交遊のあった和田三造にも「昭和職業絵画第二輯」にダンサー群像を描いた作がある。

　関西では、堀寅造がダンス好きで、パウリスタ時代からホールに通い、ダンスホールの絵を描いていたことが知られている。ただ、作品で公になっているものはなく、雑誌などに寄せたイラストがわずかに確認できるくらいだ。阪神会館ダンス・パレスの開業時のパンフレットのデザインにもかかわった。雑誌『ダンス時代』にもイラストが残されている。

　大阪の洋画家では、赤松麟作が「ダンサー」というタイトルの作品を描いている。どこのホールなのかは不明だが、九名の女性の姿がある。うち一名が和装。ドレス姿の女性たちは、断髪だ。一九三九年にみずから発行した『麟作画集』にモノクロの図版が収められているが、作品の消息はわからない。

　ダンスホールそのものを描いたわけではないが、ダンス雑誌に作品発表の場をもっていた画家の名もあげることができる。そのひとりが宇崎純一。「大阪の夢二」との評判をとった人だ。宇崎は大阪で出されていた雑誌『ダンサー』にイラストを描いた。短命な雑誌だったので多くの作は残っていないが、宇崎純一もジャズやダンスの時代を飾るひとりではあった。この雑誌には、波屋書房の広告が掲出されている。現在も料理専門の書店として営業する老舗。波屋は千日前ユニオンのすこし南にあって、大阪文壇を代表する藤澤桓夫らの同人誌『辻馬車』が拠りどころとした店だ。藤澤は「今日からの恋人」という小品で閉鎖がちかづくころのダンサーをとりまく人びとを描いているが、その挿画は往時の関西のダンサーのようすを伝えてくれる貴重な資料でもある。初出の雑誌『オール読物』では新井五郎が、また輝文館版『淡雪日記』収録時には田村孝之介が描いた。

　『ダンサー』誌の表紙をデザインしたのは大塚克三。舞台美術の仕事で知られる人だが、大阪でダンスホールが生まれ育った時期に、ダンス専門誌にかかわっていた。大塚の実家は道頓堀の芝居茶屋「三喜」。パウリスタやユニオン、松竹座からほど近いところだった。

　ダンス好きの谷崎潤一郎がユニオンで踊っているのを目撃したのは小出楢重。小出は、のちに谷崎が「蓼喰ふ虫」を連載した際、その挿画を描いている。また、谷崎の『細雪』の装丁を手がけたのは画家の菅楯彦。菅の妻となったのは南地富田屋で名妓とうたわれた八千代だった。

　漫画では、細木原青起《ほそきばらせいき》や北澤楽天、小川武、麻生豊、長崎抜天らがダンスホール風俗をとらえた作品を描いた。「ノンキナトオサン」で知られる麻生豊には、『週刊朝日』一九三二年九月二五日号に尼崎ダンスホールの内部のようすを描いた作がある。ダンス・パレス時代の高橋虎男がホールに立ちよった踏客に記名させていた寄せ書き帖にも、細木原、小川、麻生、長崎らのスケッチが残されている。

こういった人脈は、文学者なら文学者どうし、画家は画家どうし、ミュージシャンはミュージシャンだけで、それぞれ別々につくられたわけではない。ダンスホールが生まれ、ジャズが流れる街では、文学や美術にかかわる人の輪も交錯していた。

奥田巌三（元宗）「舞踏場の一隅」1937
［絵葉書（個人蔵）］
児玉画塾第１回展覧会に出品された作。
フロリダのダンサーたちを描いたもの。

「大阪の夢二」宇崎純一による挿画
［『ダンサー』1927 年５月（西村貴久男蔵）］
渡邊正直「大阪の夜」に添えられた作。

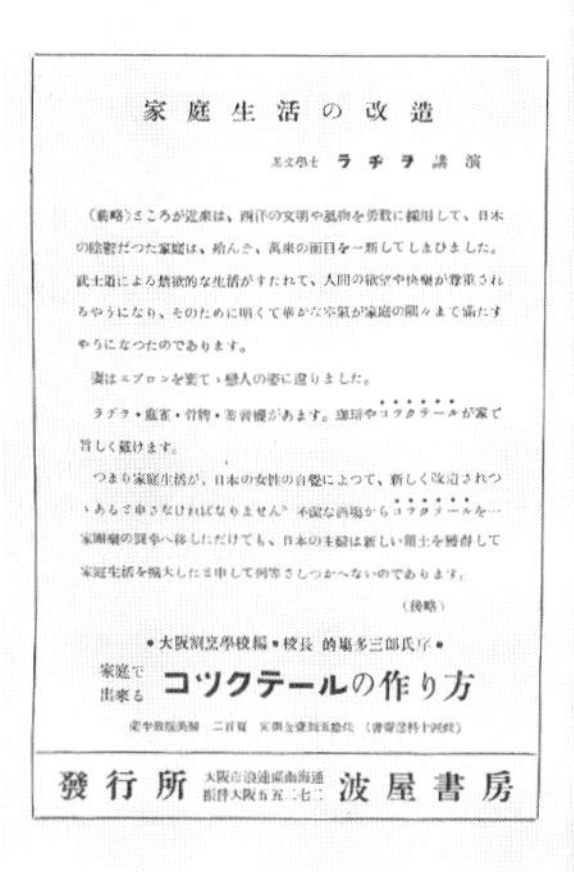

家庭生活の改造

某文學士 ラチヲ講演

（前略）ところが近來は、西洋の文明や風物を勇敢に採用して、日本の陰鬱だつた家庭は、殆んど、萬象の面目を一新してしまひました。武士道による禁欲的な生活がすたれて、人間の欲望や快樂が尊重されるやうになり、そのために明くて華かな空氣が家庭の隅々まで滿たすやうになつたのであります。

妻はエプロンを著て〻戀人の姿に還りました。

ラヂヲ・麻雀・骨牌・蓄音機があます。珈琲やコクテールが家で愉しく頂けます。

つまり家庭生活が、日本の女性の自覺によつて、新しく改造されつゝあると申さなければなりません。不潔な酒場からコクテールを一家團欒の食卓へ移しただけでも、日本の主婦は新しい領土を獲得して家庭生活を擴大したと申して何等さしつかへないのであります。

（後略）

・大阪割烹學校編・校長 鶴崎多三郎氏序・

家庭で出來る コツクテールの作り方

菊半截版美装　二百頁　定價金壹圓五拾錢（書留送料十四錢）

發行所　大阪市浪速區南海通　振替大阪五五二七二　波屋書房

波屋書房の広告
［『ダンサー』1927 年５月］
宇崎が経営にかかわっていた書店で、
藤澤ら若き文学者の拠点でもあった。

ダンス・パレス開業時のパンフレット
（橋爪節也蔵）
関西では「ダンスホールの画家」として知られた堀寅造デザインとみられる。

赤松麟作「ダンサー」
［『麟作画集』1939］
赤松は東京美術学校に学び大阪朝日新聞の挿画家となる。赤松洋画研究所で後進を指導。戦災で多くの作品が焼失した。この作品も、どのホールのダンサーたちを描いたのかなど、くわしくはわからない。

細木原青起のスケッチ
（個人蔵）
ダンス・パレス寄せ書き帖に残されたスケッチ。細木原がパレスに立ちよったのは 1931 年 1 月ごろとみられる。

北沢楽天「クーポンダンサー」
［北沢楽天『女百態エロググロ漫画集』アトリエ社 1931］
タクシー・ダンサーのことをクーポン・ダンサーと呼ぶこともあった。「クーポン」はチケットをさすものと思われる。

映画とダンスホール

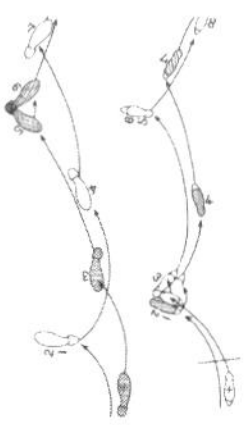

菊池寛原作の小説『東京行進曲』は雑誌『キング』に連載され、一九二九年に日活が映画化している。溝口健二が監督し、夏川静江らが出演したが、この映画はあまり評価されなかった。しかし、主題歌としてつくられた同名の曲は大いにヒットする。作詞は西條八十、作曲は中山晋平で、佐藤千夜子が歌った。当時は都市名、地名を冠した行進曲が数多くつくられており、「東京行進曲」もそのひとつだった。前年の一九二八年に「道頓堀行進曲」の舞台や曲が人気を博したので、そのブームに乗った作品群である。

「東京行進曲」では、一番の歌いだし「昔恋しい銀座の柳」が有名で、三節目にある「ジャズで踊って」、四節目の「明けりゃダンサーの涙雨」などの印象も強く、ダンスホール風俗を歌った曲と思われがちだ。しかし、二番以降ではダンスホールを思わせることばはもちいられていない。また、原作の小説も映画も、ダンスホールを舞台にしたものではない。さらにいえば、この作品が送りだされた一九二九年は、東京のダンスホールが警視庁の取締り強化によって淘汰された時期にあたる。一九二七年に関西ではダンスホールの弾圧とも呼べるきびしい取締りがあった。その翌年には東京でダンスホールが増加。しかし、それに対して警視庁もきびしい対応をとった。そのため一九二九年は震災後に復活した東京の踊り場がふたたび閉鎖に追いこまれたのだった。フロリダなど新しい踊り場が開場するのは、この一九二九年の夏。東京に「八大ホール」の黄金時代が現出するのはもうすこしあとのことだ。したがって、「東京行進曲」がつくられたのは、東京のダンスホールの再編期にあたり、映画は、ダンスホールが減少する谷間のような不思議なタイミングで公開された。

ダンサーをとりあげた、あるいはダンスホールを舞台とした作品では、「ダンスガールの悲哀」（一九二九年、松竹）も古い。佐々木恒次郎監督で伊達里子や川崎弘子が出演したものだ。ただ、映像は残されていない。その後、やはり菊池寛原作、島津保次郎監督、北村小松脚色の「勝敗」（一九三二年、松竹）があり、ダンサーの暮らしぶりが描かれた。これもフィルムは現存しない。出演したのは、田中絹代と川崎弘子。

田中絹代は翌年、小津安二郎監督の「非常線の女」（一九三三年、松竹）にも主演している。田中が演じた役はダンサーではないが、この作品中主人公らがダンスホールに立ちよるシーンがある。照明技術の関係で実在のダンスホールで撮影が行なわれたわけではなかったが、セットでの収録にはエキストラとしてフロリダのダンサーたちが動員され、字幕にもフロリダの名がクレジットされている。

当時の技術では、暗いダンスホールの内部で撮影をすることには限界があった。やむをえずスタジオにセットを組むのだが、それではダンスホールの豪華な内装を再現することができず、雰囲気を伝えることがむずかしかったという。そういった理由から、邦画では人びとが室内で踊る場面を見ることはあまりない。じょじょにくふうが重ねられ、蕨にあったシャンクレールでは、営業時間終了後のホール内で撮影が行なわれた。久米正雄が書いた新聞小説を映画化した作品「龍涎香」（一九三五年、新興キネマ）である。この作品も、説明ナレーションを吹きこんだレコードや記念絵葉書などをのぞくと、その内容を伝える資料に乏しい。同様に、作品そのものが残されていないばあい、スチル写真やチラシ、雑誌の紹介記事や脚本などからダンス・シーンがあったかどうかを確認するよりほか手だてがなく、網羅的なリストは作成がむずかしい。

関西でも、ホールでの撮影を伝える記事などは散見されるが、フィルムが現存せず、どういった作品だったのかは把握しきれない。映画女優がダンサーに転じたり、ぎゃくにダンサーが映画デビューをしたりといったケースは多く、そういった情報のみがメディアをにぎわせている。

めずらしいケースとして、阪急が残した記録映画のなかにダンスホールで撮影された貴重な映像がある。宝塚会館の内部で人びとが踊っている場面で、ほんの数秒なのだが、戦前のダンスホールの実写映像としてはきわめて稀少なものだといえる。この映像は、阪急電鉄から復刻DVDが発売されている。

ジャズ音楽が、よりシンフォニックなかたちで演奏されるようになると、それをもちいた映画もつくられる。ジョージ・ガーシュインの「ラプソディ・イン・ブルー」をとりいれたポール・ホワイトマン楽団のレヴュー映画「キング・オブ・ジャズ」（一九三〇）は一九三一年に日本でも公開されるが、そのインパクトははかりしれないものだった。

輸入される外国映画には、ダンス・シーンをふくむ作品が多かった。ダンスホールがない街の人びとも、スクリーンのなかでダンスを踊る男女を見ることはできた。ヨーロッパの映画では、「巴里祭」のように庶民が屋外で踊る場面を描いたものもあれば、「舞踏会の手帖」のように上流階級の交際のありかたを伝える作品もあった。だが、こういった欧米の映画は享楽的なものとみなされ、男女が踊るシーンについても日本の伝統にはそぐわないと考える人びとはいた。

ダンス・シーンをふくむ洋画については、ビクターのダンス・レコード・クラブ第四集の映画主題曲特選集に採択された作品が、当時の人気を反映していると考えてよいだろう。一九三七年ごろの段階で選ばれたのは「ボレロ」、「メリー・ウイドー・ワルツ」、「鴛鴦の舞」、「空中レビユー時代」、「会議は踊る」、「巴里は夜もすがら」、「ショウ・ボート」、「ラヴパレード」、「巴里の屋根の下」、「コンチネンタル」、「泣き笑ひの人生」、「クカラチヤ」の一〇作品だ。

内務省がダンスホール閉鎖の方針を示し、その新聞報道が業界を動揺させたのは一九三七年暮れ。「舞踏会の手帖」は、この年にフランスでつくられ、翌一九三八年に日本で公開された。だが、「非常時」ということばが頻繁にもちいられる時代にあって、男女が組んで踊る場面をふくむ洋画、とりわけ英米の映画に向けられる目はきびしくなっていく。

それでも日本の映画ファンは、米国映画の公開を心待ちにした。社交ダンスをダンスホールで踊った経験があるかないかにかかわらず、多くの観客にとってダンス・シーンは甘美なものだったし、トーキー映画のサウンド・トラックの音楽を聴くジャズの愛好者もいた。フレッド・アステアとジンジャー・ロジャースのコンビがカップル・ダンスの到達点を見せた「有頂天時代」（一九三六）、「踊らん哉」（一九三七）なども日本で公開され喝采を受けている。ただ、「カッスル夫妻」（一九四〇）が公開された年には多くのダンスホールが閉鎖され、その後、英米の映画の公開もなされなくなった。米国の娯楽映画は日本人を「白痴化」するための謀略によって送りこまれているのだという見かたさえ示されるようになる（柴田芳男『世界映画戦争』北隆館、一九四四）。

「舞踏会の手帖」や「カッスル夫妻」は、印象的なダンス・シーンをふくむ映画として、戦前期の人びとが見ることのできた、おそらく最後にちかい作品だろう。これらの作品は、第二次世界大戦後あらためて公開され、観客を魅了した。

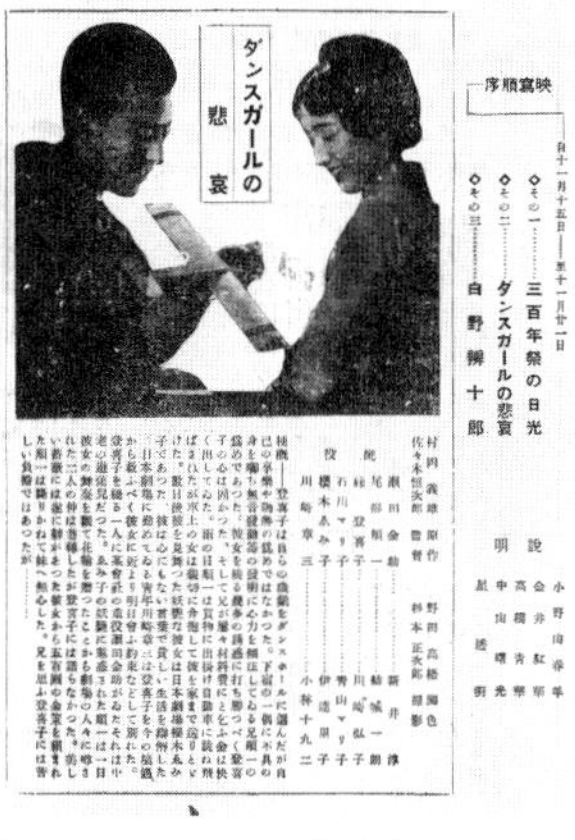

「ダンスガールの悲哀」
[牛込羽衣館のパンフレット『週刊羽衣』]
1929 年、松竹の作品。ダンサー登喜子を川崎弘子が演じた。

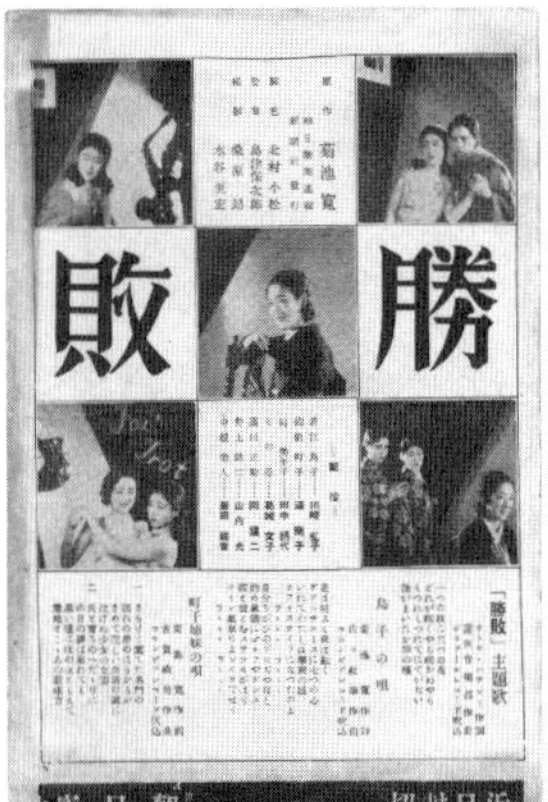

「勝敗」
[道頓堀朝日座のパンフレット]
1932 年、松竹の作品。原作は菊池寛で、ダンサーをふくむ姉妹が登場する。

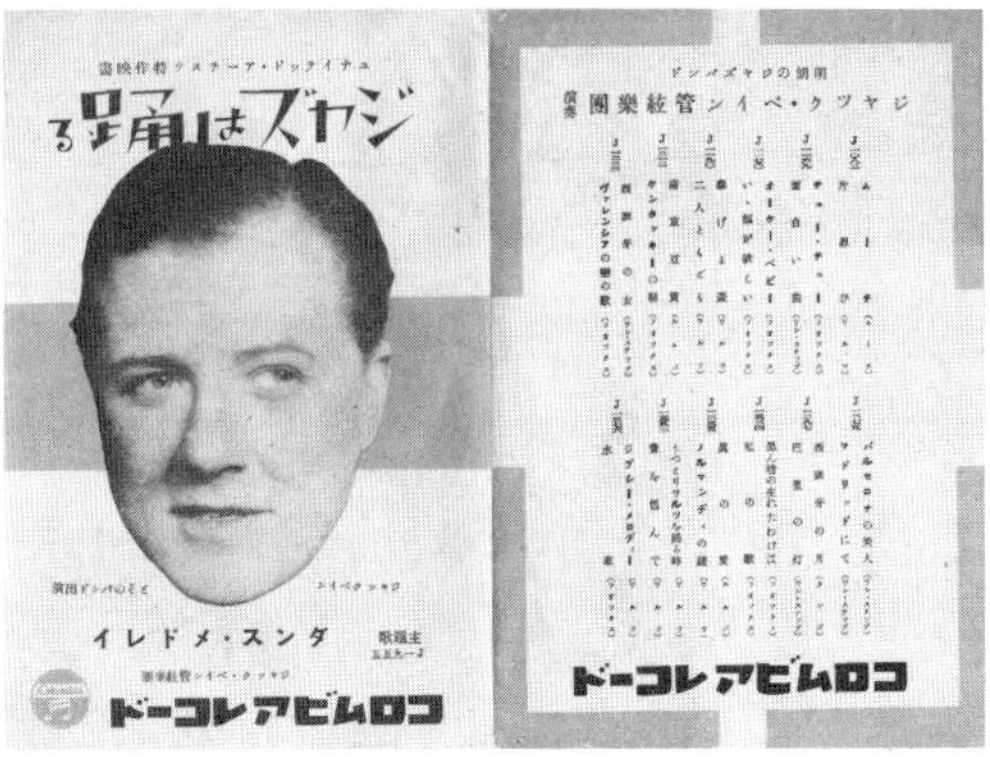

「ジャズは踊る」
[日比谷映画劇場パンフレット]
1932年の英国映画。ジャック・ペインが本人として主演。パンフレットには塩入亀輔、堀内敬三、紙恭輔らの推薦の辞がある。

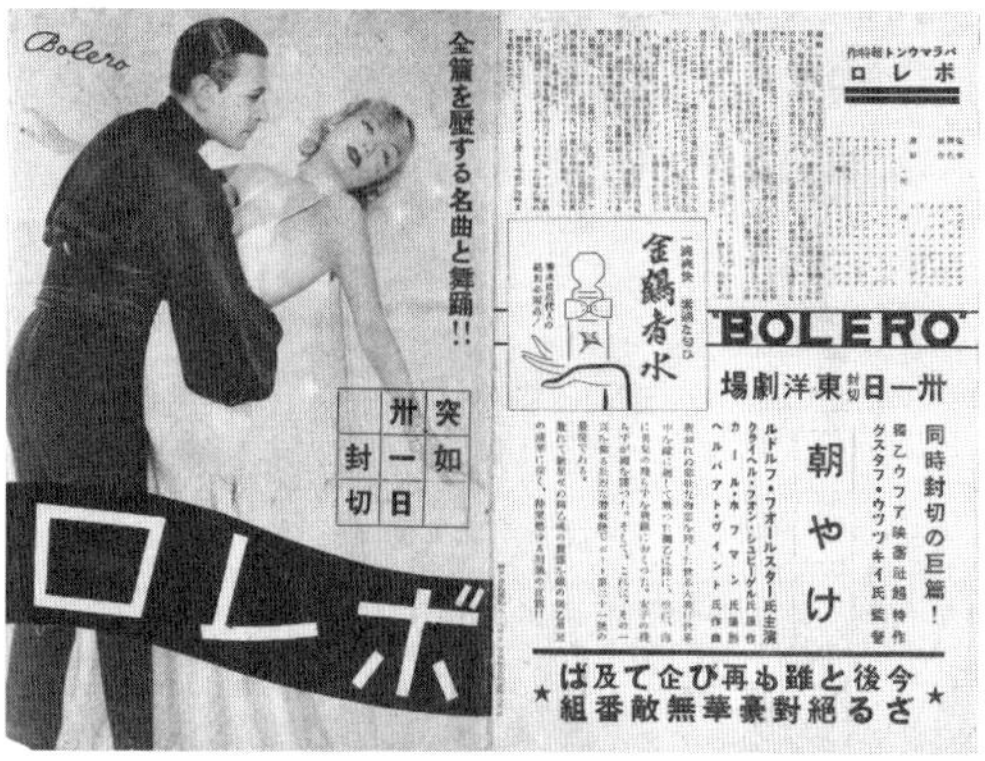

「コブラタンゴ」
[発行館不明]
1935年の米国映画。舞台はアルゼンチン。タンゴの新しい踊りのスタイルとして、ダンス界で話題になった。

「ボレロ」
[東洋劇場パンフレット]
ラヴェル作曲のボレロを主題に映画化した作品。ダンスホールのデモンストレーションにもとりいれられた。なかでも市村譲治・槻尾たか子ペアは、1934年、「外地」をふくむ10か所以上で1か月におよぶ巡回公演を行なった。

「舞踏会の手帖」
[三映社および帝国劇場パンフレット]
1937年のフランス映画。米英の映画の公開がむずかしくなるなか、「輸入禁止後奇蹟的入荷した世界一の名作」として1938年に公開された。のち、上映禁止に。

マッチ箱という媒体

男女を問わず喫煙者が多かった時代にあって、マッチ箱は誰もが手にする広告媒体だった。煙草を吸わない人でも、家事でつかうことはある。箱に書かれた文字だけでなく、描かれた絵や地図は印象に残りやすい。

マッチ箱を宣伝に利用した事業者は数えきれない。なかでも飲食店は、新聞雑誌に広告を出稿するよりも手軽な手段として活用した。レストランやカフエー、バーといった新興の洋風の商業施設もそうで、ダンスホールも例外ではない。冊子体に多色刷りの広告を出すのは費用がかかる。それにくらべ、マッチなら色とりどりのイラストを安価で印刷できたから、店の雰囲気を伝えるには絶好の手だてだった。

いっぽう、中身のマッチをつかいきってしまえば、箱は捨てられる。これをたいせつにとっておこうという人はすくなく、それがために運よく残った箱は往時を伝える貴重な資料となる。いや、そういったことを考えて収集対象にするマニアもいた。箱をていねいに解体し、ラベルをはがし、アルバムなどに貼りこんでいく。なかには都市ごと、あるいは業種ごとにきれいに整理したものもある。まるで昆虫学者がつくる標本のような出来ばえだ。家族は困っただろうが。

収集対象となったマッチ・ラベルの価格は、稀少性や人気、需要によって決まるが、戦前期の都市風俗を伝えるものには、まあまあの値がつけられる。名のあるカフエーのものだと一枚数千円におよぶことがあり、それらを何十枚、何百枚と貼りつけたスクラップ・ブックが一冊数万円で取引されることさえある。

なかには、後年、名をあげる画家がデザインしたものもふくまれているのかもしれない。しかし、おそらくは買いきりの原画を安い報酬で描いていたはずだ。署名などがみられることは、まずない。実用本位の商業デザインの分野では、評価をあげることはむずかしかっただろう。反対に、欧米のよく知られた絵やマークを「流用」するケースもすくなからずある。著作権についての理解は、まだまだだった。

ダンスホールのマッチ・ラベルは、いまでも一枚数百円から高くても千円といったところだろう。有名どころのホールのものはデザイン性にもすぐれているし、出演したバンドや歌手の情報が入っていたりすると、そのぶん値が張ることになる。

資料とはいえ、紙切れにすぎないものにあまりお金をつかいたくない。けれども、見送って別の誰かに買われてしまうと、同じものが市場に出てくる保証はない。業者の言い値で買うのはくやしいときもあるが、散逸を防ぐためにも即断するしかない。紙もの資料の収集は、なかなかむずかしい。だが、一九二七年、一九二八年ごろの規制強化で廃業し短命に終わったホールの名を見つけたときや、台湾や中国大陸など「外地」のダンスホールのラベルなどを手にしたときには、小さな箱だったからこそ残り、いま、ここにありつづけているのだろうと、感慨ぶかい。

右に書いたとおり、マッチ箱は小さいものだけれども、新聞や雑誌などが伝えない貴重な情報を知る手がかりになる。ダンスホールの研究では、ダンサーに渡されたチケットもそうだが、欠かせない資料のひとつといえるだろう。

たとえば、ホールの名称や略称、シンボル・マークやロゴ、所在地、電話番号といった基本情報がマッチ箱から得られる。ただ、これらは新聞雑誌ほか文献資料によってもつきとめうるものだ。けれども文献だけでは確信をもてず、謎のままになりそうなことが、マッチ・ラベルのちょっとした表現で解けることがある。じゅうらい、東京人形町のユニオンは、東京の八大ホールのなかでも古株のものとして位置づけられていた。だが、じっさいには大阪千日前のユニオンが規制のために廃業し、東京人形町にあった朝日舞踏場を買収して、ダンサーや教師、それにバンドも送りこんで営業をはじめたのだった。このことは雑誌資料などでもあるていど想定できるのだが、資料が乏しい。しかし、入手できた人形町ユニオンのマッチには「大阪ユニオン東京支店」とはっきりと書かれていた。これをきっかけに、他の資料も再確認して、大阪と東京のユニオンの関係をより明確にとらえることにつながった。

　ユニオンをめぐる人の動きが、ジャズ界、ダンス界のひろがりをつくった。それを知ることができたのは、一枚のマッチ・ラベルのおかげといってもよい。

　ダンスホール以外の飲食店や妓楼などについてみても、ダンスの意匠をもちいて客の関心を惹こうとするものが散見される。流行の風俗をデザインにとりいれることで店の雰囲気を伝える手法だともみなせるが、表向きは飲食店として営業している店が、秘密裏に客にダンスを踊らせていた可能性はある。小さな紙片が突破口となり、妓楼ダンスの不明だった側面をさぐる手がかりも得られそうだ。

ダンスホールのマッチ・ラベル

（口絵 vi ～ vii ページ）

い 大阪千日前（南地）ユニオン食堂に併設されたダンス・クラブのもの。ろ 大阪ユニオンの東京支店として開設された人形町ユニオンのもの。女性は和装。は 日米のジャズ・バンドを描いたイラスト。に 尼崎のダンサーは洋髪、洋装。ほ 四谷三和会館にあったノーブルのもの。へ 神戸キャピトルでは個人教授も。と 赤坂ダンスホールはフロリダの前にあった別のホール。ち 阪神国道パレスは神戸港に来る外国人向けに英文のものを用意。り 神戸ソシアル。ぬ 横浜オリエンタル。る フロリダは料金の安い昼間の時間帯に学生を誘った。早稲田以外のものもある。を 東横はアクセス経路を説明する地図を描く。わ 銀座はバンド・ステージが回転した。か 横浜ファロス。よ 生駒のカラフルなもの。た 台北羽衣会館は建物全体をイラストに。れ 大連ペロケは冬装束の女性。そ 大連会館は新人ダンサーが入店したことを告知。つ 宝塚会館。ね 奉天の明星。

終章

ダンスホールの終焉

踏みにじられた花園

ダンスパレスでのお別れ会（上）と記念写真（下）（平井英雄旧蔵）

桂宮子（室田譲子）と皆川眞知子（白神喜美子）

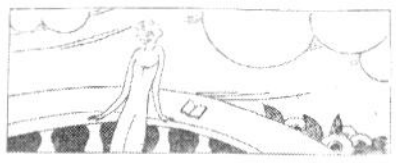

ダンス・パレスのダンサーは、当初、マネージャーの高橋虎男が養成した新人が多かった。阪神国道四ホールのなかでは後発だったので、人気や実力のあるダンサーはすでに他のホールにとられており、自前で育てるしかなかったという面もある。しかし、じょじょに他のホールでの経験者がパレスに移るようになる。パレスでナンバー・ワンになり、新聞雑誌によく登場した河野銀子は、かつて大阪や台北で踊った経験をもつ人だった。

　女学校を出て勤務経験のある者、既婚で子どもも育てている者、音楽家や芸術家の道にすすむ途上にあった者、芸妓や女給など他の接客業を経験した者など、多様な前歴をもつ女性たちがダンサーという職を選んだ。その多くは、家計支持者を失った家族を養うために決断している。

　阪神国道のダンサーのなかで全国に名を馳せたのは尼崎ダンスホールの宇根政子で、フロリダの田辺静江とともに、「東のチェリー、西の宇根」と並び称された。宇根政子が名を知られたのは、もともとの人気にくわえ、脚に高額の保険をかけたことが東西の新聞に大きく出たからだった。

　メディアでとりあげられることはダンサーにとってありがたいことだが、それで評判になったとしても、人気は長くつづかない。ダンスの技量がなければ客に選ばれなくなる。そのような意味では、ホールで地道に働きつつ、レッスンなどで技術を高める努力を怠ることはできない。また、現場での人間関係も重要で、同僚ダンサーをライバル視するのではなく、ホールを、ダンサーどうしがたがいに支えあう場にしていくことができるかどうかが問題だった。

　女性たちの職場としてのダンスホールを、どのようにつくっていくか。道すじのひとつが、ダンス以外の手だてで自己を表現する場を設けることだった。阪神会館ダンス・パレスは、『ダンス・パレス・ニュース』という独自メディアをもっており、そこに多くのダンサーがかかわった。他のホールにも同様のニュースレターはあったが、パレスのそれはダンサーの関与のていどがとくに顕著で注目に値する。そして、その編輯に力を尽くしたのが桂宮子というダンサーだった。

　桂宮子は本名を室田《むろた》譲子《じょうこ》（一九〇一～一九九三）といい、いちど結婚し、子育てもしていた。しかし、夫と別れ、また父親が亡くなったことで、母親と子どもたちの暮らしを支える立場におかれる。その手だてとしてダンサーという仕事があった。室田家は皇族との関係があると伝えられており、譲子の父英哉は証拠をもって宮内省に陳情するなどのはたらきかけをしたが、ねがいが聞きとどけられることはなかった。ダンサーになった娘の譲子が世間の注目を集めたのは、高貴な家の生まれだとの触れこみがあったからで、これは本人が吹聴したのではなく、ホールやメディアが話題づくりに利用した面がある。桂宮子というダンサー名は、むしろ、そのようにしてでも生活費を稼がなければならなかった事情の重さを伝える。

　また、このころのダンサーは高学歴であることが売りものであり、それが女給など他の接客業従事者との差別化の根拠にもなった。ダンサーじしんのプライドの源でもあっただろう。高学歴の女性といっしょにダンスを踊ることは、男性客にとっても望ましく、高学歴ダンサーに憧れの気もちをいだく者はすくなくなかった。

室田譲子は、神戸女学院に新設された大学部英文科に在籍した経歴をもち、それと「尊胤」の流れをくむ家の生まれということがあいまって、ダンサーのなかでも特異な位置におかれた。阪正臣《ばんまさおみ》に師事して歌や書を学んでもいたから、相応の教養が身についていた。だからこそ、桂宮子というダンサーは、頻繁にメディアにとりあげられた。ダンサーを代表して座談会に呼ばれることもしばしばだったし、ダンス好きの作家國枝史郎のエッセイにも登場してもいる。

その桂宮子は、『ダンス・パレス・ニュース』に同僚たちの寄稿を勧めていた。編輯作業には、もちろん他の人たちもかかわった。桂宮子は若いダンサーから姉のように慕われていたこともあり、彼女からの依頼があれば、若いダンサーたちはそれに応じてさまざまな投稿をした。ダンサーたちが発表したのは、詩や俳句、エッセイだけではない。リレー執筆で小説も書いた。自信のないダンサーもいただろうから、アンケート形式でさまざまな質問に答えるコーナーを用意したし、伝統的な芸事、たとえば舞踊などに秀でたダンサーが余興で踊ったときには、その写真を掲載した。カメラ好きのダンサーがいれば、撮影した作品を掲載。絵心のある者は紙面のデザインも手がけた。ダンサーのひとり関野美千子は大阪の女性画家木谷千種に習い、女子美術学校に進学したが、家庭の事情でダンサーに転じた。そのような人が、『ダンス・パレス・ニュース』の題字をデザインすることもあった。

桂宮子は、一九三一年からパレスに勤めはじめ、一九三七年に引退、その後、おそらく再婚しただろうと考えられる。この六年あまりは、ダンス・パレスのもっともよい時期だった。戦争への協力が強く求められるようになると、ダンスホールが独自にニュースを発行することもむずかしくなる。そのころに、桂宮子はフロアから姿を消した。

その後、ダンス・パレスの閉鎖まで踊りつづけたダンサーのなかに、皆川眞知子がいる。本名は白神喜美子（一九一一〜一九九三）。少女時代の白神も、なに不自由ない暮らしをしていた。けれども、母が財産をだましとられ、兄も出奔。母と、幼い兄の子の生活が若い女性の働きにかかる。兄の子を、わが弟のようにかわいがり、いい学校に通わせたいと思う。その思いの強さが彼女をダンサーにした。

ダンス・パレスでのダンサー勤めは一九三四年から一九四〇年まで。桂宮子のすこし後輩にあたる。皆川眞知子は、あまり目だつ行動をとるダンサーではなかった。しかし、文学少女だったこともあって、『ダンス・パレス・ニュース』への寄稿は多く、編輯にあたる桂宮子も皆川眞知子が書くものに期待をしていたようだ。

皆川眞知子こと白神喜美子はダンス・パレスが営業をやめる一九四〇年まで勤務したあと、新聞記者に転じ、家族を養いつづけることができた。文章を書く能力がそのまま活かされた転職であり、ホール閉鎖後のダンサーでは恵まれていたといえるだろう。だが、弟のようにいつくしんできた甥は、派遣先の工場で不慮の事故死を遂げる。失意のうちに追悼文集を編み、刊行した（『夏雲』、一九四二）。そして、戦争の末期、華文毎日に異動した白神喜美子は大阪毎日新聞社の記者だった若き日の井上靖に出会う。

白神は、母と同居していた西宮の自宅を空襲で失うものの、新聞社に復帰、井上靖に再会し関係を深めた。小説家志望の井上は、仕事場としていた茨木の家で白神と時間を過ごすことが多くなる。白神喜美子は大阪舞踏会館でふたたびダンサーとなり、井上靖を経済的に支え、また創作のヒントになるような話題を提供した。戦前のダンス・パレス時代に同僚だった室田譲子から聞いた話を、白神は井上靖に伝える。インスピレーションを得た井上は、室田譲子に面談取材して『猟銃』を書く。そして、これが文壇に出るきっかけとなった。また、白神と大阪舞踏会館で同僚だったダンサー「おけつちゃん」の話は、『春の嵐』、『その人の名は言えない』、『三ノ宮炎上』などの作品に活かされたという。

　白神喜美子は、井上靖が文壇で認められるまでのあいだを陰で支えた。井上靖は、白神を「芸術妻」と呼んだ。ふたりの関係はやがて壊れ、別離にいたる。白神喜美子は晩年、井上靖との関係を『花過ぎ』（紅書房、一九九三）に綴り、出版の年に亡くなった。

神戸の島田靴店の広告に出る宇根政子
[『ダンス時代』1933年8月]
宇根は脚に高額の保険をかけたことで知られた。

ダンス・パレスのダンサー
桂宮子（室田譲子）
[『ダンスフアン』1932年2月]
神戸女学院の英文科に学び、阪正臣に書や歌を師事した。桂は「インテリ・ダンサー」としてメディアによくとりあげられた。

表紙を飾った桂宮子
[『ダンスフアン』1934年5月]

ダンス・パレスのダンサー皆川眞知子（白神喜美子）
[『ダンス・パレス・ニュース』1935年11月]
皆川は、ダンスホール閉鎖後に毎日の記者となり、井上靖と知りあう。第2次世界大戦後は、小説家として売れるまでの井上をダンサーとして支えた。

戦時下のダンサーたち
奉仕活動・献納運動と愛国婦人会

ダンスホールは享楽的な場所であり、利用者は贅沢な娯楽にうつつをぬかす愚かな存在だとみなされた。そのような場所で働くダンサーも、またミュージシャンも、「愛国者」だと見られることはなかった。

けれども、体制にはしたがわなくてはならない。たとえばダンサーが国家に忠誠を誓う姿勢をみせることは、ダンサーという仕事のためにも、ホールの経営のためにも必要なことだった。一九三七年ごろからはダンサーの愛国婦人会や国防婦人会への入会がすすむ。各地域の分区を結成するかたちがとられた。その創立集会や、神社への参拝のパレードなどは、忠誠心をわかりやすく示すものだったから、新聞で写真入りの記事に仕立てられた。ただ、最初のころは、ダンサーもパーマネント・ウエーブをあてたまま婦人会の襷をかけるというアンバランスな姿をしており、それがまた話題になった（読売新聞、一九三七年四月二九日）。東京ではフロリダにつづき、国華など他のホールでも分区がつくられていく。聯隊でダンサーが軍事教練を受けた際の写真も残されている。だが、このような努力が認められることはなく、この年の暮れには内務省がダンスホール閉鎖の方針を打ちだす。

ダンスホールが閉鎖されるかもしれない、仕事を失うかもしれないという不安。それが明瞭になるのは、ホールの男性従業員やミュージシャンたちが出征していくときだった。ホールを支える男たちを兵として送りだすたびにダンサーたちは泣き、戦地から生きてもどれば泣いて迎え、帰らなければ、やはり泣いた。

ダンサーは、国道を行進する兵士たちに湯茶の接待をし、慰問袋をつくって心づくしの品と手紙を入れた。千人針に、あるいは駅頭見送りにもかりだされている。ダンス雑誌に掲載されるホールの広告には、「祝皇軍連戦連勝」、「祝日独伊防共協定成立」、「武運長久」といった文言が添えられた。「ダンスホール」という名称を「舞踏場」と漢字表記に変更したり、英米人の入場を拒絶したり、さまざまな対応がとられている。これは外地、台湾のホールでも大陸のホールでも同様だった。

ダンス・パレスのダンサーだった皆川眞知子（白神美喜子）は次のように綴っている。

> 白いエプロンに大日本国防婦人会のたすきをかけた今日の私達の姿は何処からみても立派な愛国の婦人の姿でした。そして今迄ついぞみうけなかつた一番モダンで若くて美しい潑溂とした国防婦人の姿でもありました。職業婦人と云つてもダンサーと云へば一段下の仕事にみられ、まだ〳〵世間の人から爪弾きされやすい、華やかに見られてずいぶん分の悪い私達が今の多難な時局に国防婦人会に入会し、仕事を持つかたは少しでも国の為に尽くしたいと立上つた気持は世の人達にみとめられてい、事ではないでせうか。
>
> 今日の私達の姿はこれから度々街頭でも出征兵士の見送りに見うけられる事でせう。
>
> 此のモダンで美しい国防婦人の姿はきつと出征兵士の方達をもどんなにか力づけ喜ばす事でせう。国防婦人会に入会し一つの大きな力となつて慰問品に見送りに私達の出来る限りの力をつくせるのは

私達にも嬉しい事であります、そうして平和な日の一日も早く来る事を心から願つてゐます
昭和十二年九月六日夜

『ダンス・パレス・ニュース』一九三七年九月

翌一九三八年には「ダンサー」が「舞踏手」と呼びかえられる。「銃後」で戦う婦人として、たとえば同盟国イタリアからの親善使節が来日した際にはダンスの相手をした。軍への献金を集めるイベントに奉仕出演もする。ダンス・パレスではダンサー全員で橿原神宮に参詣し、「国威宣揚と皇軍の武運長久を祈つたのち、勤労奉仕のため集つた奉仕隊員へお茶のサービス係をつとめ」た記録もある（『ヴァラエテイ』一九三八年一〇月）。

けっきょく、これらの奉仕や献身が報いられることはなかった。ダンサーたちは転職し、ダンスホールは他の施設に転用される。空襲などで踊り場は焼失。従軍して亡くなった男性従業員もいたし、多くの関係者が戦争で家族を失った。

第二次世界大戦後、自由を手にした日本人のあいだに空前のダンス・ブームが到来する。しかし、ホールの雰囲気は大きく変わる。飲酒を許し、風紀の乱れも目にあまるものだった。戦前のダンスホールに生きた女性たちが帰る場は失われた。

尼崎ダンスホールの藤田敏子（和子）
[『ダンス時代』1936 年 11 月]
京都のダンス芸妓から大阪パウリスタ、尼崎ダンスホールと勤めつづけ、ダンス雑誌の表紙を飾るほどの人気を得た。この写真ではパーマネント・ウエーブをかけている。このあと 1 年とすこしの 1938 年 1 月になると、ダンサーのパーマは自粛されるようになる。

DANCE PALACE NEWS

國防婦人會尼崎ダンスホール聯盟分會發會式

ダンス・パレスの前で旗を振るダンサーたち
[『ダンス・パレス・ニュース』1937 年 9 月]
記事は国防婦人会尼崎ダンスホール聯盟分会の発会を伝える。

奉仕活動中のダンス・パレスのダンサーたち
（平井英雄旧蔵）
撮影場所、時期は不詳。大日本国防婦人会の襷をかけている。

ダンスホールの閉鎖

ダンスホールという娯楽施設など不要で、戦争をおしすすめるうえではじゃまだとの考えはじょじょに大きな声となり、その声をうしろだてとした規制の力が強まった。

決定的だったのは一九三七年末に内務省がダンスホール閉鎖の方針を打ちだしたことであり、関係者は衝撃を受ける。じっさいにはその後、三年弱にわたって営業したダンスホールがある。ただ、営業に対する圧力は大きく、客足も減って、自主的に廃業を決めるホールが大半だった。ダンサーや楽士、それにボーイをはじめ、いわば「裏方」にあたる従業員も、そうたやすくに転職できるわけではない。さすがの警察も大量の失業者を見過ごすことはできず、次の職への斡旋など、あるていどの配慮をした。だが、一定の猶予はあっても、閉鎖の方針が撤回されるはずはなく、関係者はダンスの世界から去っていくしかなかった。いや、ダンスの世界ごと消えていったと表現しうる。

これまでの歴史書などでは、内地のダンスホールの閉鎖は一九四〇年一〇月三一日だったと書くものが多い。本書の著者である私も、その説にしたがい、またその説を紹介してきたひとりである。しかしながら、各地の新聞を精査していくと、事態はそう単純でなかったことがわかる。著者じしんの誤りを、ここで訂正しておきたい。

右に書いたとおり、まず一九四〇年一〇月を待たずに経営が破綻したホール、自主的に廃業したホールがある。火災で施設が焼失し、再建できなかったケースもある。放火された例もあるのだが、どういった経緯によるのか、いまとなっては知るよしもない。いっぽう、一九四〇年一〇月三一日では営業を打ちきらず、その後、一か月、二か月と、客に踊りの場を提供しつづけたホールも存在する。また「外地」についてみると、おおむね一九四〇年秋に閉鎖するとされたが、地域やホールによって時期は前後する。

したがって、戦前期のダンスホールが閉鎖は一九四〇年一〇月三一日であるというのは、東京はじめ一部のホールについてのみあてはまることであって、それが唯一の事実ではない。その夜ですべての踊り場が閉じられたかのような「錯覚」がただひとつの史実のように語られつづけたのは、東京の資料のみで歴史が編まれてきたことによると考えられる。現在は、新聞はじめ地方の多様な資料が整理され閲覧できる状態にある。手間のかかる作業だが、たんねんに記事を読んでいきさえすれば、地方それぞれの事情を明らかにすることができるだろう。本書では、各地域の、またダンスホールごとに確認できたものについては閉鎖の時期を示している。

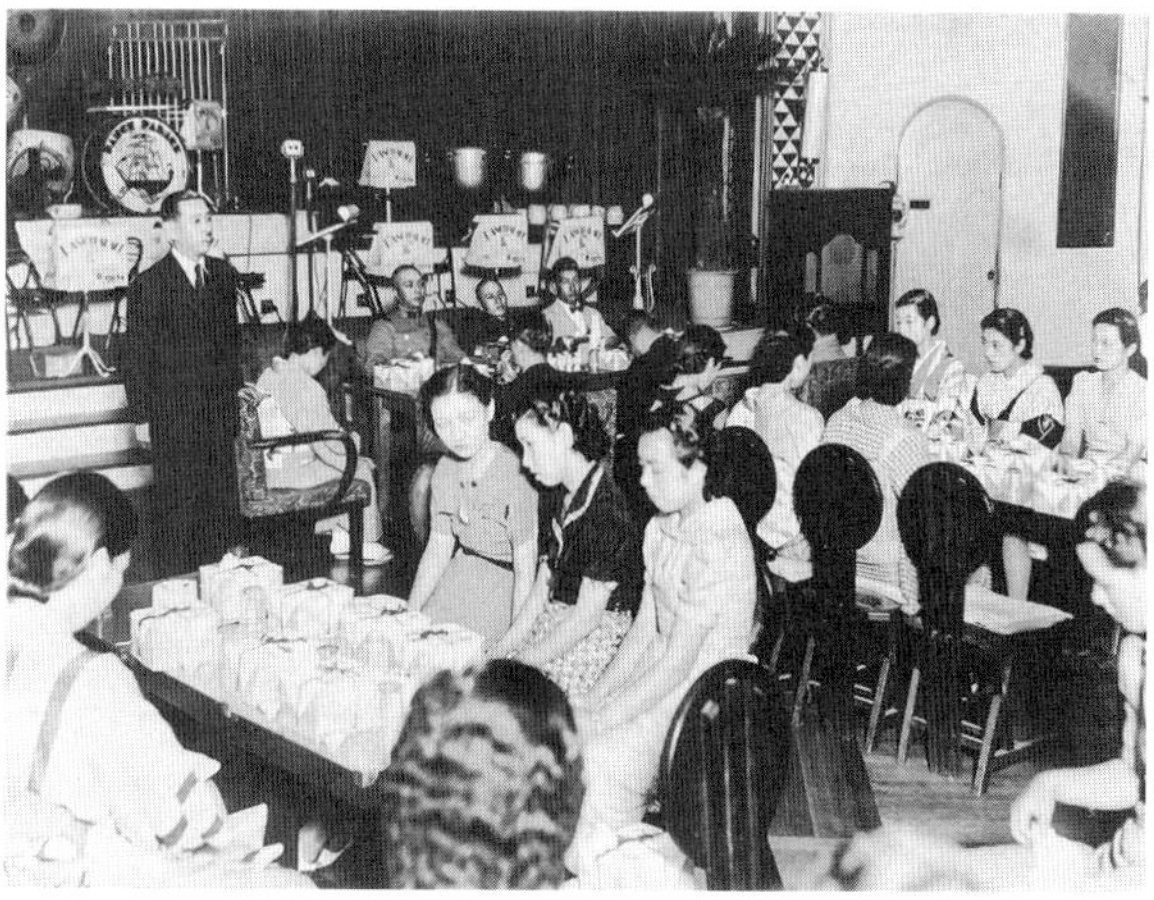

ダンス・パレスでのお別れ会
(平井英雄旧蔵)
左側、ステージ前で話をしているのが平井。

キング・ダンスホールの最後の日の記念品
(尼崎市立歴史博物館蔵)
1940 年 11 月 25 日に、経営者の石橋から知人に記念として贈られた鏡。

空襲と第二次世界大戦後の再興

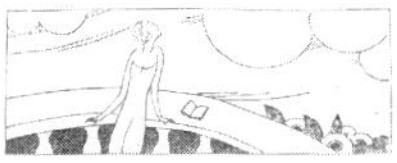

本書が記述の対象とする時代は昭和の戦前期までなので、第二次世界大戦後のダンス界の状況については、戦前期と関連するかぎりにとどめておく。

大阪の中心部は、空襲によって焼失した。花街も同様で、ジャズやダンスにかかわる場所のほとんどが消えた。いまも残るのは松竹座と、中央倶楽部が入居していた大江ビルくらいだろう。

戦前期の大阪ではダンスホール営業が禁じられていたが、第二次世界大戦後は営業の自由が認められ、多くのダンスホールが新たにつくられた。規模の大きなところは飲食をともなうキャバレー方式の営業で、そのほか、クラブ形式の踊り場や、教授所などが族生した。市街中心部の本町には「大阪舞踏会館」が生まれ、そのほかに八幡筋の「美人座」、宗右衛門町の「オリエンタル」に「メトロ」、「有明」。道頓堀の「マルタマ」や「ハリウッド」、千日前の「歌舞伎」、今里の「大市」などが日本人向けのダンスホールとして知られていた。また、難波の高島屋にも大きな「ダンスホール・タカシマヤ」があって、話題を集めた。これらの情報を伝えてくれるのが『ダンス時代』で、下村澪子が一九四七年に復刊させている。八木亮輔（亮一）が編輯する『ダンスファン』の復刊はやや遅れ、一九五〇年のことだった。

バンドのメンバーやダンス教師の名のなかには戦前から活躍していた人も多く、それら関係者がダンス界の再生に尽力していたことがわかる。

神戸には、高橋虎男らがつくった「富士桜ダンスホール」があった。三宮そごうの建物の一部を利用した施設である。高橋は戦後も意気軒高で、福原の「国際ダンスホール」にもかかわっていたようだし、大阪北浜の証券取引所の建物にダンス・タイガーを復活させている。ただ、戦後の高橋の経営はずさんで、生活も乱れた。やがて多くの資産を失い、人知れず亡くなったようだ。

尼崎の国道四ホールは、いずれも戦前期で閉鎖された。戦後は別に「百万弗」というキャバレー併設の店ができた。宝塚会館は別項でみたとおり、ダンスホールとして復活したが、地の利が悪く、のちに営業を断念している。

京都の踊り場は空襲にあわなかった。東山会館は一九四五年九月に占領軍用のキャバレーとして復活する。だが、経営が思わしくなく閉鎖された。跡地は現在、療養施設になっている。桂ダンスホールと京阪ホールも踊り場として復活することはなかった。いまは、往時を思いおこさせるものはなにもない。先斗町歌舞練場の鴨涯ダンスホールや祇園の弥栄会館も米兵を客とした娯楽施設に転換した。これらは日本人の利用にも供されるが、その後、洋楽洋舞からは距離をおき、伝統的な技芸を修練、披露する場となった。

東京、横浜など東日本のダンスホールも、ほとんどが戦時中に転業、あるいは空襲で失われた。連合軍の占領時代には、風俗営業取締の空白や混乱を経て、キャバレーと区別がつかない業態、すなわち飲酒や接待をともなう踊り場に変貌していく。その経緯については拙著『社交ダンスと日本人』（晶文社、一九九一）で概略を説明したので、ここでは省略する。

『ザ・モダンダンス』復刊号
1949 年 7 月

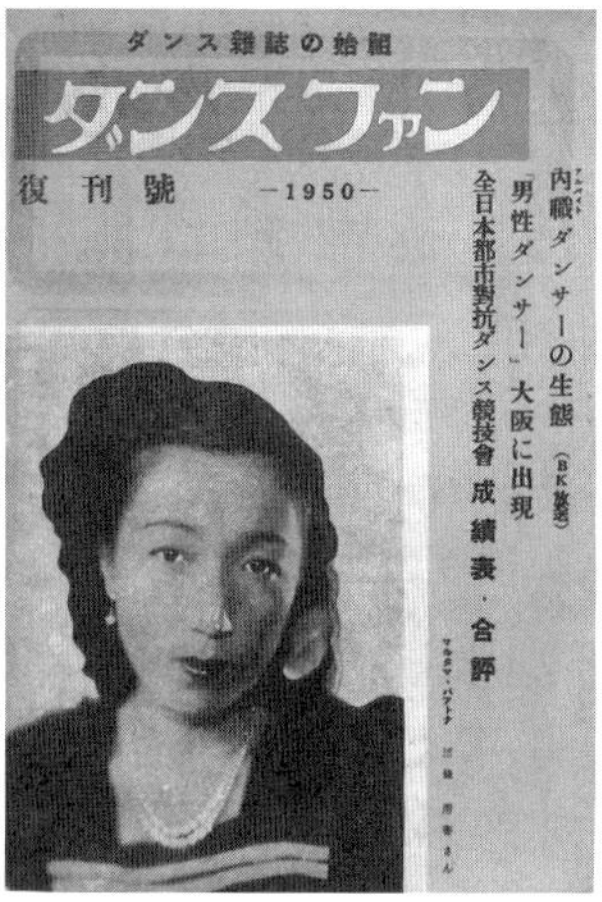

『ダンスファン』復刊号
1950 年 1 月

『ダンス時代』復刊号
1947 年 7 月

略年表

一八六〇（万延元）年
幕府遣米使節がワシントンでダンスを見る。

一八六三（文久三）年
横浜のオランダ領事館で夜会が開催される。

一八七九（明治一二）年
東京の三井銀行で日本人主催の西洋風夜会が開催される。

一八八三（明治一六）年
鹿鳴館が開かれる。

一八八七（明治二〇）年
首相官邸での仮装舞踏会に関するスキャンダルが明らかになる。

一九〇七（明治四〇）年
二月　大阪ホテルで開催された男女混交舞踏会を、大阪毎日新聞が報道。

一九一二（明治四五／大正元）年
八月　東洋汽船の地洋丸に楽手が乗る。

一九一四（大正三）年
四月　宝塚少女歌劇が初公演。

一九一七（大正六）年
高島立雄が難波新地にバー「コテジ」を開く。

一九一八（大正七）年
一〇月　戎橋カフエー「パウリスタ」開業。経営は米山市太郎。

一九一九（大正八）年
二月　神戸オリエンタル・ホテルが舞踏場を開設。在留外国人らがフォックス・トロットを踊る。
神戸オリエンタル・ホテルでは、パブロ・アントニオ、マテオ・パディラ、フランシスコ・レイエスらフィリピン出身のミュージシャンが演奏。
大阪「コテジ」ではメディナの助言により従業員や客にダンスを踊らせる。当初は、客が女性従業員と踊ったばあい、チップを渡す仕組みだった。
加藤兵次郎が欧米視察。北米でタクシー・ダンスホールの業態を知る。菊池滋彌が父の菊池武徳に随行して渡米、ジャズ音楽にふれる。

一九二〇（大正九）年
一月　米国のジュリアン・エルティンジ一座が来日。東京、横浜、大阪で公演。
三月　平岡廣高・静子夫妻が鶴見の「花月園」に日本初の営業ダンスホール（同伴制）を開く。奏楽は宍倉脩ら。
六月　カリフォルニア大学グリー・クラブのメンバーがアジア・ツアーで東京、横浜に来演。花月園で「ジャズ」を演奏。京都ホテルの玄関ホールでレコードやピアノ伴奏により外国人観光客がダンスを踊りはじめる。

七月　ウイルソンが大阪で社交ダンスの教室をはじめる。

八月　カリフォルニア大学グリー・クラブが中国からの帰路、大阪、神戸、東京で「ジャズ」の公演。エリアナ・パヴロバが花月園でダンスを教える。花月園では、その後、ワシリー・クルッピン、影山千萬樹らも社交ダンスを教えた。パヴロバ、クルッピン、影山はその後、東京で教授の場をもつ。

このころ、帝国ホテルをはじめ外国人が宿泊する施設などでダンス・パーティが開催されるようになる。文化学院で明星舞踏会が開かれる。阪神の富裕層が踏華倶楽部をつくり、井田一郎、高見友祥、山口豊三郎らを招いて演奏させる。小高親、萬亀子夫妻らが神戸トロッタース倶楽部や住吉観音林倶楽部でダンスをはじめる。

一九二一（大正一〇）年

一月　京都ホテルでジャズ演奏をともなうダンス・パーティ開催。

三月　「花月園」にハタノ・オーケストラが出演。

五月　日本初のテキスト、鈴木四十『社交ダンス』が十字屋楽器店から出版される。

六月　観音林倶楽部やピアノ同好会の会員をふくむ内外人のダンス・パーティが大阪ホテルで開催される。主催は「ワルツ・ソサエチー」。北尾商会の北尾禹三郎、京都十字屋の田中ゆき、京都高等工芸学校の本野精吾らも参加する。演奏は第四師団軍楽隊。横浜で飲食店によるダンスホールが増加。

八月　加藤兵次郎が函館舞踏会を結成、自邸ボールルームなどで活動する。

一二月　函館舞踏会が公会堂でダンス・パーティを開催する。花月園を見学した田中ゆきにより、京都の十字屋楽器店三階で社交ダンスのレッスンがはじまる。本野精吾と小高親が指導的立場をつとめた。京都ホテルで内外人が交流するダンス・パーティ「京阪舞踏会」が開催される。

大阪南地の河合幸七郎が芸妓に洋風ダンスのレッスンを受けさせる。

一九二二（大正一一）年

二月　松山省三が江木写真館楼上にダンス愛好者のクラブを開く。

五月　東京赤坂の芸妓がダンスを踊りはじめる。

六月　カリフォルニア大学グリー・クラブが都ホテルの舞踏会などでジャズを演奏。十字屋で練習していたダンス愛好者が参加。

八月　京都に複数のダンス愛好者のクラブが組織されるも、警察の内偵捜査によって多くが解散となる。十字屋の試みは頓挫し、本野精吾も公開のダンスホールから距離をおく。

東京京橋に池内徳子の舞踏場ができる。震災後は巣鴨（大塚）に移転、のち渡台。谷崎潤一郎や久米正雄、奥野他見男らが「花月園」で家族や知人たちと踊り、それぞれが短い文章を残す。和装女性のために、ダンス草履がくふうされる。井田一郎ら宝塚少女歌劇の楽士の一部がジャズ演奏を試みるが、クラシックを尊重するメンバーと対立し、のちに退団。

一九二三（大正一二）年

一月　北尾商会が神戸でハワイアン・ギターの演奏会を開催。出演者にカアイの名がある。「神戸ジャズ・バンド」主催の慈善舞踏会が神戸オリエンタル・ホテルで開催される。

六月　河合ダンスが初公演。北浜に灘萬ホテル開業、食堂でジャズの演奏がはじまる。前野港造、平茂夫らが出演（「灘萬ジャズ」）。

九月　関東大震災が起こり、音楽・ダンス関係者の一部が関西に拠点を移す。服部良一が出雲屋少年音楽隊に入隊。

一〇月　「京都パラダイス」にダンシング・ホール（会員制）が開かれる。戎橋「パウリスタ」がダンスホールを併設。東京のダンス・クラブで踊った経験のある被災女性たちをダンサーとして雇用。

一一月　京都「ローヤル」を拠点にルボーフが指導する京都ダンシング倶楽部がつくられる。

井田一郎、高見友祥、山田敬一、岩波桃太郎が「ラフィング・スターズ」を結成、神戸の北尾商会が支援し、踏華倶楽部や中央倶楽部などのダンス・パーティで演奏する（「北尾ジャズ」）。井田はその後、松竹座に出演する。京都宮川町の立花家がダンス営業をはじめ、「タチバナ・ダンス」と呼ばれる。以後、花街に西洋風のダンスがひろがり、「ダンス芸妓」がじょじょに増加。

一九二四（大正一三）年

六月　帝国ホテルの舞踏場に右翼壮士が乱入し、剣舞を見せて威嚇する事件が起こる。他のホテルもふくめダンス・パーティが中止となる。

九月　警視庁が飲食店での客と従業員のダンスを禁止。

一二月　松浦旅人の指導を受けたタチバナ・ダンスがステージで公演。

立花家の芸妓たちは客の社交ダンスの相手もした。社交ダンスは加藤兵次郎らが教授し、谷崎潤一郎も京都では「宮川町のダンス屋」で遊んだ。立花家のダンサーだった辻秀子が木屋町に「京都ホール」を開く。加藤兵次郎の助言で「コテジ」に職業ダンサー三名がおかれる。加藤はチケット制も紹介し、「コテジ」や「ユニオン」などに順次、導入される。

一九二五（大正一四）年

三月　東京でラジオ放送開始。

四月　山田耕筰、近衛秀麿の日露交驩交響管絃楽演奏会の公演。マネージメントで同行した玉置眞吉は、大阪で山田とともに灘萬ホテルや「コテジ」を訪れる。

五月　小堀勝蔵の「ユニオン」が千日前の店を改装、南地ユニオン・ダンス・クラブを併設する。千日前「ユニオン」には谷崎潤一郎や根津松子らも踊りに出かけた。加藤がもちこんだチケット制にもとづくダンサーへの支払いの仕組みは、この店で確立する。

六月　大阪でラジオ放送開始。松旭斎天勝がカール・ショーのジャズ・バンドをともなって帰国、以後、全国で公演。メンバーのひとりオクネスがジャズの奏法を日本人ミュージシャンに教える。警視庁「舞踏ホール二関スル件」制定。東京での取締りが本格化する。

九月　リッチ事件が起こる。

一一月　河野静が二度めの渡欧。

新京極「ローヤル」が営業ダンスホールに転じる。京都では「明ぼ乃」、「錦魚亭」、「福屋」など営業ダンスホールが増加。戎橋「パウリスタ」に井田一郎、前野港造、平茂夫、水野長次郎のバンドが出演。その後、経営者の米山ともめ、井田一郎、前野港造、平茂夫らがユニオンに移籍。相沢操一、山口豊三郎らをくわえ「ユニオン・チェリーランド・ダンス・オーケストラ」が結成される。吉井茂右衛門、山口武雄の兄弟が梅田新道太平ビルの「北パリジヤン」、戎橋新屋敷の「南パリジヤン」を開く。パリジヤンの命名は山田耕筰。「北パリジヤン」は村田健吉（村田健）がマネージメント。大阪ではほかに「シャンレー」や「新海亭」などがホール営業を開始。

一九二六（大正一五／昭和元）年

三月　帝国議会に社交舞踏取締法案が提出されるも、審議に付されず廃案に。大阪松竹座で楽劇部女生によるジャズ・ダンスの公演、演奏は松竹座ジャズ・バンドで井田、前野、山口らも出演。

五月　宝塚ホテルで会員制のダンス・パーティ。松竹座でふたたびジャズ・バンドの公演。

九月　目賀田綱美が帰国、フランス流のタンゴを伝える。

一〇月　灘萬ホテルが廃業。レストランでのジャズ演奏は継続。大阪のジャズの中心はじょじょに道頓堀界隈に移る。

一一月　京都府では「京都ホール」、「ローヤル」、「錦魚亭」ほかダンスホールに対し警察による取締りがすすむ。

一二月　阪神国道が全線開通。

宮川町タチバナ・ダンスを楳茂都陸平が指導。大阪堀江遊廓にダンスホールが開かれる。大阪府、京都府の警察が連携しダンスホール取締りについて検討しはじめる。ニューヨークから帰国した高垣清之進が神戸に「帝国社交舞踏学舘」を開く。のち「エンパイア・ダンスホール」となり、谷口又士らが演奏した。神戸にはほかに南里文雄がいた「KNKクラブ」、平茂夫や飯山茂雄がいた「ミヤサキ音楽院」があった。「ミヤサキ」はダンス部を開設した。

一九二七（昭和二）年

一月　『歌劇』愛読者大会でジャズが披露される。

二月　宝塚少女歌劇月組が喜歌劇「ダンス・ホール」（落合一男作）を上演。「ユニオン・チェリーランド・ダンス・オーケストラ」録音の楽曲がニットー・レコードから発売。玉置眞吉が四谷に「玉置舞踏学院」を開設。

三月　大阪府が遊戯場営業取締規則を改正、ダンスホール営業に関する条項を追加して規制を強化する。

四月　雑誌『ダンサー』が大阪で創刊される。京都府も取締りを強化、「京都ホール」、「明ぼ乃」などが廃業。

五月　夙川に根津清太郎の「甲南倶楽部」が開場。

六月　「東京舞踏研究所」（のち「日米ダンスホール」）がチケット制で営業。田辺静江（チェリー）やルボーフ母娘がダンサーをつとめる。奏楽はアルカンタラ・ジャズ・バンド。大阪府でのダンスホール改修等の猶予期間が終了、「コテジ」をはじめ多くのホールが廃業となる。改装工事を完了した千日前「ユニオン」と戎橋「パウリスタ」は営業を継続する。大阪からダンサーが神戸、東京、台北、上海などに移動する。

七月　「尼崎ダンスホール」が開業。神戸「ミヤサキ」のダンス部が「キャピトル」として営業ダンスホールに。

八月　京都で最後まで残っていた「ローヤル」が廃業。「神戸社交倶楽部」が開場、のち「ソシアル・ダンスホール」に。

九月　宝塚少女歌劇がレビュー「モン・パリ」を上演。神戸に「ダイヤ倶楽部」が開業。大阪、京都からダンサーが流入した神戸ではホールが乱立、警察もきびしい取締りを敢行。競争に敗れた「KNK」や「神戸クラブ」などが廃業、「エンパイア」は玉突屋に転業。

一一月　神戸「KNK」の片山光児、とし子夫妻が台北に招聘されるも、ダンス教室の開設は認められず。

一二月　大阪府がダンスホールの閉鎖を断行。「ユニオン」は飲食店に転業、「パウリスタ」は行政裁判で府と争う。「パウリスタ」のダンサーは「尼崎ダンスホール」へ移籍。ダンスホール閉鎖の翌日、大阪府は芸妓居住指定地二か所を新設許可。

一九二八（昭和三）年

二月　渋谷「喜楽館」が開業。

三月　愛知県でもダンスホール営業を禁止、名古屋で営業していたホールが閉鎖される。「乃木坂」が開業。

四月　千日前「ユニオン」の関係者が東京に移動。人形町の「朝日舞踏場」を買収し、「ユニオン・ダンスホール」（大阪ユニオン東京支店）を開く。入場料を廃するなど大阪式のダンスホール営業が東京の業界に大きな影響を与える。

六月　菊池寛が『キング』に「東京行進曲」の連載を開始。

八月　新宿に「国華」が開業。

九月　四谷「ノーブル」日本橋「ベニス」開業。

一一月　兵庫県「舞踏場及舞踏手取締規則」、東京府「舞踏場取締規則」が制定される。

一二月　大阪新町演舞場で「キヤバレー宴」を開催。ジャズの演奏も。

東京ではほかに、青山五丁目「青南」、赤坂溜池「赤坂」、日本橋「ソシアル」ができ、麻布十番に「朝日」が再開される。上海のダンスホールで働く日本人女性ダンサーの人気が高まる。

一九二九（昭和四）年

二月　大阪新町で「茨木屋キヤバレー」開催。芸妓が「モガモボソング」などを披露。横浜「メトロポリタン」開業。

四月　ビクターから「東京行進曲」発売。大阪の会員制組織「清和倶楽部」が許可され、清和会館で活動。のち、女性会員がパートナーをつとめるようになる。

五月　日活映画「東京行進曲」公開。

六月　京都先斗町が石井行康を招聘、洋舞の指導にあたらせる。

七月　杭瀬に「阪神社交倶楽部」が開業。藤田嗣治や水谷八重子、谷崎潤一郎らが踊る。先斗町レビュー団が第一回公演。

八月　赤坂溜池に「フロリダ」が開場。河野静が出資、津田又太郎がマネージャーをつとめる。命名は目賀田綱美。

一〇月　「尼崎ダンスホール」が玉江橋に移転。

一一月　松竹映画「ダンスガールの悲哀」公開。

一九三〇（昭和五）年

一月　「国華」が新宿から八丁堀に移転。宝塚少女歌劇が生徒によるジャズ・バンドを編成。神奈川県「舞踏場及舞踏手取締規則」が制定される。大阪新町にダンスホールが開かれるも、まもなく営業禁止に。

三月　奈良県生駒に「生駒ダンス倶楽部」と「関西第一生駒社交ダンスホール」（のち「生駒ダンスホール」）が開業。「フロリダ」でダンサーの争議。

四月　「キング・ダンスホール」が大物で開業。先斗町歌舞練場でレビュー「吾が京都」公演。

六月　大阪南地で芸妓が社交ダンスの稽古をはじめる。新町の「吉田屋」、「茨木屋」、「播市」が合同でダンス学校を開校。京都先斗町の芸妓が社交ダンスのレッスンを受ける。

七月　京都の花街で洋装のダンス芸妓の営業が許可される。横浜「カールトン・ダンスホール」開業。

八月　「宝塚会館」が開業、つづいて東長洲に「阪神会館ダンス・パレス」が開業。大阪新町「吉田屋」が芸妓レビュー団を創設。玉置眞吉『三〇年型社交ダンスの手引』が誠文堂十銭文庫で刊行。

九月　日本舞踏教師協会創立。新橋芸妓学校でダンスのレッスン、三味線によるジャズの演奏の稽古などが行なわれ、白山、向島などでも芸妓がダンスをはじめる。加藤兵次郎が英国『ダンシング・タイムス』に寄稿。

一〇月　東京で『舞踏』創刊。先斗町レビュー団が東京日比谷公会堂に出演。京都祇園乙部が社交ダンスの練習開始。新潟県が「遊技場取締規則」と「遊芸者取締規則」によってダンスホールとダンサーを規制。

一一月　『ダンスファン』創刊。

一二月　横浜「ブルーバード」、「太平洋舞踏場」開業。河合ダンスがステージ・ダンスでの発展をめざし、芸妓の鑑札を返上。大阪飛田の娼楼で洋風のダンスが導入される。

一九三一（昭和六）年

一月　新宿「帝都ダンスホール」開業。台北に「欣踏倶楽部」が創設される。

四月　京都では中書島など娼妓のいる廓での「Pダンス」が流行。加藤兵次郎がヨーロッパ視察に出発。

六月　玉置眞吉『モダン社交ダンス』が四六書院から刊行。

七月　菊池寛「勝敗」が東京朝日新聞、大阪朝日新聞で連載開始。フロリダが描かれる。

八月　「西宮ダンスホール（西宮ダンス倶楽部）」が開業。新潟「イタリア軒」にダンスホール開場。

九月　柳条湖事件。

一〇月　大連のヤマトホテルのダンスホール営業許可。

一一月　「西宮ガーデン・ホール（西宮会館）」が開業。

一九三二（昭和七）年

一月　「ダンス・パレス」の高橋虎男らが別府で講演。ダンスホール営業のノウハウを伝える。

二月　台北州令「舞踏取締規則」制定。

三月　「フロリダ」でムーラン・ルージュ・バンドが演奏をはじめる。大連の遼東ホテルにダンスホール「第七天国」が開場。

五月　チャールズ・チャップリンが「フロリダ」を訪問。ナンバー・ワンだった田辺静江がパートナーをつとめる。再訪時には女優の伊達里子と踊る。

六月　滋賀県「舞踏場及舞踏手取締規則」を制定。『フロリダ・ダンシング・タイムス』が装いを新たに『ザ・ダンス』として刊行される。

七月　「宝塚会館」の屋外舞踏場の営業が夏の期間限定で許可される。屋外舞踏場の夏のダンスは数年間、継続される。

八月　「フロリダ」で火災。「ダンス・パレス」で経営陣にトラブル。マネージャーの高橋虎男が退く。

九月　「銀座ダンスホール」開業。

一〇月　『ダンス時代』創刊。「琵琶湖ダンスホール」、「川崎ダンスホール」開業。「杭瀬ダンスホール」で争議。改装していた「フロリダ」が再開場。設計は佐藤武夫。

一一月　台北の欣踏倶楽部が「羽衣会館」としてダンスホール営業に。つづいて「同聲ダンスホール」も開業。

一二月　大連「大検ホール」、新京「キャピタル」開業。

大阪新町「茨木屋」がステージを設け「イバラキヤン・ナイト」の公演。福岡県でダンスホール営業の可否が検討されるが、出願についてはすべて却下。石川県でも取締規則の制定が検討されるが宙に浮き、会員組織のかたちで実質的なダンスホール営業が行なわれる。「尾山倶楽部」、「八洲亭」、「金沢ダンシング・ホール」などがあった。クレッシーの『タクシー・ダンスホール』がシカゴ大学から出版される。

一九三三（昭和八）年

一月　「大連会館」がダンスホールに転換して開業。

二月　大連「ペロケ・ダンスホール」が開業。『ザ・モダンダンス』創刊。
三月　警視庁「舞踏教授所及舞踏教師取締規則」制定。京都府が包括的な「ダンス取締規則」を制定、四月に施行。
四月　奈良県「舞踏場及舞踏手取締規則」制定。
五月　閉鎖されていた「杭瀬ダンスホール」を高橋虎男が「ダンス・タイガー」として再開する。
六月　「花月園舞踏場」が火災で全焼。山市太平がヴィクター・シルヴェスターの指導を受けるために渡英。
九月　服部良一が東京の人形町「ユニオン」に移籍。「新橋ダンスホール」開場。
一〇月　京都の先斗町歌舞練場内に特殊ダンスホールとして許可された「鴨涯ダンスホール」が開業。台湾社交舞踏教師協会が創立される。
一一月　ダンスホールの男性教師と「有閑マダム」のスキャンダルが報じられる（「ダンスホール桃色事件」）。第一回神戸みなとの祭で国際大仮装舞踏会が開かれ、阪神地域のホールから選抜されたバンドが出演。大分県は「ダンス」ホール取締ニ関スル件」により営業ダンスホールに対応。「別府ホテル」（のち「パレス」）、「オリムピック」、「ビリケン」、「亀の井ホール」などが順次開業する。
一二月　京都「桂ダンスホール」が開場。「花月園舞踏場」が再建され、営業を開始。

一九三四（昭和九）年
三月　国際密輸魔事件が露見。神戸「ダイヤ」で争議。
四月　京都に「京阪ダンスホール」と「東山会館」がオープン。浦和「フレンド」、「川口会館」（「バル・タバラン」）が開場。尼崎市役所の東郷實が『社会事業研究』に「ダンサーの生活実情調査」を連載、七月まで。
五月　「フロリダ」がキャバレー式の営業を試みるが、警視庁がダンスホール内での飲食や客とダンサーの同席を許可せず。
六月　シルヴェスターのレッスンを受けるため、C・ムーアが英国に出発。
八月　「東山会館」に高千穂少女ジャズ・バンド出演。
九月　加藤兵次郎と八重夫妻が中南米の音楽、ダンス事情視察の旅に出る。山市太平が帰国。
一一月　『舞踏公論』創刊。
一二月　『ダンス・パレス・ニュース』創刊。木藤冷剣が『廓清』にダンスホールに関するレポートを連載。

一九三五（昭和一〇）年
一月　加藤兵次郎、八重がアルゼンチンでフランシスコ・ロムートと交流。
二月　「ダンス・タイガー」で「日本ワルツ」、「日本タンゴ」の披露。
三月　蕨「シャンクレール」開場。
五月　加藤兵次郎、八重が帰国。クエッカなどをもちかえる。
一二月　台北の「同聲」が移転、「台湾第一ダンスホール」に改称。新京に「扇芳会館」、「モンテカルロ」開場。

ダンスホール関係者は一九四〇年の東京オリンピックに期待を寄せる。

一九三六（昭和一一）年
三月　東松二郎が「シャンクレール」から「ダンス・パレス」へ。「パレス」は専属の編曲者として工藤進を呼ぶ。
六月　ビクターがダンス・レコード・クラブ第一集「アルゼンチン・タンゴ篇」を会員制で予約発売。以後一九三九年発売の第八集まで売行きは好調だった。
七月　東京のダンスホールで「第二次桃色事件」。警視庁がきびしく取り締まり、内務省も対応を検討しはじめる。

九月　『ダンスファン』が刊行できなくなる。
一一月　高橋忠雄がアルゼンチンへの旅に出る。途中、英国でシルヴェスターの指導も受ける。

一九三七（昭和一二）年
四月　「フロリダ」はじめ東京のダンサーが愛国婦人会に参加。
五月　「和泉橋ダンスホール」で争議。
七月　盧溝橋事件。「別れのブルース」が大陸から流行しはじめる。
九月　阪神間のダンスホールのダンサーが国防婦人会に加入。
一一月　「フロリダ」、「国華」のダンサーが麻布三聯隊で軍事教練。
一二月　東京で選抜されたダンサーが新京に出発。「マルタマ」が大陸に進出、「天津会館」開業。内務省がダンスホール閉鎖の方針を打ちだす。以後、ダンスホール業界は縮小へ。

一九三八（昭和一三）年
一月　ダンサーのパーマネント・ウエーブ禁止、通勤時の洋装自粛など。京都のダンス芸妓も廃業、転業へ。『ダンス時代』が刊行できなくなる。「金沢ダンシング・ホール」閉鎖。
二月　「シャンクレール」閉鎖。
三月　京都の「桂ダンスホール」、「京阪ダンスホール」が廃業を決める。「鈴蘭ダンスホール」が焼失。
四月　高橋虎男が上海にダンスホールやキャバレーを併設した「タイガー・ハウス」を開業。
五月　高橋虎男が大連「メリー・ダンスホール」を買収、「ニュー・タイガー」を開業。
七月　以後、各府県でダンスホール営業の取締りが強化される。女性客の入場禁止や営業時間の短縮など。
八月　「西宮ガーデン」が休業。東京の教授所が休業へ。北京「白宮」が休業。
九月　「西宮ダンスホール」が休業。北京「金扇」が閉鎖。
一〇月　『ザ・モダンダンス』が『ヴァラエティ』に改題。横浜「金港」が休業、「オリエンタル」が閉鎖。
一一月　天津のダンスホール閉鎖。
一二月　「大連会館」が新築移転し開業。「川崎ダンスホール」が映画館に転じる。

一九三九（昭和一四）年
一月　「宝塚会館」が営業を断念。
六月　「川口会館」が営業を終了、九月に閉鎖。
八月　「花月園舞踏場」が閉鎖。
九月　「西宮ダンスホール」が放火で全焼。
一二月　「東山会館」が休業。

一九四〇（昭和一五）年
八月　台北のダンスホールが閉鎖。『ヴァラエティ』が刊行できなくなる。
九月　新潟の「イタリア軒」、「孔雀」が廃業。
一〇月　東京、横浜のホールが廃業。兵庫県下の「ダンス・パレス」、「キャピトル」、「ソシアル」が廃業、映画館などに。関東州庁のダンスホールのほとんどが飲食店や映画館に転業。
一一月　「キング」が廃業。
一二月　「尼崎」、「タイガー」、「ダイヤ」が廃業。

一九四一（昭和一六）年
二月　奉天、新京のダンスホールが閉鎖、順次、映画館や飲食店などに転換。
三月　ハルピンの日本人経営ダンスホールが閉鎖。ロシア人経営のキャバレーなどは営業を継続。

一九四二（昭和一七）年

京都花街の舞台で容認されていた洋楽洋舞が排除される。

一九四三（昭和一八）年

一月　米英音楽の追放。「敵性音楽」として演奏や発売が禁止される。

参考文献一覧

【筆者の編集、執筆によるもの】

『川北長利社交ダンス評論集 1932–1995』一九九五

『川北長利社交ダンス評論集 続集〜高齢社会における「共生」をめざして〜』湘南グッド、二〇〇二

「昭和戦前期ダンス・音楽関係雑誌目次総覧」

（1）『ザ・ダンス』1932年〜1934年『関西大学社会学部紀要』第二六巻第三号、一九九五

（2）『ザ・モダンダンス』第1巻〜第4巻（1933年〜1936年）『関西大学社会学部紀要』第二七巻第一号、一九九五

（3）『ザ・モダンダンス』第5巻〜第8巻（1937年〜1940年）『関西大学社会学部紀要』第二七巻第二号、一九九五

（4）『ダンスと音楽』第1巻〜第4巻（1935年〜1938年）『関西大学社会学部紀要』第二七巻第三号、一九九六

（5）『ダンサー』（1927年）『関西大学社会学部紀要』第五二巻第一号、二〇二〇

（6）『ダンスファン』（1930年〜1936年）『関西大学社会学部紀要』第五二巻第二号、二〇二〇

（7）『ダンス時代』（1932年〜1938年）『関西大学社会学部紀要』第五三巻第一号、二〇二一

『植民地都市の社交ダンス（資料集）―大連での勃興期を中心に―』関西大学経済・政治研究所「調査と資料」第九二号、一九九九

和田博文監修／永井良和編『コレクション・モダン都市文化 第4巻 ダンスホール』ゆまに書房、二〇〇四

小野薫『ダンスホール』／伊藤正文『ダンスホール建築』／森蒼太郎『ダンスホールエロ享楽時代』／多田道夫『ダンサーとズロース』／玉置眞吉「社交ダンス十年の想ひで」（『ザ・モダンダンス』連載分）／池原南・神原泰・森潤三郎・国枝史郎・加藤大簡・村井富之助・岡崎艮・加藤兵次郎・玉置眞吉「始めてダンスを習った時」（『ダンスと音楽』連載分）／村岡貞「日本に於ける社交ダンスの変遷史」・加藤兵次郎「海外舞踏場視察記」（『社交ダンス講座1論説篇』所収）／高橋桂一『新社交ダンスと全国舞踏場教授所ダンサー案内』（抄）

特集「ダンスホールのまち尼崎」尼崎市立歴史博物館紀要『地域史研究』一二二号、二〇二二

永井良和『社交ダンスと日本人』晶文社、一九九一

永井良和『にっぽんダンス物語』リブロポート、一九九四

永井良和「ダンス史のなかの文化学院」『鉄幹と晶子』第二号、和泉書院、一九九六

永井良和『ゲイシャのドレス、キモノのダンサー』ふみづき舎、二〇二四

【和文書・雑誌論文】

青木深『めぐりあうものたちの群像』大月書店、二〇一三

青木学『近代日本のジャズセンセーション』青弓社、二〇二〇

赤松麟作『麟作画集』赤松麟作、一九三九

足立巻一『夕暮れに苺を植えて』朝日文芸文庫、一九九五

淡谷のり子『いのちのはてに』学習研究社、一九九五

池谷信三郎『有閑夫人』新潮社、一九三〇

池田谷胤昭編『建築家・郷土史家 池田谷久吉の生涯』池田谷恵美子、二〇一九

池間博之編著『おどりと日本人』ぎょうせい、一九八三

石角春之助『銀座女譚』丸之内出版社、一九三五

石角春之助『銀座秘録』東華書荘、一九三七

『イタリア軒沿革』一九三一
『イタリア軒沿革改版』一九六〇
伊藤正文『ダンスホール建築』（実用建築講座）東学社、一九三五
上田正二郎『あの頃その頃』東京書店、一九五二
内田晃一『日本のジャズ史』スイング・ジャーナル社、一九七六
宇野浩二『大阪』小山書店、一九三六
近江人協会編『近江人要覧』近江人協会、一九三〇
大分県警察史編さん委員会編『大分県警察史 第一巻』大分県警察本部、一九八六
大阪朝日新聞経済部編『商売うらおもて』日本評論社、一九二五
大阪之商品編輯部編『大阪案内』大阪之商品編輯部、一九三六
太田宇之助『生涯』行政問題研究所出版局、一九八一
大濱慶子「越境する日本人舞女と民国期上海租界のダンスホール」『中国女性史研究』二九号、二〇二〇
大村利一『西宮物語』大阪手帖社、一九六六
大森盛太郎『日本の洋楽 1・2』新門出版社、一九八六・一九八七
岡田民雄『イタリア軒物語』新潟日報事業社、一九七四
岡野弁『田中ゆき伝』田中義雄／音楽之友社、二〇〇二
小川一人『社交ダンス入門』春陽堂、一九三三
小川繁・幾野賢・幾野進『新興社交舞踏教程』一誠社、一九二四
奥野他見男『熱き血汐にふれも見で』潮文閣、一九二一
奥野他見男『春の悶え』日本書院、一九二二
奥野他見男『君は燃えたり火の如く』講談社、一九二二
奥野他見男『愛人』潮文閣、一九二三
奥野他見男『彼の君を憶ふ』潮文閣、一九二四
奥野他見男『僕も嬉しや嫁もろた』潮文閣、一九二五
奥野他見男『関西の女極めてよろし』南海書院、一九二九
奥野他見男『この君ありて恋は佳し』玉井清文堂、一九三〇
奥野他見男『春の誘惑』玉井清文堂、一九三〇
織田作之助「世相」『六白金星・可能性の文学』岩波書店、二〇〇九
織田作之助『夫婦善哉 正続』岩波書店、二〇一三
小野薫「ダンスホール」『高等建築学 第二二巻』常盤書房、一九三四
海藤守『舞踏の美』徳間書店、一九六二
片岡守弘『美容開化の25年史』女性モード社、一九八〇
花蝶『「花蝶」六十年記念誌』一九八七
加藤のり子監修、石田美奈子著『ノスタルジア』あとりえソリタリア、二〇一五
金子吉衛『蕨の空襲と戦時下の記録』さきたま出版会、一九八〇
甲山啓介『愛は限りなく』近畿警察官友の会、一九七一
川島京子『日本のバレエの母 エリアナ・パヴロバ』早稲田大学出版部、二〇一二
川島浩「蕨「シャンクレール」覚書」『蕨市立歴史民俗資料館紀要』第七号、二〇一〇年三月
川田順『住友回想記』中央公論社、一九五一
神崎宣武『大和屋物語』岩波書店、二〇一五
神田山陽『桂馬の高跳び』光文社、一九八六
菊池寛『勝敗』新潮社、一九三二
菊池清磨『評伝・服部良一』彩流社、二〇一三
菊池滋彌「日本ジャズ音楽前史」「初期のジャズ界に活躍せる人々」「日本ジャズ音楽復興史」『ダンスと音楽』一九五五年二月～一九六三年四月
菊池滋彌「私のジャズ・エイジ体験録」『ジャズランド』一九七六年二月～一二月
岸本水府『京阪神盛り場風景』誠文堂十銭文庫、一九三二
北杜夫『茂吉彷徨』岩波書店、一九九六
北沢楽天『女百態エログロ漫画集』アトリエ社、一九三一

北村兼子『竿頭の蛇』改善社書店、一九二六
北村兼子『婦人記者廃業記』改善社一九二八
北村兼子『情熱的論理』平凡社、一九二九
北村兼子『表皮は動く』平凡社、一九三〇
北村小松『陰知己漫語』時潮社、一九三三
金振松（川村湊監訳／安岡明子・川村亜子訳）『ソウルにダンスホールを』法政大学出版局、二〇〇五
木村遼次『大連物語』謙光社、一九七二
木村満勢『昔の音 今の音』展望社、一九九九
京都府警察史編集委員会編『京都府警察史 第三巻』京都府警察本部、一九八〇
九鬼周造『九鬼周造全集 第五巻』岩波書店、一九八一
日下熙編『山田株式会社百年史』山田正司、一九九二
国枝史郎『国枝史郎伝奇全集 補巻』未知谷、一九九五
熊谷奉文『大阪社交業界戦前史』大阪社交タイムス社、一九八一
ポール・G・クレッシー（桑原司・石沢真貴・寺岡伸悟・高橋早苗・奥田憲昭・和泉浩訳）『タクシーダンス・ホール』ハーベスト社、二〇一七
食満南北『上方色町通』四六書院、一九三〇
食満南北『戯曲 大和阪口祐三郎』食満貞二、一九三〇
小出龍太郎『聞書き小出楢重』中央公論美術出版、一九八一
神戸市民祭協会編『神戸みなとの祭』神戸市民祭協会、一九三三
神戸新聞社編『海鳴りやまず』神戸新聞出版センター、一九七八
神戸新聞文化部編『神戸とジャズ100年』神戸新聞総合出版センター、二〇二三
小林一三『日本歌劇概論』宝塚少女歌劇団出版部、一九二三
小林一三『雅俗山荘漫筆 第三』小林一三、一九三三
小林一三『私の行き方』斗南書院、一九三五
小林一三『次に来るもの』斗南書院、一九三六
小林一三『私の見たアメリカ・ヨーロッパ』要書房、一九五三
小林一三『逸翁自叙伝』講談社、二〇一六
小林一三翁追想録編纂委員会編『小林一三翁の追想』小林一三翁追想録編纂委員会、一九六一
近藤富枝『馬込文学地図』講談社、一九七六
斎藤光『幻の「カフェー」時代』淡交社、二〇二〇
齋藤美枝『鶴見花月園秘話』鶴見区文化協会、二〇〇七
斎藤憐『昭和のバンスキングたち』ミュージック・マガジン、一九八三
酒井潔『日本歓楽郷案内』改訂版 竹酔書房、一九三一
坂口安吾『吹雪物語』講談社、一九八九
坂口安吾『定本 坂口安吾全集 第二巻』一九六八、冬樹社
坂口安吾『定本 坂口安吾全集 第十三巻』一九七一、冬樹社
阪口祐三郎『芸妓読本 第五版』大和屋、一九三一
佐藤美枝子『理屈じゃないよ気分だよ』東林出版社、一九九六
塩沢実信「南里文雄物語」『スキングジャーナル』一九五六年九月
重田忠保『風俗警察の理論と実際』南郊社、一九三四
重富昭夫『横浜「チャブ屋」物語』センチュリー、一九九五
篠崎昌美『浪華夜ばなし』朝日新聞社、一九五四
芝田江梨「踊る芸妓たち」神谷彰編『近代日本演劇の記憶と文化 1 忘れられた演劇』森話社、二〇一四
柴田和子『銀座の米田屋洋服店』ＭＢＣ21、一九九二
柴田芳男『世界映画戦争』北隆館、一九四四
島洋之助編『百万・名古屋』名古屋文化協会、一九三二
十字屋楽器店『音楽100年表 十字屋十話』一九六八
グレン・ショウ（Shaw Glenn W.）『大阪スケッチ』北星堂書店、一九二九
白神喜美子『夏雲』白神喜美子、一九四一
白神きみ子『重ちゃんは夏雲に』白神きみ子、一九六〇
白神喜美子『花過ぎ』紅書房、一九九三

新橋演舞場『新橋と演舞場の七十年』新橋演舞場、一九九六
末國善己編『国枝史郎伝奇風俗／怪奇小説集成』作品社、二〇一三
菅膽嶺『夜の生駒 第二集』夜の世界社、一九三五
杉山平助『文学的自叙伝』中央公論社、一九三六
鈴木裕子編『日本女性運動資料集成 第6巻』不二出版、一九九四
鈴木四十『社交ダンス』十字屋楽器店、一九二二
砂本靖二『体育ダンス』廣文堂書店、一九二二
砂本文彦『近代日本の国際リゾート』青弓社、二〇〇八
洲之内徹『さらば気まぐれ美術館』新潮社、一九八八
瀬川昌久『ジャズで踊って』サイマル出版会、一九八三
瀬川昌久「南里文雄と日本ジャズ社会史序説」『ジャズ』一九七五年一一月・一二月
徐智瑛（姜信子・高橋梓訳）『京城のモダンガール』みすず書房、二〇一六
曽田英彦『私がカルメン』晶文社、一九八九
大大阪画報社編『大大阪画報』大大阪画報社、一九二八
台湾新民報社編『台湾人士鑑 昭和一二年版』台湾新民報社、一九三七
大連市史編集委員会編『大連市史続』大連会、二〇〇九
多賀義勝『大正の銀座赤坂』青蛙房、一九七七
高垣清之進『社交舞踏通信教授書』帝国社交舞踏学館、一九二五
高橋桂二『現代女市場』赤爐閣書房、一九三一
高橋桂二『新社交ダンス〔と全国舞踏場教授所ダンサー案内〕』高瀬書房、一九三三
高橋清世編『貴女紳士 袖珍舞踏書』東京女子体操音楽学校、一九〇四
高橋虎男『ダンサー読本』ダンス時代社、一九三五
瀧本二郎『仏蘭西風社交ダンスの踊り方』欧米旅行案内社、一九三〇
瀧本二郎『ロンドン流行社交ダンス』瀧本舞踊学校、一九三二
瀧本二郎『社交ダンス巴里ステップ』瀧本舞踊学校、一九三二
武石みどり編『音楽教育の礎』春秋社、二〇〇七
武田麟太郎『武田麟太郎全集 第三巻』六興出版部、一九四七
多田鐵之助編『社交ダンス講座 第一巻』丸ノ内出版社、一九三三
多田鐵之助編『社交ダンス講座 第二巻』丸ノ内出版社、一九三三
多田鐵之助編『社交ダンス講座 第三巻』丸ノ内出版社、一九三三
立川文夫『最新欧米礼儀作法』隆文館、一九二〇
田中巌編・川村徳太郎述『新橋を語る』新橋芸妓屋組合、一九三一
田中巌編・川村徳太郎述『改訂 新橋の芸妓衆へ』新橋芸妓屋組合、一九三五
田中和子「戦前の東洋紡績神崎工場寄宿係として（一）・（二）」尼崎市立歴史博物館紀要『地域史研究』、一九八七年三月・一〇月
田中辨之助編『京極沿革史』京報社、一九三二
田中泰彦編『京都遊廓見聞録』京を語る会、一九九三
田中緑紅『京の三名橋 中』京を語る会、一九六九
田辺尚雄『家庭踊解説』音楽と蓄音機社、一九二二
田辺治通伝記編纂会編『田辺治通』逓信協会、一九五三
谷口利一『使徒たちよ眠れ』神戸新聞出版センター、一九八六
谷崎終平『懐かしき人々』文藝春秋、一九八九
谷崎潤一郎『赤い屋根』改造社、一九二六
谷崎潤一郎『京の夢大阪の夢』日本交通公社出版部、一九五〇
谷崎潤一郎『当世鹿もどき』中央公論社、一九六一
谷崎松子『倚松庵の夢』中央公論社、一九七九
玉置眞吉『社交ダンスの仕方』汎人社、一九二八
玉置眞吉『三〇年型社交ダンスの手引』誠文堂十銭文庫、一九三〇
玉置眞吉『続社交ダンスの手引』誠文堂十銭文庫、一九三〇
玉置眞吉『モダン社交ダンス』四六書院、一九三一
玉置眞吉『（一九三二年）モダン社交ダンス』四六書院、一九三二
玉置眞吉『玉置式社交ダンス自習型紙』三省堂書店、一九三二

玉置眞吉『社交ダンス叢書（2）タンゴの踊り方（附パソ・ドブル）』音楽世界社、一九三二
玉置眞吉『三訂 モダン社交ダンス』四六書院、一九三三
玉置眞吉『図解 社交ダンスの踊り方』四六書院、一九三三
玉置眞吉『クラシュダンス』四六書院、一九三三
玉置眞吉『足型図解 社交ダンス早わかり』音楽世界社、一九三三
玉置眞吉『社交ダンス叢書（4）ブルースの踊り方』音楽世界社、一九三三
玉置眞吉『社交ダンスの仕方』元光社、一九三二
玉置眞吉『社交ダンス叢書（5）社交ダンスに必要なダンス音楽の聴き方』音楽世界社、一九三三
玉置眞吉『続モダン社交ダンス（変型フィガ集）』四六書院、一九三四
玉置眞吉『社交ダンス全集（5）ブルース編』音楽世界社、一九三六
玉置眞吉『社交ダンス全集（6）ルムバ篇』音楽世界社、一九三六
玉置眞吉『五訂 モダン社交ダンス』四六書院、一九三六
玉置眞吉『ポケット社交ダンス』四六書院、一九三六
玉置眞吉『六訂 モダン社交ダンス』四六書院、一九三六
玉置眞吉「社交ダンス十年の想ひで（想ひ出／想出）」『ザ・モダンダンス』一九三六年四月～一九三七年五月）
玉置眞吉『社交ダンス必携』楽友社、一九四六
玉置眞吉『猪突人生』玉置眞吉伝刊行会、一九六二
タンゴ・ソサイエチー編『独習自在 社交ダンス』朝日書房、一九二八
タンゴ・ソサイエチー『改訂増補 独習自在 社交ダンス 附用語辞典』朝日書房、一九三一
ダンス・パレス『わすれな草』ダンス・パレス、一九四〇
ディック・ミネ『八方破れ言いたい放題』政界往来社、一九八五
千葉優子『ドレミを選んだ日本人』音楽之友社、二〇〇七
土屋元作『内外交際心得』上田屋書店、一八九九
坪井玄道『舞踏提要』大日本図書、一九〇七
東郷實「ダンサーの生活実情調査（一）～（三）」『社会事業研究』一九三四年四月・五月・七月
遠山静雄『舞台照明五十年』相模書房、一九六六
徳川夢声『くらがり二十年』アオイ書房、一九三四
徳田秋聲『町の踊り場』改造社、一九三四
徳永政太郎「日本ジャズ音楽運動小史」『音楽新潮』一九三〇年四月・五月
永井荷風『断腸亭日乗 第一巻～第七巻』岩波書店、二〇〇一～二〇〇二
中澤まゆみ「日本人がジャズを口ずさんだ日」『潮』一九八一年一二月
中澤まゆみ「「ダイナ」はもう聞こえない」『潮』一九八二年九月
中田政三『カフエーの営業政策と新興建築』新興カフエー研究協会、一九三四
長田幹彦『祇園囃子』新小説社、一九三四
永田米子編『永田秀一氏の想い出』一九六八
中山嘉子『多情菩薩 喜代三自叙伝』学風書院、一九五八
浪江洋二編『白山三業沿革史』雄山閣出版、一九六一
南地大和屋『大和屋歳時』柴田書店、一九九六
新潟県警察史編さん委員会編『新潟県警察史』新潟県警察史編さん委員会、一九五九
西川他見男（奥野他見男）『若い女に春が来た』玉井清文堂、一九三〇
西村豪「尼崎のダンスホール建築」尼崎市立歴史博物館紀要『地域史研究』一二二号、二〇二二
日米新聞社編『在米日本人名辞典』日米新聞社、一九二二
日本蓄音器商会『思ひ出のダンスアルバム解説』一九三九
日本文化研究会『九州文化大観 第二版』日本文化研究会、一九四〇
芳賀徹編『小出楢重随筆集』岩波文庫、一九八七
白山三業『白山繁昌記』白山三業、一九三二
羽田博昭「横浜のダンスホール」『市史通信』第一〇号、横浜市史資料室、二

○一一年三月
服部克久監修『服部良一の音楽王国』エイト社、一九九三
服部良一『ぼくの音楽人生』中央文芸社、一九八二
濱井弘『社交ダンスの技術と智識』大阪屋號書店、一九三四
濱井弘『〔社交ダンス〕新編・ヴァリエイション』大阪屋號書店、一九三四
林博『上海社交ダンス図解』林博舞踏研究所、一九三三
林博『国際社交ダンス』朝日書房、一九三三
早津敏彦『日本ハワイ音楽・舞踊史』サンクリエイト、一九八六
萩原葉子『父・萩原朔太郎』筑摩書房、一九五九
花園歌子『芸妓通』四六書院、一九三〇
「阪神間モダニズム」展実行委員会編著『阪神間モダニズム』淡交社、一九九七
東山ダンスホール『開館一周年記念』東山ダンスホール、一九三五
姫野宏亮『タンゴの踏方』元文社、一九三三
姫野宏亮『スロー・フオツクストロツト〔の踊方〕』元文社、一九三三
姫野宏亮『ウオルツの踏方』元文社、一九三三
ポダルコ・ピョートル『白系ロシア人とニッポン』成文社、二〇一〇
平岡静子（河野静）『上品でいきな化粧の秘訣』白水社、一九一八
琵琶湖ホテル編『創業二十年のあゆみ』琵琶湖ホテル、一九五五
藤澤桓夫『淡雪日記』輝文館、一九四〇
藤澤桓夫『大阪自叙伝』朝日新聞社、一九七四
藤沢全『若き日の井上靖研究』三省堂、一九九三
舞踏研究會『社交ダンス』二松堂書店、一九二二
〔フロリダ〕『更生のフロリダ』一九三二
細江光『谷崎潤一郎 深層のレトリック』和泉書院、二〇〇四
細木原青起『ふし穴から』中央美術社、一九三〇
細川周平『近代日本の音楽百年』全四巻、岩波書店、二〇二〇
ポール・ホワイトマン（夏川太郎訳）『ジヤヅ』田舎社、一九二九
増井敬二『日本オペラ史』水曜社、二〇〇三
益田兼大朗『ジミー』現代書林、一九九九
升本匡彦『横浜ゲーテ座』横浜市教育委員会、一九七八
町田孝子『日本の舞踊』修道社、一九五八
松川二郎『全国花街めぐり』誠文堂、一九二九
松本望『回顧と前進 上』電波新聞社、一九七八
丸尾長顕『回想 小林一三』山猫書房、一九八一
溝上瑛『大阪モガ・モボ兄弟姉妹』宮本順三記念館・豆玩舎ZUNZO、二〇〇五
光村写真部『月の桂』光村写真部、一九〇〇
南川潤『白鳥』今日の問題社、一九四二
〔ミニヨン美容室〕『ごあいさつ』一九三一
三宅孤軒編『芸妓読本』全国同盟料理新聞社、一九三五
都ホテル『都ホテル100年史』都ホテル、一九八九
村嶋歸之『歓楽の王宮 カフエー』文化生活研究会、一九二九
村嶋歸之「大阪カフエー弾圧史」『中央公論』一九二九年一二月
村松梢風『魔都』小西書店、一九二四
村松梢風『上海』騒人社、一九二七
村松梢風『支那漫談』騒人社書局、一九二八
目賀田匡夫『目賀田ダンス』モダン出版、一九九九
室田譲子『むろのつま木』室田譲子、一九四三
室田譲子『室田家家譜』室田譲子、一九四三
桃谷和則「阪神間モダニズム論の現在と尼崎」『みちしるべ』五〇号、尼崎郷土史研究会、二〇二二
森潤三郎『アルゼンチン・タンゴの踊り方』朝日書房、一九三〇
森潤三郎『社交舞踏学への序曲』朝日書房、一九三一
森潤三郎『たんご 亜爾然丁風舞踏』朝日書房、一九三三

森潤三郎『自習図解 近代社交ダンス』博文館、一九三二
山口誓子『凍港』沙羅書店、一九三六
山路勝彦『美人座物語』関西学院大学出版会、二〇一二
山本為三郎『上方 今と昔』文藝春秋新社、一九五八
油井正一編『ディキシーランドジャズ入門』荒地出版社、一九七七
夕刊大阪新聞社『大阪新人物誌』夕刊大阪新聞社、一九三四
吉武輝子『ブルースの女王 淡谷のり子』文藝春秋、一九八九
淀川長治『淀川長治自伝（上）』中公文庫、一九八八
ロイヤルホテル編『随筆集 大阪讃歌』ロイヤルホテル、一九七三
鷲谷樗風『阪口祐三郎伝』大和屋、一九五五
和田利彦編『社交ダンス講座 第一巻 論説篇』春陽堂、一九三三
和田利彦編『社交ダンス講座 第二巻 実技篇一』春陽堂、一九三三
和田利彦編『社交ダンス講座 第三巻 実技篇二』春陽堂、一九三三
渡辺裕『宝塚歌劇の変容と日本近代』新書館、一九九九
渡辺裕『日本文化モダン・ラプソディ』春秋社、二〇〇二
渡辺義雄『スナップ写真の狙ひ方・写し方』玄光社、一九三七
渡正監『警察行政の理論と実際』警察新報社、一九二九
『ジャズ音楽 音楽大講座 第九巻』アルス、一九三九
『別冊一億人の昭和史 日本のジャズ』毎日新聞社、一九八二

【中文書】

张绪谔《乱世风华 20世纪40年代上海生活与娱乐的回忆》上海人民出版社、二〇〇九
鄭麗玲《阮ē青春夢 日治時期的摩登新女性》玉山社、二〇一八
高福进《『洋娱乐』的流入 近代上海的文化娱乐业》上海人民出版社、二〇〇三
马军《一九四八年 上海舞潮案 对一起民国女性集体暴力抗议事件的研究》上海古籍出版社、二〇〇五
马军《舞厅・市政：上海百年娱乐生活的一页》上海辞书出版社、二〇一〇

【欧文書】

Atkins, E. T., 2001, *Blue Nippon*, Duke University Press
Cressey, P. G., 1932, *The Taxi-Dance Hall a sociological study in commercialized recreation and city life*, University of Chicago Press.
Field, A., 2010, *Shanghai's Dancing World*, The Chinese University Press.
McBee, R. D. 2000, *Dance Hall Days*, NYU Press.
Meckel, M. V., 1995, *A Sociological Analysis of the California Taxi-Dancer*. The Edwin Mellon Press.
Moore, A. 1936, *Ballroom Dancing*, Pitman.
Nott, J., 2015, *Going to the Palais*, Oxford University Press.
Richerdson P. n.d., *The History of English Ballroom Dancing (1910–45)*, Herbert Jenkins.
Richerdson P. 1960, *The Social Dances of the 19th Century*, Herbert Jenkins.
Silvester, V. 1927, *Modern Ballroom Dancing*, Herbert Jenkins.
Silvester, V. n.d., *Theory and Technique of Ballroom Dancing*, Herbert Jenkins.
Tynegate-Smith, E. 1933, *The Textbook of Modern Ballroom Dancing*, The Dancing Times.
Vedder, C. B., 1947, *An Analysis of the Taxi-dance Hall as a Social Institution with Special Reference to Los Angeles and Detroit*, Edwin Mellen Press.

【新聞】

大阪朝日新聞　大阪毎日新聞　大阪時事新報　大阪日日新聞　大正日日新

聞　関西中央新聞　夕刊大阪新聞　京都日日新聞　京都日出新聞　京都新聞　阪神毎朝新聞　神戸新聞　神戸又新日報　東京朝日新聞　東京日日新聞　読売新聞　都新聞　東京新聞　萬朝報　時事新報　毎日新聞　中央新聞　やまと新聞　内外タイムス　函館日日新聞　千葉毎日新聞　横浜貿易新報　横浜毎日新聞　静岡新報　静岡民友新聞　信濃毎日新聞　新潟新聞　北國新聞　山陽新報　中国　福岡日日新聞　九州日報　日米　日米時報　日布時事　新世界　新世界朝日　紐育新報　羅府新報　朝鮮新聞　大連新聞　満洲日報　満洲日日新聞　台湾日日新報

The Japan〔*Weekly*〕*Chronicle*　*The Japan Times*〔*and Mail*〕　*The Japan Weekly Mail*

【雑誌】

『ダンサー』『ジヤズ』『ダンスファン』『ダンス時代』『舞踏公論』『ザ・ニッポンダンスタイムス』『ダンセ・ハナクマ』『ダンス・パレス・ニュース』『琵琶湖ダンスホールニュース』『ヒガシヤマ』『桂ダンスホールニュース』『ダンス京阪ニュース』『道頓堀』『上方』『松竹座ニュース』『歌劇』『河合ダンスグラヒック』『技藝倶楽部』『別府』『東西』『舞踏』『フロリダ・ダンシング・タイムス』『ザ・ダンス』『流行の王様』『ザ・モダンダンス』／『ヴァラエテイ』／『ダンスと音楽』『ダンスと音楽』『ダンシング・タイムス』／『日本版ダンシング・タイムス』『社交ダンス』『風俗雑誌』『軟派』『モダン日本』『近代日本』／『ダンス画報』『帝劇』『三越』『週刊羽衣』『主婦之友』『新家庭』『文藝春秋』『話』『新青年』『アトリエ』『美術画報』『臺灣藝術新報』『朝鮮』『ステップ』『ジャズ』『ジヤズ批評』一二号「特集 日本にジャズが入ってきた頃」ジャズ批評社、一九七二『ジャズランド』『中南米音楽』

The Dancing Times

あとがき

いまから百年ほど前、大正期から昭和戦前期にかけて、さまざまな大衆文化が花開いた。だが、時の流れとともに往時を知る人は減り、現在を生きる人びとも、一世紀もの昔をあえてふりかえろうとの好奇心をふくらませることはない。思いがけず若い人の目にとまることがあっても、「かわいい」とか「エモい」とかいった瞬時の評価にとどまり、その時代の文脈にまで関心がよせられることは稀だろう。歴史好きや美術を愛好する向きには、この時代に興味をおぼえる人もいるのだけれども、たとえば平安時代や江戸時代の作品や遺物をありがたるほどには、値うちを認めないふしがある。かつての博物館や美術館での扱いも同様で、そうとう古いものならば至極だいじにされ、高名な人の手がけた作品なら尊ばれる傾向があった。

いっぽう、二〇世紀以降、第二次世界大戦を経て高度経済成長期ごろまでに育まれた文化にかかわるモノは、大量につくられ、大量に流通し、消費されたあげく破棄されてきた。たまたま押入れの隅で捨てられずにすんだ品や、小売店で売れのこった在庫を、「マニア」たちが市場で売買する。以前なら古書店や古物商、いまはネット・オークションが取引の場だ。マニアが欲しがれば高額になり、さほど人気がないものは放置され、やはりこの世から姿を消す。

本書で紹介している資料や図版にも、そういった、いわば紙切れ扱いされてきたものがすくなくない。それらが、いま、なんらかのかたちで読者の目にふれたのは、捨てられる運命にあった消耗品に人間の記録としての意味や価値を感じとった人たちが、あたかも遺物や美術品のように保管してきたからにほかならない。

高踏的だった博物館や美術館も、現在にちかい時代の人びとの暮らしを伝える資料群に対して、ようやく一定の評価を与えるようになってきた。それはよろこばしい心変わりなのだが、いわゆる大衆文化やポピュラー・カルチャーの領域にあっても、モノが残りやすい分野と、そうでない分野とがある。マンガやゲームなら冊子や機器を、またスポーツであれば名選手がつかった用具やトロフィーなどを展示して、多くの人に過去をふりかえってもらうことができるだろう。対照的に、音楽やダンスのようなジャンルでは、かたちをもって残されるものはかぎられる。レコードや譜面が残されていればなんとかなるのだが、歌詞が活字でとどめられただけでは楽曲は復元できない。ダンスホールでつかわれた一枚のチケットからわかることはかぎられていて、そのチケットをやりとりしたペアがどんなふうに出あい、どんな音楽で、どんなふうにダンスをたのしんだのかまでを読みとる作業は困難だ。

資料が語るストーリーは弱々しく、か細い声は、はかなく消えゆく。それでも、できるかぎり多くの断片を集め、そこから往時について考えることは可能だ。古墳から掘りだされた焼きもののかけらから、器の全体像を思いえがき、その先に、昔の人びとの暮らしを想像することができるように。

音楽やダンスの分野についても専門の博物館、資料館、図書館があって、地道な資料収集と意欲的な企画展示がつづけられてきた。ポピュラー音楽や身体芸術をテーマにしたものもふえている。作品や演者に光をあてるだけでなく、それをファンとして、愛好者として享受した人びとのありようをふりかえる試みも認められる。本書の内容にかかわるものでいえば、二〇二三年に開催された尼崎市立歴史博物館の企画展「ダンスホールのまち尼崎」や、二〇二四年に開催された蕨市立歴史民俗資料館の「青春の欠片～シネマと音楽とダンスホールと～」も、そういった試みであり、地方自治体が発信元になる重要な挑戦だった。

本書は、そのような挑戦の別のかたちとして、大学の博物館および図書館、学舎における展示と、大学出版部の事業を連携させるかたちを構想した。名門美術館や大きな博物館には予算があるから、貴重な展示品をたくさん集めて派手な企画を実現できる。それにくらべて……、と卑屈になるわけではない。大きなミュージアムも、自治体の施設も、毎年度の観覧者数の増減に一喜一憂し、コストを切りつめる努力を怠ることができない。だから大きなミュージアムは、集客力のある大物のイベントばかりになってしまう。対照的に地方自治体の施設では、市民の協力をあおぎつつ、低予算の企画を求めて知恵をしぼるよりほかに術はない。大学の付属施設も似たような状況におかれていて、観覧無料の方針をたもつかぎり企画展は控えめなものにならざるをえない。

こういう状況でよいのだろうか。美術館で一枚の絵を見て感銘を受けた子どもが、絵を描くことにたのしみをおぼえ、技を磨き、多くを学び経験して、やがて力のある画家として人びとをよろこばせる日を迎えるまでに、どれほどの歳月がかかるだろうか。単年度の予算決算の帳尻あわせに汲々とする時勢は、こういう子どもが画家の道を志し、才能を開花させる通路をせばめよう。芸能でもスポーツでも事情は同じだ。文化を守り、育て、伝えるには時間がかかる。花が咲き、実をむすび、次の時代の新たな収穫につながる。それが遠い未来、自分の死後であったとしても、蒔かれた種が芽吹くことの幸運を自分のよろこびにできる、気長な人でありたい。

とはいえ、現実はきびしい。大学の出版部門も、大学の図書館も博物館も、さまざまな逆風にさらされている。だが、制約があるにせよ、その制約のなかでできうることを考え、実行するしかない。意図したとおりに実現できないことも多いだろうが、望外の収穫が得られるかもしれない。いや、いちどきりの展示や出版の評価に心を左右されるのではなく、このような試みが次の挑戦につながることに期待を寄せたい。

本書『ジャズとダンスのニッポン』の出版および博物館・図書館・学舎における同名の企画展開催にあたっては、このあとの謝辞のページに掲げた個人、諸機関・諸団体にご協力をいただいた。くわえて、遊文舎の河野行俊さん、関西大学出版部の宮下澄人さん、関西大学博物館の石立弥生子さん、小林弘幸さん、佐藤健太郎さん、関西大学図書館の濱生快彦さん、鵜飼香織さん、さらに社会学部の学生、教員のみなさん、第三学舎ギャラリーを管理するオフィスの中尾隆生さん、山口貴生さん、黒澤花衣さんに謝意を表し、筆をおく。

二〇二四年一一月

永井良和

謝辞

本書の刊行および関西大学博物館の企画展「ジャズとダンスのニッポン」の開催に関しては、以下の団体・機関、ならびに関係者のみなさんにご協力をいただきました。記して感謝いたします。

尼崎市立歴史博物館　石川県立図書館　泉佐野市教育委員会　ＩＮＡＸライブミュージアム　大阪市立中央図書館　大阪府立中之島図書館　大宅壮一文庫　岡崎市立図書館内田修ジャズコレクション　岡山県立図書館　岡山市立図書館　外交史料館　花蝶　神奈川近代文学館　神奈川県立資料館　金沢市立玉川図書館　関西大学図書館　関西大学博物館　京都府立京都学・歴彩館　京都府立図書館　熊本県立図書館　神戸市立中央図書館　神戸市文書館　神戸女学院大学図書館　国際日本文化研究センター図書室　国立国会図書館関西館　国立国会図書館東京本館　憲政資料室・新聞資料室　国立国会図書館複写受託センター　さいたま市立中央図書館　静岡市立図書館　新宮市立図書館　高島屋史料館　宝塚歌劇団　ダンスビュウ　ダンスファン　中央区立京橋図書館　天理大学附属天理図書館　東京大学大学院法学政治学研究科附属近代日本法制史資料センター明治新聞雑誌文庫　東京都公文書館　東京都立中央図書館　徳田秋聲記念館　奈良県立図書情報館　成田山仏教図書館　新潟県立図書館　西宮市立図書館　日本近代文学館　日本ボールルームダンス連盟資料室　函館市中央図書館・市立函館博物館　阪急文化財団 池田文庫　逸翁美術館　広島県立文書館　福山市松永はきもの資料館　福山文化振興課　民音音楽博物館西日本館　民音音楽博物館本館　明治学院大学図書館付属遠山一行記念日本近代音楽館　山梨県立文学館　横浜開港資料館　横浜市史資料室　横浜市中央図書館　横浜市鶴見図書館　歴史館いずみさの　和歌山県立図書館　早稲田大学坪内博士記念演劇博物館　早稲田大学図書館　蕨市立歴史民俗資料館

The Imperial Society of Teachers of Dancing

青木深　青木学　浅野和恵　跡部信　池間博之　井阪由美　石田桂子
石田美奈子　石橋政治郎　磯田宇乃　井田寿郎　伊藤喜六　伊藤遊
井上章一　今井徳三　岩沢真梨絵　岩下尚史　岩橋千賀子　鵜飼正樹
梅原陽子　遠藤保子　大内邦子　大幸四郎　大塚融　大塚真実
大矢勇次　小川博司　小野凌介　梶田航平　加藤英一　加藤のり子
加藤政洋　加藤芳夫　川井ゆう　川北徳子　川北長利　河村幸一
北野結子　木股知史　久保田カズ子　栗本みよ子　小里春来
小林富士子　小山賢之助　小山哲男　斎藤光　齋藤美枝　酒井千絵
實森綾　芝田江梨　島崎勉　荘司幸恵　周防正行　菅原繁昭　助川友朗
鈴木教子　鈴木もえ　鈴木康生　瀬川昌久　瀬川摩里子　高岡弘
高橋麻希　高橋成規　竹田真依子　竹中園子　竹村孝　田中喜一郎
玉置利一　千野南子　津金澤聰廣　辻本雄一　弦牧潔　永井純一
中河伸俊　永田明子　永野能子　中武香奈美　中野和子　中原逸郎
永吉菊子　西村貴久男　西村健　西村豪　西本健吾　丹羽詩織
縫田曄子　沼田修子　沼田由樹　野杁育郎　橋田録郎　橋爪紳也
橋爪節也　橋本七海　羽田博昭　花園好子　浜田純一　樋口須賀子
肥田皓三　肥田美知子　平野正浩　平林武雄　廣田美帆　藤崎寛之
藤村浩作　宝月誠　細川周平　正木喜勝　増井淳　松本奈々子

真辺松雄　三浦文夫　宮淑子　村田麻里子　村田容造　目賀田匡夫
桃谷和則　矢原章　山路勝彦　山田耕司　山脇新一郎　湯原大地
吉川有機　輪島裕介　和田敏雄　和田博文　渡辺裕
David Hughes　Edgar W. Pope　Timon Screech
Molly Webb

著者紹介

永井良和（ながい　よしかず）

1960 年、兵庫県生まれ。京都大学大学院文学研究科博士課程学修退学。現在、関西大学社会学部教授。一般社団法人現代風俗研究会理事。専門は大衆文化史、都市社会学。
著書に
『社交ダンスと日本人』（晶文社、1991）
『にっぽんダンス物語「交際術」の輸入者たち』（リブロポート、1994）
『尾行者たちの街角 探偵の社会史 1』（世織書房、2000）
『ホークスの 70 年 惜別と再会の球譜』（ソフトバンククリエイティブ、2008）
『スパイ・爆撃・監視カメラ 人が人を信じないということ』（河出ブックス、2011）
『南沙織がいたころ』（朝日新書、2011）
『定本 風俗営業取締り 風営法と性・ダンス・カジノを規制するこの国のありかた』（河出ブックス、2015）
『南海ホークス 1938 年～ 1988 年「反発」の力が生む輝きと挫折』（ベースボール・マガジン社、2022）
『ゲイシャのドレス、キモノのダンサー 日本のタクシーダンス・ホール 大正・昭和戦前篇』（ふみづき舎、2024）
編著書に
『川北長利 社交ダンス評論集 1932-1995』（1995）
『川北長利 社交ダンス評論集続集 高齢社会における「共生」をめざして』（湘南グッド、2002）
『コレクション・モダン都市文化 第 4 巻 ダンスホール』（ゆまに書房、2004）
『南海ホークスがあったころ 野球ファンとパ・リーグの文化史』（河出文庫、2010）
『今どきコトバ事情 現代社会学単語帳』（ミネルヴァ書房、2016）
ほか。

ジャズとダンスのニッポン

2024年12月13日　第 1 刷発行
2025年 2 月 6 日　第 2 刷発行

著　　者　永井良和

発 行 所　関西大学出版部
〒 564-8680 大阪府吹田市山手町 3-3-35
TEL 06-6368-1121(代)/FAX 06-6389-5162

印 刷 所　株式会社 遊文舎
〒 532-0012 大阪府大阪市淀川区木川東 4-17-31

© Yoshikazu NAGAI 2024 Printed in Japan

ISBN978-4-87354-788-6 C3036　落丁・乱丁はお取替えいたします

JCOPY〈出版者著作権管理機構委託出版物〉

本書の無断複製は著作権法上での例外を除き禁じられています。複製される場合は、そのつど事前に、出版者著作権管理機構（電話 03-5244-5088、FAX 03-5244-5089、e-mail: info@jcopy.or.jp）の許諾を得てください。